初中写作教学探索

◎ 张占营／著

山西出版传媒集团　山西教育出版社

图书在版编目（CIP）数据

初中写作教学探索 / 张占营著. — 太原 ：山西教育出版社，2022.8（2022.11 重印）
ISBN 978-7-5703-2740-9

Ⅰ．①初… Ⅱ．①张… Ⅲ．①作文课—教学研究—初中 Ⅳ．①G633.342

中国版本图书馆 CIP 数据核字（2022）第 144491 号

初中写作教学探索

CHUZHONG XIEZUO JIAOXUE TANSUO

责任编辑 赵 娇 赵迎春
复 审 陈旭伟
终 审 康 健
装帧设计 张 瑜
印装监制 蔡 洁

出版发行 山西出版传媒集团·山西教育出版社
（地址：太原市水西门街馒头巷 7 号 电话：0351-4729801 邮编：030002）
印 装 山西康全印刷有限公司
开 本 720×1020 1/16
印 张 28
字 数 470 千字
版 次 2022 年 8 月第 1 版 2022 年 11 月山西第 2 次印刷
书 号 ISBN 978-7-5703-2740-9
定 价 84.00 元

如发现印、装质量问题，影响阅读，请与山西教育出版社联系调换。电话：0351-4729718

▶ 序一

余映潮

自信需要行动上的勇敢与踏实，需要方法上的科学与艺术。

用自信迎接挑战，能够让一个人有气势，拥有能够做好、力争做好的精神状态。在这种情况下，就会有"脚踏实地"，就会有"孜孜探索"，就会有"锐意创新"。

在我的弟子中，占营就是一位用自信去迎接挑战的老师。

收到占营的书稿《初中写作教学探索》，我感受到他言语生命的强劲旋律。记得2014年，他出版过第一本书《张占营教阅读》，现在即将出版的是关于写作教学的学术著作。阅读教学和写作教学是语文教学的两大领域，占营坚守阵地，躬耕实践，三十春秋，笃行不怠，让人赞叹。

中小学语文教育，一直存在着"重阅读、轻写作"的倾向，很少有人研究写作教学，而占营敢于啃硬骨头，钻探写作教学，深研写作理论，这就是他的自信。可喜的是，他在踔厉奋发的征途中，探得了宝藏，福泽了学生，提炼为写作教学理念。这在一线教师身上是少有的荣光。

说到这里，我还想到占营在河南乡村学校甘于寂寞、静心教书的成长经历，以及他南下北上、自费学习的心路历程，还有他到杭州任教时40多岁还攻读教育硕士、登上国家赛课舞台的励志故事……占营是一直行走的语文勇士。在祝贺

《初中写作教学探索》即将付梓时，我深深感受到他勤于笔耕、热爱语文的热情，很多文章都是他长期积累、精心雕琢的写作教学作品。我想把这种感情传递给广大语文教师，在领悟写作教学艺术的同时，我们的语文情怀、事业追求、人生境界也会得到濡染与浸润。

阅读《初中写作教学探索》书稿，我感受到占营在写作教学指导方面的研究方法科学，特色鲜明。该书至少体现出以下三个特点：

一、理论与实践的结合。作为一线教师，能够建构起自己的写作教学指导理论体系实属不易，这里有对仿写指导理论的研究，有对写作教学创意的研究，有对写作指导方法的研究等。在阐述理论时，紧密结合自身教学实践，形成了"在理论指导下开展实践、在方法引导下进行操作"的逻辑思维。有的写作课，我现场听过，如"'一材多用'中考作文指导""《昆明的雨》段式学用"显现出其写作课型的创新。尤其是中编"写作教学创意实践"，完美呈现了学术理论与写作实践的融通，而且创意丰富。比如"写作教例研究"中，设计指导程序、创设写作情境、设计读写项目、引入评价量表、实践美读美写等，都会吸引语文同人去研究、去实践，以提升自身写作教学素养。

二、写作与美育的结合。这部新著，既仰望星空——以学生发展核心素养理论为指导，又脚踏实地——立足学生的写作学习，切实提高学生的写作素养和人文素养。几年前，占营作为名师工作室主持人就提出过"立美读写，幸福成长"的教研理念，看来这部书正呼应了他的教学主张。写作是综合性的学习活动，不仅是语言的运用、思维的发展，还有审美的创造和文化的滋养。书中收录了大量的学生佳作，从中可以读出言语表达的智慧，也可以读出灵魂人格的高雅。写作与美育相遇，是教师的幸福，更是学生的幸福。假如这本书的读者是一名学生，相信他也会从中获得美妙写法的指引、美好人生的启迪。

三、仿写与创造的结合。这部书对初中生仿写指导的学理阐述颇深，从写作心理学及古今名家对写作的研究论及：模仿是创作的第一步，仿写是建立稳定认知结构的重要手段，仿写是深度建构心理图式的思维训练。占营在守正中创新，提出了自己的观点：仿写是由读到写的迁移运用，仿写是对语言表达规律的提炼，仿写追求形式美与内容美的统一。基于仿写指导，教师要引领学生实现突围，学会自主发现语言表达的规律，由读书到自能作文，由仿写到创造，进行创意写作，渐臻鲜活生活与不朽形式的合璧。这一观点是切合学生写作学情的，符合写作学习规律的，有利于促进学生发展的。

《初中写作教学探索》的问世，是占营老师以十年磨一剑的韧劲与激情，奉献给同人的一项写作教学科研成果。这项成果来自于实践，来自于思考。有思想的教师才可以实现精神的腾飞和灵魂的感召，才能够享受成长的乐趣。当教师的人如果能常常体验到成长的乐趣，那就会有童心，有诗心，有信心。在时序和多维空间的流动中，这本易读好用的书一定会彰显出它的个性和独特魅力，将会鞭策更多的青年教师潜心治学、乐于探索，以自信迎接专业成长的新挑战。

走笔至此，偶得一句"事业的构思就像散文的构思：托物，蓄势，开掘"，算是这"序"的结语吧，送给占营和热爱语文教学的朋友们。

2022 年 2 月 22 日　于武汉映日斋

余映潮，语文特级教师，全国中语会学术委员，全国中语会名师教研中心主任，教育部"中小学教师国家级培训计划"首批培训专家。创建了"板块式、主问题、诗意手法"阅读教学艺术体系，被誉为"中青年语文教师课堂教学艺术研究的领军人物"。

▶ 序二

王光龙

2013—2015年，我受杭州师大指派，在杭州市经济技术开发区收了七位中小学语文教师为徒弟，指导他们的教学和科研工作。张占营老师即其中的一位。他的虚心好学，当时就给我留下了深刻印象。2015年3月，他考取了杭州师大语文学科教育的在职硕士研究生，成为我的学生，对他就有了更深的了解。通过三年的刻苦学习，他的专业水平有了明显的提升，学位论文《初中文学作品仿写中的审美教育研究》获得外审好评。硕士毕业后，他还经常就有关教学问题与我交流看法。2022年春节过后不久，他发来他的一部新书稿《初中写作教学探索》，请我指导并为之作序。看过这部40多万字的写作教育专著，深为他在专业发展上的不断探索而感动。记得2014年，他的《张占营教阅读》阅读教育专著被文心出版社列入"语文名师教学文库"出版了，出版后得到一线语文教师的普遍好评，认为这是一部很实用的书。眼前这本《初中写作教学探索》与已经出版的《张占营教阅读》，应该是他研究初中阅读教学和写作教学两翼的"姊妹篇"。作为他的"师傅"，我很高兴为他这本书作序。

占营老师是从河南省引进到杭州市文海实验学校任教的。在河南省他曾获得"河南省首届名师""河南省第二届最具成长力教师"荣誉称号。到杭州工作后，2015年7月参加了教育部重点课题"转变学习方式"课堂教学比赛，获全国一等奖。2019 年做"浙派名师"展示课《孤独之旅》，获得好评。同年，他带领的杭州市文海中学语文教研组被评为"2019 年浙江省优秀教研组"。2021 年 4 月，他被全国中文核心期刊《语文教学通讯》（B 刊）选作"封面人物"，发表《一位草根教师的语文情结》长文，在国内语文教育界产生了一定的影响。"宝剑锋从磨砺出，梅花香自苦寒来。"他的专业发展和各种荣誉的获得，与他坚持读书学习和勤奋写作是分不开的。著名语文教育家于漪老师曾说过，只有读得多，才能写得出。这是真知灼见。占营老师在阅读中不断充实、丰富自己，并把阅读的所思所得用于教改实践。他的一篇篇教学研究论文、关于阅读教学和写作教学的专著，当是他长期读书思考、勇于实践和勤于动笔而结出的代表性研究成果。

看过这部书稿，我以为有以下五个特点，说出来与各位读者交流。

一、组织框架体系完整。这本《初中写作教学探索》内容分为三编十四章。上编阐发"指导理论"，中编展示"指导实践"，下编细述"指导方法"，三编围绕"指导"二字各自展开论述，又共同构成一个内在逻辑严密的完整论述体系。

二、审美教育渗透写作指导。语文核心素养包括"语言建构与应用""思维发展与提升""审美鉴赏与创造""文化传承与理解"四个维度。其中"审美鉴赏与创造"维度，是指学生在语文学习中，通过审美体验、评价等活动形成正确的审美意识、健康向上的审美情趣与鉴赏品位，并在此过程中逐步掌握表现美、创造美的方法。审美鉴赏，主要是指在阅读文字和聆听言语等吸收信息的活动中培育审美鉴赏能力。审美创造，主要是指在文字写作和言语表达等表达信息的活动中培育审美创造能力。写作指导，首先是培养文字表达能力，落实"语言运用"核心素养；与此同时，培养审美创造能力。本书在上编的第三、四、五章里，对写作指导中的审美教育、审美内容和审美策略进行了深入而具体的阐述。在中编的"指导实践"和下编的"指导方法"里，具体论述了审美教育的实践操作。

三、创新发展教材写作体系。在目前教育部统编通用的初中语文教材里设置了 32 个写作专题，大体有了比较清晰的写作学习序列。本书在充分利用统编初中语文教材"写作专题"的基础上，通过以读促写的仿写方式做了可贵的探索。具体做法是：精选适于仿写的作品，建构仿写文的审美图式，推进"由仿写到创造"的写作进阶。在具体操作上，旨在文章形式美的仿写方式有：句式仿写、段落仿写、章法仿写、手法仿写、文体仿写等；旨在文章内容美的仿写方式有：形象仿写、生活仿写、思想仿写等。作者强调美的形式为内容增色，美的内容依托于形式，形式与内容是相辅相成的辩证统一关系。这种有计划的系列仿写练习无疑是对教材写作序列的具体化和创新发展。

四、突出课堂写作指导活动。语文课堂是指导学生学习的主要平台。师生的写作活动体现在课堂的各个环节。本书中编的五章内容，即作者以课堂教学为圆心指导学生写作的具体探索。典型的案例研究、科学的教学设计、真实的课堂实录、自悟的教学随笔和精致的下水作文，将写作课堂的具体教学目标、内容、步骤、策略一一呈现在读者面前。例如，"教学设计"是对统编教材写作专题的细探与深研，其显著特点是把"写作专题"知识情境化、思维显性化，以评价量表或检查导思单的形式指导写作，实现了事实性知识向程序性知识的转化。本书选录的教学设计，文体多样，目标明确，讲究创意，具有典型性和操作性。又如，写作课堂实录真实还原了课堂教学，生动再现了教学场景，是对教学理念的深入实践，也是对教学设计的具体演绎。课堂实录由教师与学生共同生成，是教师"写作指导"与学生"写作学习"的同步实践活动。

五、分类指导学生写作方法。写作方法是依据一定的写作目的和要求，选择和采用适于具体写作内容的策略、技术和手段的总和。本书下编的四章内容具体论述写作方法指导的内容，包括主题作文指导、文体创新指导、写作技巧指导和中考作文指导四个方面。指导内容是全面而精细的，指导方法是贴切实际且易懂好用的，而指导的旨归是在培养写作能力的同时渗透审美教育。

作为一线语文教师，占营老师能在阅读和写作两大领域出版专著，系统论述自己的教学理念和经验，努力向学者型教师的方向迈进，的确令人感佩。希望他百尺竿头，更进一步。

这本来自一线教师的写作教学专著，有别于专事理论阐述的学术著作。它的最大特色就是理论联系实际，读起来好懂，学起来好用。我愿意推荐给语文教育界的朋友们，让我们一起来探索、改进和发展写作教学。

是为序。

2022 年惊蛰节于杭州三塘

王光龙，杭州师范大学学习科学研究所首任所长，语文课程与教学论专业教授，硕士研究生导师。全国教育硕士优秀指导教师。兼任中国高等教育学会学习科学研究分会副理事长、语文学习科学专业委员会理事长。

▶ 目　录

上编　初中仿写指导理论

第一章
核心素养时代对初中写作指导的要求

　　《中国学生发展核心素养》以及《义务教育语文课程标准（2022 年版)》都提及"美育""审美意识""审美情趣"等，"审美创造"作为义务教育语文课程的核心素养内涵之一在新课标中得以彰显，它明确了培养什么样的人以及语文学科怎么育人的问题。作为一线语文教师，要站在语文课程育人的高度，指导学生通过阅读发现语言表达的规律，通过写作表达思想感情，运用语言智慧来培根铸魂、表现生活，实现语文教育陶冶性情、健全品格的审美功能，从而落实"立德树人"的育人目标。

第一节　初中写作指导的时代使命

新时代教育提出了"立德树人"的要求，课程标准强化了课程育人导向，语文课程性质也提出"形成自觉的审美意识，培养高雅的审美情趣"和"建立文化自信、培育时代新人"的要求。本节从国家顶层设计理念、语文课程标准理念、统编新教材编写理念三个维度审视语文写作教学，进一步阐释在语文写作教学中渗透审美教育的指导理念；基于初中生文学作品写作的实际，倡导通过文学作品仿写，切实提高学生的文学审美素养。

一、新时代"核心素养"理论对语文美育的指导意义

习近平总书记在十九大报告中指出："要全面贯彻党的教育方针，落实立德树人根本任务，发展素质教育，推进教育公平，培养德智体美全面发展的社会主义建设者和接班人。""立德树人"是教育的根本任务，新时期的"美育"也是培养社会主义建设者和接班人的一项重要教育目标。

2015 年 9 月，国务院办公厅下发《关于全面加强和改进学校美育工作的意见》（国办发〔2015〕71 号），该文件指出："美育是审美教育，也是情操教育和心灵教育，不仅能提升人的审美素养，还能潜移默化地影响人的情感、趣味、气质、胸襟，激励人的精神，温润人的心灵。"该文件还就"构建科学的美育课程体系""大力改进美育教育教学""统筹整合学校与社会美育资源"等提出了意见。其中在"大力改进美育教育教学"中要求"将美育贯穿在学校教育的全过程各方面，渗透在各个学科之中。加强美育与德育、智育、体育相融合，与各学科教学和社会实践活动相结合。挖掘不同学科所蕴含的丰富美育资源，充分发挥语文、历史等人文学科的美育功能，深入挖掘数学、物理等自然学科中的美育价值"。

2016 年 9 月发布的《中国学生发展核心素养》，以培养"全面发展的人"为核心，宏观提出了三个方面、六大素养，具体细化为国家认同等十八个基本要点。针对十八个基本要点之一的"审美情趣"素养，文件又从以下几个方面加以阐述具体的要求："具有艺术知识、技能与方法的积累；能理解和尊重文化艺

术的多样性，具有发现、感知、欣赏、评价美的意识和基本能力；具有健康的审美价值取向；具有艺术表达和创意表现的兴趣和意识，能在生活中拓展和升华美等。"

2021 年 11 月，党的第十九届六中全会通过的《中共中央关于党的百年奋斗重大成就和历史经验的决议》指出："强调意识形态工作是为国家立心、为民族立魂的工作，文化自信是更基础、更广泛、更深厚的自信，是一个国家、一个民族发展中最基本、最深沉、最持久的力量，没有高度文化自信、没有文化繁荣兴盛就没有中华民族伟大复兴。""党坚持以社会主义核心价值观引领文化建设，注重用社会主义先进文化、革命文化、中华优秀传统文化培根铸魂。"这些要求需贯彻落实到党的教育工作上来，具体落实到课程育人上来。充分发挥课程教材培根铸魂、启智增慧的作用，引导时代新人求真、向善、立美。

二、《义务教育语文课程标准（2022 年版）》鲜明提出"审美创造"的核心素养

《普通高中语文课程标准（2017 年版）》明确了高中语文学科核心素养的内涵。语文素养的形成和发展包括"语言建构与运用""思维发展与提升""审美鉴赏与创造""文化传承与理解"四个方面的关键内容。可见，语文核心素养理论也对在语文教育教学中进行"审美教育"提出了明确的要求。

2022 年 4 月 21 日，教育部教材局举行《义务教育课程方案和课程标准（2022 年版）》发布会。《义务教育语文课程标准（2022 年版）》在"课程性质"中指出：语文课程要"在真实的语言运用情境中，通过积极的语言实践，积累语言经验，体会语言文字的特点和运用规律，培养语言文字运用能力；同时，发展思维能力，提升思维品质，形成自觉的审美意识，培养高雅的审美情趣，积淀丰厚的文化底蕴"。语文课程致力于全体学生核心素养的形成与发展，在语言运用中发展思维能力、形成审美意识、丰厚文化底蕴，旨在促进学生的全面发展。

《义务教育语文课程标准（2022 年版）》在第二部分"课程理念"中，也提出关于"写作"与"美育"的基本理念。"表达与交流"立足促进学生核心素养的发展，充分发挥语文课程育人功能。新课标注重语文实践，以语文实践活动为主线，构建语文学习任务群，把写作活动寓于"学习任务"中，注重课程的阶段性与发展性。"注重课程内容与生活、与其他学科的联系，注重听说读写的整合"，则强调初中写作与其他能力和谐共融地整体发展。"增强课程实施的情境性和实践性，促进学习方式变革"则强调从学生语文生活实际出发，创设丰富多样的情境，激发学生"勤于思考""乐于实践""自由表达"。课程评价"注重考察学生的语言文字运用能力、思维过程、审美情趣和价值立场，关注学生学习过程和学习进步"，凸显"写作教学"与"审美情趣"的密切联系，凸显了语文课程评价的整体性和综合性。

《义务教育语文课程标准（2022年版）》与《义务教育语文课程标准（2011年版）》相比，增加了"核心素养内涵"，这是时代发展进步、课程研究深入的必然回应。新修订课标指出："核心素养是学生通过课程学习逐步形成的正确价值观、必备品格和关键能力，是课程育人价值的集中体现。义务教育语文课程培养的核心素养，是学生在积极的语文实践活动中积累、建构并在真实的语言运用情境中表现出来的，是文化自信和语言运用、思维能力、审美创造的综合体现。"课程标准第一次明确提出了初中语文核心素养的四大内涵：文化自信、语言运用、思维能力和审美创造。在阐述"语言运用"时指出："了解国家通用语言文字的特点和运用规律，形成个体语言经验；具有正确、规范运用语言文字的意识和能力，能在具体语言情境中有效交流沟通。"在阐释"审美创造"时指出："审美创造是指学生通过感受、理解、欣赏、评价语言文字及作品，获得较为丰富的审美经验，具有初步的感受美、发现美和运用语言文字表现美、创造美的能力；涵养高雅情趣，具备健康的审美意识和正确的审美观念。"这里"运用语言文字表现美、创造美"，为提出"在写作中渗透审美教育"提供了强有力的理论依据。语言文字及作品是重要的审美对象，语言学习与运用也是培养审美能力和提升审美品位的重要途径。核心素养的"四个方面"是一个有机的整体，以"语言运用"为基础，形成与发展"审美创造"素养，应成为新时代语文的追求。倡导"立美语文"，践行"美读美写，为写而读"，则把文化自信、语言运用、思维能力、审美创造四个方面紧密地融合在一起，实现了"工具性与人文性的统一"。

2011年版《义务教育语文课程标准》在第一部分课程基本理念"全面提高学生的语文素养"中指出，语文课程应"通过优秀文化的熏陶感染，促进学生和谐发展，使他们提高思想道德修养和审美情趣，逐步形成良好的个性和健全的人格"。在第三部分实施建议的"教学建议"中也提出了语文学科培养学生"健康的审美情趣和积极的人生态度"的目标，并进一步指出，审美教育等应该"根据语文学科的特点，注重熏陶感染，潜移默化，把这些内容渗透于日常的教学过程之中"。然而现实很骨感，全国各地中考作文题在文体上多把诗歌写作、剧本写作排除在外。根据课标要求，在日常文学写作教学中不应舍弃美学意义和富有想象力的写作，包括诗歌、小说在内的各种文体的文学写作，要让学生在文学写作中感受美、欣赏美，从而投入美的创造中。2022 年版新课标的修订，坚持问题导向，注重对实际问题的有效回应，在"审美创造"素养方面期待得到有效落实。

三、统编教材凸显在语文教育教学中渗透审美教育的理念

福建大学教授孙绍振说："从人的全面发展上来讲，光有理性的教育是不够的，所以我们的教育方针是'德、智、体、美'。德育是理性的，智育更是理性的，体育更是讲究科学理性的，最后加个美育……美育主要是培养人内心的情感的，主要是以非理性的情感为核心的。这对人的全面发展是非常重要的，以至就有了一种专门的学问，就叫作'美学'。"

《义务教育语文课程标准（2022 年版）》在"教材编写建议"中指出："教材选文要体现正确的政治导向和价值取向，文质兼美，具有典范性，富有文化内涵和时代气息。题材、体裁、风格要丰富多样，各种类别配置适当，难以适度，适合学生学习。"

初中语文统编教材在选文上切合课程标准的选文要求，精选了典范的现代白话文和古代文言经典作品，做到了思想美、情感美、语言美、风格美、手法美等，彰显出经典美文给予学生丰厚的审美教育。研读统编语文教材，在单元导语、预习导读、课后练习中，处处充满浓厚的审美教育气息，这就是语文教育中的"美学"。

统编语文教材七年级上册第一单元导语："学习本单元……把握好重音和停连，感受汉语声韵之美。"

统编语文教材七年级下册第三单元导语："这些人物虽然平凡，且有弱点，但在他们身上又常常闪现优秀品格的光辉，引导人们向善、务实、求美。"

统编语文教材八年级上册第三单元导语："古代诗文中有很多歌咏山水的优美篇章，阅读这类作品，可以获得美的享受，净化心灵，陶冶情操。"

统编语文教材八年级上册第四单元导语："阅读这些散文，领会作品的情思，可以培养审美情趣，丰富精神世界。"

统编语文教材八年级下册第三单元导语："阅读这些诗文，能够让我们了解古人的思想、情趣，感受他们的智慧，受到美的熏陶和感染。"

统编语文教材七年级下册《紫藤萝瀑布》的预习提示："阅读课文，看看有哪些描写引起了你的共鸣，并和自己读课文之前的想象比较，去感受那种'美的发现'。"

统编语文教材八年级上册《短文二篇》（《答谢中书书》和《记承天寺夜游》)的预习提示："面对风景，只有拥有发现美的眼光和感受美的心情，才能真正领会到其中的美。"

统编语文教材八年级下册《〈诗经〉二首》的预习提示："《诗经》中有不少歌咏爱情的诗，或表达对美好爱情的向往和追求，或抒发爱而不得的忧伤和怅惘……诵读这两首诗，用心体会诗中歌咏的美好感情。"

统编语文教材八年级下册《在长江源头各拉丹冬》的预习提示："朗读课文，感受雪域高原的壮美景色，体会作者细腻而丰富的情感。"

统编语文教材七年级上册《诫子书》积累拓展四："课文句式整齐，读来朗朗上口。试为下列句子划分节奏，在反复诵读中，体会文言文的韵律美。"

统编语文教材八年级上册《昆明的雨》课后"阅读提示"中写道："本文正是这样一篇充满美感和诗意的作品，其中有景物的美、滋味的美、人情的美、氛围的美。"

统编语文教材九年级上册《就英法联军远征中国致巴特勒上尉的信》课后"思考探究"中写道："朗读第3段，根据作者的描述，想象一下圆明园的美。"

统编语文教材九年级上册《湖心亭看雪》"阅读提示"中写道："这是一番怎样的境界？如此简洁凝练、生动传神的文字，又带给我们怎样的美感？"

统编语文教材九年级下册第一单元导语中写道："阅读这些作品，我们可以领略作者的情思，触摸时代的脉搏，受到精神的感染和美的熏陶。"

统编语文教材九年级下册第四单元导语中写道："本单元所选的文章，或谈论读书求知，或探讨欣赏艺术作品的方法，或阐释美学观念，既富有思想性，又蕴含艺术美。阅读这些课文，可以培养审美情趣，提高艺术修养。"

以上所举是含"美"字的语句，其实，不带"美"字的审美语文因子比比皆是，如统编语文教材九年级上册《刘姥姥进大观园》"阅读提示"中的"作者通过雅与俗、庄与谐的对比，营造出强烈的喜剧效果"等，不再列举。

初中语文统编教材非常注重文学教育。首先体现在选录了 100 多篇的古今文学作品；其次体现在对文学知识的大量渗透，如统编教材九年级下册第二单元"小说单元"，在课后练习中就渗透了社会环境、故事情节、人物形象、讽刺、矛盾冲突、乡土气息等文学知识。这充分体现了统编教材"人文主题"与"语文要素"双线结构组元的鲜明特点。统编教材是实施"立美语文"的重要载体，我们要领会统编教材编写理念，充分利用统编教材指导学生学习文学知识，进行文学教育，提升审美创造素养。

郭家海老师在《审美鉴赏与创造和高中生写作水平相关性现状调查及建议》一文中指出，"审美鉴赏与创造素养直接影响写作水平""在审美鉴赏与创造内部四个维度中，落差最大的是审美运用"。郭家海老师建议教师要格外重视基于写作运用的审美体验教学，在提升审美鉴赏与创造素养的教学设计中将重点放在"审美运用"上。

四、通过文学作品仿写，切实提高文学写作的审美价值

目前，我们的文学教育只是停留在"文学阅读"这一途径上，仅仅是通过阅读来品味、分析、欣赏文学语言，而在通过"文学写作"这一途径对学生进行文学教育方面存在缺失。我们应该让学生行走在"文学语言运用"的途中，只有在自身的语言建构和运用中，才能深刻体会到文学语言的美妙和魅力。

为增强研究的可操作性、切实性、具体性，笔者充分考虑到教学实际和文学写作教学的难度，所以把"文学写作教学"定位为"文学作品仿写教学"。仿写可以使学生乐于走上写作道路，且易于习得规范章法。统编语文教材八年级下册第一单元的写作专题就是"学习仿写"，这充分说明了仿写是提高作文水平的有效方法。

《义务教育语文课程标准（2022 年版）》有这样的"学业质量描述"（第四学段）："能从作品中找出值得借鉴的地方，对照他人的语言表达反思自己的语言实践；能通过对阅读过程的梳理、反思，总结不同类型文学作品的阅读经验和方法；能与他人分享自己获得的对自然、社会、人生的有益启示，能借鉴他人的经验调整自己的表达，能根据需要，运用积累的语言进行口头或书面表达。"这段

对学业质量的描述中两次提及"借鉴"，具体指导学生的写作学习要注重建构写作经验，在仿写中学会创造，将他人的经验内化为自己的表达智慧。

仿写的例文首选初中教材中的经典课文。因为经典里蓄积着中华民族的智慧和情感的精华部分，它们是经过大浪淘沙，被世世代代的读者认同、继承和弘扬的，至今仍散发着无穷艺术魅力的美文，在写法上总有值得模仿、借鉴的美点。

从学生语文学习的过程看，仿写的例文必须是经典的，无论是在思想感情、结构布局上，还是在遣词造句、表现手法上，应该处处饱含生命的、文学的美。通过仿写，从深层次引导学生感受到经典美文"美"在何处，引起文学审美上的情感共鸣。文学经典中蕴含着丰富的美学元素，弘扬优秀传统文化，就是要传承与发展经典文化。笔者旨在通过初中文学作品的仿写教学渗透审美教育，把最能体现语文学科本质的写作学习和最能体现育人价值的审美教育结合起来，以期实现从学科教学的角度培育学生高尚健全的人格。

第二节　初中写作"目标要求"阐释

初中写作教学要有精准的目标、适切的要求。教师清楚这些目标与要求，对于指导写作、评价写作有着重要的意义。《义务教育语文课程标准（2022年版）》从"立德树人"育人目标、核心素养目标两大角度阐述"总目标"，共9条。下面从"写作"视角进行阐释。

一、在写作教学中贯彻"立德树人"的育人目标

《义务教育语文课程标准（2022年版）》总目标第1条要求："在语文学习过程中，培养爱国主义、集体主义、社会主义思想道德，逐步形成正确的世界观、人生观、价值观。"此条被置于首位，意在强化语文课程的育人导向。写作课程要围绕立德树人的根本任务，充分发挥其独特的育人功能和奠基作用。在表达与交流中，形成良好的个性和健全的人格。

二、在写作教学中建立文化自信

中华民族是一个历史悠久、文化灿烂的民族。《义务教育语文课程标准

（2022 年版）》提出"热爱国家通用语言文字"的要求，在写作中，学生要认认真真书写每一个汉字，写好规范字。同时，要用语言文字传达自己对自然、对社会、对人生的思考。通过语言文字记载文化、弘扬文化、交流多样文化。热爱祖国、热爱人民的深情，要从热爱家乡、关心亲人做起。宏大的文化，要以身边的人、事、物架构。新课标引导学生"关心社会文化生活，积极参与和组织校园、社区等文化活动，发展交流、合作、探究等实践能力，增强社会责任意识"。在感受家乡文化、社区文化的过程中，学生可以通过参与活动、考察体验加深对社会文化生活的深入了解，从而建立文化自信，大大激发写作者的言语生命意识。

三、注重语言的建构与运用

写作教学中要注重开发、生产适宜的写作内容。《义务教育语文课程标准（2022 年版）》中提出"主动积累、梳理基本的语言材料和语言经验，逐步形成良好的语感，初步领悟语言文字运用规律"的目标。阅读中需要积累语言材料，写作中更需要积累语言材料。语言经验的获得可以从阅读中来，也可以从参观、访问等交际中获得，还可以从网络学习中获得。在写作教学中，培养"主动积累、梳理基本的语言材料和语言经验"的习惯意义重大，它可以使学生形成良好的语感，建构语言运用的表达规律，解决"写什么""怎么写"的问题。

关于写作教学，最关键的是第 5 条目标："能根据需要，用书面语言具体明确、文从字顺地表达自己的见闻、体验和想法。""根据需要"强调在真实生活情境下写作，要充分考虑写作目的，明确读者对象，确定写作角色以及言说方式，凸显让写作与真实生活发生关联。用书面语言"具体明确、文从字顺"地表达，引号里的这八个字沿用《义务教育语文课程标准（2011 年版）》的要求，表面上看虽没有变化，但实质是在强化。表达的内容是"自己的见闻、体验和想法"，可见写作内容之丰富。

四、提高写作思维能力

《义务教育语文课程标准（2022 年版）》总目标第 6 条："积极观察、感知生活，发展联想和想象，激发创造潜能，丰富语言经验，培养语言直觉，提高语言表现力和创造力，提高形象思维能力。"思维是写作的第一要素，思维是写作的核心，语言是思维的工具。新课标强调通过观察、感知生活，发展联想和想象等途径形成具象思维，培养语言直觉，达到"提高形象思维能力"的目标，这是符合学生身心发展规律和写作学习规律的。

《义务教育语文课程标准（2022年版）》总目标第7条："乐于探索，勤于思考，初步掌握比较、分析、概括、推理等思维方法，辩证地思考问题，有理有据、负责任地表达自己的观点，养成实事求是、崇尚真知的态度。"这一条目标表述指向于思维方法。在"观察""联想和想象"基础上，进行"比较、分析、概括、推理"，这是对写作内容的梳理，可以生发、筛选、组合、排列素材。"辩证地思考问题"，即一分为二地看待问题，指向深度思维，培养思辨能力。

这两条目标在凸显思维能力和思维方法的同时，也有写作态度的目标，如"积极观察、感知生活""乐于探索""负责任地表达自己的观点，养成实事求是、崇尚真知的态度"等。写作指导要激发学生写作的兴趣，以积极的情绪投入写作学习，并且要敬畏语言文字，秉持真诚、负责的态度面对读者或"假想的读者"进行写作。

五、在写作中培育审美情趣

"审美创造"是义务教育语文课程核心素养的内涵之一，因此，在写作中也要凸显对"审美创造"素养的培养。在写作中渗透审美教育，首先是要建构"审美经验"，其途径是感受语言文字的美，把作品的思想内涵与自己的生活经验融合起来，丰富自己的情感体验和精神世界。其次是创意写作，其途径是完成读写转化，通过借鉴已有的审美经验，把自己发现的美富有创造性地表现出来。表现即言语生命的存在，乐于"表现"、善于"表现"，可以使人走向高雅，走向真善，从而形成健康的审美情趣。最后，谈谈写作成果的呈现形式。在"互联网+"时代，学习方式发生了巨大变化，线上学习交流、微信公众号展示作文等方式已经进入了学生的学习生活。写作成果可以通过制作朗读视频播放，也可以以海报、宣传册等方式呈现。"借助不同媒介表达自己的见闻和感受"，可以激发写作兴趣，体现写作的交流与共享价值。

《义务教育语文课程标准（2022年版）》"总目标"下为"学段要求"，从"识字与写字""阅读与鉴赏""表达与交流""梳理与探究"四个方面分别针对各学段提出具体要求。初中学段（第四学段）"表达与交流"的要求共7条，其中前3条属于口语表达方面，即《义务教育语文课程标准（2011年版）》称之为"口语交际"的要求。为了凸显课程整合意识，2022年版新课标把"口语交际"

与"写作"整合为"表达与交流"。"表达与交流"的第4、5、7条为书面写作要求。下面对这4条写作要求加以阐释。

第4条："多角度观察生活，发现生活的丰富多彩，能抓住事物的特征，为写作奠定基础。写作要有真情实感，表达自己对自然、社会、人生的感受、体验和思考，力求有创意。"

2022年版新课标凸显写作素材积累与开发意识，故新增了"为写作奠定基础"这7个字。观察、发现与提炼是生成写作内容的重要途径，其中思维的参与很重要，"多角度""抓特征""力求有创意"均是强调"思维"在写作中的重要作用。指导学生多角度观察生活，多角度发现生活，在写作指导的过程中关注学生思维能力的发展，鼓励学生用辩证的观点看问题，从多个视角分析问题，从而产生自己的个性化理解，生成独特的写作立意，在写作中感受"创意"之乐趣。创意写作就是鼓励学生有创意地表达，激发学生的写作兴趣和表达欲望。

写作的基本态度是"自由忠诚地表达自己"，这是人之为人的天性，"求真"是育人、核心素养的至高追求，同时培育学生自觉的"言语生命"。写作指导第一位的工作是回归写作的本质，引导学生作文"不做作，去粉饰，有真意"。引导学生拥抱生活，走向自然，接触社会，在真实的生活情境中引发对自然、社会、人生的独特体验，由此催生"感受、体验和思考"。

第5条："写作时考虑不同的目的和对象。根据表达的需要，围绕表达中心，选择恰当的表达方式。合理安排内容的先后和详略，条理清楚地表达自己的意思。运用联想和想象，丰富表达的内容。正确使用常用的标点符号。"

"考虑不同的目的和对象"，即强调写作目的和读者意识，诠释了写作的意义是"情境交流"，课程标准从国家的层面赋予"写作"以新的内涵。"根据表达的需要"要求学生关注表达目的，有良好的判断筛选能力，关注社会实际情况，重在交流信息，表达思想，适应社会需要。"围绕表达中心，选择恰当的表达方式"是技巧层面的能力，提醒学生避免一味追求文采而忽视交际需要。"安排"是布局谋篇的能力，"条理清晰地表达"是要求达到"文从字顺"的要求。"联想和想象"是丰富写作内容的重要方法，激活创意表达的思维能力。"正确使用常用的标点符号"既是正确表情达意的要求，也是书写规范的要求；既表现严谨认真的写作态度，也体现对祖国语言文字的热爱。

第6条："写记叙性文章，表达意图明确，内容具体充实；写简单的说明性文章，做到明白清楚；写简单的议论性文章，做到观点明确，有理有据；能根据生活需要，写常见应用文。能从文章中提取主要信息，进行缩写；能根据文章的基本内容和自己的合理想象，进行扩写；能变换文章的文体或表达方式等，进行改写。尝试诗歌、小小说的写作。"

这一条首先对初中文体写作提出明确要求。初中写作指导要重视对不同文体的写作指导，包括记叙性文章、说明性文章、议论性文章以及常见应用文等教学文体。具体指导写作时，要树立"文体思维"意识，运用特定的写作知识指导具体文体的写作，注重文体规范。记叙性文章要做到"内容具体充实"，说明性文章要做到"明白清楚"，议论性文章要做到"观点明确，有理有据"。此外，写常见应用文，要根据"生活需要"，意在强调"写作目的"意识，在真实情境中运用语言，学习写作。

其次，对改编式写作提出明确要求。关键词是"缩写""扩写""改写"，精要点明写作方法，凸显"读写结合"的写作指导理念。"缩写""扩写""改写"，都是以原作为基础的"再创作"。每类写作各有侧重，缩写重在提取主要信息，扩写重在铺展细节内容，改写重在改变文体、语体和叙述角度等。笔者建议融进仿写，仿写是提高作文水平的有效方法，重在模仿范文的篇章结构、表现手法、语言风格等（统编语文教材八年级下册已有体现）。这类写作都服务于特定的需要，有助于更深入地把握原作，提高思维能力和审美能力。

最后，提出创意写作要求。"尝试诗歌、小小说的写作"为 2022 年版新课标新增要求，这是核心素养背景下实施课程育人、培育"审美创造"素养的必然要求。诗歌、小小说的写作，符合青少年的兴趣需求，在创意写作中身心得到熏陶，性情得到濡染，也是美好的文学教育。统编教材的选文有大量的文学作品，也有了"尝试诗歌、小小说的写作"的写作内容安排，这是可喜的。设置创意写作内容，能进一步激发学生的创造潜能，使学生喜欢上文学创作，进而提升他们的文学素养和审美情趣。

第 7 条："注重写作过程中搜集素材、构思立意、列纲起草、修改加工等环节，提高独立写作的能力。根据表达的需要，借助语感和语文常识修改自己的作文，做到文从字顺。能与他人交流写作心得，互相评改作文，以分享感受，沟通见解。作文每学年一般不少于 14 次，其他练笔不少于 1 万字，45 分钟能完成不少于 500 字的习作。"

第 7 条写作要求，是对 2011 年版课标第 3、7、8 条表述的合并，经过整合，意在凸显"作文程式学习"的理念。下面从三个方面解读这条要求。

首先，强调写作学习的过程性。教学实践充分证明，注重过程指导，注重写作程序性知识以及细节到位的指导，才能够确保写作教学的有效性，扎扎实实提高写作质量。2022 年版新课标加强对写作基本环节的要求，注重对写作过程中搜集素材、构思立意、列纲起草、修改加工、交流分享、公开发表等环节的指导，反映了语文课程的"实践性"特征。当然，针对具体的写作训练，教师应根据学情选取关键的写作知识，有侧重地就某一环节做重点指导。写作指导既体现教师的"主导"，更体现学生的"自主"，方可提高独立写作能力。

其次，凸显"借鉴学用"和"语境交际"意识。这里，需体认两个基本观念：一是借鉴学用意识。善于从优秀作品中积淀语感，习得写作范式，并在写作中灵活借鉴，参与创作，激活知识，才能够体现关键写作知识的价值。阅读是写作的范式，写作是阅读的实践，实现迁移的知识才是有意义的知识，彰显本编所论"仿写指导"的理论价值。二是语境交际意识。写作不仅仅是作者的个人行为，而且是一种群体间的交际活动。初中生写作不只是为了当前的考试，更是为了与人交流、表达自我，为了未来的生存与生活。从写作过程看，从运思、起草、修改、分享等写作环节看，都需要伙伴的参与，形成写作共同体。学生在写作中学习写作，在交流与互动、合作与探究中获得反馈，体现学生的主体地位。

最后，对写作数量和速度提出了要求。从写作的数量上，"作文每学年一般不少于 14 次"，这是个大致规定，只是规定了"底线"，对于上限则没有提出具体要求。"其他练笔"包括读书笔记、随笔、总结等，是"大作文"的鲜活补充。写作学习要重视行文速度，"45 分钟能完成不少于 500 字的习作"的要求，意在培养学生思维的敏捷性和灵活性，具有较高的书写表达能力，让写作素养得以呈现与落实。

上述对初中学段的 4 条写作要求的阐释，利于深入理解新课标的内涵，利于有的放矢地进行写作指导。有了标杆，指导就有了方向和着力点。

第三节　学习任务群中的写作内容及评价

义务教育语文课程内容主要以学习任务群组织与呈现。写作教学也纳入主题情境中，和阅读、跨学科学习一起共同构成有内在逻辑关联的学习任务群，彰显语文学习的情境性、实践性、综合性，指向学生的核心素养发展。下面就第四学段学习任务群中的写作内容加以阐释。

一、"实用性阅读与交流"学习任务群的写作内容阐释

该学习任务群紧扣"实用性"，结合日常生活的真实情境开展写作学习。从文体上讲，该任务群主要进行叙事性、说明性、时事评论性文章的写作，"表达和交流家庭生活、学校生活、社会生活和大自然的美好，热爱生活，感恩生活"。写作指导时，教师要引导学生关注社会，可以围绕"拥抱大千世界""创造美好生活""科学家的故事""数字时代的生活""家乡民俗探究"等主题，倡导开展跨媒介的探究活动，表达与交流自己在学习实践中的发现和感受。对于语言的要求，则是"逐步增强语言表达的准确性、规范性"。写作成果的呈现方式应多样化，充分利用数字资源和信息化平台，提高语言运用能力和沟通交流能力。

写作评价方面，应注重三点：（1）注重学生在真实生活情境中语言运用的实际表现，围绕个人生活、学校生活、社会生活中阅读与交流的实际任务进行评价。（2）注重阅读与写作的整体评价，切实推进"教——学——评"的一致性，考查学生把阅读经验转化为写作经验的能力。（3）注重实用性文本的特质，注意表达的目的、对象、情境以及交流效果，注意内容明确、条理清晰、语言简明，注意应用文的基本格式和行文规范。

二、"文学阅读与创意表达"学习任务群的写作内容阐释

该学习任务群在写作方面的总体内容是"观察、感受自然与社会，表达自己独特的体验与思考，尝试创作文学作品"。写作内容分三个方面：（1）表达对革命领袖、革命英雄、模范人物感人事迹和理想信念的感悟。（2）借鉴优秀文学作品的写作手法，表达自己对自然的观察和思考，抒发自己的情感。（3）尝试

写诗歌、小小说等。

该学习任务群的写作，可以创设"光辉历程""精忠报国""人物自然和谐共生""走进小说天地"等主题情境，开展创意表达活动。在听说读写中，引导学生表达自己的独特感受，促进学生的精神成长，提升审美能力和审美品位。鼓励运用多样的形式展示写作成果，可以书面创作，也可以口头交流，充分表现学生的创造才华，凸显写作作为"交际工具和信息载体"的功能。诗歌、小小说的文学创作，体现出语言文字的运用不仅在实用方面，还在文学活动方面。这是对初中语文课程的深入理解。

写作评价方面，应注重过程性评价和表现性评价，注重体现写作的阶段性与发展性，侧重从语言、形象、情感、主题等方面评价创意表达能力。

三、"思辨性阅读与表达"学习任务群的写作内容阐释

该学习任务群中的写作内容主要是训练议论性文章，要求负责任、有中心、有条理、重证据地表达，培养理性思维和理性精神。具体包括以下几个方面的内容：（1）结合生活经验和阅读材料，阐述自己的感悟和观点。（2）联系自己的科学学习经历，围绕问题提出、探究过程、解决方法等进行专题式的研讨、演讲和写作。（3）尝试对书画、诗作、文章等作品进行赏析，写简短的赏析文。（4）围绕社会热点问题，以口头或书面方式参与讨论，表达自己的观点。

该学习任务群的写作，可以创设"生活的感悟""探究与创造""艺海拾贝""理性的声音"等主题情境，为学生提供广阔的思考、表达和交流空间。写作过程中，重点培养学生的"实证"意识，遵循"猜想、验证、推理、结论"的思维方法，鼓励学生借助现代信息技术，自主搜集和利用学习资源，拓展思路，通过寻找证据支持自己的观点。在写作过程中，还要培养学生学习按照"提出问题——探究过程——解决方法"的思路和方法来进行写作。注意引导学生客观、全面、冷静地思考问题，识别文本隐含的情感、观点、立场，体会作者运用的思维方法，如比较、分析、概括、推理等。

写作评价方面，应注重三个方面：（1）思辨性写作重点从能够对事实材料进行分析，表达观点鲜明、证据充分、合乎逻辑等方面进行评价。（2）关注信息的可靠性和权威性，对所援引资料要注明出处。（3）注重表现性评价，关注学生写作过程中的交流、研讨、分享等现场表现，以及活动过程中产生的文字、表

格、统计图、思维导图等学习成果，要特别关注学生思考的过程和思维的方法。

四、"整本书阅读"学习任务群的写作内容阐释

该学习任务群旨在引导学生积累整本书的阅读经验，丰富精神世界。本任务群的写作是为了促进阅读，即"以写促读"，表现为阅读整本书之后的"输出"。写作内容主要有四个方面：（1）以书面方式向他人推荐中华优秀传统文化经典、革命文化和社会主义先进文化作品。（2）撰写读书笔记，针对作品的语言、形象、主题等方面交流分享阅读心得。（3）尝试改编名著中的精彩片段。（4）结合自己的阅读体会，尝试撰写文学鉴赏文章。

写作评价方面，应注重三个方面：（1）考察阅读整本书的全过程，以及读书态度、读书习惯和读书方法。读书方法要符合名著的体式与类型特点。（2）能够结合阅读体验，联系自身生活经验，表达阅读感受，分享对名著的理解与赏析，整体提高认知能力。（3）改编的名著片段，在忠实于原作主题、人物性格的基础上，可以融入自己的阅读体验有所创造，具有一定的文学审美水平。

五、"跨学科学习"学习任务群的写作内容阐释

该学习任务群的写作内容围绕学科学习、社会生活中有意义的话题，拓宽语文学习和运用领域，在综合运用多学科知识的过程中开展写作活动。写作的重点是，掌握问题探究的基本步骤和方法，学会提炼、表达、呈现学习成果，着重培养学生综合运用多学科知识解决实际问题的能力。

"跨学科学习"任务群的写作内容非常丰富，《义务教育语文课程标准（2022 年版）》提供了广泛的写作话题："（1）结合数学、物理、化学、生物学等学科学习，或者自己参与的科技活动，学习撰写并分享观察、实验研究报告。（2）在心理健康、身体素质等方面，选择师生共同关心的问题，组织小课题组，开展校园调查，学习设计问卷、访谈、统计、分析，撰写并发布调查报告。（3）在环境、安全、人口、资源、公共卫生等方面，选择感兴趣的社会热点问题，查找和阅读相关资料，记录重要内容，列出发言提纲，参加班级讨论。（4）围绕仁爱诚信、天下为公、和谐包容、精忠报国、英勇奋斗、自强不息、明礼守法，以及科学理性、艺术精神等，选择专题，组建小组，开展学习与研究，运用多种形式分享学习与研究成果。（5）组建文学艺术社团，开展相关文化活动，参与社区文化活动与文化建设；在参与过程中写出策划方案，制作海

报，记录活动过程，运用多种媒介发布学习成果。"

写作评价方面，可从以下几个维度：（1）表现性评价。"主要以学生在各类探究活动中的表现，以及活动过程中完成的方案、海报、调研报告、视频资料等学习成果为依据"。（2）多元主体评价。"教师可以针对主要学习环节和内容制订评价量表，邀请相关学科教师、家长、社会人士参与评价"。（3）进阶性评价。"评价要关注学生综合运用多学科知识思考问题、解决问题的态度和能力"。关注信息的权威性和科学性；能运用实证性材料对相关问题作出合理的解释与推断；能通过梳理、分析材料提炼出自己的看法。（4）反思性评价。"评价以鼓励为主，既充分肯定学生的发现和创造，又引导学生自我反思提升，不断提高跨学科学习的质量"。

第四节　国内外仿写指导理论研究

仿写是建立稳定认知结构的重要手段。学生在阅读中有自己的发现，有自己的感悟，他一定要通过某个途径、某种方式把自己的心得表现出来，这就是通过阅读引导学生自主发现语言表达的规律；养成习惯，实现由读书到自主作文，由仿写到创作的飞跃。

一、模仿心理学指导学生仿写的理论依据

初中生的写作心理发展水平大多处于模仿阶段，少部分学生有创作意识的萌芽。教师要关注学生的学习兴趣，一方面帮助学生克服畏惧写作的心理；另一方面，通过模仿习得写作能力，使写作指导有法可循，切合学生实际，具有可操作性。

布鲁纳提出支架式教学的理念。教师的关键工作是帮助学生找到可以利用的支架并教会学生如何使用支架。当学生的学习能力逐步增强时，可以不断调整支架；当学生获得相关的元认知技能后，可以撤掉支架，最终形成学习能力。在初中生文学作品仿写中，教师要精心选择经典范文，引导学生构建仿写的图式，示范仿写的可操作性程序。

美国心理学家班杜拉的社会学习理论特别强调了社会语言模式和模仿在语言

学习中的作用。他认为，儿童学习语言，主要就是通过观察和模仿，社会语言范式对儿童语言的发展有着极其重要的影响。

心理学研究发现，迁移是一种学习对另一种学习的影响。在仿写教学中，引导学生大量阅读范文后，掌握文学语言和写作范式，进行比较，发现范文和即将要写的文章的关系，产生迁移，促进文学语言和写作范式的转化，形成写作能力。

美国当代教育心理学家奥苏贝尔认为，在人的大脑中，新知识会对原有的认知结构发生作用，使新旧知识和观念发生碰撞，产生同化作用，改变旧的知识结构，重组新的知识结构，进而螺旋式上升，形成新的高一级的知识结构。

《科学学习》中介绍的斯坦福黄金学习法则之"参考样例"，具有模仿学习策略的特点，它可以在帮助学习者迈出第一步方面发挥奇效。参考样例能够解决两大问题：（1）要去观察并模仿的行为过于复杂，学习者可将样例分解为操作简单、易于模仿的各个组成部分。（2）好的参考样例应当解释每个步骤背后的逻辑与目的。参考样例可以让蕴含其中的思维过程更加直观，这种学习方式有利于学习者理解问题并掌握解决步骤。

《阅读的力量》指出："写作能力是从阅读中培养的。更精确地说，从阅读中，我们学会写作风格这种独特的写作语言。"该书中还提出一项研究成果："语言学习从输入的信息产生，而不是输出的信息；从理解而来，而不是制造。"上述都强调了"写得好"与"读得多"两者间的相关性，阅读和写作的共同要素越多，学习迁移越易发生。

我国《义务教育语文课程标准（2022 年版）》在"文学阅读与创意表达"学习任务群第四学段"学习内容"中指出："阅读表现人与自然的优秀文学作品，包括古诗文名篇，体会作者通过语言和形象构建的艺术世界，借鉴其中的写作手法，表达自己对自然的观察和思考，抒发自己的情感。"在"学业质量描述"（第四学段）中这样表述："能从作品中找出值得借鉴的地方，对照他人的语言表达反思自己的语言实践。"这里的"借鉴"，非常接近"学习样例"的心理规律，也是强调从阅读中建构写作图式，通过仿写实现写作图式的迁移与运用，从而表达自己的思考，抒发自己的情感。

以上几种心理学原理都强调以典型的例子为范本，在文学作品仿写中，即指经典的文学课文或课外经典文学篇目。学生通过模仿例文，掌握表达的技巧与规律，产生新的文学作品。

二、对我国古代写作中仿写的研究综述

古人重视仿写，重视加强章法的习练。张志公先生在《传统的章法论》中指出："所谓章法，无非是语言表达的逻辑顺序。大体上从宋朝就有了'起''承''转''合'的说法，用这个模式来讲文章，读文章，也用这样一个轮廓和步骤来写文章，以至于写诗也讲究这个。"在彭小明、林陈微《写作学习论》一书中也论述道："古人通过选编范文供学习者阅读模仿，并结合评点介绍有关章法的知识和技巧，引导学习者练笔，从而建构起文章图样。"书中引述《文心雕龙·熔裁第三十二》语曰："是以草创鸿笔，先标三准：履端于始，则设情以位体；举正于中，则酌事以取类；归余于终，则撮辞以举要。"可见，章法体式是仿写的主要内容。明代归有光《文章指南》，全书共66则，每则均以文章作法标目，有关章法的诸如抑扬则、前后相应则、文势层叠则、总提分应则、结意有余则、结末括应则等都论述得十分透辟。

古人模仿章法进行创作的实例，如汉代杨雄的著作《太玄经》模仿《易经》，《法言》模仿《论语》，诗赋模仿司马相如的作品。中国古典四大小说都有比较清楚的模仿的著作或者底本。

古人在仿写时，也追求语言的创新。清代的薛雪主张活用古语："用前人字句，不可并意用之。语陈而意新，语同而意异，则前人之字句，即吾之字句也。"（清·薛雪《一瓢诗话》）清代的方东树提出去陈言的方法"则全在于反用翻用，故著手成新，化腐朽为神奇"（清·方东树《昭昧詹言》）。唐代诗人王勃模仿庾信的诗句"落花与芝盖同飞，杨柳共春旗一色"，写出名句"落霞与孤鹜齐飞，秋水共长天一色"。王勃仿写而成的这两句诗历来被奉为写景的精妙之句，广为传唱。清代李渔要求在采用古人古语的同时兼收通俗的人民大众语言，达到深入浅出、雅俗共赏的目的。

三、对我国现当代写作中仿写的研究综述

现代作家、艺术理论家、教育家也有关于仿写的论述。茅盾曾说："模仿是创作的第一步。"何其芳指出："初学写作是经过有意或无意的模仿阶段，从中学会写作技巧。"郭沫若的诗歌模仿了歌德、泰戈尔和惠特曼三位大诗人的诗歌。他还爽快地说："我有一个写作秘诀，就是先看人家的书再写。"

现代美学家朱光潜先生指出："我们不必唱高调轻视模仿，古今大艺术家，据我所知，没有不经过一个模仿阶段的。第一步模仿可得规模法度，第二步才能集合诸家的长处，加以变化，造成自家所持有的风格。"他在《给青年的十二封信》中还指出："学文如学画，学画可临帖，又可写生。在这两条路中间，写生自然较为重要。可是临帖也不可一笔勾销，笔法和意境在初学时总须从临帖中领会。"朱光潜先生强调写好文章的两条路径。"临帖"即读书并模仿，研究大师的行文功底，模仿其遣词造句的方式，并进一步改善自己文章中的语言表述；在"临帖"的基础上"写生"，最终形成自己的语言风格。叶圣陶先生早就指出"语文教材无非是个例子"。他这样阐述："阅读和写作的知识必须化为技能……必须在不知不觉之间受用着它，才是真正的受用。"这就是说，多阅读，会读书，能够形成阅读经验，建立写作图式。再经过反复实践，形成一种熟练的技能。

叶圣陶和夏丏尊先生于20世纪30年代合编的《国文百八课》，也为文学作品的仿写提供了完整的操作程序。其编写体例是：首先，编列"文话"，确定仿写的目标；其次，精选范文，引导学生揣摩、分析范文的写作方法；再次，编列文法或修辞，并就文选中取例，是模仿范文写法的具体指导；最后，附列习问，就是让学生进行仿写训练，把研习的写作图式运用到自己的写作中。《国文百八课》的每一个单元都是指导学生进行文学作品仿写的一个完整程序。

今人把仿写作为一种深度的建构心理图式的思维训练。梁衡先生说，他写文章一是学习司马迁，一是学习韩愈。他说从司马迁和韩愈那里学到了文章的结构章法。也就是说，他在研习司马迁和韩愈的文章时，建构了写文章的章法图式，实现了读写转化。钱梦龙先生在《一条读写结合的"链索"——模仿、改写、借鉴、博采、评析》一文中指出，模仿是一种以课文为范本，以读导写的思维训练。

王光龙先生在《语文学习概论》第十二章第四节"写作学习的基本方法"中指出："中小学最常用的写作学习方法有口述作文、写放胆文、模仿作文和提纲作文等。"该书阐述了"模仿作文"的一些实施策略：通过阅读建立合理的认知结构，有助于阅读向写作的迁移；通过阅读、借鉴、仿写掌握"读写转化"的策略。因此，仿写是建立稳定认知结构的重要手段。

葛红兵、许道军在其主编的《创意写作教程》中指出：突破写作障碍要"学会模仿，敢于模仿"。他们对此做了这样阐述："要知道，任何写作，任何人类的实践活动都是从模仿开始的。从模仿开始写作，其实是一个秘而不宣的事实。反过来，你不模仿，写作根本不能开始。你没有模仿这个，必定模仿了那个。如果给模仿一个'文明'的说法，就是向大师致敬，向经典致敬。"创意写作在强调个人的独创性时，更强调传统、成规，没有传统、成规，创意写作便无从开始。

　　一篇写成的文章，可以说是内容和技巧的结合。好文章一定是丰富的生活经验通过高明的技巧表现出来的。正是从这个意义上，鲁迅先生才说："凡是已有定篇的大作家，他的作品，全部就说明着'应该怎样写'。只是读者很不容易看出，也就不能领悟。"只要把握住"分析综合"这个基本原则，多留心好作品里安排材料的方法，自己写起文章来就不难根据具体情况去灵活运用了。由此看来，运用范文指导学生写作的策略是：要善于从文章中提炼语言表达规律，即仿写的"范式"，将蕴含在范文中的写作知识显性化，并在此基础上融会贯通，结合自己的生活体验，创造出体现个性的作品，实现读写的自由转化。

　　还需申明一点，在指导学生进行仿写的时候，既要注重表达方面的"思维赋形""范文图式"，又要注重主题方面的鲜活写作素材，即上文所述学生有"自己的感悟""丰富的生活"。王栋生老师曾说："从写作学习的发展规律看，学生丢弃自己丰富多彩的生活，不懂得理性地分析问题，只会模仿或是演绎历史人物的生平故事，那他今后学习发展的空间将越来越狭窄。不会有什么创造性。"我们要警惕一味地模仿，倡导"表现自己的生活"与"运用写作知识"融合的仿写。

四、对国外写作中仿写的研究综述

　　写作，作为人类社会共有的一种文化现象，其创作机理具有相通之处，国外的很多知名作家和写作教师也提出过关于"仿写"的理论。美国文学理论家勒内·韦勒克和奥斯汀·沃伦在其著作《文学理论》中指出："优秀的作家在一定程度上遵守已有的类型，而在一定程度上又扩张它。总的说来，伟大的作家很少是类型的发明者，比如莎士比亚和拉辛、莫里哀和本·琼生、狄更斯和陀思妥耶夫斯基等，他们都是在别人创立的类型里创作出自己的作品。"为何出现这种文学创作现象？巴赫金在《诗学与访谈》中这样回答："体裁中保留的陈旧成分，并非是僵死的而永远是鲜活的；换言之，陈旧成分善于更新。"这与我国"推陈出新"的创作原理是一致的。

日本当代美学家竹内敏雄认为，模仿某一类型的典范作品进行写作，可以避免新手上路的盲目性。某一类型的作品，通过具象呈现出表达规律。作品是"通过一定的'形'呈现出来的类的'型'"，"一切类型都是作为一定的可以直观的存在形态的整体形象而成立的"。葛红兵老师对此进一步阐释："类型有'类'有'型'，'类'是作品群，而'型'则是这个作品群中的典范作品。创作某个类型的作品，实际上可以从这个典范作品的模仿开始。"

美国科罗拉多州奥罗拉市中洲教育与学习研究中心高级顾问魏姬·厄克特和莫内特·麦基沃说"范文是作者最好的朋友"。他们把范文视作一种"文字借贷"，范文里隐含着写作的密码，为将要发生的写作提供"路线图"，可以让作者揣摩这些范文的"表达特征"和"写作艺术"。荣维东先生对此论述时指出：范文这个朋友的好处在于，它可以为作者将要发生的写作提供某种样子和模型，作为一种思维支架或备选方案，减轻写作者构思的负担，但是范文对于优秀写作者也可能会造成阻碍，限制他的创造性思维。由此观之，理解并炼制范文中的优秀写作内容进行仿写，是一种有效的指导学生写作的方法，尤其是对于初学写作者。

美国作家多萝西娅·布兰德在她的著作《成为作家》中专列"第十章 关于模仿"，具体论述通过模仿进行写作的方法。多萝西娅·布兰德认为："当你在别人的写作中发现对你自己的作品有用的素材时，才是模仿对你唯一有用的方式。"不能够直接"拿来"别人的素材，需要一个转化的过程，要使他人的优秀写作要素成为自己写作的"需要"，与自己的写作有效"对接"，此时的模仿才能够真正发生作用。她还指出："优秀的技巧可以模仿，而且这种模仿好处很大。"模仿写作时，要深入研究范文，不只是从整体上把握主要内容和思想感情，更要仔细认真地逐字逐句开细读。她说，如果可能，最好在你自己的作品中找一篇同样的作品作为对比。为了惟妙惟肖地模仿，她甚至精准到字数相似、词性相对。她认为，"一旦通过努力学会了分析一个句子的不同组成部分，并且能够自己写出一个类似的句子，你就会发现，你自己头脑中的某一部分从此觉醒了，对以前你不易察觉的微妙之处变得敏感了"。如此接近优秀作家的用词用句、文风节奏，确保贴近自己的作文，"模仿"则可以使读者感到用词新鲜、对抗单调。

瑞典诗人托马斯·特朗斯特罗姆由于"用凝练、透彻的意象，为我们打开了一条通往真实的新路径",获得了 2011 年度诺贝尔文学奖。而 1987 年的诺贝尔文学奖得主、美国诗人约瑟夫·布罗茨基曾公开承认:他不止一次"偷过"特朗斯特罗姆诗里的意象。据人们研究,巴尔扎克的《高老头》模仿了莎士比亚的剧作《李尔王》中的父女关系发展线索。笔者认为,"偷过""模仿"这些行为即善于学习,从名家作品那里汲取营养,获得优秀的言语智慧,形成表现生活与人生的表达创意,丰厚自己的文学素养。由此看来,越是世界级大文豪越注重阅读,越注重向他人借鉴,让自己站在巨人的肩膀上,心怀寰宇,目眺八方,写下属于自己的不朽作品。

在很多人的印象中,欧洲人是很注重写生的,比如福楼拜指导莫泊桑描写一百个不同的面孔。可是这并非说欧洲人完全不临帖。朱光潜先生列举了大量事实,如莎士比亚起初模仿英国旧戏剧作者,白朗宁起初模仿雪莱,陀思妥耶夫斯基和许多俄国小说家都模仿雨果等,以此证明"许多第一流作者起初都经过模仿的阶段"。

综上,通过对模仿心理学指导学生仿写的理论研究、对我国古代写作中仿写的研究、对我国现当代写作中仿写的研究、对国外写作中仿写的研究,进一步让我们明白,在初中仿写教学中,引导学生大量阅读经典范文,萃取文学语言和写作范式,积极调用范文中的关键写作知识,和即将要写的文章发生关联,可以促进重组新的知识结构,促进迁移与运用,在真实情境中逐步形成写作素养。

第二章
初中语文教材写作内容编排分析

　　教材是依据课程标准编制的系统反映学科内容的教学用书，是课程标准的具体化。2017 年开始使用的初中语文统编教材凸显"写作专题"，采取独立编排的方式，在写作的活动性、指导性等方面，相比以往教材都有很大的突破。教师要认真研读教材，深入理解教材写作专题的编写意图，有效地指导学生写作。

第一节　初中语文统编教材写作内容编排

初中语文统编教材写作内容以"写作专题"为主，并以"阅读"部分的写作、综合性学习中的写作、名著导读中的写作辅之，既突出依照序列螺旋上升式培养学生关键写作能力的理念，又践行了写作教学要与阅读教学、综合性学习等相互促进的理念，充分而全面地认识初中语文统编教材的写作内容编排，有助于增强初中学段写作指导的有效性。

一、写作专题

统编教材编写专家组深入调研，精心编写写作部分的教材，经过广泛论证，拟定了36个写作训练点。教材充分考虑了学生年龄特点和写作知识之间的内在逻辑，采取分点布局的编排体例安排在不同年级、不同单元里。现作如下整理：

册次	第一单元	第二单元	第三单元	第四单元	第五单元	第六单元
七年级上册	热爱生活，热爱写作	学会记事	写人要抓住特点	思路要清晰	如何突出中心	发挥联想和想象
七年级下册	写出人物的精神	学习抒情	抓住细节	怎样选材	文从字顺	语言简明
八年级上册	新闻写作	学写传记	学习描写景物	语言要连贯	说明事物要抓住特征	表达要得体
八年级下册	学习仿写	说明的顺序	学写读后感	撰写演讲稿	学写游记	学写故事
九年级上册	诗歌创作	观点要明确	议论要言之有据	学习缩写	论证要合理	学习改写
九年级下册	学习扩写	审题立意	布局谋篇	修改润色	戏剧评议	有创意地表达

二、"阅读"部分的写作

阅读与写作被称为语文教学的双翼。初中语文统编教材非常注重阅读教学与写作教学之间的联系，注重读写结合，注重迁移运用。学生在阅读过程中积累写作素材，生发阅读感悟，习得写作规律，为写作提供了借鉴范式。阅读后的写作，深化了对文本的理解，通过运用文章中的写作知识，建构了文本的核心知识。通过对统编教材的研究，教材中"阅读"部分课文后面设置的写作任务如下：

册次	课文	课文后设置的写作任务
七年级上册	《春》	发挥想象，另写一些比喻句来描绘春天
	《济南的冬天》	借鉴课文的某些写法，就你家乡冬天的风景写一个片段。注意抓住特点来写，不少于200字
	《从百草园到三味书屋》	描写一处景物，用上"不必说……也不必说……单是……"这个句式，并注意合理安排描写的顺序，运用多种描写方法。200字左右
	《植树的牧羊人》	我们所处的社会中也有很多默默"种树"的人，他们以非凡的毅力，辛勤耕耘，种植着希望和幸福。你认识或听说过这样的人吗？试为他写一段文字，记录他的事迹，并写出你的评价和感受
	《狼》	发挥想象，将本文改写成一则白话故事。注意充实内容，增加对人物语言、动作、心理等的描写
	《皇帝的新装》	尝试将这篇童话改编为课本剧并表演
	《天上的街市》	仰望星空，你会有什么新奇的联想和想象？选择一个天体（如星星、月亮），发挥联想和想象，写一首小诗
	《寓言四则》	任选课文中的一则寓言，或以前读过的寓言（如《塞翁失马》《智子疑邻》等），重新设计情节，赋予其新的寓意，把它改写成一篇新的寓言
七年级下册	《叶圣陶先生二三事》	叶圣陶先生关于写文章要简洁的观点，对你有启发吗？拿出自己最近写过的作文，看看有没有累赘的地方，做些修改
	《伟大的悲剧》	下面摘录的是这封信的一部分，阅读后结合课文内容，写一篇阅读笔记

（续表）

册次	课文	课文后设置的写作任务
八年级上册	《三峡》	翻译课文的中间两段，把原文和自己的译文都朗读一遍，边读边体会它们不同的语言特点
	《短文两篇》	从两篇短文中任选其一，发挥想象，将其改写成一篇白话散文
	《白杨礼赞》	写作时恰当使用象征手法，可以让读者咀嚼回味，给人留下深刻的印象。试选取你熟悉的某个事物，赋予它一定的象征意义，完成一次片段写作
	《苏州园林》	借鉴本文先总说再分别说明的写法，写一段文字，介绍你曾经游览过的一座公园或建筑。注意抓住其主要特点，有条理地进行说明。不少于300字
	《愚公移山》	从下面两个场景中任选其一，以课文相关内容为基础，发挥想象，写一个片段。不少于200字
	《诗词五首》	本课诗词中有不少千古传诵的名句，请你任选一两句，发挥联想和想象，描绘你体会到的作品情境。
八年级下册	《阿西莫夫短文两篇》	写一篇小短文阐述你对恐龙灭绝的原因的认识
	《〈诗经〉二首》	下面是对《关雎》第一章的一种翻译，你喜欢吗？另选一章，试着翻译成白话诗
	《壶口瀑布》	反复阅读课文第3、4段，品味其语言的妙处，并试着写一段赏析文字
	《马说》	阅读下面的短文，结合课文，写一段文字，谈谈你对人才问题的看法。不少于300字
	《唐诗三首》	任选一首诗，发挥想象，增加一些细节，改写成一则小故事
九年级上册	《敬业与乐业》	作者说："我信得过我当木匠的做成一张好桌子，和你们当政治家的建设成一个共和国家同一价值。"对这个观点，你怎么看？写一段议论性的文字，表明自己的看法
	《就英法联军远征中国致巴特勒上尉的信》	雨果是法国人，但对法国的"胜利"没有喜悦，没有赞美，而是站在正义和良知的立场上揭露和批判了这次"胜利"。他这样是不是不够"爱国"？谈谈你的看法
	《故乡》	发挥想象，续写宏儿和水生长大后见面的情景。300字左右
	《我的叔叔于勒》	想象一下，假如菲利普夫妇在船上发现已经成为百万富翁的于勒，他们会有怎样的表现呢？试写一个300字左右的片段
	《中国人失掉自信力了吗》	请以"逆境是否有利于人成长"为论题，组织一次小型辩论会，学习如何确立自己的观点和反驳对方的观点
	《智取生辰纲》	课外阅读《水浒传》中有关杨志的其他回目，结合本文，写一篇《杨志小传》
	《范进中举》	发挥想象，添加细节，将课文改编成课本剧

（续表）

册次	课文	课文后设置的写作任务
九年级下册	《祖国啊，我亲爱的祖国》	仿照课文，在下面的横线处添加一句，使它们尽可能与原诗句承接紧密，和谐一致
	《海燕》	想象一下：如果海燕要向它们表明自己的心志，它会说些什么？试以《海燕的宣言》为题写一段话
	《孔乙己》	以《鲁迅笔下的看客形象》为题，写一篇小论文
	《鱼我所欲也》	孟子善于运用日常生活中的事例进行类比说理，使抽象的道理变得浅显易懂。学习这种方法，写一段话，说明一个道理
	《词四首》	仿照示例，从课文中另选几处富有表现力的词句进行点评
	《山水画的意境》	运用课文中有关意境的论述，选择一首自己喜欢的古诗词进行赏析
	《天下第一楼（节选）》	阅读《天下第一楼》全剧，从常贵、卢孟实、修鼎新中任选一人，参考示例，写一段人物分析。300 字左右
	《枣儿》	联系现实生活，关注社会上出现的空巢老人和留守儿童现象，了解产生这种现象的原因，并谈谈你的看法
	《出师表》	有关诸葛亮的传说、故事、俗语很多。课外搜集有关资料，以《千秋诸葛我评说》为题写一段文字，表达你对诸葛亮的看法
	《诗词曲五首》	《十五从军征》是一首叙事诗。试发挥想象，扩充细节，将这首诗改写成一篇记叙文

三、综合性学习中的写作

统编教材为突出语文学科的实践性，每册（九年级除外）安排了 3 次综合性学习，分别为传统文化、语文生活、综合实践。综合性学习体现为一种学习方式的变革，表现为语文知识的综合运用、听说读写能力的整体发展。在综合实践活动中，培养学生学语文、用语文的探究能力，其中也借助写作参与完成实践任务，通过写作呈现探究结果。笔者做如下梳理：

册次	综合性学习	写作任务
七年级上册	有朋自远方来	将活动中的自我介绍写成一篇文章，或为你的朋友写一段介绍文字。不少于 400 字
	少年正是读书时	通过课外阅读调查、讨论和分析，你对自己的课外阅读状况有没有一些想法要跟同学、老师分享呢？结合"资料一""资料三"，写一篇文章，谈谈你的认识。不少于 400 字
	文学部落	拟出一份班刊策划书，确定班刊的整体框架

（续表）

册次	综合性学习	写作任务
七年级下册	天下国家	从搜集来的事迹中选取一两个有代表性的故事进行适当的加工。比如，加入一些细节描写，想象人物当时的心理，描摹人物的动作、神情。要突出重点，详略得当，并拟一个恰当的小标题
	孝亲敬老，从我做起	1. 制作宣传海报，海报要突出活动特色和班级特点。 2. 古往今来的孝亲故事是不是也触动了你心底对于父母的感恩之情？结合"资料三""资料四"，写一篇文章，谈谈你对此次"孝亲敬老"活动的感受和思考。题目自拟，字数不限
	我的语文生活	仔细品味，模仿这类广告的语言风格，为你喜欢的商品或某一公共场所写一则广告词
八年级上册	人无信不立	围绕"诚信"这一话题，写一篇演讲稿
	我们的互联网时代	1. 设计一份简单的调查问卷； 2. 制作一本题为《关于散文》的小册子
	身边的文化遗产	1. 撰写《优秀文化遗产申请报告》； 2. 以"我与文化遗产"为话题，自拟题目，写一篇作文，谈谈你对文化遗产保护的认识和思考
八年级下册	倡导低碳生活	参阅"资料二""资料三"，撰写宣传文稿
	古诗苑漫步	编写一本专题诗集（撰写简要的赏析、评点文字；写一篇"前言"或"编后记"）
	以和为贵	你对中国文化中的"和"一定有了许多新的认识和理解吧？任选一个角度，写一篇作文，谈谈你的收获
九年级上册	君子自强不息	1. 寻找自强不息的人物，撰写采访稿； 2. 以"自强不息"为话题，撰写演讲稿
	走进小说天地	1. 重新设计人物命运改写小说； 2. 为小说续写故事； 3. 穿越时空的对话； 4. 寻找你周围生活中的小说素材，进行虚构、演绎，编一个故事，或试着写一篇小小说
九年级下册	岁月如歌——我们的初中生活	制作一本班史，参考"资料二"，撰写班级大事年表、专题作品、班级逸事等。每位同学写一篇"素描"文字介绍自己

四、名著导读中的写作

此类写作与名著阅读紧密联系，围绕复杂而开放的阅读任务，常常通过写作的方式促进研究性学习，来促进达成深入理解名著、深入研究作品的目的。此类写作的具体文体常常以读书报告、人物小传、小论文等具体文体呈现阅读成果。笔者对这部分写作梳理如下：

册次	名著导读	写作任务
七年级上册	《朝花夕拾》	写一篇读书报告
	《西游记》	1. 唐僧师徒四人，你最喜欢的是谁？写一篇短文介绍这个人物。 2. 大胆发挥想象，自己来创作一个取经路上的新故事
七年级下册	《骆驼祥子》	1. 写一篇祥子的小传； 2. 写一篇读书报告
	《海底两万里》	1. 结合小说的内容，写几则航海日记； 2. 请你根据作品内容，以最后返回陆地的法国生物学者阿龙纳斯的身份，给一个亲密的朋友写一封信，向他介绍尼摩船长其人
八年级上册	《红星照耀中国》	撰写专题读书报告
	《昆虫记》	观察你喜欢的小动物，学习法布尔的写作技巧，进行仿写
八年级下册	《傅雷家书》	1. 探讨傅雷的教子之道，完成一篇读书报告； 2. 以《两地书，父子情》为题写一篇短文； 3. 假设你可以与傅雷就这一话题进行交流，试着写一封信，表达你对他的观点的理解或你对这个话题的看法
	《钢铁是怎样炼成的》	给保尔·柯察金写一个小传
九年级上册	《水浒传》	1. 找出其中你最喜欢的一个，记录下他的人生轨迹、英雄事迹和个性特征，为人物写一篇小传。 2. 通读小说，看看这部古典小说在结构、人物刻画、语言等方面具有哪些特点，选择一个角度，写一段赏析文字
九年级下册	《儒林外史》	1. 写一篇小论文，谈谈你对《儒林外史》讽刺艺术的体会； 2. 选择书中的一个人物，发挥想象，续写他的故事
	《简·爱》	1. 为简·爱写一篇人物评传； 2. 观看电影《简·爱》，写一篇观后感；或将小说的精彩片段改编为话剧

第二节　初中语文统编教材写作内容分析

写作是运用语言文字进行表达和交流的重要方式，是认识世界、认识自我、创造性表述的过程。写作能力是语文素养的综合体现。因此，初中语文统编教材非常注重写作内容的编排。初中语文统编教材的写作系统由每个单元的写作专题、阅读系统的写作训练、综合性学习的写作训练与名著导读的写作训练组成，按照独立呈现和综合呈现两种方式进行编排，做到"整体结合，有机渗透"，注重将写作知识渗透于语文教材各个方面。研读初中语文统编教材的写作内容，对其编写意图和编排体例深入分析，可明晰整个初中学段写作教学的蓝图，促进对多样化指导策略的思考，以便根据不同年级学生的写作情况，按照序列性、层递性、全面性的原则加强写作指导，以实现学生写作水平的提高。

一、"写作专题"编排分析

1. 整套初中语文统编教材"写作专题"编排分析

初中语文统编教材写作专题，由宏观视之，从培养学生的写作兴趣和良好的写作习惯开始，逐步培养各类文体写作（记叙性文章、说明性文章、议论性文章）和实用类文本的写作（游记、书信、小传等）。整个编排呈现由浅入深、由基础写作能力到特定文体能力螺旋式上升的特点。

七年级重点培养学生的写作兴趣（如七年级上册"热爱生活，热爱写作"）和良好的写作习惯（如七年级下册"文从字顺""语言简明"），在此基础上初步培养写人记事的能力（如"写人要抓住特点""写出人物的精神""学会记事"等）。

八、九年级的写作内容呈现出以下三个特点：一是注重文体写作，如"新闻写作""撰写演讲稿""学写读后感""说明事物要抓住特征""论证要合理"；二是注重改编式写作，如学习仿写、改写、扩写、缩写；三是凸显作文程式学习，涵盖了写作指导的全过程，如"审题立意""布局谋篇""修改润色""有创意地表达"等专题。

2. 每个单元"写作专题"的编排分析

初中语文统编教材每个单元的"写作专题"由两部分构成：导写短文和写

作实践。

导写短文的编写突出以下三个特点：

（1）凸显读写结合。注重由本单元的文本阅读导入该专题的写作，实现了读与写的紧密结合。如七年级上册第二单元的写作"学会记事"，引导学生先回顾本单元课文《散步》是怎样把事情写清楚的，让学生填写思维图表，这样由感性思维上升到理性思维，从而提炼出"怎样把事情写清楚"的写作知识。联系本单元课文来学习写作知识，体现读写结合的指导思想，符合学生学习写作的规律。

（2）注重激活思维。"写什么"是学生写作常面临的一个难题。初中语文统编教材从多个角度激活学生的写作思维：如七年级上册第一单元的写作"热爱生活，热爱写作"，引导学生联系自己的生活体验，调动自己的思维；七年级下册第三单元的写作"抓住细节"，指导学生回忆学过的课文中的细节描写，试着写出一两个细节进行写前热身；八年级下册第三单元的写作"学写读后感"，指导学生借鉴其他同学写的读后感提纲来激活自己的思维；九年级上册第五单元的写作"论证要合理"，指导学生围绕《创造宣言》中的几段文字是如何论证的展开讨论，从而激活思维；九年级下册第二单元的写作"审题立意"，指导学生利用"头脑风暴"的方法进行发散思维，再分析比较，之后选择一个既新颖又自己能够驾驭的主题进行构思创作。统编初中语文教材利用鲜活多样的方式，调动学生的生活和阅读积累，激发其写作热情，初步建构写作的思维图式，从而有效解决了"写什么"的问题。

（3）指导简明扼要。初中语文统编教材的"写作专题"追求"一课一得"，写作知识的讲解重点突出，点拨精要，浅显易懂，条理清晰，针对性强。如七年级下册的写作"抓住细节"，在阐述如何让学生学会抓住细节时，教材上只讲了三点，注意"真实""典型""生动"，每一点仅用两三行文字，并且列举了本单元课文中的例子加以解说。这样的写作知识讲解，融感性示例与理性概括于一体，学生易于理解和实践。

写作实践的编写突出以下三个特点：

（1）由易到难，由浅入深。每个单元的写作实践共设置三项写作任务，第一项写作任务常常设计一个"小活动"，激发学生的写作兴趣，调动其生活积累。有时是提出几个具有导向性的问题，引发写作前的思考，实现本专题"写作知识"向"写作实践"过渡，对写作框架有个"谋划"，拟制提纲图表；有时是写一个二三百字的片段或反思以前的作文片段等。这样设计的主要用意是指导学生将生活内容转化为写作内容，主要包括选材、加工和提炼。另外，这样的设计还易于操作，尤其对写作能力弱、有畏惧心理的同学来说，这样的设计可以发挥"梯子"的作用，引导他们喜欢上写作，从而收获写作成功的快乐。

（2）提供支架，指导具体。初中语文统编教材淡化写作知识的细致讲解，突出写作过程的具体指导。每项写作任务都有 2~3 个"提示"，结合具体的作文命题做出具有针对性的详细指导。如九年级上册"议论要言之有据"写作实践三：

范仲淹在《岳阳楼记》中说："先天下之忧而忧，后天下之乐而乐。"对此你怎么看？自定立意，自拟题目，写一篇议论文。不少于 600 字。

教材中在这道题目下面做了如下三点"提示"：

◆要表明自己的观点，言之成理。

◆选择与观点一致的材料，最好既有事实论据，也有道理论据。

◆根据你的观点和材料列一个提纲，与同学交流，互相补充论据，在此基础上完成作文。

这 3 点提示作为作文的方法支架和程序支架，为完成此次作文做了强有力的支撑和指导。前两点提示是方法支架，提出文章要有自己的观点，材料要与观点一致，并且提醒论据尽可能多样化，增强说服力。第 3 点提示是程序性支架，要先列提纲，再与同学交流，吸收同学的建议或交流成果，补充论据，完善提纲，最后再动笔行文。由这个例子可知，初中语文统编教材非常关注写作的过程性指导，这是与以往教材的显著不同。初中语文统编教材精心设计的写作指导贯穿于每个环节，引导和促进学生高质量地开展写作实践活动，快速形成写作能力。

（3）尊重学生，多种选择。写作实践基于单元"写作专题"而设计写作任务，目标集中，指向明确。多种写作任务的设置为学生提供了选择的空间，易于调动学生写作的积极性。从另一个角度来讲，这也是对学生的尊重，利于精准实施差异化教学，利于培养学生的个性化表达。

二、其他三类写作内容的编排分析

初中语文统编教材以各单元的"写作专题"为主，同时适时设置"阅读"

部分的写作、综合性学习中的写作、名著导读中的写作。这三类写作内容各具特点，训练目标各有侧重。

1. "阅读"部分的写作内容分析

"阅读"部分的写作内容，即紧扣"阅读"部分的课文，在课文后面的"积累拓展"中设置的练笔内容。其特点：（1）篇幅短小。课后的练笔少则一两句话，多则一段话，200~300字，易于课堂练笔，可称之为"微写作"。它们零散地点缀于"阅读"中。虽任务小，但给教师以启迪——要培养学生勤于动笔、善于动笔的写作习惯。（2）借鉴写法。之所以这些写作内容随文而练，就是要学生及时迁移运用所学知识，学以致用，尤其是该课所学的写作手法，通过借鉴与仿写，完成微创作，达到知识的内化。（3）以写促读。课文"积累拓展"中的写作，均基于文本设置练笔，有的是让学生展开联想和想象，丰富人物形象；有的是重新设计情节，赋予其新的意义；有的是对文中的关键语句发表看法或对优美语句进行赏析；有的是让学生变换文体进行创作……其目的在于深化学生对课文内容的理解。（4）文体多样。课后所附写作内容，练笔形式多样，精致灵动，有续编故事，有人物小传，有课本剧改编，有创写诗句……给人以新鲜感，易于激发学生动笔的热情。

2. 综合性学习中的写作内容分析

综合性学习中设置的写作内容，表现出以下三个方面的特点：（1）以语文活动奠基写作活动。初中语文统编教材凸显"写作的活动性"，体现这一思想的综合性学习更强调开放性、实践性，积极为学生的语文学习创设情境。如采访自强不息的人物，搜集具有家国情怀人物的故事，调查中学生课外阅读情况等。教材引导学生贴近生活，注重实践，从而获得真实的第一手资料，为将活动实践的过程及结果形成书面文稿奠定了基础。（2）指向具体文体的写作。初中语文统编教材设置的综合性学习，将写作任务置于具体情境中，利于指导学生明确真实的写作目的、面向真实的读者对象、针对性解决实际问题而进行交际性写作。如拟出班刊策划书，制作海报，设计调查报告，撰写宣传文稿，制作一本班史等。按照具体实践活动的需要，应以相应的文体来呈现，所以综合性学习中的写作有助于文体意识的形成。（3）写作深化实践活动的认知。综合性学习中的写作内容，大多为参与一项实践活动后的感受与思考，写作是对实践活动的整理与思悟，是深化认识与思考的途径或手段。如"谈谈你对此次'孝亲敬老'活动的感受和思考。""你对中国文化中的'和'一定有了许多新的认识和理解吧？任选一个角度，写一篇作文，谈谈你的收获"。由此看来，这类写作的目的是达成实践活动的目标，深入理解实践活动的意义与内涵（不十分强调"写作技法"的细致指导），而作品呈现的大都是实践活动探究的成果。

3. 名著导读中的写作内容分析

为了贯彻《义务教育语文课程标准（2011 年版）》中提出的"多读书，好读书，读好书，读整本的书"的倡议，提升学生的阅读素养，初中语文统编教材十分注重对"名著导读"的编写，强调"阅读方法""阅读策略"的指导，加大对名著篇目的推荐量，凸显对"专题探究"的精心编排。在"专题探究"中，设计有一定的"写作内容"，其特点表现为：（1）以写促读。"名著导读"的重心在"读"，提出"写"的任务是为了促进阅读，促进对名著的深度学习，加深对名著的深入理解。如《海底两万里》"专题探究"中设置的写作任务："请你根据作品内容，以最后返回陆地的法国生物学者阿龙纳斯的身份，给一个亲密的朋友写一封信，向他介绍尼摩船长其人。"这一写作任务引导学生带入角色，进入交际情境，实现写作内容的转化。再如《昆虫记》中的写作任务："观察你喜欢的小动物，学习法布尔的写作技巧，进行仿写。"这一写作任务意在引导学生通过仿写内化该部名著行文活泼、语言诙谐、兼有理趣和情趣的特点，深入理解科普作品的艺术趣味。（2）凸显艺术特色。初中语文统编教材"名著导读"板块的编写，突出"一书一法"，这在写作内容的设计上也得以体现。如《傅雷家书》"专题探究"中的写作："假设你可以与傅雷就这一话题进行交流，试着写一封信，表达你对他的观点的理解或你对这个话题的看法。"这一写作任务要求学生在写作时，与《傅雷家书》的"书信体"保持一致，也通过写信来进行交流，凸显该名著言辞真挚、娓娓道来、平等谦逊的语言风格。再如《儒林外史》设计的写作任务："写一篇小论文，谈谈你对《儒林外史》讽刺艺术的体会。"这一写作任务凸显了该名著"讽刺艺术"的特色。（3）写作层级逐渐递升。初中语文统编教材根据学生的身心发展状况推荐名著，同理，"名著导读"中的写作设计也遵循了学生的身心发展规律，训练层次由低到高，不断提升学生的文学审美能力。同样是以"人物形象"为主的小说，七、八年级要求为祥子写一篇小传、为保尔·柯察金写一篇小传，到九年级则要求为简·爱写一篇人物评传。七、八年级阅读《朝花夕拾》《骆驼祥子》《红星照耀中国》《傅雷家书》时，写作内容是撰写"读书报告";九年级阅读《儒林外史》时,则有"写一篇小论文"的写作内容,引导学生由感受名著情节内容层面递升至对名著思想内容的思辨理解层面。

三、统编教材写作内容整体编排分析

前文已述,初中语文统编教材写作内容包括四部分:独立的单元写作专题、阅读课文后的写作、综合性学习中的写作、名著导读中的写作。其中以单元写作专题为主要写作内容。每类写作内容的编排特点前文也已做了分析,这里把这四类写作内容整合为一个有机联系的写作系统,从整体上就其编排特点加以概括与分析。

1. 专题序列化

讲究序列是我国写作教学的传统,可上溯至叶圣陶、夏丏尊先生合编的《国文百八课》。该书把写作分成若干个写作训练点,形成一条线性组织序列结构,构建了写作学习的系统,可以扎实有序地提升学生的写作能力。这种编排理念在初中语文统编教材写作内容的设置上依然体现了出来。从宏观的角度来看单元"写作专题",七年级主要侧重于培养学生的写作兴趣与良好的写作习惯,以及初步的写人记事能力;八年级侧重于各种实用文体的写作;九年级侧重于议论类文章的写作、改编式的写作及写作程式的提升。由此看来,统编教材构建的序列是符合学生的认知规律的,是遵循写作指导规律的,由易到难,循序渐进,有其存在的价值。

同时,我们体察到初中语文统编教材写作内容的编排在"守正"中的"创新"点。创新之一是"专题指导",突出解决写作进程中的关键点。就一次"写作实践"而言,在注重全过程指导的基础上采取"专题指导"的策略,突出重点,突破难点,这样就符合学生写作的学情,增强了写作指导的针对性。传统初中语文教材忽略了全过程指导和"训练点"的深度指导,而初中语文统编教材在遵循"序列"内容、注重过程指导的同时,强化"专题",提升写作素养点。创新之二是多线发展。初中语文统编教材写作内容的编排有一条暗线,即写作学习的规律(或学生思维水平),但并非一条直线走到底,而是由多线构成的立体写作系统。例如八年级上册第四单元写作专题"语言要连贯",写作实践二要求"以《节日》为题,写一篇散文"。下面列出"选一个具体的节日""除了描写节

日的场面，还应该写出人们在节日里的心情，并表达你的感受"等提示。题目明确规定"写一篇散文"，教材指导可用到描写、抒情、议论等表达方式。写作实践三要求"就你某次动手做事的经历写一篇作文"。下面列出"要把做事的过程写出来，让人了解你是怎么做的""写清楚做事的顺序"等提示。教材从叙事、说明的表达方式进行指导，可侧重于写成程序性说明文。两项写作实践都置于"语言要连贯"之下，两类文体都得到训练，形成"一体两翼"的立体感，丰富、强化了"语言要连贯"的写作知识。

2. 螺旋上升式

初中语文统编教材写作内容以多维度序列编排：（1）写作内容上，大致遵循"事—人—物—情—理"的序列；（2）写作基础技能上，遵循"思路要清晰——如何突出中心——怎样选材——发挥联想和想象——学习抒情——抓住细节"的序列；（3）语用能力上，遵循"文从字顺——语言简明——语言要连贯——表达要得体"的序列；（4）思维层级上，遵循"记事写人——学习仿写——小诗创作——有创意地表达"的序列；（5）实用文体上，遵循"新闻写作——学写传记——学写读后感——撰写演讲稿——学写游记——学写故事——戏剧小评论"的序列；（6）议论性文章写作上，遵循"观点要明确——议论要言之有据——论证合理"的序列；（7）改编式写作上，遵循"学习仿写——学习缩写——学习改写——学习扩写"的序列；（8）写作程式上，遵循"审题立意——布局谋篇——修改润色"的序列……上述梳理与表述不见得十分科学，但其内在的逻辑联系还是显而易见的。初中语文统编教材讲究系统规划和统筹安排，并非让每个序列独立"组块"，一块一块地进行训练，而是呈螺旋式上升的编排，交互穿插，逐层递进，逐步提升写作能力。

就同一写作内容来看，也遵循螺旋上升式的编排理念。如同样是写人，七年级上册第三单元的写作为"写人要抓住特点"，七年级下册第一单元的写作为"写出人物的精神"。同样是写景物，八年级上册第三单元的写作为"学习描写景物"，八年级下册第五单元的写作为"学写游记"。这就不单单是写景了，还要融入文化内涵。再如记事，七年级上册第二单元的写作为"学会记事"，侧重指导条理清楚地记事；七年级下册第三单元"抓住细节"的写作实践三则要求在此基础上，生动具体地描写细节；八年级下册第六单元的写作"学写故事"则要求虚构故事进行创作，写作实践三要求"要让情节有些波澜""使故事情节更加生动、曲折、感人"，难度进一步加大，思维进一步复杂。螺旋上升式编排的意图是，就一个写作内容进行多次数、多角度、多层次的训练，体现初中语文统编教材写作指导"注重实践过程"的理念。

3. 融合发展性

《义务教育语文课程标准（2011 版）》指出："要重视写作教学与阅读教学、口语交际教学之间的联系，善于将读与写、说与写有机结合，相互促进。"初中语文统编教材按照课程标准的这一建议编排写作内容。下面从读写融合发展、多板块大融合、互补写作文体三个维度予以阐述。

读写融合发展。读写结合是语文教学的传统思想，也一直是教材编写的原则。阅读是写作的范式，写作是阅读的实践。初中语文统编教材"阅读"部分与"写作专题"在语文要素上紧密联系。如七年级下册第二单元导语中有"要把握课文的抒情方式，体会作品的情境，感受作者的情怀"的要求。《黄河颂》课后"思考探究"中提及"直接抒情""间接抒情"的知识。《谁是最可爱的人》课后"思考探究"中提及"本文具有强烈的抒情色彩，不仅在事实的记叙中饱含感情，有些段落更集中运用了抒情、议论的表达方式"。《土地的誓言》课后"阅读提示"提及"纷繁的故土景物，强烈的抒情性，是阅读本文时必须关注的"。该单元的写作专题则是"学会抒情"。这样编排，意在引导学生通过阅读建构文章的构思范式，把阅读中习得的核心知识迁移到写作中去，实现读写的迁移，读写的共生，促进"语言建构与运用"素养的发展。

多板块大融合。初中语文统编教材的写作内容注重多板块贯通，多途径训练。如"学会改写"这一写作内容，除了在九年级上册第六单元独立设置写作专题外，还在阅读课文后、综合性学习和名著导读中设置这一写作内容。八年级上册《短文两篇》的课后练笔是："从两篇短文中任选其一，发挥想象，将其改写成一篇白话散文。"八年级下册《唐诗三首》的课后练笔是："任选一首诗，发挥想象，增加一些细节，改写成一则小故事。"九年级上册综合性学习"走进小说天地"编有"重新设计人物命运"的写作任务。九年级下册名著导读《简·爱》中编有"将小说的精彩片段改编为话剧"的写作任务。如此看来，针对九年级上册"学会改写"的写作专题，并非只是在九年级上册才学习，八年级已有相关训练，起到了铺垫作用，九年级下册继续巩固提高这一写作能力。这不仅体现了上述螺旋上升式编写原则，还打通了各板块对这一写作内容的训练。

在多次写作实践中，学生由浅入深，由感性到理性，逐渐建构起通过改变文体、改变语体、改变叙述角度的多种"改写策略"。

互补写作文体。在以单元"写作专题"为主阵地的写作训练场上，学生能够进行新闻、传记、读（观）后感、演讲稿、游记、小诗等文体的写作。而融合阅读课文、综合性学习、名著导读中设置的写作，则可大大拓宽写作文体的视野，大大丰富多种文体的写作体验。后三个板块所设的写作文体是对"写作专题"文体的补充和丰富。如阅读课文后面的"积累拓展"设有课本剧、寓言、阅读笔记、宣言书、小论文等文体的写作。除此之外，综合性学习和名著导读中还设有策划书、海报、广告词、调查报告、申请报告、前言、编后记、采访稿、小小说、大事年表、读书报告、日记、书信、人物评传、话剧剧本等文体的写作。初中语文统编教材在多个板块编排如此丰富多样的文体训练，其目的就是激发学生的写作兴趣，引导他们在多样的读写实践活动中，主动而有意义地、持久地学习，在真实的读写语境和交际情境中切实提高写作能力，全面提升素养。当然，师生也不要为如此多的写作活动所累，可以保留一定的弹性，动态调整写作内容。化繁为简，在兼顾全面的基础上，依据具体学情选择、确立写作内容。

章新其老师在《统编教材写作教学路径探寻》中指出，把初中语文统编教材中的写作分为两类：把单元"写作专题"中安排的、目标指向提升写作技能的写作称为"技巧写作"，把综合性学习和名著导读中安排的、目标指向为完成研究性、专题性、探究性的学习任务而进行的写作称为"手段写作"。他认为："后者走出了'写作技巧'的狭小领地，走向更广阔的学习生活、社会生活的新空间……'手段写作'深化了写作的价值。"笔者认为两类写作虽然目标指向不同，但教学价值同等重要。梳理并分析初中语文统编教材中的写作内容，意在使语文同人全面认识初中语文统编教材的写作系统，既要区分各板块写作的功能，又要将其视作一个迸发勃勃生机的"写作共同体"，进而选择合宜的写作指导方法，使其融合互补，共同作用，以促进学生写作素养的形成与提升。

第三章
初中写作学习指导中的审美教育

　　本章从初中文学写作现状的调查、分析与思考展开论述，强调初中阶段要加强文学作品写作的指导。基于初中语文教材中的文学作品蕴含着大量的审美因素，笔者认为文学作品仿写是指导学生进行文学写作的一种有效途径。初中文学作品仿写活动，不仅着眼于培养学生的语言表达能力，也着眼于培养学生的文学审美能力。在文学作品仿写中，教师可以引导学生体会文学语言的美妙、文学章法的美妙，以及自然与人生之美好。

第一节　初中文学写作的现状及思考

如何对学生进行有效的写作指导，本节从调研实证的角度揭示写作指导的深层问题。根据调查数据分析，有 69.33% 的学生有尝试文学写作的想法，但缺乏教师的指导。从初中生的写作经验来看，在起始阶段，通过模仿课文结构思路来进行文学写作是主要途径。文学作品的创作要靠学习与训练，而初中生学习与训练的基本方法就是文学作品仿写。

一、关于初中文学写作现状的调查

为了深入课题研究，笔者从 10 个方面对初中文学写作现状进行了问卷调查，杭州市×区 A 中学、B 中学、C 中学三所学校的七、八、九年级的学生参与了问卷调查，其中 763 份属于有效答卷。在 763 份调查问卷中，能够比较客观、全面地反映目前初中生文学写作现状。以下是初中文学写作现状的调查数据结果统计情况。

（1）初中语文课本上的课文，文学作品最多的是哪几类?（　　　）[多选题]

选项	小计	比例
A. 诗歌	425	55.7%
B. 散文	679	88.99%
C. 小说	434	56.88%
D. 剧本	69	9.04%
E. 其他	148	19.4%
本题有效填写人次	763	—

（2）读了很多文学作品后，你有尝试文学写作的想法吗?（　　　）[单选题]

选项	小计	比例
A. 有强烈的想法	151	19.79%
B. 有想法	529	69.33%
C. 从来没有	83	10.88%
本题有效填写人次	763	—

（3）你对文学写作的理解是（　　　）　　　　　　　　　　［多选题］

选项	小计	比例
A.　文学写作是由语言表达能力、想象能力及思维能力等多种因素综合而成的，它能反映出一个人的综合素质	561	73.53%
B.　文学写作是语言文字的艺术，是社会文化的一种重要表现形式，是对美的体现	562	73.66%
C.　文学写作是比较形象化地反映客观现实、表现作家心灵世界的艺术	612	80.21%
本题有效填写人次	763	—

（4）你尝试过文学写作吗？（　　　）　　［单选题］

选项	小计	比例
A.　多次尝试过	340	44.56%
B.　很少尝试	360	47.18%
C.　没有尝试过	63	8.26%
本题有效填写人次	763	—

（5）老师给你进行过文学写作方面的指导吗？（　　　）　　［单选题］

选项	小计	比例
A.　多次进行文学写作指导	304	39.84%
B.　有时进行文学写作指导	430	56.36%
C.　从不进行文学写作指导	29	3.8%
本题有效填写人次	763	—

（6）最初学习文学写作时，你认为最佳的学习途径是什么？（　　　）

［单选题］

选项	小计	比例
A.　听老师指导	267	35%
B.　模仿名篇佳作	277	36.3%

（续表）

选项	小计	比例
C. 自己创作	219	28.7%
本题有效填写人次	763	—

（7）如果你曾尝试过文学写作，你最喜欢哪一种文体的写作？（　　　）

[单选题]

选项	小计	比例
A. 诗歌	70	9.17%
B. 散文	242	31.72%
C. 小说	382	50.07%
D. 剧本	21	2.75%
E. 其他	48	6.29%
本题有效填写人次	763	—

（8）如果你认为仿写对文学写作有帮助，你在仿写时是从哪些方面入手的？
（　　　）　　　　　　　　　　　　　　　　　　　　　　[多选题]

选项	小计	比例
A. 可以运用课文中的精美词句	484	63.43%
B. 可以模仿课文的结构思路	605	79.29%
C. 可以借鉴课文的主题思想	412	54%
D. 其他	198	25.95%
本题有效填写人次	763	—

（9）模仿课文中的文学作品进行写作，你认为有什么好处？（　　　）

[多选题]

选项	小计	比例
A. 提高写作水平	662	86.76%
B. 发展思维能力	579	75.88%
C. 提高审美能力	456	59.76%
本题有效填写人次	763	—

（10）在你进行文学作品仿写时，给你带来美感的是文学作品中的什么？
（　　）

[多选题]

选项	小计	比例
A. 优美的文学语言	610	79.95%
B. 精巧的文学章法	455	59.63%
C. 鲜明的人物形象	604	79.16%
D. 曲折的故事情节	621	81.39%
E. 深厚的思想感情	608	79.69%
F. 美好的生活情趣	461	60.42%
G. 其他	155	20.31%
本题有效填写人次	763	—

二、对于初中文学写作现状调查问卷的分析与思考

笔者根据对初中文学写作现状的 763 份调查问卷，作出如下分析与思考：

（1）初中语文课本中的课文，最多的是散文，其次是小说、诗歌，戏剧文学很少。从《语文课程标准》和教材编写意图来看，培养初中生进行文学写作主要着眼于散文、小说、诗歌的写作。这也是本课题主要阐述的三大文学体裁的仿写。

（2）学生阅读了很多文学作品后，69.33%的学生有尝试文学写作的想法，"有强烈的想法"的学生占 19.79%，"从来没有想法"的学生占 10.88%。这说明教师要唤醒学生对文学的热爱，并且积极指导学生，满足学生文学写作的愿望。

（3）对"文学写作"的理解，大部分同学认为"文学写作是比较形象化地反映客观现实、表现作家心灵世界的艺术"，也有相当多的学生认同"文学写作是语言文字的艺术，是社会文化的一种重要表现形式，是对美的体现""文学写作是由语言表达能力、想象能力及思维能力等多种因素综合而成的，它能反映出一个人的综合素质"的观点。

（4）有 44.56%的学生多次尝试过文学写作，有 47.18%的学生很少尝试文学写作。

（5）调查显示，有 56.36%的学生认为老师"有时进行文学写作指导"，认为老师"多次进行文学写作指导"的只占 39.84%，认为老师"从不进行文学写

作指导"的占 3.8%。

（6）最初学习文学写作时，认为最佳的学习途径是"模仿名篇佳作"的学生占 36.3%，认为最佳的学习途径是"听老师指导"的学生占 35%，认为最佳的学习途径是"自己创作"的学生占 28.7%。从学生的写作经验来看，进行文学写作的最佳途径首选"模仿名篇佳作"居多，这也论证了本课题选题的适宜性。

（7）从学生尝试写作时喜欢选择的文体来看，最喜欢小说写作的学生居多，占 50.07%；其次是散文，占 31.72%。

（8）在如何通过仿写提高文学写作水平方面，有 79.29% 的学生认为"可以模仿课文中的结构思路"，有 63.43% 的学生认为"可以运用课文中的精美词句"，也有 54% 的学生认同"可以借鉴课文的主题思想"。而通过模仿课文中的结构思路进行文学写作是仿写美文的主要途径和主要内容。

（9）对于模仿课文中的文学作品进行写作，86.76% 的学生认为可以"提高写作水平"，75.88% 的学生认为可以"发展思维能力"，59.76% 的学生认为可以"提高审美能力"。可见，通过文学写作渗透、提升学生的文学审美能力，当是课题研究要给予关注的。

（10）学生在进行文学作品仿写时，认为带给自己美感的是文学作品中的"曲折的故事情节"的占 81.39%，是"优美的文学语言"的占 79.55%，是"深厚的思想感情"的占 79.69%，是"鲜明的人物形象"的占 79.16%，是"美好的生活情趣"的占 60.42%，是"精巧的文学章法"的占 59.63%，认为是其他因素的占 20.31%。

根据以上分析，以下问题值得我们思考和研究：

1. 初中作文教学观念淡薄，呈现出作文教学无序列甚至作文教学缺失的现象。尽管现行的初中语文统编教材给予广大一线教师以可操作的程序性知识、可以用来指导学生实践的写作知识，但有的老师依然存有淡漠心理，认为"教写作"与"不教写作"没什么区别，更遑论文学写作指导了。

2. 学生写作兴趣不高。就初中学生的写作体裁来看，也极为单一，多为散文。偶有学生写小说，也被老师说成是"胡编乱造"。中考试题中对作文体裁的要求多是"除诗歌外，文体不限"，这也钳制了学生的诗歌写作。就初中学生的写作动因来看，多为老师布置作业时才写作，很少主动去写作。学生没有养成写作的习惯，是因为对写作的目的和意义认识不到位，不懂得"立言"的意义。立言就是让自己拥有生命的意义。从思维加工模型来看，作文过程涉及知识、能力与情操三个方面。知识解决"写什么"的问题，能力解决"如何写"的问题，情操解决"为什么写"的问题。对初中生加强审美教育，可以提高"为什么写"的认识水平，从而大大提高文学写作的兴趣。

3. 初中作文教学过于功利。如今的一线教育教学，大面积存在这种现象：过于功利，读书不注重涵养，写作追求速成，语文课堂失去诗意，写作教学没有美的表达与享受。为了争取考场作文的高分，研习作文"秘籍""宝典"等所谓"绝招"。

4. 文学写作指导策略乏力。有人认为，文学写作是要靠才气和灵感的，怎么能指导呢？20世纪初，中国文艺界曾掀起怎样才能做出好的真的新体诗的讨论。当时郭沫若就说，好诗真诗是"写"出来的，不是"做"出来的。宗白华先生进一步指出：要达到"能写出"的境地，也还要经过"能做出"的境地。因诗是一种艺术，总不能完全没有艺术的学习与训练的。这里说的虽是"新体诗"，但我们可以推而广之，文学作品的创作也要靠"学习与训练"，而初中生"学习与训练"的基本方法就是文学作品仿写。

综上所述，初中阶段要加强文学作品的写作指导，基于文学课文的仿写是文学写作很好的途径，教师不仅要着眼于培养学生的语言表达能力，也要着眼于培养学生的文学审美能力，建立文化自信，立足语文学科，发挥语文课程育人的功能。

第二节 初中语文课文中的仿写与审美因素

在初中语文教材中，大量的文学经典课文从多个角度表现出了文学之美，非常适合学生仿写。教师要善于梳理、提炼、利用这些文学经典课文，挖掘其中的美点，对学生进行文学作品仿写指导，让学生获得美的熏陶。

一、初中统编语文教材中可供仿写的散文美点分析

初中统编语文教材中，可供仿写的散文可谓群星璀璨。试举例分析如下：

册次	散文篇目	散文类型	审美因素
七年级上册	《春》	写景散文	童趣、诗味
七年级上册	《济南的冬天》	写景散文	景物的神韵美
七年级上册	《雨的四季》	写景散文	时序之美；美妙的联想和想象
七年级上册	《秋天的怀念》	写人散文	温暖的细节
七年级上册	《散步》	叙事散文	布局之美、对称之美
七年级上册	《金色花》	散文诗	儿童视角
七年级上册	《荷叶·母亲》	散文诗	刹那间的灵感
七年级上册	《从百草园到三味书屋》	叙事散文	神秘之美、逝去之美
七年级上册	《走一步，再走一步》	叙事散文	不同阶段的心理活动
七年级上册	《猫》	叙事散文	质朴、真率；误会；巧合
七年级上册	《动物笑谈》	科普散文	诙谐的语言，调侃的味道
七年级下册	《回忆鲁迅先生》（节选）	回忆性散文	女性特有的细腻感觉
七年级下册	《土地的誓言》	抒情散文	铺陈之美
七年级下册	《阿长与〈山海经〉》	回忆性散文	以丑为美；人性之美；两种叙述视角；"小人物"闪现光辉品格
七年级下册	《老王》	写人散文	隐性抒情意脉和叙述风格
七年级下册	《叶圣陶先生二三事》	写人散文	日常生活小事之美
七年级下册	《紫藤萝瀑布》	写景散文	物皆着我之色彩
七年级下册	《一棵小桃树》	叙事散文	物我合一的境界
八年级上册	《藤野先生》	回忆性散文	高度个性化的言说对象；闲笔之美
八年级上册	《回忆我的母亲》	回忆性散文	质朴平实中饱含深情
八年级上册	《与朱元思书》	写景散文	自然之美；音韵之美
八年级上册	《背影》	叙事散文	隔膜中的真情之美
八年级上册	《白杨礼赞》	写景散文	距离之美；抑扬之美
八年级上册	《我为什么而活着》	哲理散文	哲思之美：从柔弱中寻觅刚强
八年级上册	《昆明的雨》	写景散文	线条之美；独特韵味
八年级下册	《安塞腰鼓》	乡土散文	粗犷豪放、刚健雄浑；野性
八年级下册	《灯笼》	回忆性散文	情感的陡转与升华

（续表）

册次	散文篇目	散文类型	审美因素
八年级下册	《桃花源记》	文言散文	逐步蓄势，渐次展开； 美好的理想世界
八年级下册	《小石潭记》	游记散文	诗意境界和现实的矛盾
八年级下册	《核舟记》	状物散文	一字立骨、动静结合； 艺术品巧夺天工之美
八年级下册	《壶口瀑布》	写景散文	磅礴气势之美
八年级下册	《在长江源头各拉丹冬》	游记散文	雪域高原的壮美
八年级下册	《登勃朗峰》	游记散文	多种笔法别样的美
八年级下册	《一滴水经过丽江》	游记散文	移情
九年级下册	《邹忌讽齐王纳谏》	文言散文	层叠艺术

二、初中语文教材中可供仿写的小说美点分析

册次	小说篇目	审美因素
七年级上册	《植树的牧羊人》	孤独之美、层叠之美、呼应之美
七年级下册	《台阶》	普适而丰富的人物形象
七年级下册	《驿路梨花》	误会；悬念；朴实民风
七年级下册	《带上她的眼睛》	奇妙而又合理的想象天地
八年级下册	《社戏》	童真童趣
九年级上册	《故乡》	对比让人物形象更鲜明
九年级上册	《我的叔叔于勒》	"小人物"的凄苦；陡转
九年级上册	《孤独之旅》	环境烘托；诗意化语言
九年级上册	《智取生辰纲》	悬念；明线暗线；疏密张弛；悲剧
九年级上册	《范进中举》	错位、喜剧性的荒诞
九年级上册	《刘姥姥进大观园》	小人物；庄重与诙谐的喜剧
九年级下册	《孔乙己》	场景；叙述角度；看客
九年级下册	《变色龙》	讽刺
九年级下册	《蒲柳人家》	乡土气息；民族风格

三、初中语文教材中可供仿写的诗歌美点分析

册次	诗歌篇目	审美因素
七年级上册	《天净沙·秋思》	情语、意象并列的弹性空间
七年级上册	《天上的街市》	想象的真实；凭借想象表达美好愿望
七年级下册	《黄河颂》	豪迈的气势；往复的韵律
七年级下册	《假如生活欺骗了你》	劝说的口吻、和缓的语气
七年级下册	《未选择的路》	意象构成意境
八年级下册	《回延安》	民歌之美、风情之美
八年级下册	《〈诗经〉二首》	韵律美；重章叠句；朦胧美
九年级上册	《沁园春·雪》	豪放美
九年级上册	《我爱这土地》	虚拟；假设思维
九年级上册	《乡愁》	一唱三叹的旋律；叠词之美
九年级上册	《你是人间的四月天 —— 一句爱的赞颂》	建筑美：跨行
九年级下册	《祖国啊，我亲爱的祖国》	情感的节奏、语言的节奏
九年级下册	《断章》	意趣
九年级下册	《海燕》	象征和系列意象

　　以上只是精选了初中统编语文教材中的一部分课文，对其美点的举要，也是凸显某一亮点，并未面面俱到地罗列一篇课文的多个美点。其实，一篇文学作品是美的综合。在阅读这些作品时，教师要有意识地引领学生多读书，读好书，揣摩分析其美点，并让学生建构、积淀美的写作范式加以借鉴运用，让课文架起一座文学写作与审美教育的桥梁。

第三节　初中文学作品仿写的审美价值

　　欣赏一篇经典的文学作品，就好比欣赏一道美丽的自然风景，欣赏者要投入自己的想象和情趣，用丰盈而充沛的心灵去感受它，亲近它，才能有所得。而所得的多少和欣赏者自己的想象与情趣成正比。因为每个人的生活阅历不同，生活

体验也不同，所以他们欣赏美文佳作的"美"也有所不同。他们各自拿自己的想象、情趣去阅读，体现了每个个体不同的创造性。而借鉴经典文学作品的美点来进行仿写，可以更深层次地发现其不凡的审美价值。

一、在仿写中让学生体会文学语言的美妙

文学语言是文学大厦之一砖一石，只有依靠美妙的语言才能传达饱满的心志。话说得好就会如实地传情达意，使听者感到舒心，产生美感，这就是文学语言艺术之美妙。

"工欲善其事，必先利其器。"语言就是文学的"器"。初中生进行文学写作，就要勤学苦练。"苦练"就是学习先贤的名篇佳作，进行仿写训练，在仿写中深入体会遣词造句的经典，积累美词雅句，习得纯正的语言。

从经典名作中吸收语言、化用语言、创造语言，古已有之。苏轼《念奴娇·赤壁怀古》中"谈笑间樯橹灰飞烟灭"就是仿写李白《永王东巡歌》中的"但用东山谢安石，与君谈笑静胡沙"而来；王勃"海内存知己，天涯若比邻"就是仿写曹植诗句"丈夫之四海，万里犹比邻"而来。

张岱的山水散文《湖心亭看雪》中的"天与云与山与水，上下一白"，连用三个"与"，描绘出天空、云层、远山、湖水之间浑然一体、如梦如画的景象，给人以统一和谐之美。

老舍先生的《济南的冬天》中有一段话："最妙的是下点小雪呀……那些小山太秀气！"这段话运用了大量表示颜色的词语来描绘雪后小山的秀美。可以让学生学用这种语言表达技巧，写一段景物描写。

有学生仿写如下：

小亭上铺着深青的藤，一根根舒展开来，为亭子提供了天然的荫蔽。有些自然垂下，好似天上的玉帘，在风中撩拨着人的心弦。亭子深处，有些昏黑，却流露出深邃沧桑的气息，有一种幽雅而别致的美。树叶的黄，藤叶的青，亭台的棕红，交相辉映，如一幅渐变的油彩画，别有一番意境。远处，可见一棵大树，伞状的大冠撑开，深绿而茂密的叶子缠在一起，于风中作响。树顶洒落的阳光染亮了树叶，混合着天空中柔和的蔚蓝色，煞是好看。

这段话也用了大量的表示色彩的词语："深青""昏黑""黄""棕红""蔚蓝"等，用青藤、树叶相互映衬，用蔚蓝天空做深绿树叶的背景，具有诗意与画

面美。学生在仿写中运用文学语言，增添了文章的书卷气息，丰厚了文章的文化色彩。

初中语文教材中的文学作品，也荡漾着不同作家、不同流派的语言风格，有的语言清浅平实，有的语言闳深婉约，有的语言气韵生动，有的语言寄意遥深，有的语言风致楚楚……都应当引导学生细细把玩，提高对语言的审美感受能力。

如汪曾祺的《端午的鸭蛋》一文，语言平淡而有趣味，文白夹杂，既典雅又质朴，用适当的方言表现作品的地方特色，有淡淡的幽默，体现出汪曾祺散文闲适自由的语言风格。他介绍端午节的习俗，运用了十分朴素的语言，使文章的生活气息更加浓厚，就像与一位老朋友在聊天，随意率性，自然亲切，洋溢着对家乡的热爱。有位同学据此仿写了一篇《端午的粽子》，颇有汪曾祺先生的语言风味。他这样写道：

在我的家乡温州，除了春节以外就数端午节最热闹。每逢端午节，亲朋好友都会聚在一起共度佳节。穿新衣。像春节一样，小孩们都爱在端午节当天穿上新买的衣服。戴红绳。端午节那天起床后，母亲总会在我们的手腕和脚踝上络上红绳，大人说可以祛病除邪。童年时，这些细丝红绳是我心中最美的装饰品。挂香包。奶奶总是亲手做小香包，里面大概是放了些野花吧。还塞些棉花，一些香草，即便是这样，我们也很高兴。说祝词。家离得近的亲戚，一般到其家中拜访。远的话，打个电话也可表示心意。但必不可少。包粽子。大人们在房子里忙里忙外的，先把采来（大多数是家中老人采的）的粽叶用沸水煮半个小时，取出后用凉水浸泡，再用刀把叶柄切平，便可以包了。粽子的主料是糯米，可以加入花生、赤豆、红枣、蜜饯等。把糯米等放在底下，中间放一块精肉，再铺一层糯米，这才完成一半。最后，也是最关键的一步，那就是包扎这些可爱的金字塔状的粽子。如果扎得不好，那么在煮的时候，粽叶就会散掉，会走失其里面的"精华"，那就不好吃了。大人们拿出一条细绳，紧紧地捆绑着粽子，一圈又一圈。最后，紧紧地打上一个绳结。

这位同学在仿写中学用轻松、随意的描述，大量运用短句，给人以亲切、自然的感受，朴实的语言中饱含着浓浓的家乡味，从而深深体验了疏朗、自然、闲适的文学语言之美。

在学习中国经典文学作品的过程中，学生会感受到不同作家的才情、气性和学养，他们都应当成为学生审美、模仿的对象。经过不断浸润、濡养，学生的文学语言表达将会日臻美妙。

二、在仿写中让学生感受文学章法的美妙

文学乃心灵的图像，藏在语言结构中。每一篇文章，都有其内在的文学脉络机理。

如莫怀戚的《散步》，余映潮先生提炼出如下章法：

轻点一笔——概说事件；

解说一笔——介绍原委；

简叙一笔——做好铺垫；

详写一笔——描述事件；

深化一笔——议论抒情。

余映潮先生指出，这是叙事类散文中经常用到的章法。但我们追溯文学源头，可知这就是古代文学作品中"起承转合"的章法。

李泽厚先生在《美的历程》中写道，原始歌舞"并不像今天表面看来那么随意自在，它以人体舞蹈的规范化了的写实方式，直接表现了当日严肃而重要的巫术礼仪，而绝不是'大树下''草地上'随便蹁跹起舞而已"。这是在讲，舞蹈是规范化了的程式。这正如每一种文学样式，每一篇文学作品一样，表面上所显现的人物形象的鲜明，故事情节的起伏，思想情感的跌宕等，都是有内在规律的。每一字词，每一句段，如何遣词造句，如何剪裁布局，都有其内在的节奏。

每一种章法都是长期实践的结晶，都有其美妙之处。比如前面所述余映潮老师提炼的"轻点一笔"的写法，很多文章的开头就使用了这种手法。《台阶》的开头："父亲总觉得我们家的台阶低。"《紫藤萝瀑布》的开头："我不由得停住了脚步。"这些跟《散步》的开头"我们在田野上散步"一样，都是"轻点一笔——概说事件"。

初中生处于由写"大胆文"到写"小心文"的过渡时期，处于由"放"到"收"的关键阶段，模仿经典名作、练习谋篇章法在此时显得尤为重要。小而言之，是能够解决"材料堆砌、杂乱"的毛病，从而使文章变得井然有序，条理清楚；大而言之，模仿章法可以更得体地表情达意，让自己和读者感受到章法的美妙：开门见山，首尾圆合，插叙背景，场面烘托，欲扬先抑，间接抒情，独句成段，宕开一笔，浓重铺垫，闲笔收束……都给人以文学的享受。

既然文学作品是有章法的，初中生就要勤于学习，善于承袭前人的"范式"，让文学创作走上快车道，走上"中规中矩"的道路。

原人教版教材中萧乾的《吆喝》，在描写五花八门的吆喝声方面可谓"章法精美，布局巧妙"。文章第4段是个总领段落，"我小时候，一年四季不论刮风下雨，胡同里从早到晚叫卖声没个停"，这句话从两个方面为全文描画了主体架构。一是"从早到晚"，一是"一年四季"。按"从早到晚"的顺序，作者介绍了"大清早过卖早点的……白天就更热闹了……到了夜晚的叫卖声也十分精彩"。按"一年四季"的顺序，介绍了"春、夏、秋、冬"的各种吆喝声。（《醉翁亭记》的第2段也是按照"从早到晚"和"一年四季"的顺序来绘景的）

《吆喝》一文启示我们：在对纷繁的事物进行介绍时，首先，要将介绍的事物分成若干"类"；其次，将这些"类"按一定的内在联系安排好先后顺序；最后，使用脉络句（总起句、过渡句），连缀成文。本书的中编第三章"美读美写，段式学用"课堂实录也是对这一章法的教学实践。

在学生感受《吆喝》章法美妙的基础上，可以指导学生仿写此文，写一写《家乡的吆喝》。下面是一位学生的作文：

家乡的吆喝
周思琦

田垄上，似还回响着父亲年幼时的吆喝声，悠长，经久不息……

湖州，到如今能听到的吆喝声早已不多了，再加上我这样不常回老家的人，自是听不到什么吆喝声，只能从父亲口中的童年生活窥探一二，以勾勒当时的湖州之景以及当时声色交织的湖州人的生活。

从春到夏，总有许多不同的吆喝声。"卖甜麦塌饼得——"（得，音 dei，湖州土话，意同"了"）小贩都拖着长长的音，仿佛谁吆喝得长便会有更多的人买似的，这样的吆喝声常在春日清明时分传遍大街小巷。

到夏季，卖冰棍的便零星地出现，父亲幼时就曾在村中各处走街串巷卖冰棍。

背上一个大木箱，里面垫上厚实的棉被，放上几十支冰棍，手中握一根木条。冰棍通常有两种，一种是水中掺了糖的糖水冰棍，一种是奶油冰棍。"卖棒冰得——卖棒冰得——"田垄间有时会传来这样的吆喝声，随着木条击打木箱的声音一齐传出。田间都是下地干活的成年人，好多人会在夏日为解暑而买下一支糖水棒冰吃，吃完后再继续干活。到了小巷间，便会有另外的声音传出。"好吃的奶油棒冰——一角一支哦——奶油棒冰——一角一支得——"带着湖州口音的吆喝声传遍小巷，接着便会有许多孩子纷纷跑来，七嘴八舌地嚷嚷着挤成一圈，一人一支买去吃。

当然，除了春夏两季的吆喝声，各处也会有许多很有特色的吆喝声。

在小巷街坊间，常有卖糖的出现。"鸡毛鸭毛，换糖喽——"抑或是"废铜烂铁，换糖得——"他们挑一个担子，放着一整块大大的糖，手中拿着一个小钹，喊一句敲一下，每一句话都讲究不间断，连贯地吆喝出来。孩子们总会拿出自己平常攒的小玩意儿，或是小铝盒，或是一厚沓叠放整齐的糖纸，抑或是不知从哪儿抠出的废铜烂铁，交给卖糖者，换出大小不一的糖。

菜场中，叫卖声不绝于耳，其中最有特色的是卖羊肉的。湖州养湖羊，湖羊繁殖率高，肉质鲜美，营养丰富，是我国（太湖流域）特有的羊种。卖湖羊肉的商贩有时会在店门口支起大锅煮湖羊肉。断断续续、抑扬顿挫地大声吆喝"刚出锅的湖羊肉嘞——"，伴着十里飘香、热气腾腾的大锅羊肉，构成一道特色的风景。

湖州富有特色的吆喝的确有很多，但我也只能从长辈的讲述中了解到，鲜少自己亲耳听闻。在此也只能想象父亲儿时卖冰棍的声音，同湖州的吆喝、故乡的吆喝一起，悠远绵长……

显然，作者运用"从春到夏，总有许多不同的吆喝声""当然，除了春夏两季的吆喝声，各处也会有许多很有特色的吆喝声"两个脉络句结构全文，让各种吆喝声既此起彼伏，又井然有序，这体现出作者高超的组织材料的技能和较高的文学审美能力。能发现各种吆喝声是作者对生活的热爱，而能够依照章法布阵，表现各种极具特色的吆喝，则是艺术美的创造了。

艺术的创造不过是"我手写我心"。文学写作的"童子功"就是"说思路"（理文脉）。学生有了章法意识，再不断地仿写名家名作，就会慢慢懂得在何处穿插景物描写，在何处设置悬念，在何处进行细节描写，从而让文章彰显美感。

三、在仿写中让学生浸润自然和人生之美

文学可以净化心灵。文学艺术起着情感的建构和塑造作用。季羡林先生说：

"文学作品能增长人的知识，开阔人的眼界，给人以美的享受，能在潜移默化中陶冶人的性灵，提高人的文化修养和鉴赏水平。"学生的每一次文学写作都是一次精神洗礼，陶冶性情。

作家的题材来自人生和自然，世界有多精彩，文学就会有多烂漫。读袁宏道的《满井游记》，我们可以从中感受到若脱笼之鹄的兴奋，以及对融融春意的欣喜和怀抱自然的舒畅；读《邓稼先》，我们可以从中感受到中国几千年传统文化所孕育出来的无私奉献的男儿精神；读冰心的《谈生命》，我们将唱起"苦痛与幸福相伴相生"以及沉静乐观、勇往直前的生命赞歌；读《刘姥姥进大观园》，我们可以体悟到一个乡村老妇的善良质朴、滑稽可笑以及"小人物"的命运的凄凉……

文学作家就是用语言文字描画自然和生活，充分发挥文字的功能来感染、熏陶、影响、感动读者的。他们通过文学指向人的心灵世界，通过文学写作来表达人生之美。文学写作的最终审美价值是实现"立言生命"。正如朱光潜先生在《谈文学》中所说，学文学要"逐渐养成一种纯正的趣味，学得一副文学家体验人情物态的眼光和同情"。

"记得绿罗裙，处处怜芳草。"文学作品之所以能让人产生美感，是因为它能唤起甜美的联想，勾起读者的思绪，调动起读者与之类似或接近的生活经历，让读者思绪翩翩，悠然神往，产生共鸣。教师应当激发学生的文学写作欲望，进而让学生发现自我、表达自我、表现人生、表现人性。

学生春游湘湖后，有感而发，根据《满井游记》仿写了一篇《湘湖游记》。内容如下：

湘湖游记

张曜凡

三月二十九日，天初晴，春意盎然。余与吴哲共游湘湖，喜赏早春之色。属予作文以记之。

湘湖之大观盖如此，中有一湖，雾气缭绕，宛若仙境。湖上约有几叶扁舟，于雾中穿梭，时隐时现。湖边绿树青山，假春色而发。吾见一柳，似春女于湖边浣发，柳枝似其长发，于风中飘然，带阵阵清香。余大喜，起身而动，三人共行。

道旁春色撩人，绿草成茵，花如白玉衬其间，日下闪点点亮光，似夜之星辰炫目。远视高山，似绿门遮其路，路后之景，确是不知。即快步前行，欲先睹为快。

竹林绿草后藏一小亭，四水环绕，亭中古木清香，放眼望去，空无一人，独坐亭下赏清风绿水，不禁与世隔绝。风声耳边拂过，似余音绕梁。感春之寂静。

曰：春色万山皆染绿，清脆百鸟竹间鸣。

这篇文言小散文，表达了作者对湘湖无限春色的热爱和对清幽宁静生活的追求，"自然与人生"圆融一体。作者于游玩中发现美、表达美，又受到了《满井游记》的作者袁宏道的影响，借景抒怀，借春天的湘湖之景来表达自己的诗意人生。

文学写作中，我们强调语言实践，强调通过仿写深入感受、理解、审视作者的人生经验，进而汲取作者的人生经验，并将其内化为自己的人生感悟，实现由作者心灵到读者心灵的"濡染""浸润""扩大""舒展"。特别是当学生的生活经历与作者的经历呈现"相同或类似"的一刹那，"感同身受"的学生就会动笔写作。此时，学生的"二度写作"就明显地发挥出了文学作品滋润心田的美育功能。

学生阅读了冰心的《谈生命》后，深有感触，联想起自己所见到的一幕，仿写了一篇短文《小生命，大美丽》。冰心《谈生命》中的"我们是大生命中之一滴，大生命中之一叶"，激活了作者的情感体验，他描述自己亲眼看到的一只不能直立行走的小狗缓慢而坚定地穿过马路的情形，深感一个小生命身上所闪耀着的美丽，表达了他对弱小生命的怜悯，对自强不息、顽强生命力的赞颂。生命意识、怜悯意识、自强意识正是一个人不可或缺的人文素养。

通过仿写，触动心灵，实现自我教育、自我洗礼、自我"化蝶"。学生的人文素养、文学修养、丰富人生，就是这样一天天积累起来的。在大力推进"发展学生核心素养"的今天，通过文学仿写，润物无声地对学生进行文学教育、人格教育、审美教育，不论是对学生本人还是对社会，不论是对当下还是对未来，都有着十分重要的意义。

总之，通过文学作品来进行仿写，就是引导学生学会观察生活，观察人生百态、喜怒哀乐，观察春花秋月、晴雨霜雪，进而思考人生，发现并感受自然美、生活美、人情美、人生美。面对这个世界，学会感动，使生命获得崇高感，让灵魂更加高尚，让思想更加自由。

第四章
初中文学作品仿写的审美内容

　　初中文学作品仿写的审美内容包括形式美和内容美。本章首先论述了文学作品仿写的形式美：句式仿写、段落仿写、章法仿写、手法仿写、文体仿写。然后论述了文学作品仿写的内容美：形象仿写、生活仿写、思想仿写。最后，论述了美的形式征服内容、美的内容依托形式、形式美与内容美渐次统一与和谐统一的问题。

第一节　初中文学作品仿写的形式美

在文学作品仿写中，我们首先要关注文学形式。文学形式是在长期反复使用的过程中积淀下来的文学审美样式，它并非原生态样式。文学作品仿写的形式美，指的是在语言表达上的审美规范形式。它呈现的是一种成熟的审美经验，这种样式长期熏陶读者的阅读心理，为读者所喜闻乐见。句有句法，章有章法。从某种意义上来说，不讲究形式美，就不可能感受文学美。文学作品仿写其实是一种文体思维，不同的文体有不同的句、段、篇的表现形式。

生活中的很多日常小事，在作家的笔下显得是那样真切、自然，令读者感到作者所写之事仿佛就发生在自己的身边。可为什么我们没有把它写出来呢？或许是因为我们还没有掌握纯熟的表现形式，尽管有了内容，也往往表现得苍白。朱光潜先生在《谈美》中说："两个画家同用一个模特儿，所成的画价值有高低；两个文学家同用一个故事，所成的诗文意蕴有深浅。许多大学问家、大道德家都没有成为艺术家，许多艺术家并不是大学问家、大道德家。从此可知艺术之所以为艺术，不在内容而在形式。如果你不是艺术家，纵有极好的内容，也不能产生好作品出来；反之，如果你是艺术家，极平庸的东西经过灵心妙运点铁成金之后，也可以成为极好的作品。"由此可见，形式创造美。这从另一个角度阐释了关注形式美是初中文学作品仿写的重要审美内容。

下面从句式的仿写、段落的仿写、章法的仿写、表现手法的仿写、文体的仿写等方面论述文学作品仿写的形式美。

一、句式仿写与审美

学一门艺术，就是学该门艺术所特有的学问和技巧。句式仿写就是一门学问。

句式仿写就是分析某一句式的特点，品味其表达效果，并运用这一句式进行语言积累和表达训练的活动。它是写作的一项基本能力，能够让学生掌握运用句式表情达意的规律。

先观察下面"最……的"句式：

最使我难忘的，是我小学时候的女教师蔡芸芝先生。

以上句式的特点是：第一，把"最……的"放在句首，设置悬念，更是为了突出表达一种情感；第二，"最……的"后面用一个逗号，停顿一下，表示强调，也表现音节的响亮。

让学生仿写"最……的"句式，感受一种有力度的情感表达。摘录几句如下：

最让我感到不可思议的，是一向不显山露水的他，在这次考试中竟然拿了第一名。

与他不见已三年有余，最使我惊讶的，是他已从稚童成长为男子汉了。

最使我感动的，是疫情期间班主任每天晚上给我打电话，询问我的身体状况。

再如：文学作品中还会经常出现下面的复说句式，用来多角度地描绘景物、抒发感情、解说事理：

她永远记得看荧光的这一晚，永远记得这种神妙世界的奇观。

（艾芙·居里《美丽的颜色》）

他不知道这些鸟儿的名字，也不知道他们要飞到什么地方去。

（安徒生《丑小鸭》）

教师可以指导学生仿写这种复说句式，如：

这或许是首寂静的歌，真实而忧伤。我或许是成长了，亦或许是懂得了亲情。总以为长大是时光流逝，总以为被呵护是理所应当。在天真与淡漠中，我们忽略了电话中那句温和的"早点睡"，我们忽略了出门前父母嘱咐的那声"小心车"……

（吕婷婷《黯淡的幸福》）

二、段落仿写与审美

段落是文章中最基本的单位。内容上，它具有一个相对完整的意思。它由句子或句群组成，在文章中用于体现作者的思路发展或全篇文章的层次。写好每一个段落，能够突显文学写作的功力。

要想写好一个段落，首先要学会分析"段式"。所谓"段式"，就是段落的结构形式，段的写作构思模式。初中语文教材中的很多课文都蕴藏着丰富、精致、美好的段落，教师要用心提炼、归纳段落的表达规律，以供学生仿写。如让学生仿写景物描写段、辞格丰富段、先总后分段、叙议结合段、场景描写段、详略得当段、由实到虚段、由景及人段、抒情议论段等。

现举几例：

1. 仿写抒情段。郑振铎的《猫》中有"我心里十分地难过，真的，我的良心受伤了……"，这句话表达了"我"无尽的悔意。有个学生在作文中，写了自己和妹妹的一次争吵，并动手打了年幼的妹妹，后来，妹妹的一个举动让作者良心发现，于是作者真情流露，仿写了这样一段话：

我闭上眼，仿佛刚才的一幕幕又在重演。<u>我的暴虐，我的冲动，像一根根针，一根根刺我良心的针！</u>如果我当时能够懂得分享，能让着她一点，迁就她一点，这一切就不会发生了吧。我太自私了，自私到以为全世界都得让着我，殊不知，这样让我的妹妹受了多大的委屈。我是一个坏姐姐！

2. 仿写景物描写。刘湛秋的《雨的四季》是一篇优美的写景散文，用饱含感情、细腻生动的笔墨，把景物描写得分外灵动美丽。作者用诗一般的语言调动我们的各种感官，全面感受这四季之雨，让我们亲近雨，体会雨的不同情致与风韵。例如"水珠子从花苞里滴下来……诱惑着鼻子和嘴唇"一段，教师可以指导学生仿写此段，如：

我伫立在满眼粉色的十里桃林，漫天漫地都是花瓣，簌簌飘洒，簌簌纷飞，像是水彩上色般透明，淡雅，清新。我伸手去接，柔柔的，片片花瓣都充盈着令人心醉的桃花香。

这段话运用视觉、听觉、触觉和嗅觉来写桃花，多角度表现了桃花飞舞的情态、质感、沁香，十分形象，牵动着美妙的联想和想象，同样给人以色彩美、情态美、诗韵美。

3. 仿写场面描写。如沈从文《云南的歌会》中的"大伙儿唱得最热闹的叫'金满斗会'"一段，是典型的"由面及点"的场面描写，值得学生借鉴仿写。下面是学生的仿写作品：

一年三百六十五天中，我们家最热闹的当属大年初二了。大年初二，照例由爷爷的亲戚们置办酒席。酒席大多摆在金陵和庆锋两家酒店。这时，凡是血缘关系比较近的亲戚，不论男女老幼，都会前往，足足有四十多人，喝酒的坐一桌，不喝酒的则坐另一桌。等全员都到齐了，就开始上菜，除了一些点心、炒菜外，鸡、鸭、蹄髈，这三样是少不了的。大人们通常边喝酒边话家常，喝着喝着就有了几分醉意。每次都是大伯兴致勃勃地提出来要喝酒，但是最先喝醉的也总是他。一个小杯子倒满四五十度的白酒，他一口就全喝下去了，但通常一杯就上头了，脸立刻红了起来，好似火烧云，舌头开始打结，说话也不利索了。每次酒席之后，我们都会看见他摇摇晃晃地走出来，好似冯骥才《俗世奇人》里写的酒婆。但最让人发笑的还是他发酒疯时，他会用他那满是胡茬的下巴蹭一下我和我哥的脸，还用满是酒气的嘴在我们俩的脸上亲上一口，逗得姑妈在一旁花枝乱颤。小时候常听胡子爷爷说，"一年三百六十五天，大年初二最热闹"，现在才知道果真如此。

4. 仿写结尾段落。初中语文教材中的结尾段落极其经典，有的画龙点睛，有的余味悠长，有的表达情志，有的揭示哲理，有的描述画面，有的精警含蓄，有的呼应开头……教师应指导学生深入理解结尾段落在内容和结构上的作用，用心模仿。

如鲁迅先生的《阿长与〈山海经〉》的结尾：

仁厚黑暗的地母呵，愿在你怀里永安她的魂灵！

这一声仰天长啸，是前文层层铺垫、蓄势，情感郁结到极点，情势沛然而不可御所达到的情感高潮，表达了对母亲般的保姆、对社会底层不幸者的深沉的爱。

有学生仿写此结尾，在其写的《我的阿婆》中也这样结尾：

伟大慈爱的上苍啊！愿阿婆在你的怀里永远安详、永远微笑。

相似的句式，直抒胸臆，表达了作者对阿婆的祝愿和怀念。

三、章法仿写与审美

章法，指文章的布局结构、谋篇方法。就一篇文章而言，如何组建结构，如何运用材料，这都要靠"章法"。美的章法可以使文章文脉清晰、顺序合理、层次分明、结构严谨，给人以造型上的建筑美、艺术美。

初中语文教材中的文学作品里蕴含着诸多美妙的章法，如：起承转合、首尾呼应、重章叠句、宕开一笔、抑扬有致、虚实相映、先疏后密、画面连缀、一波三折、悬念迭起、一线串珠、伏笔照应、反复穿插、叙议结合、先总后分等。这些都是极好的文学架构。

教师精选课文，引导学生提炼、概括一篇课文或一个段落的结构图，指导学生仿写，就是对学生进行"赋形训练"，也是建构审美心理图式，从语言实践层面对学生进行美妙章法的训练。

首尾呼应是很常见的一种结构方法。季羡林先生曾回忆，他翻译过一篇英国散文《蔷薇》，文章首尾都写了这样一句话："整个小城都在天空里熠耀着，闪动着，像一个巢似的星圈。"这座小城给季羡林先生、给读者留下了鲜明的印象。季羡林先生感觉这种写法很有意思，在他写《枸杞树》的时候便有意加以模仿，他在文章中间和结尾处都写道："夕阳的余晖返照在这棵苍老的枸杞树的圆圆的顶上，淡红的一片，熠耀着，像如来佛头顶上的金光。"首尾照应的美学意义就是循环往复，烘托气氛，余音绕梁，加深印象。

画面连缀也是很重要的结构方法。如沈从文先生的《云南的歌会》由山野对歌、山路漫歌、村寨传歌三幅画面组成。有位学生写了一篇《美丽而忧伤的"诗心"》的作文，就由"多情的月""朦胧的云"和"入心的雨"三幅画面连缀而成。

用主题句反复穿插的方法进行抒情，也是一种结构方法。

如《白杨礼赞》中反复出现"白杨树实在是不平凡的，我赞美白杨树！"《安塞腰鼓》中反复出现"好一个安塞腰鼓！"《黄河颂》中反复出现"啊！黄河！"

以上主题句，反复穿插，突出表达某种感情，营造出一种回环往复的韵律美，也显现出文章造型上的层次美。

下面是学生模仿主题句反复穿插这种章法写的一篇精美散文。

雨　巷

龚伟韬

窄窄的雨巷，悠长，悠长。

青砖，红瓦，绿柳，素鹤，典型的江南小镇的风貌。

多情的江南硬要无中生悲，挤出几滴泪来，像是从两朵云中挤出来的，没力气地飘落到地面上，随风飘落到雨巷，一滴一滴……

雨巷的屋檐横斜着，敞开胸怀，像一把伞，稳稳地接住那女子般柔弱的雨丝。雨水飘到屋檐，渐渐汇成涓涓细流，顺着瓦片滴落，滴落，不发出一丁点儿的声音。

雨巷中的人们，肩头撑着伞，迈着小小的步子，生怕雨水沾湿了鞋。

淡淡的乌云从天空中掠过，在雨巷的那头消失了，雨便默默地停了，又是一派惠风和畅，像雨从未来过似的。

深深地凝望着江南的雨巷，不经意间想到了家乡。

在家乡也有这样的雨巷，可下雨时，却给人近乎截然不同的感受。

窄窄的雨巷，悠长，悠长。

矮墙，高门，大院，小黄牛，这儿是我的家乡。

四川的雨，多么豪爽！要下雨了，便早早地拉拢来大片大片的乌云，明明白白告诉你，今天要下雨了。乌云重重叠叠地堆积在一起，变厚变浓，真如"黑云压城城欲摧"一般，压得你喘不过气来。紧接着便是惊天动地的电闪雷鸣，震得田间的稻穗弯下了腰。

雨，猛地倾泻下来，让雨巷身处万丈瀑布之下。雨"噼噼啪啪"发出巨大的响声，硕大的雨点打到地面上，溅起巨大的水花，像跃出龙门的鲤鱼。它绝不拥入雨巷屋檐的怀抱，它发誓：我是云的精灵！

雨依然重重地砸在青石板上，掷地有声，撞击使雨水筋骨寸断，变成水沫，跳跃起来。这，怎么看都不像死亡，这，分明是新生！

雨巷尽头的尽头，是稻田。田间总是会有披着蓑衣依然在雨中劳作的人，硬朗的身躯任由雨水冲刷，可是再大的雨水也无法浇灭他们心中的一腔热血，就像雨巷无法减弱雨水扑向青石板的热情一样。

如今，已多年没回故乡，不知故乡是否雨声依旧？还是那么猛，那么大？

不能忘。

窄窄的雨巷，悠长，悠长。

这篇作文抓住江南的雨与四川的雨的特点进行多角度对比，用江南雨的柔弱、寂静和江南人的悠闲，反衬故乡雨的猛烈、欢腾和四川人的吃苦耐劳，情景交融，字里行间流露出对家乡的热爱、对家乡人的赞美。"窄窄的雨巷，悠长，悠长"反复运用，一唱三叹，形成舒缓的抒情节奏，营造出一波又一波的情思浪潮，给读者以乐曲的韵律感。

四、表现手法仿写与审美

表现手法是文学写作中塑造形象、表达情志、反映生活所运用的各种具体方法。如写景抒情、叙事抒情、情景交融、托物言志、以动衬静、以虚写实、欲扬先抑、以小见大、铺垫蓄势、讽刺、反复、象征、用典、联想、想象、反常、误会、巧合、突转、白描等。

初中语文统编教材的课后习题中，关于表现手法的仿写练习比比皆是。如：

统编语文教材七年级上册《济南的冬天》课后练习：借鉴课文的某些写法，就你家乡冬天的风景写一个片段。

统编语文教材八年级上册《白杨礼赞》课后练习：写作时恰当使用象征手法，可以让读者咀嚼回味，给人留下深刻的印象。试选取你熟悉的某个事物，赋予它一定的象征意义，完成一次片段写作。

统编语文教材八年级上册《列夫·托尔斯泰》的阅读提示写道：文章前半部分极力描写托尔斯泰平凡甚至"粗劣"的长相。作者极尽铺陈，步步蓄势，甚至用"刻薄"的语言，来"调侃"托尔斯泰的外貌。后半部分笔锋一转，透过托尔斯泰的眼睛，展示出他"天才灵魂"的深邃、伟大，字里行间洋溢着仰慕、崇敬之情。这种欲扬先抑的手法使全文形成一种巨大的反差，带给读者强烈的震撼。

为了深入体会这种抑扬之美，教师可以指导学生进行"欲扬先抑表现手法"的仿写，为自己的同学写一则传记。

李 铮 妮
朱一诺

她的外号叫大妮。

没错，之所以叫她"大妮"，的确是因为她肥胖，身高也不怎么高，所以整个身形就显得更为敦实。一眼看上去，她总是给人一种憨厚老实的感觉，但也有些傻里傻气的。

她最抢眼的应该就是那张梨形的脸庞了，不白也不黑。如果是剧烈运动之后，则会泛出苹果那样的红。

我们没怎么见过大妮洗头，所以用乌黑油亮来形容她的头发真是再合适不过了。她的前额宽宽的，几丝较短的头发垂在耳旁，脑后则扎成一个像蓬草般杂乱无章的马尾辫。

那肉肉的塌鼻子上架着一副淡紫色的眼镜，镜片后是她那双细长的眼睛，有时散发出几丝神采，但真的算不上出众。那张嘴巴也是相对狭长的唇形，也许是主人不在意的缘故，嘴角总有干裂的痕迹和死皮。咧开嘴一笑，便露出整齐的牙齿。大妮一点儿也不像个女孩子，反倒像条"汉子"！

　　大妮最特别的就是她走路的姿势，我们一般要么蹦蹦跳跳，要么正常走路，无论疾缓，都是正常的。而大妮则不是，她走路外八字，两条腿走动时斜向外迈出，两条胳膊则在身侧一摆一摆的。但她这个摆动又很有讲究，是一种器宇轩昂的感觉，一种轻松快乐的姿态，就好像哪个立功的将军凯旋一般。这步态给大妮平添了一份精气神。

　　不光是长相和走路的步伐像条"汉子"，大妮的性格也十分爽朗。别人需要帮助时，只要是她力所能及的，她一定帮。她还经常一个人默默干完整个寝室的卫生打扫工作。

　　无疑，从哪个角度看，大妮都是再平凡不过的，成绩平平，相貌平平，扎进人堆里绝不起眼。但如果你了解一点她的为人，也许在人海中找到她宽厚的背影也就容易起来了。

　　不完美才是生活中真实的人物常态。上文中虽用了抑笔，看起来不完美，但其实是一种艺术上的完美。

五、文体仿写与审美

　　初中语文教材中的文学作品，除了大量的散文、诗歌、小说之外，还有戏剧、童话、寓言、新闻特写、传记文学、书信、演讲稿、日记体等形式多样的文学形式。

　　在日常写作训练中，教师要允许并引导、鼓励学生打开思路，尝试多种文体的写作，丰富创作体验。最好是学习一类文体，实践一类文体。

　　比如《与朱元思书》《傅雷家书》等作品，运用书信这种文学样式写景叙事，抒情说理，或含蓄委婉，或恳切坦诚，是初中生值得借鉴的文学佳作。

　　学习了辛弃疾的《破阵子·为陈同甫赋壮词以寄之》，学生也进行了词的仿写，在填词中加深了对"破阵子"这一词牌的理解。现将一位同学的仿写作品呈现如下：

破阵子·征西

李柏锟

　　兵锋直抵陇右，哪思气冻冰候。但见长安人思旧，奋身西出玉门谋。痛饮送别酒。

不见天山北斗，但见新月雨后。犹思当年安史愁，只愿安西日永昼。梦中涕泗流。

以上从句式的仿写、段落的仿写、章法的仿写、表现手法的仿写、文体的仿写等几个方面论述文学作品仿写的形式美。季羡林先生曾说："任何一种文学艺术形式，都有自己的一套规律，没有规律就不成其为文学艺术。一种文学艺术之所以区别于另一种文学艺术，就在于它的规律不同。但是不同种的文学艺术之间又可以互相借鉴，互相启发，而且是借鉴得越好，则这一种文学艺术也就越向前发展。"教师要组织学生通过不断地仿写，掌握语言表达的规律、文学艺术的规律，使文章充满文学性；还要加强不同章法结构、不同表现手法、不同文学体裁的借鉴运用，积极建构新的、美的文学作品形式，增强文学作品的审美价值。

第二节　初中文学作品仿写的内容美

作文内容反映着学生的思维发展水平与对事物的分析水平。在初中文学作品仿写中，要突出作文内容的仿写训练。通过仿写，进一步提升学生对生活的观察能力、感受能力、揭示事物本质的能力。根据初中生文学写作实际，下面就美的形象的仿写、生活的仿写、思想的仿写展开论述。

一、形象仿写与审美

李泽厚先生曾对庄子进行过高度评价，他说老庄道家学派抓住了艺术、审美和创作的基本特征："形象大于思想；想象重于概念；大巧若拙，言不尽意；用志不纷，乃凝于神。"文学的审美当首数形象美。

文学作品中的形象大多是人物形象，如《孔乙己》中的孔乙己，《变色龙》中的奥楚蔑洛夫，《孤独之旅》中的杜小康，《三顾茅庐》中的诸葛亮，《骆驼祥子》中的祥子，《红楼梦》中的刘姥姥，《蒲柳人家》中的一丈青大娘……但也有其他一些形象，如《白杨礼赞》中的白杨树，《海燕》中的海燕，《溜索》中的鹰……

进行美的形象的仿写，先要对该形象进行欣赏。黑格尔的艺术典型观是："每个人都是一个整体，本身就是一个世界，每个人都是一个完满的有生气的人，而不是某种孤立的性格特征的寓言式的抽象品。"所以，美的人物形象应当是一个活生生的有血有肉的人。人物形象之性格与其所处的典型环境是统一的，而典型环境在一定程度上起着决定人物形象性格的作用。只有在背景的衬托下，人物形象伟大和刚强的程度才能被更好地烘托出来。运用辩证发展的观点来看，美的人物形象应当是"立体的""发展的"。

有了这样的文学知识，学生的眼中就会发现各种各样的美。《阿长与〈山海经〉》中的阿长身上体现的是一种"小人物"的纯朴善良之美；《孤独之旅》中的杜小康身上体现的是面对困境的孤独之美；丑小鸭所体现的是一种不甘平凡、执着憧憬的自信阳光之美；而醉卧怡红院的刘姥姥，大醉大饱之后躺在床上，还放屁，人物形象真实，这也是一种美，幽默风趣之美。

由此，我们还会感受到：创造美就是要抓住人物（或事物）的特征，凸显其个性，让人物与现实拉开心理距离，使形象更为鲜明。正如朱光潜先生在《谈美》中所说："如果画家只能够把鼻子画直，眼睛画横，结果就难免千篇一律，毫无趣味。他应该能够把这个直鼻子所以异于其他直鼻子的，这个横眼睛所以异于其他横眼睛的地方表现出来，才算是有独到的功夫。"这也给学生进行美的形象的仿写提供了有力的指导。

曹文轩的《孤独之旅》，讲述了杜小康在无边的芦苇荡牧鸭的一段经历，表现了杜小康经受磨难，逐渐成熟、坚强的性格，塑造了一个有勇气、有力量、有毅力、有责任感的小小男子汉形象。教师可以引导学生据此仿写一篇小说，刻画自己心目中的少年形象。下面展示一篇仿写作品：

男孩，不哭

徐宇腾

夏夜，月明风清，一个小男孩坐在胡同一角的一块石头上低声地哭泣。今天有几个高年级的学生在他回家途中抢了他攒钱买的糖葫芦，但他又不敢和爸爸说这件事。他的妈妈去世早，是爸爸一手把他拉扯大的，他不想给爸爸添麻烦。忽然，一双大手有力地搭在了他的肩膀上："男孩，不哭，男孩要坚强！"男孩转过头，泪眼蒙眬中，依稀看见是父亲。回家的路上，男孩的父亲什么也没问起。男孩很奇怪，他抬头望了望天空，繁星点点，夜很静，风很轻，天很美。

几年后，男孩父亲所在的公司因违规被查，身为主管的男孩父亲也被牵连，被判刑 25 年。小男孩从此只能在亲戚家生活。

10 年后，男孩 22 岁，他成为一名人民检察官。这 10 年来，他寄人篱下，懂得了什么叫看别人脸色生活；这 10 年来，他因父亲的缘故，被许多人看不起。但这 10 年来，他努力学习，每周都偷偷去看望父亲。

监狱里，他隔着那层玻璃，坐在熟悉的位子上等待着父亲的到来。他焦急地等待着，看到父亲在那扇门里出现的时候，他流下了眼泪。父亲深沉地看着他的双眼："男人，不哭。你也许应该尝试着去面对这一切，多花些时间去做些有意义的事吧！"他怎么也不敢相信，他的父亲会这么说……

他走出监狱，来到幼年时住的胡同，他看到了胡同口的那块石头，那块石头还在啊！他走过去，坐下来。他再也按捺不住了，掩面哭了起来。突然间，他感觉有一双大手搭在他的肩膀上，猛地向后一转头，却什么也没有。那一瞬间，他的心平静了下来。皓月当空，微风拂面，他好像懂了什么。他抬头望了望天空，繁星点点，是的，他父亲曾经说过："当困难麻烦来临，你又避之不及时，你所能做的，就是坚强，就是不哭！"

男人站起身来，擦干泪水，朝家走去。

又是 10 年后，男人已成家立业，他已是检察院检察长，他的父亲也因表现良好，提前出狱。父亲出狱那天，父子俩相拥在一起，热泪盈眶。远处，男人的孩子在学骑车时摔倒了，哭了起来。

"男孩，别哭！"男人对儿子说道。他的儿子泪眼蒙眬地看着自己的爸爸，停止了抽泣，而一旁爸爸的爸爸却笑着笑着，落下了泪。

是的，男孩，别哭；男人，不哭。

三代男人的故事令人感动。读者看到这样的人物形象，内心自然会有所触动，受到感染。

二、生活仿写与审美

《中国学生发展核心素养》提出的六大核心素养中就提到了"健康生活"的目标，这是基于学生全面发展提出的高标准要求。《义务教育语文课程标准（2022 年版）》指出，语文课程"以生活为基础，以语文实践活动为主线"设计语文学习任务群的理念。在"课程目标"中提出"关心社会文化生活""积极观察、感知生活"的总要求。在第四学段的"表达与交流"中提出了"多角度观察生活，发现生活的丰富多彩"的具体要求。

依照思维加工模型，作文的内容包括日常生活知识、自然科学知识、社会科学知识以及写作知识。由此看来，学生的文学写作要表达丰富的内容，不仅要靠课堂学习、大量阅读，还要加强社会交往，参加社会实践，在生活实践中积累生活经验，丰富生活体验。这是写作心理学为作文内容生活化提供的理论依据。

把以上要求加以落实，就需要教师指导学生通过文学写作表达美好的生活。

生活处处都是美的，我们要善于发现美。鲁迅先生教导我们："留心各样的事情，多看看。""留心看"就是用审美的眼光看生活，看世界。

我们的祖先早就懂得热爱生活、欣赏生活。李泽厚先生在《美的历程》中介绍新石器时代文化遗址中发现的那个人首蛇身的陶器器盖时写道："你看，它还是粗陋的，爬行的，贴在地面的原始形态。它还飞不起来，既没有角，也没有脚。也许，只有它的'人首'能预示着它终将有着腾空而起翩然飞舞的不平凡的一天？"

这些文字启迪人们：人之初是最真实的。尽管有些"丑"，但这也是一种美，因为它真实，因为它唤醒了人们的想象，因为它激发了人们对美的追求。陶器如此，文学亦如此。学生写作文应当以"真实表现生活"为最高境界，写出生命中最初的本色，用文字表现本真的自己，让文字荡漾出一种不可复现和不可企及的童年气派的美丽。

热爱生活的人，生活便绚丽多姿。组织一次郊游，观看一场电影，爬一次山，打一场篮球赛，画一幅画，参加学习辩论会、班会、同学生日宴会，读一读当天的报纸新闻，看一看朝阳晚霞……都充满乐趣！

学生或白描写真，或生动描述，记录下生活中的人、事、物、景，这就是一种审美享受。笔端流露的这些自身的经历是最原始的生活，是最自然的生活，它积淀着人的情感、观念和心理。正是因为有了文字的记载，你可以跨越时空，穿越古今，与另一个"他"相遇，产生超模拟的内涵和意义，在自然感性中积淀人的理性认知，这正是审美效果。

生活是文学写作的源泉。除此之外，阅读也是文学写作的一大源泉。阅读可以让读者感受生活，体验生活，获得丰富的人生感受。

阅读朱自清先生的《背影》，父亲婆婆妈妈地给孩子拣座位，买橘子。儿子那么大了，是不需要父亲如此细心呵护的，但父亲依然那样做。还有"扑扑身上的土，很轻松似的"一句，极富美感，爱孩子，但还不让孩子知道，这是隐秘的爱。《背影》的感人之处，就在这里。有人说，美感的态度不带意志，不带占有欲。它是冲破现实意义而富有情感意义的。有的作家为什么写一些鸡毛蒜皮的生活小事，依然能够感动读者？生活中的小事不轰轰烈烈，与"大事"无关，但它却能够震撼人心，因为它是美的。这正是阅读《背影》一文后给学生带来的美学感受。

朱自清的生活体验传递给学生，学生联系自己的生活，有感而发，也仿写了《背影》：

背　　影
杨欣慧

我最不能忘记的是父亲的背影。那雨中父亲的背影。

天阴沉沉的，像灰色的绸缎，使人分不清云和天。可父亲却叫我去散步，我说快下雨了，别去了吧。可爸爸的坚持让我无可奈何，心里抱怨他自私。他不等我回答就转身离开，看着父亲倔强的背影，我叹了一声，随手拿了一把伞跟了上去。

我们安安静静地走在河边的小道上，我不紧不慢地跟在他的后面。我发现他有些驼背，头发中夹杂的银丝显得格外刺眼。迎面的寒风无情地刮在了我的脸上，让我不由得缩了缩身子，可爸爸穿着单薄的外套依旧义无反顾地走在前头。过了许久，爸爸才跟我说起了话来，聊了许多往事。望着父亲的背影，我之前的不悦全都烟消云散，只剩下淡淡的伤感——父亲老了。

可后来，我的担心成了现实。

"嗒嗒嗒"，天空下起了毛毛细雨，我拿出了事先准备的伞，可是发现雨伞太小了，只能遮住一个人。我不知所措地看着爸爸，心里也抱怨着他：都怪你，现在好了，准备淋成落汤鸡吧。可爸爸还是面不改色，对我说："伞你自己用，我的衣服有帽子，你跟在我后面。"说完，父亲戴上了帽子，朝家的方向走去。我愣住了，父亲依旧走在前面，为我遮风挡雨。我想让他到伞下避一避，可他不肯。

望着父亲的背影，我想起了童年时，他陪我任性玩耍；想起了小学时，他教我学习拼音；想起了初中时，他教我动手做实验……突然，我的眼泪夺眶而出，视线变得模糊，可脑海里清晰地浮现出父亲的背影。

"时光时光慢些吧，不要再让你变老了，我愿用我一切换你岁月长留……"

《父亲》这首歌的歌词在我脑海里再次响起。我意识到，父亲老了。

如今，我仍忘不了那次散步时父亲的背影，雨中的背影，泪中的背影。

"父亲的背影"，是感人的；"雨中的背影"，是诗意的；"泪中的背影"，是凄美的。

初中语文教材中的课文像一个万花筒，多姿多彩，表现出多样的社会生活。汪曾祺的《昆明的雨》表现的是作者在昆明时令人动情的雨季生活，曹文轩的《孤独之旅》表现的是杜小康跟随父亲放鸭的生活，《走一步，再走一步》表现的是一次冒险生活……这一幅幅美好的生活图景滋润着每一个学生的心田，能够唤起学生自己的生活体验。当学生心有所动时，教师可以让学生写一写自己这方面的生活。

初中语文统编教材在"美的生活仿写"方面是有着精心设计的。例如，七年级上册《皇帝的新装》中写了上自皇帝、下至大臣乃至百姓都被骗子所骗的闹剧，揭示了人性的自私、虚伪，讽刺了"谎言遮盖真相"的丑陋社会。课文后面的"积累拓展"中，编者有意唤起学生的生活回忆和体验，"结合生活体验，讨论关于说真话的话题"。这就是"生活的仿写"。学生可以依赖接近联想或类似联想，唤起以往的生活经验来讨论"真话"的话题，从而实现文本生活与现实生活的融合。这样的仿写可以带领学生更深刻地去感悟生活。

三、思想仿写与审美

中外名家的文学作品之所以有生命力，往往是因为其文章的字里行间传达着真诚和睿智，蕴含着深邃的思想，他们对人生的感悟、对生命的思考，照耀古今，启迪来者。正因为文学艺术有思想，它才可以世世代代影响人的灵魂，使后人可以领悟那些当年的精神。

韩愈曾说："师其意，不师其辞。""师其意"是仿写的高级追求。仿写，也是在领悟原作思想的基础上，不断丰富新的意蕴和新的感悟。中学生的思想提升、精神成长靠的是大量的阅读。正所谓一个人的阅读史，就是他的精神发育史。教师要积极引导学生汲取文学艺术中的思想硕果，在美好境界的熏陶、滋润下，丰富审美情趣。

初中语文教材中的文学经典课文都是思想深远、文质兼美的作品。进行思想仿写，首先要接受这些文学经典课文的智慧与美的洗礼。

严文井的《永久的生命》启迪我们："凋谢和不朽混为一体，这就是奇迹。"

安徒生的《皇帝的新装》启迪我们：一个人、一个社会最可贵的是保持无私无畏、敢于揭示真相的天真烂漫的童心。

杜甫的《望岳》启迪我们："会当凌绝顶，一览众山小。"

周敦颐的《爱莲说》启迪我们：要做一个高洁傲岸、正直端庄、风度高雅的君子。

从名家作品中，我们可以获得思想的启迪，联系自己的生活经历，也表达一下这方面的人生思考，这就是思想的仿写。

学生阅读鲁迅的小说《故乡》后，可以设计这样的练笔：

作者说："其实地上本没有路，走的人多了，也便成了路。"请结合你的生活体验，以这句话为话题，写片段作文。

这类仿写的功能是唤起自己的生活与文中哲思的联系，进而深刻感悟自己人生前行途中的凄风苦雨、春花秋月，感受生命的美好和思想的丰盈。

美的思想关注人类。作家取之于人生，又还之于人生，和广大的读者发生密切的思想联系和思想碰撞。初级的作品写出某一个人的问题，中级的作品写出某一群人的问题，高级的作品可能写出全人类的问题。如《孔乙己》关注的是孔乙己这个"多余人"的命运，他不是个人的悲剧，而是社会的悲剧。《我的叔叔于勒》关注了于勒和菲利普夫妇这些"小人物"的辛酸生活，展示了既高大又渺小的复杂人性。如果引导学生汲取经典作品中的人文精神，并将其融入文学写作中，那么学生的思想便会逐渐走向高贵，富有人文情怀。

好作品思想深邃，能够引起读者理性的思维活动，思考人生，思考人性，思考社会。文学作品中蕴含的思想可以使情感更充盈强劲，使作品更奔腾有力。这正是指导学生进行思想的仿写的目的所在。

第三节　形式美与内容美的统一

这一节论述文学作品形式与内容的关系。通常的说法是，内容决定形式，形式为内容服务，文学作品的内容和形式要达到高度统一。笔者认同这个说法。然而，它还没有触及文学形式与内容审美的独特属性，没有进入文学形式与内容审美的内在机制，还没完全解决怎样使内容和形式和谐统一的问题。下面从三个方面进行论述，力求使这一问题有所进展。

一、美的形式征服内容

席勒在他的《美育书简》第 22 封信中指出："艺术家通过艺术加工不仅要克服它的艺术门类的特性本身所带来的限制，还要克服它所加工的特殊素材所具有的限制。在真正美的文学作品中不能仅仅依靠内容，而要靠形式完成一切。因为只有形式才能作用到人的整体。而相反地，内容只能作用于个别的功能。"席勒又说："艺术大师的独特的艺术秘密，就是在于他要通过形式来消除素材。"这里的"消除"是"克服""征服"的意思，"素材"是"题材"的意思。席勒的话阐释了"形式征服内容"的文学艺术观点。

童庆炳教授认为，在形式征服内容的过程中，一个核心的中介要素是题材。题材是作家细心感受生活、观察生活后，初步选择的生活材料。题材是一种停留在作家心中未定型的东西，在未被深度艺术加工之前存在着明显的缺陷，还不能够称为审美对象。一定的题材经过一定形式的艺术加工后，才能升格为文学作品的内容。

每一种文学形式都有其自身特殊的规律，即便相同的题材，在不同的文学形式中也会呈现出不同的内容。惠特曼为悼念林肯遇刺写过一首诗歌《啊，船长，我的船长》，这首诗突出了船长突然倒下的场景，没有时间，没有地点，给读者留下丰富的想象空间。惠特曼后来还写过林肯遇刺这个题材，但写的是散文，在其中就明确交代了时间、地点、当时的气氛、观众的反映、事情的来龙去脉等。

童庆炳教授曾指出："文学创作最终达到内容与形式的和谐统一，即文体的最后形成不是形式消极适应题材的结果，而是在内容与形式的辩证矛盾中达到的。题材作为'准内容'呼求并制约形式，而以语言体式为中心形式则塑造题材，并赋予题材以艺术生命。"也就是说，形式要主动征服题材，并转化为文学作品内容。比如鲁迅的小说《孔乙己》是一个悲剧，但鲁迅先生选用喜剧的形式、幽默的情调来征服题材。小说多次写"笑声"，让满口"之乎者也"的孔乙己在笑声中出场，又在笑声中走去，用乐景写哀情，更增悲情，让读者感受到令人窒息的阴冷的社会，成就了经典的小说，赢得了读者的喜爱。

在文学作品的仿写中，也要遵循"美的形式征服内容"的观点，训练学生运用独特的形式深度加工题材的能力。比如，有的学生模仿《孔乙己》的艺术形式，写了一篇小说《有你，真的很幸福》。文章写在一个深夜，下着雨，主人公在车站等待晚归的朋友。作者用大量的冷色调表现凄冷的氛围，用碎小的段落表现等待时间之漫长，用其他人的归来和接他们的人的欢声笑语来反衬主人公内心的冷落、怅惘。总之，作者通过形式对题材进行了艺术化的处理，使等待朋友的过程充满哀愁与冷寂，正是为朋友走出"出站口"的一刹那带来艺术审美上的惊喜，突出友谊的可贵与真挚。这就是用形式征服题材，使文章的内容充满审美的厚度与张力。

在论述"美的形式征服内容"时，可以推论到"美的内容依托形式"。

孙绍振老师在分析《背影》时也讲过类似的道理：详写什么，略写什么，强调什么，省略什么……这是情感的需要。朱自清与父亲的关系一度不好，存在感情上的隔阂。但《背影》中，作者把这种隔膜淡化了，写父亲爬月台为自己买橘子的场景，就是为了突出父亲对自己无微不至的关爱。也就是说，《背影》这篇散文把散乱碎杂的意象，经过"感情"的选择，加以协调、综合，变得和谐统一，形成完整的有机体，把"对父亲的爱与理解"的思想感情通过"详写送别、略写隔膜"传达了出来，美好的情感凭借美好的文学形式得以表现。

二、形式美与内容美的渐次统一

"传神写照""以形写神"，是汉代以来哲学形神论在艺术上的落实。书法作为中国艺术的代表形式，"真以点画为形质，使转为情性；草以点画为情性，使转化为形质"。书法通过书体线条组合形成的特有气韵来显现情感趋向。

文学写作的至高境界同绘画、书法等艺术一样，追求形式与内容的完美、和谐、统一。然而，中学生在文学作品仿写中，形式美与内容美的统一是渐次形成的，呈现出初级层次向中级层次、中级层次向高级层次发展的态势。随着年级的升高，愈来愈趋向于内容与形式的完美。

1. 文学作品仿写的初级层次是内容新形式旧

当学生仿写之前，一定积累了一些阅读方面的知识与经验，我们将其称为陈述性知识。通过阅读积淀的陈述性知识是构成阅读认知结构的重要部分，也是将"读"转化为"写"的必要准备。然而，陈述性知识并非就是写作能力，要真正实现"迁移"，需要阅读、积累大量的语言，包括语言词汇、表达方式等。

下面是一位同学模仿郭沫若的《天上的街市》写的一首诗歌《地上的街市》，其中第一节是：

> 天空中的烟花现了，
>
> 好像无数的星星。
>
> 地上的炮声现了，
>
> 好像大地在颤抖。

这是属于初级层次的仿写，表现为将自己的词汇直接填入表达形式中。初级层次的仿写只是简单地"依葫芦画瓢"。

2. 文学作品仿写的中级层次是内容与形式的简单结合

随着阅读与写作经验的不断积累，学生在语言表达能力方面有所提高。积累的美词佳句较为丰富，也形成了产生式结构模式，初步建立了关于内容和形式的认知结构。产生式结构模式是在以往阅读与写作中逐渐形成的，它为当下的文学作品仿写提供了形式方面的基本模式。

针对上面所引《地上的街市》，此阶段学生的仿写文字如下：

> 天幕中的烟花现了，
>
> 好像无数的精灵。
>
> 地上的炮声响了，
>
> 好像大地在颤抖。

这是属于中级层次的仿写。在内容上比较新颖，将烟花飞腾跳跃比喻为"无数的精灵"，这比比喻为"星星"好得多；从动态的程度上看，"精灵"比"星星"更妥帖。但在诗歌的形式上还不尽美，比如押韵。

3. 文学作品仿写的高级层次是新内容与新形式的融合

从写作心理学上讲，初中阶段的学生具有了反省认知能力，而认知迁移的重要条件是依靠学生的反省认知调控水平。学生利用同化新知识的策略和迁移策略，对认知结构进行合理的组织。利用变式和比较，巩固认知结构的稳定性，并优化原有认知结构的变量，为仿写提供别样精彩的内容和丰富多彩的形式。

这个阶段，学生的仿写文《地上的街市》，就显得较为成熟：

> 夜幕中的烟花现了，
>
> 好像飞舞的精灵。
>
> 地上的炮声响了，
>
> 好像炸裂的寒冰。

作者是由夜空中的烟花想到战争中的硝烟炮火，由今天的幸福美好想到过去的动荡凄寒，联想与想象驰骋。由隆隆炮声，联想到"炸裂的寒冰"，不仅自然，而且给读者带来森森寒意，带领读者去回首那艰难困苦的峥嵘岁月。两个"好像"具有了诗歌的意境，"灵""冰"押韵，具有了诗歌的音韵美，走向了形式的审美。

在初中文学作品仿写中，要遵循学生的身心成长规律和文学写作规律，要循序渐进，不可急于求成。通过长期写作实践，学生在内容和形式上会日臻完美。回溯文学发展的历史，某一阶段对于内容或形式的追求也不是同步的。

三、形式美与内容美的和谐统一

文学形式不是原生的草创形式，而是长期的写作实践沉积下来的成为审美经验的规范化了的形式。这些审美规范形式，由于长期的重复运用，从草创到成熟，也被广大读者所喜爱、把玩、模仿。我们的先人在劳动、生活、自然中，积淀了以下形式方面的审美经验：节奏、韵律、对称、均衡、连续、间隔、重叠、单独、粗细、疏密、反复、交叉、错综、一致、变化、统一等。

孙绍振老师曾说过，审美规范形式强迫内容就范。比如仿写诗歌，诗歌是抒情言志的，那就要有节奏、韵律、反复、重叠、比喻等审美的形式感。调用这些抒情的方式，情感才能自然流露出来。如学生仿写余光中《乡愁》的作品：

故　乡

刘嘉骐

小时候

故乡很普通

一片生我养我，熟悉得不能再熟悉的土地

故乡就在我的脚下

现在

故乡很特殊

千千万万城镇中闪闪发光的一点

故乡在游子的梦中

也许，长大后

故乡会很模糊

离开了不知多少年的故土

故乡在不经意间向远方眺望的目光中

和悄然流淌的笔尖下

诗歌要表现的情感是对故乡的浓浓热爱和悠悠思念，作者模仿余光中的《乡愁》，采用节奏反复的形式，营造情感的波澜，一唱三叹，传达出绵绵余韵。这种审美规范形式恰当地传达了对故土的一片深情，实现了形式美与内容美的和谐统一。

形式美与内容美的和谐统一，并不是要对示范文章的模仿准确无误、惟妙惟肖，而是要选其美点，借鉴发挥，推陈出新，这正是仿写之于创作经典的巨大作用。

作为作文策略的仿写具有明确意识的迁移，它深深牵引着学生去分析范文的审美形式和内容，产生深层的心理映象，最终建立稳定的审美规范形式。结构作为一种模式比较容易产生心理映射，而文学作品中还有诸多能够迁移的内容。尽管它们很难形成一种范式，但它们能够作用于新的文学作品，使内容鲜活，焕发出盎然生机，比如文章题材、立意角度、意境画面、语言风格等。从教学实践来看，通过仿写训练，学生构建文章图式的能力和文学作品审美的能力不断提高，初中生（特别是九年级学生）能够较好地实现形式美与内容美的和谐统一。

综上所述，本节论述了美的形式征服内容，美的内容依托形式，形式美与内容美的渐次统一，形式美与内容美的和谐统一。文学作品是以形式表现内容，审美规范形式下的"文意"是情感饱和的思想，而思想情感的丰富和表现形式的丰富成正比。正如朱光潜先生所说："在艺术作品中人情和物理要融成一气，才能产生一个完整的境界。"教师在指导学生进行文学作品仿写时，既要关注丰富学生的思想情感，又要关注丰富学生的表现形式，二者相得益彰，方能实现形式美与内容美的和谐统一。

第五章
在文学作品仿写中渗透美育的策略

　　本章主要论述在文学作品仿写中渗透审美教育的策略：精选适于仿写的作品，建构仿写文的审美图式，推进"由仿写到创造"的写作实践。从教学程序上细化了在文学作品仿写中渗透审美教育的策略，具有较强的操作性。这一章里，还提出了精选适于仿写的文学作品的原则，论述了审美心理图式建构的步骤，最后呈现了诗歌仿写、散文仿写中渗透审美教育的案例，期望有助于语文同人具体指导学生的文学作品仿写。

第一节　精选适于仿写的文学作品

在文学作品的仿写中，既要习得文学写作能力，又要"润物细无声"地渗透审美教育，促进精神的成长，培育文学的种子。叶圣陶先生指出：训练写作文字的技能，不能凭空着手，要有所凭借；凭借"课本或者选文，然后养成、培植、训练的工作得以着手"。教师要精选文质兼美的例文或经典片段供学生仿写。

精选例文应当遵循的原则是：

数量原则。 根据瑞德和波斯特德的研究，样例学习不能够模仿单个样例，要模仿多个样例。例文的数量以 3~5 个为宜。学生模仿一定量的例文，才能够把握这一类文本的本质规律，促进学生形成类比迁移能力。

目标原则。 多篇例文要围绕同一仿写目标加以选择，以便聚焦一个点，形成合力。例文之间所涉及的语言运用内在规律体现同一性，例文的内容和形式体现丰富的变化性。

典范原则。 要针对仿写目标选取典型的例文，能够承担起相应的示范、强化仿写目标的功能。一篇文学作品会从不同的角度表现出诸多美点，教师要着眼于它的突出美点进行选择，彰显其代表性。

重复原则。 对于学生来说，一项写作技能的习得、一个写作图式的建构，需要多次重复的刺激才可能形成深刻的印象。这里指的是同一仿写训练点，要经过多次重复训练方可使学生真正掌握。

根据初中语文文学类课文蕴含的审美因素、文学写作教学实践经验和学生文学写作问卷调查，具体精选一篇例文时，一般集中于以下三个角度：从纯美的语言运用角度选择仿写例文；从美妙的表现手法角度选择仿写例文；从美好的思想情感角度选择仿写例文。

一、从纯美的语言运用角度选择仿写例文

高中语文课标要求学生"积累优秀散文中的名言佳句，提高自己的传统文化和文学素养，增强语言表达能力"。由此可见纯美高雅语言的积累与运用的重要性。一篇文章要想写得美，必须依靠阅读大量的文学作品，积累优美的语言。文

学语言的积累，就是增加学生的语言储备，打好学生的语言基础，提高学生的语文核心素养。缺少语言积累，文学写作就显得干瘪、苦涩。

初中语文教材中的课文蕴含着丰富的语言资源，都值得教师珍视。教师应当鼓励学生去积累，学以致用。

比如，于漪老师在执教《春》时，结合课文引导学生理解"抚摸""酝酿""应和""呼朋引伴""赶趟儿"等词语的意思，并让学生有意识地积累：写草的生命力用"钻"，写热闹的气氛用"闹"，写小草的青用"逼"，使描写更生动。

余映潮老师在执教《说"屏"》时，专门有一个课堂积累的板块叫"选一组词儿读一读"。学生选读的词有"销魂""似隔非隔""艺术点缀""帷幕""休憩""因地制宜""伧俗"等。

如果要写一场观看演出的情景或一个歌剧、戏曲、舞剧的演出片段，选用冰心的《观舞记》作为"例文"进行仿写，应是极好的选择。这篇散文中用词丰富、典雅，描写一场舞台演出的词语有：

（1）描写人物出场的：光艳地一闪

（2）描写神态的：双眉颦蹙、嗔视、笑颊粲然、端凝、侧身垂睫、娇羞

（3）描写服装的：绚丽

（4）描写动作的：低头合掌、轻云般慢移、旋风般疾转

（5）描写心情的：欢喜、激动

（6）描写舞台气氛的：静穆庄严

（7）描写舞步的：轻捷的舞步、变幻多姿的旋舞、细碎的舞步

选用以上一组描写舞蹈表演的美词进行仿写，一定场面生动，美丽无限。

二、从美妙的表现手法角度选择仿写例文

运用美妙的表现手法，可以让文章构思丰富多彩，具有浓郁的文学韵味和文学审美。表现手法不同，所描述、表现的内容就不同。精选美妙的表现手法，目的就是让文章内容更富有美感。

初中语文教材中的许多课文，运用了很多美妙的表现手法来助力学生的文学写作。现举例略述：

（1）运用"一字立骨"的表现手法，可以选取《老王》《邹忌讽齐王纳谏》等篇目作为例文仿写；

（2）运用"以小见大"的表现手法，可以选取《变色龙》《散步》等篇目作为例文仿写；

（3）运用"环境描写"的表现手法，可以选取《孤独之旅》《我的叔叔于勒》等篇目作为例文仿写；

（4）运用"反复穿插"的表现手法，可以选取《白杨礼赞》《孔乙己》《安塞腰鼓》等篇目作为例文仿写；

（5）运用"象征"的表现手法，可以选取《海燕》《白杨礼赞》《土地的誓言》等篇目作为例文仿写；

（6）运用"托物言志"的表现手法，可以选取《紫藤萝瀑布》《一棵小桃树》《爱莲说》等篇目作为例文仿写；

（7）运用"对比"的表现手法，可以选取《从百草园到三味书屋》《故乡》《邓稼先》等篇目作为例文仿写；

（8）运用"一线串珠"的表现手法，可以选取《背影》《昆明的雨》《猫》等篇目作为例文仿写；

（9）运用"巧设悬念"的表现手法，可以选取《我的叔叔于勒》《溜索》《驿路梨花》《带上她的眼睛》等篇目作为例文仿写；

（10）运用"欲扬先抑"的表现手法，可以选取《阿长与〈山海经〉》《列夫·托尔斯泰》《白杨礼赞》等篇目作为例文仿写……

构思文章时，精选上述美妙的表现手法，并仿照课文加以运用，一定会增添文章的文学味道，无论是形式的美感还是内容的情味。

三、从美好的思想情感角度选择仿写例文

《文心雕龙·熔裁第三十二》语曰："是以草创鸿笔，先标三准：履端于始，则设情以位体；举正于中，则酌事以取类；归余于终，则撮辞以举要。"这几句话论述了写文章的三个步骤：首先心中要有思想情感，其次借托事物意象来表现这种思想情感，最后用恰当的文辞表达思想情感与事物意象的结合体。可见，思想情感是行文时第一要关注的，即所谓的"意在笔先"。

文学作品都是抒情的，都会让读者产生心灵上的触动。不表达任何情感、不表现任何思想的文学作品是不存在的。然而，思想情感如同趣味一样有高下优劣之别。毫无疑问，我们当追求高格立意，向作家的伟大人格看齐。"美之中要有

人情也要有物理，二者缺一都不能见出美。"高格立意就是既要有情感也要有思想。只有情感，没有思想，那叫"滥情"；只有思想，没有情感，那叫"空泛"。思想与情感兼备，才可称得上美文佳作。

根据《中国学生发展核心素养》的内涵精神，人文积淀、人文情怀、审美情趣、理性思维、批判质疑、珍爱生命、健全人格、社会责任、国家认同等应当是学生所追求的"高格立意"。

《义务教育语文课程标准（2022 年版)》提出"立足学生核心素养发展，充分发挥语文课程育人功能"的课程理念，并在"课程性质"中指出语文课程要"为学生形成正确的世界观、人生观、价值观，形成良好个性和健全人格打下基础"。在"总目标"中指出："感受语言文字的美，感悟作品的思想内涵和艺术价值，能结合自己的经验、理解、欣赏和初步评价语言文字作品，丰富自己的情感和精神世界。"

从美好的思想情感角度选择仿写例文举隅：

表现至爱亲情的文学作品，可以选取《散步》《背影》《荷叶·母亲》《秋天的怀念》等篇目作为例文仿写；

表现家国情怀的文学作品，可以选取《土地的誓言》《乡愁》《我爱这土地》《黄河颂》《祖国啊，我亲爱的祖国》《谁是最可爱的人》等篇目作为例文仿写；

表现乡土情怀的文学作品，可以选取《社戏》《昆明的雨》《土地的誓言》等篇目作为例文仿写；

表现自我成长的文学作品，可以选取《孤独之旅》《再塑生命的人》《走一步，再走一步》等篇目作为例文仿写；

表现凡人小事的文学作品，可以选取《阿长与〈山海经〉》《老王》《植树的牧羊人》《蒲柳人家》《卖油翁》等篇目作为例文仿写；

表现智慧人生的文学作品，可以选取《假如生活欺骗了我》《赫耳墨斯和雕像者》《美丽的颜色》《愚公移山》等篇目作为例文仿写；

表现自然画卷的文学作品，可以选取《春》《济南的冬天》《雨的四季》《三峡》《壶口瀑布》等篇目作为例文仿写；

表现人间百味的文学作品，可以选取《皇帝的新装》《故乡》《我的叔叔于勒》《范进中举》《孔乙己》等篇目作为例文仿写；

表现文化艺术的文学作品，可以选取《山水画的意境》《梦回繁华》《无言之美》《安塞腰鼓》《灯笼》《核舟记》等篇目作为例文仿写；

表现学习生活的文学作品，可以选取《从百草园到三味书屋》《再塑生命的人》《藤野先生》《送东阳马生序》等篇目作为例文仿写；

表现生命意识的文学作品，可以选取《猫》《白杨礼赞》《黄河颂》《精神的三间小屋》等篇目作为例文仿写……

学生头脑里有了经典例文，再去表现这一类的思想情感时，就有了行文范式，就有了章法框架。受到经典文学课文高雅思想情感的熏陶，也会笔下生情，妙思泉涌，自我审美情趣也会大大提升。

第二节 借鉴文学审美图式进行仿写

文字是一种媒介，对于学习写作的初中生来说，它也是一种工具。在作文心理结构中，作文图式是学生作文认识系统的起点和核心。它围绕着作文主题组织知识的网络结构，包含陈述性知识、程序性知识、策略性知识。模仿是对已有的现象或者行为等进行仿照的一种思维形式。在文学作品仿写中，初中生建构起仿写文的审美心理图式，便可以提取作文需要的信息，对文学作品仿写进行自我监控。最终螺旋式上升，合理完善新的审美心理图式。

这里要指出，审美心理图式的构建并非靠一篇例文的学习，还要依靠多个样例。在提炼多篇例文同一性的写作规律时，我们又要顾及多个例文内容和形式方面的变化。用多篇例文练习同一知识点，是仿写中构建图式的重要策略。

根据学生的认知规律，构建仿写文的审美心理图式的程序如下：

首先，品读美点。注重积累、重视摘抄是提升品读能力的重要方法。学生可以在积累与摘抄的过程中品读例文的美点，聚焦美的表现手法。表现手法连接着形而上的"思想"和形而下的"语言"。前文已经阐述过，尽管内容相同，但不同的表现手法会呈现出不同的美。

其次，借鉴美点。写作本位的精读与泛读，构成了写作的"前理解"，融入了学生的写作认知图式。所读的内容有示例的作用，可使学生直接感知应该怎么写与不应该怎么写。教师引导学生抓住例文最突出的美点，从例文中提炼某一表现手法的运用规律，进而进行迁移。这既考验教师的提炼概括能力，又考验教师的文学审美能力，但最终的落脚点是学生把握语言运用的规律，形成审美心理图式。

再次，仿写美文。学生运用从例文中提炼的表现手法仿写美文，这是文学写作实践最重要的一步。任何技艺都要亲身体验，亲身实践，方能获得真知。这一步既训练学生运用语言文字表达生活的能力，又是学生对表达生活之美、表达思想情感之美的体验。

最后，评析美点。教师对学生仿写的文学作品进行点评，并穿插文学中的美学知识，以提升学生欣赏美、创造美的水平。

一、以小见大寓意美

【品读美文】契诃夫《变色龙》、莫怀戚《散步》

【借鉴美点】

运用以小见大的表现手法，审美关注点注意以下几点：

1. 捕捉小浪花，平常寄深意。比如一个小小的场景、一件普通的物品、一段并不奇特的经历，都可以入文。要做个热爱生活的人，要深思普通生活中蕴含的深意，从平常中发现不平凡之处。通过一滴水的光芒，欣赏到大世界的精彩。

2. 聚焦一件"小事"，特写一处细节。懂得叙事须有详略、主宾、虚实的安排。用特写镜头的方式细写，或铺排"小"场景、"小"事件。小事也要写出层次，否则就会显得平铺直叙，难以表达其蕴含的意义。由景入情、由事入理、场景的转换、情节的推移、虚实结合、正面与侧面结合等都是写出层次的方法。

3. 联系"我"的感受，"小"中出新意。要善于从人人皆知的陈旧材料中挖掘出新鲜有味的、人所不知的主题。调动自己的情感体验，发现材料的个性以及在自己身上的独特性，写出别人不曾有的感受，做到"人无我有，人有我新"。

4. 小事寓大理，卒章见主旨。有了"理"或"意"，"事"才有价值。写作时，一要注意卒章显志，深化"小事"的内涵，给人以意味深长之美；二要注意"事"与"意"的榫头要对得合适，如对得不准，主观上想"深"，客观上却反而会弄巧成拙。

【仿写美文】

还　书

齐若羽

记得读四年级的一天，我抱着几本书和两个小助手去图书馆还书，我们边走边谈论着语文成绩。我突然想起语文老师让我将分数登记好，上课时他要用，而我只登记了几个人的分数，心里一空：完了……我该怎么办啊？

我的步伐慢了下来，看了看两个小助手，灵机一动：为什么不让他们还一下书呢？反正图书馆就在楼上，跟他们说一下还书的程序就行了。安排停当，我就离开了。

我回到教室，登记完成绩，心里没底儿，生怕他们还书时出错。

不好的预感常常会变成现实：他们终究是还错地方了。不久，图书馆老师找到了我们仨。

老师指着统计表说："你们班这个月借的书，到现在还没还呢？"

我们仨愣了。我看看旁边的两个助手，沉默了一会儿，吞吞吐吐地说："嗯……"

"那现在把书交给我吧，需要统计图书数量了。"老师干脆利落地对我们三个讲。

我的脸开始发热，低声回答道："这个……书还错地方了。"

"老师，是我还错了地方，但我回去找书时，书……不见了。"小助手支支吾吾地说。

老师眉头一皱："什么，不见了？你再去找找，实在没有，你们就得赔图书馆书了。"我急得快哭出来了。

老师走后，一个小助手默默去找书了，而原本应承担责任的我却没去。我独自待在座位上，时不时向那幢教学楼望去，仿佛看到那位同学大汗淋漓地跑到那间教室，翻翻这堆，没有；又急忙去翻另一堆书，还是没有。他汗涔涔、忙忙碌碌的身影一直在我脑海中闪现。想到这，我的心头乌云笼罩，沉甸甸的。自己作为班级图书管理员，失职啊。

后来，书被找到了。我以为我会松一口气，但是没有。一连几天，我眼前总是晃动着同学找书的样子：满头大汗，满手灰尘。我还老觉得他看着我，仿佛在质问我为什么没有和他一起找书。我分明听到有个声音在嘲笑道："你关键时刻没有站出来，更没有承担起自己的责任。"老师常常给我们讲，要懂得担当，做个有责任心的人。不知那时那刻，我是怎么想的。

这件事已经过去四年了，但一想起来，依然有一种愧怍之感催我自新，发我深省。做人啊，一定要勇于承担自己的责任。

【评析美点】作者选取了小学时还书的一件小事，表现了心灵深处永久的懊悔。文章的亮点是把描写的笔墨集中在自己没有承担责任而让同学承担的内疚心理上。作文富有层次感，当得知书还错地方时，自己感到害怕；而后同学主动去找书时，心里既有一丝悔意，又非常着急；最后浓笔抒情，表达没有承担责任的"愧怍"之情。层层递进，意蕴丰厚，小中见大，言近旨远。

二、欲扬先抑波澜美

【品读美文】

鲁迅《阿长与〈山海经〉》

【借鉴美点】

运用好欲扬先抑的手法，其审美点可以关注以下几个方面：

1. 精心布局抑扬内容。布局时，先辨析、切分人或物的优点与缺点，先抑笔写什么，后扬笔写什么。一般是按照人们由浅入深地认识事物的过程写作。一开始，由于了解不全面、不深入，往往造成一时的错觉。后来，经过细致地了解，误会最终解除。把这样的认识过程完整地写下来，就形成了先抑后扬的布局结构。

2. "抑"为铺垫，"扬"是目的。开头的"抑"是为了衬托后面的"扬"。基于此，前文的"抑"，不能把写作对象说得一无是处，否则就无法进行"扬"了。"扬"和"抑"，在艺术上都是一种强调手段。先抑后扬扩大了认识的反差，有时形成鲜明的对比，使人物形象更加立体丰满、震撼人心。

3. 抑少扬多，重心在"扬"。如果"抑"多"扬"少，就会使文章头重脚轻，主题不突出。因此，"抑"和"扬"的比例要分配得当。一般情况下，抑笔略写，扬笔详写。"抑"和"扬"的篇幅比例适当，结构和谐，读起来才无失重之感，才会达到主题突出、情感升华的表达效果。

4. 抑扬转折，过渡自然。作者常常把人、物贬抑到最低处，然后笔锋一转，改为赞扬。由"抑"到"扬"要有一个过渡，可以是"顿悟"，也可以是"我慢慢懂得"。总之，要有一个"牵引"情感发生变化的事件。注意：在转变过程中，情感自然，才能引起读者的共鸣。

【仿写美文】

蚂蚁的"掠夺"

宋　恒

蚂蚁总是成群出行。这些蚁兵蚁将们一旦放肆地群起围食，那黑压压涌动的场景真是令人不寒而栗，惧怕、厌恶之情多少会存于人们心中。

瞧，红红的草莓又鲜又甜，成熟的桃子在绿叶的衬托下粉红水嫩……而一些掉落于地上的熟果却早已爬满了蚂蚁，它们正津津有味地啃食着。蚂蚁们似乎还不满足这样的行动，呼朋引伴地将美味蔬果的大片残渣搬运到洞中。一波又一波的"大扫荡"后，蔬果园的地面上建造起了一个黑色"小人国"，它们的存在让人感觉这些蔬果变得不再那么新鲜了。蚂蚁如此"掠夺"，着实让人心生讨厌。

可就在春天一次偶然的发现中，我对蚂蚁的"掠夺"有了不一样的看法。

当时正值春暖花开、万物复苏之际，我与伙伴们嬉闹追逐，穿梭在各家房前屋后的蔬果园里。还未开垦的土地，我们大步踩踏着。突然，我不忍心下脚了，因为我发现泥土里钻出了嫩嫩的草莓苗，桃树下的大片泥土中也探出了桃树苗的小脑袋。我惊讶极了，它们的果实不是明明都被蚂蚁搬走了吗？哪还会长出这么多小植株来？正当我疑惑不解时，蚂蚁军团正好出现在我眼前，它们正哼哧哼哧地把那些人们抛弃在水泥地上的果核抬进泥土下的洞中。此时，我不禁联想到蔬果园中蚂蚁"掠夺"的场景。我恍然大悟，原来一直以来蚂蚁们所"掠夺"的一部分食物居然在蚂蚁洞中被再次孕育了。于是，我每天都跟随着蚁群"扫荡"的步伐，来到树林里，草丛中，田地里，土路边，小溪旁……这些都是蚂蚁最喜欢驻扎的地方。这里的绿色周而复始，原来也有蚂蚁的功劳啊！

这一发现让我不得不感叹：原来蚂蚁也是辛勤耕作的农民，它们既懂得收获，也懂得播种，更懂得对大自然绿色的维护。取之于大地，还之于大地。感谢蚂蚁的这般"掠夺"！

【评析美点】这篇作文运用了欲扬先抑的写作技法，多角度地表现了蚂蚁的形象。开篇抑笔，通过蚂蚁们"扫荡""掠夺"新鲜蔬果的场景描写，表达了作者对蚂蚁的厌恶之情；然后运用一个过渡段，情节陡转，由"抑"转"扬"；接着扬笔细写一次偶然的发现，写蚂蚁所谓的"掠夺"也给大地创造了绿色，表达作者的惊讶、感叹之情。欲扬先抑的手法不仅使文章摇曳多姿，富有波澜，更生动地表现出作者对蚂蚁行动与精神的丰富认识过程。

三、虚实相生神韵美

【品读美文】

余光中《乡愁》、泰戈尔《金色花》、冰心《荷叶·母亲》

【借鉴美点】

实写就是直接写景、状物、叙事、写人，从正面表现事物，注重客观准确；虚写是通过联想、想象、对比等手法间接描述，从侧面表现事物，注重主观感受。实写和虚写组合使用，相映生辉，把景写得多姿多彩，把情抒发得淋漓尽致，把人物塑造得丰满立体，这就是虚实相生的写作手法。

实写的方法：抓住景物、人物最突出的特点来写。如写景物，要多角度、调用"五觉"具体描绘景物的声、色、形、味、质、光、影，以及动静之态、高低之姿、远近之形、晨昏之变。实写就是准确、细致地表现眼前的、已知的、具体的景。如写人物，要细致描摹其面部、服饰、神态、动作等。

虚写的方法：想象未来之境；追忆已逝之境；运用侧面烘托、对比、映衬等手法突出主体的神韵；运用形象的比喻句、拟人句；幻想梦境；由此联想到彼；抒发情感，表达感受……

实写的作用是增添文章的现实感和逼真感，虚写的作用是给读者留下广阔的想象余地，使文章更具含蓄神韵之美。虚实相生，相辅相成。

【仿写美文】

一棵树的情思

邵　铄

春光明媚。西湖边。我停住了脚步。

我被它独特的身姿所吸引。别的树都一个个挺直着身子，如同将军一般；而它，却静静地躺卧在公园的一角，像一条卧龙。阳光照耀着它，幽邃之地的老树越发显得朦胧，仿佛有一个秘密。

它静静地卧在那里，或许有几十年了，或许有几百年了，到底多少年，我无从知道。

为什么它和别的树不一样？是小时候被风吹倒，留下了后遗症，还是因为从前承载得太多，以至于把腰都压弯了？这又是一个谜。

世界上的谜太多太多，而我偏偏就有这样的好奇心来——探索。

莫非这棵老树也是有灵性的？（谁说不能呢？孙悟空不也是从石头里蹦出来的？）它也有思考，也有属于它自己的价值观、道德观、精神观？极有可能。它的种种观念到底是什么？

我一旦有问题，就不会轻易放弃思考。

一个念头——这棵老树是一棵谦卑的树。如果它直立起来，绝对比其他的树高。可是它并没有这样做，他把腰弯了下来，自己把腰弯了下来，他不想站在太耀眼的位置，他不想让别人一眼便看到它，不想摆架子，这种性格我喜欢。

不过，谦虚也得有个度吧。为什么它比别的树低那么多呢？

我仔细地观察着老树的一干一枝一叶。

只见它盘虬卧龙般蜷缩在地上，又像一座桥梁。影子被剪得支离破碎，模模糊糊。再往上看吧，茂密青绿的叶子，流光溢彩般的。

我的视线久久没有转移，这是多么富有生机啊！而这枝干，相比之下就暗淡多了，或淡青，或黑褐，粗糙凹凸，苍老斑驳。

忽然，我的脑袋突然开窍了一般，被一种极其神圣的感觉所笼罩，仿佛我已然揭开它神秘的面纱。没错，就是这树！只能是这树！我已按捺不住自己的兴奋！

这不是一棵普通的树，它包含了几代人的关系！

上面的枝条和绿叶，不正是风华正茂的我们吗？依托树干，富有活力地向上长，向上长……

中间的树干，必是我们的父母。他们用肩膀支撑着你我，不惜把自己的腰累弯。他们撑起的是我们的明天，一个美好的未来！

下面的根，则是我们的祖辈！他们给予我们"养分"，年老的他们如老骥一般，仍然付出着，并且付出得最多！

这就是爱，亘古不变！

我站在这棵老树前，向这棵树致以最纯洁、最美好的敬意，久久地，久久地……

【评析美点】这篇习作非常巧妙地运用了虚实相生的写作技法，赋予老树以形态之美和神韵之美。实写的文字比较细腻，如对老树主干、枝叶、光影、颜色、质感的描写等。虚写的文字则更为精彩，作者运用联想和想象的手法，由树及人，虚写老树的遭遇、灵性；运用比喻、拟人的修辞手法，为老树绘形传神；运用对比手法，突出老树的形象；运用由景入情的手法，揭示老树的内在精神。更为高超的是，作者面对老树不断地沉思，不断地引发情思，于是不断地展现出生动的画面。虚实相映成趣，形神兼备，美不胜收。

四、一线串珠文脉美

【品读美文】

朱自清《背影》

【借鉴美点】

1. 提炼内在联系。处于"头脑风暴时期"的素材是零乱无序的，要找出众多材料之间的内在联系，把这些看似无关联的"彩珠"用一根线"穿"起来，让这些材料进行有机组合。朱自清的《背影》就用"背影"一条线索贯穿全文。

2. 确定行文线索。叙事线索的种类：（1）以物为线索：让某一物品在事件的各个阶段重复出现。（2）以人为线索：写个体，以某一人物的活动、语言、性格等来串联全篇；写群体，注意不同时间、不同环境中人物性格的统一。（3）以思想变化为线索：思想发展的主线要分明，思想变化的各个阶段要连贯自然，对照清楚。（4）以中心事件为线索：主要事件发展脉络清楚，主次搭配合理且紧密关联，即便事件再复杂，也要做到繁而不乱。（5）以时空为线：以时间的推移、空间的转换为线索结构全篇。

3. 反复出现关键词句。在行文时，反复出现某一词句，营造某种氛围，强调某种感情，这就是明穿连缀的技巧。朱自清的《背影》中，"背影"一词反复出现，不仅作为文章叙事的线索，使文章文脉清晰，也是作者表情达意的切入点，使文章的叙事与抒情浑然一体。

4. 宕开也要暗连。有时，为了使文章自然流畅，洒脱自如，行文线索也可以不直接点明，但要心中有"线"，做到草蛇灰线、明断暗连，这也是"线索清晰"的艺术处理技巧。

【仿写美文】

那越来越弯的背

李柏锟

奶奶年过花甲，越来越老了，而且患腰椎间盘突出多年，直起腰来非常吃力。奶奶时常拍着背说道："我的背啊，你怎么这么不争气，你怎么也老了呢！"

暑假，我发现奶奶的背更弯了。那阵子，爷爷遭人诬陷，被抓走关了起来，奶奶生平从未受到过如此巨大的打击。尽管一家人都在为这事忙来忙去，也不断地安慰奶奶，但奶奶的头发一下子白了不少，并且也变得沉默了。

小时候，我经常看到奶奶把各个房间的角角落落都打扫得干干净净，经常看见奶奶大汗淋漓但又挺直着背的身影。因此，我经常向小伙伴炫耀：瞧，我奶奶多能干！

慢慢长大，我发现奶奶打扫一会儿，休息一会儿，这时奶奶的背已稍稍弯曲。再后来，我发现她在厨房洗碗时还得坐着洗。有些时候看到奶奶实在太累，我和弟弟就偷偷地去扫地、拖地，奶奶发现后，气呼呼地说："写你们的作业去！我还没老呢！"……看着奶奶的背驼着，弟弟疑惑地问我："哥哥，你说奶奶是怎么了？"

"奶奶啊，"我叹口气，"老了！"

前年春节，奶奶不小心滑倒在地，脊柱也因此受到损伤，但奶奶躺了三天后，就又开始操持家务了。我突然发觉，奶奶的背在那次摔跤后，再也没能直起来过。

今年，奶奶的背更弯了，不仅是衰老的缘故，还有爷爷被抓后精神上的打击。我在写作业时，时常看见奶奶躺在沙发上偷偷流眼泪，却又赶紧拭干，但奶奶从不说出来，只能看见她在厨房为一家人准备午饭时满头大汗的情景。

奶奶为这个家起早贪黑这么多年，却仍然不能安享晚年，这让我感到十分痛心。

我在杭州每每与老家的奶奶视频通话，画面里，奶奶那弯弯的背总是刺痛着我的眼睛。但她丝毫没有诉说自己的苦楚，嘴里念叨的，牵挂的，竟都是我。我挂了电话，眼泪便止不住地流了出来。

在晶莹的泪光中，我又看见了奶奶那弯着腰忙碌的身影……

【评析美点】"那越来越弯的背"既是题目，也是本文的行文线索。围绕着奶奶"越来越弯的背"，分层细写"我"小时候看到的奶奶"挺直的背"，长大后看到的奶奶"稍弯的背"，如今奶奶"更弯的背"。本文以时间为序，线索清晰，表现了奶奶操劳、慈爱、坚忍的多重性格。作者又巧妙运用了反复穿插、虚实相生的手法，丰富了奶奶"越来越弯的背"这一意象。本文一线穿珠，逐层推进，文脉清晰，结构精巧。

第三节　从仿写走向创造的美育探索

前文所论，精选适于仿写的文学作品，主要由教师完成；而建构仿写文的审美心理图式则是在教师的指导下学生主动参与，最终通过学生的仿写作品呈现出来。本节继续细化在初中文学作品仿写中渗透审美教育的策略研究，细化指导过程，最终实现由扎实的仿写到自由创作的腾飞。

以下是课堂教学中诗歌的仿写、散文的仿写案例举隅。

一、意象群重造的美妙意境

以舒婷的《祖国啊，我亲爱的祖国》为例的仿写教学实践

【教学创意】

选用一组意象写首诗

【教学目标】

1. 通过诵读、想象，理解诗中的意象，准确把握诗人的情感变化历程，领会诗歌蕴含的深沉情感。

2. 通过联读，模仿创作，掌握选用一组意象表达情感的写诗方法。

【教学重点】

理解运用意象群的美学效果，选取一组意象表达情感。

【教学难点】

模仿创作，运用"意象群"写一首诗歌。

【教学方法】

品读、联读、写作

【课时安排】

一课时

【教学过程】

(一)诵读，体会诗歌意象中的情感

1. 学生自由诵读诗歌，初步体会每一节诗中诗人的情感。

明确：悲哀——痛苦——喜悦、激奋——献身的豪情

体会：诗歌由舒缓到急促、由低沉到高亢的节奏美。

第一节：长句式，多节拍，一系列意象的运用给人一种沉重感，宛若一首缓慢低沉的乐曲。

第二节：诗句简短、急促，把忧国的情绪强化为深深的悲怆。

第三节：意象转变，情感色彩变化。又是长诗句，多节拍，起伏变化，形成全诗抑扬顿挫的韵律美。

第四节：节奏明快，排比的运用增强了抒情的气势，把全诗的思想感情推向高亢激昂的高峰。

2. 学生品析诗歌意象的特点及蕴含的情感，并选择恰如其分的语气、语调、语速朗诵诗歌，读出诗人的情感。

(出示 PPT)《祖国啊，我亲爱的祖国》这首诗中追求意象化与意象的象征意义，从而表达出作者对祖国的热爱。

3. 教师范读。

4. 小结：诗中用了意象化的方法，选择了一系列具有象征性的形象来表达作者的思想感情。这些形象虽然互不连贯，但在总体上却不仅构成了内在统一的美，而且也给读者以更大的驰骋想象的空间。这种"意象叠加"的方式所表达的思想内涵更丰富，更深刻。

(二)联读，欣赏并列意象的美韵

1. 感受美点：学生自由朗读，思考下面这首诗中诗人选取了哪些意象，描绘了怎样的祖国。

祖国啊，我亲爱的祖国

赵凌云

我是西湖的碧波，倒映你的婀娜，

我是飞天的壁画，美丽你的传说；

我是黄河的瀑布，展现你的气魄，

我是长城的砖石，筑起你的巍峨。

祖国啊，我亲爱的祖国，

如果你是一首雄壮的歌，

我就是歌中的音符一颗，

我的心跳与你的脉搏融合。

我是塞北的草原，伸展你的辽阔，

我是东海的巨轮，运载你的蓬勃；

我是飘香的稻谷，灿烂你的画册，

我是飞溅的钢花，闪耀你的红火。

祖国啊，我亲爱的祖国，

如果你是一面飘扬的旗，

我就是旗上的星星一颗，

我的生命为你深情地闪烁。

2. 品析美点：诗歌是由意象组成的，把最好的意象放在最适宜的地方，这就是文学之美。赵凌云的《祖国啊，我亲爱的祖国》运用一组"意象群"来抒发细腻深长的爱国之情，造成反复回环的美学效果。第一节诗选取"碧波""壁画""瀑布""砖石"等意象来赞美祖国的婀娜多姿、美丽传奇、雄壮巍峨；第二节诗又选取"草原""巨轮""稻谷""钢花"等意象来赞美祖国的辽阔、蓬勃、灿烂、红火。这两组意象从不同的层面表现出祖国多彩的美、不同的风姿。选取不同的意象表现不同角度的美好，这是一种"变化美"；而不同的意象又都投射出诗人对祖国的深厚感情，这又是一种"统一美"。正是因为有了意象，诗歌才表现出文学的美；正是因为有了一组组意象，诗歌的情感才如此喷薄饱满。

3. 借鉴美点

（1）运用联想和想象选取意象。"以我观物，故物皆著我之色彩。"（王国维语）通过联想和想象，将主观情意和外在物象相融合的心象可称之为"意象"。联想和想象皆饱含着作者的情感，选取的一个个意象其实就是情与物的综合。"一切景语皆情语。"诗的美就是情感的美，而情感美是通过意象美来表现的。

（2）把握抒情脉搏，恰当组合意象。（出示PPT）

①在空间内罗列，采取罗列式；

②在时间中涌现，意象以时序接连呈现；

③把"同调"的意象配置在一起，使之协同一致，相得益彰，渲染一个主要的色调；

④把效果迥异的意象配置在一起，使之产生对比。

（3）反复回环的抒情节奏。这首诗运用第一人称的口吻，以"我是……"的句式反复呈现，形成回环跌宕的抒情节奏，抒发出抒情主人公强烈而赤诚的爱国热情。因为情感本就是往复低回、缠绵不尽的，所以诗歌中的重章叠句，"在意义上确似重复而在情感上则不重复"。

（三）写诗，体验意象的美感

1. 要求：运用一组意象，模仿舒婷的《祖国啊，我亲爱的祖国》的第一段创作诗歌，抒发自己对祖国、对家乡的赞美之情。

2. 学生找寻意象，形成意象群，画结构图，独立创作，交流展示。

附：

杭州啊，我亲爱的杭州
何湛涛

我是你庭院中的一盏香茗，

往事飞扬，岁月留香。

我是你灵隐的香火，

岁经多年，绵延永旺。

我是你竹荫的小径，幽静的禅房，

是虔诚的僧侣，

把古老的钟磬敲响。

——杭州啊！

我是你长堤上的垂柳，

参差飘拂，依依作舞。

我是你漫空的烟雨，

朦胧迷离，妩媚动人。

我是你羞黛的远山，停棹的小舟，

是纷飞的柳絮，

沾在了，

游人的襟袖。

——杭州啊！

我是你屋檐角的乳燕，

飞过繁华巷陌，

我是你缤纷的纸伞，

是华美的丝绸。

是璀璨的灯火

在江上

随烟波而逝。

——杭州啊，美丽的杭州！

【评析美点】这首诗分为三节，作者精选了三组意象，运用空间顺序将其巧妙组合，形成一个艺术整体，首尾贯通，情致相连，共同构成一幅和谐的画面，表达了对杭州深深的爱。把多个意象有机组合起来的内在因素就是"情"，"情"的流动形成意脉，给读者带来一个景色秀美、文化深厚、宁静闲适的美好江南的意境。

德国的莱辛在他的《拉奥孔》中曾写道，画和诗这两种艺术都产生"逼真的幻觉"。《杭州啊，我亲爱的杭州》这首诗"以无为有，以虚为实，以假为真"，用一个个虚拟的意象营造出逼真的幻境，印证了歌德的艺术美学原理——艺术是通过假定达到更高程度的真实。

学生仿写的这首诗歌，颇具舒婷、赵凌云两位诗人的《祖国啊，我亲爱的祖国》之风韵。学生通过仿写走向创造，真正体验了中国诗歌借助意象、意脉表情达意的美学特征。

二、以生动的形象和强烈的美感吸引读者

以散文《紫藤萝瀑布》为例的仿写教学实践

【教学创意】

用"托物言志"的表现手法写散文。

【教学目标】

1. 通过欣赏紫藤萝花的形象，探索表现人物情志的手法。

2. 模仿创作，假托美好的意象，表达美好的情感。

【教学重点】

讨论、探究用"托物言志"的表现手法来表达情怀的审美心理图式。

【教学难点】

模仿创作，运用"托物言志"的手法，表现情思和志趣。

【教学方法】

品读、写作

【课时安排】

两课时

【教学过程】

第一课时：品读《紫藤萝瀑布》，建构图式

（一）**导入新课**

经典美文中描写的景物总是渗透着作者的情感，所以我们能够在山川溪流中听见回荡的心声，在花草树木中发现人生的影子。今天我们学习一篇精美的散文——《紫藤萝瀑布》，让我们随作者一起去领略一下她独特的心理体验。

（二）**作者资料及写作背景**

宗璞，1928 年生，作家。她的散文隽永优美、情深意长，充满了情趣、理趣。

写作背景：本文写于 1982 年 5 月。当时"文化大革命"结束不久，作者心灵的创伤尚未平复，小弟又身患绝症，不久于人世，作者内心伤痛，无以纾解，偶然于行进中看见一树盛开的紫藤萝花，由花儿的衰而又盛，联想到生命的无止境，转悲为喜，感悟到人生的美好和生命的永恒，增强了生活的勇气，于是写成此文。

（三）**品味花之美**

学习任务：揣摩下面的句子，体会写景状物手法之妙和紫藤萝花之美。

1. 化静为动。

每一朵盛开的花就像是一个小小的张满了的帆，帆下带着尖底的舱。船舱鼓鼓的，又像一个忍俊不禁的笑容，就要绽开似的。

这一句写紫藤萝花的形态。"船舱鼓鼓的""又像一个忍俊不禁的笑容"，"笑容"描写了花儿绽放的美好，运用拟人的手法，把静物写成了动态。

2. 多感官互通。

这里除了光彩，还有淡淡的芳香，香气似乎也是浅紫色的，梦幻一般轻轻地笼罩着我。

"香气似乎也是浅紫色的"，不仅写出了紫藤萝花外观美丽、色泽鲜艳，还写出了花的香气，把"嗅觉"形象地用"视觉"表现了出来，把作者带入了一个幻境，非常美丽，像梦一样。令人陶醉、柔美的淡紫色弥漫全文，表达了作者对紫藤萝花的喜爱之情。

3. 物我交融。

紫色的瀑布遮住了粗壮的盘虬卧龙般的枝干，不断地流着，流着，流向人的心底。

作者在这种动感描绘中，表现了紫藤萝花的繁茂、热烈、喜悦与力量。这既是写充满动感的、鲜活的、灿烂的紫藤萝花，也是写"我"：一个感受到了生命的炽热与盎然的"我"，一个感受到了"精神的宁静和生的喜悦"的"我"，一个感受到美好的、崭新的、充满力量的时代气息的"我"。至此，紫藤萝花与"我"融为一体，给人以物我合一的美感。

（四）品味意之美

本文中的"意"，就是作者借用紫藤萝所暗示的情思、所寄托的志趣与情味。

讨论话题：这篇散文表现出怎样的"意之美"？

学生讨论、交流，教师明确：这篇美文深深打动我们的，是"花和人都会遇到各种各样的不幸，但是生命的长河是无止境的"。它文字隽永，道理深刻，点题巧妙。通过写花，既赞美了蓬勃向上的生命，又表达了对苦难生命的哲思。托物言志，写花就是写人。

顺势教学"托物言志"的表现手法知识。

（出示 PPT）托物言志，就是运用生动形象的语言写景状物，寄寓自己的情思，抒发对社会人生的感悟。"物"是"志"的表象依托，"志"是"物"的精神延伸，二者相依相托，相得益彰。

（出示PPT）托物言志，即言在此而意在彼。它给读者带来的美感含蓄温婉，意蕴深长。正如唐人司空图所说："不著一字，尽得风流。语不涉己，若不堪忧。"

（出示PPT）托物言志，属于作文的整体手法，常常有三种方式：①以物喻理，如《紫藤萝瀑布》；②以物喻人，如《白杨礼赞》《爱莲说》；③以物抒情，如《荷叶·母亲》《一棵小桃树》。

请学生说一说《紫藤萝瀑布》是怎样运用托物言志的表现手法来抒发情感的。

（五）品味章法之美

学习任务：把握文脉，梳理文章层次，品味章法之美。

学生讨论，交流，教师明确：第1段，制造悬念，引出下文；第2~6段，从不同角度描绘紫藤萝瀑布的盛况；第7段，写"我"欲摘未摘，伫立凝视时的感受；第8、9段，写紫藤萝的芳香引出"我"的回忆；第10、11段，托物言志，借物抒怀。

联读《荷叶·母亲》《一棵小桃树》《白杨礼赞》，并画出文章的结构图。

学生思考，动笔，绘图。

学生作业示例：

荷叶·母亲（冰心）

第一部分（第1~3段）：引出莲花。

第1段：起笔写院子里的莲花，引出事物。

第2、3段：插叙与故乡的园里的莲花有关的往事。

第二部分（第4~7段）：细腻深情地描绘雨中的莲花。

第4段：描写经过一夜雨打的莲花。

第5段：描写雨愈下愈大时的莲花。

第6段：描写回头看时大荷叶覆盖的红莲。

第7段：描写雨势并不减退时荷叶荫庇下的红莲。

第三部分（第8、9段）：借莲抒情，托物言志。

第8段：情感转折。

第9段：深情呼告，直抒胸臆，升华情感。

一棵小桃树（贾平凹）

第一部分（第1段）：引出小桃树。

第二部分（第2段）：描写眼前桃树的情景。

第三部（第3~8段）：回忆小桃树艰难曲折的生长过程。

第四部分（第9~14段）：又回到眼前小桃树在风雨中挣扎的情景，触景生情，抒发感慨，寄托情志。

师生概括托物言志类散文的审美图式如下：

引出事物——细腻描绘——托物寄意

（六）**课外作业：** 选择一种物象，思考它引起了你哪些联想，触动了你怎样的情思，准备下节课写一篇托物言志的散文。

第二课时：写作"托物言志"类散文，运用图式

本节课模仿《紫藤萝瀑布》，运用托物言志的表现手法写一篇散文。

（出示PPT）试选取你熟悉的事物进行细腻生动地描写，寄托自己的某种情志。

（三）**写作指导**

1. 找到所托之"物"与所言之"志"的相似点。

在写"托物言志"类散文时，首先要考虑托物要恰当，联想要自然。如《紫藤萝瀑布》中，紫藤萝花面对着生死的考验，"我"的心上也压着"关于生死的疑惑，关于疾病的痛楚"，也就是"花和人都会遇到各种各样的不幸"。面对不幸，紫藤萝花虽被毁而重生，且表现出旺盛的生命活力，"我"由此感到"精神的宁静和生的喜悦"，从而悟出"生命的长河是无止境的"，这就是"物"与"志"的相似点。

可以通过联想、比喻、象征、对比、比兴等手法，找到"物"与"志"的内在联系纽带。如竹子的挺拔坚韧与人的正直气节相似，蜜蜂不停地采集花蜜与劳动人民的辛苦忙碌相似，白杨的笔直、傲然挺立与北方农民的朴质、坚强、不屈相似……此时的"物"具有了人的美好品质和崇高精神的象征意味。

还要指出，"物"的特征不是唯一的，角度不同，感悟则不同。写作时，必须选准事物的角度，抓住"物"与要表达的情感、志趣的相似之处，紧扣这一相似点深情细腻地描绘，使表达准确、得体、美妙。

2. 凸显所托之"物"生动的形象和强烈的美感。

"托物言志"类散文，要工笔细描"物"，只有丰满的形象才能承载作者的情感、志趣、情操、精神、性格、品质之重，才能够更好地实现形神契合。因此，描写所托之物时，既要写出其外部形态，又要写出其内在特征，使读者通过这一艺术形象能自然联想到某种值得赞美的精神或品质。如宗璞的《紫藤萝瀑布》，不但着意描摹了紫藤萝花的形态、色泽、香气，细致入微地描写了花瀑、花穗、花朵等，还描绘了紫藤萝花"忍俊不禁的笑容"，"和阳光互相挑逗"的情态，以及"不断地流着"的动态，这些都凸显了紫藤萝花充满快乐和富有生机的特征。这样，"花"和"人"既做到了"形似"，又做到了"神似"，为下文"言志"奠定了基础。

"托物言志"类散文，外显的是"物"，内隐的是"志"，只有"物"的形象丰满，才有"志"的自然流露，从而完成由形入神、由实转虚这一过程。托物言志就是变抽象为具体。

3. 抓住动情点，实现由"物"到"志"的过渡与升华，深化意境。

"托物言志"类散文，在细腻描绘物后，常常在文章结尾处抓住动情点，捕捉住那时那地触景生情，产生刹那间的灵感，实现虚实相生、形神合一、水乳交融的美好境界。

如贾平凹的《一棵小桃树》，在作者描写雨中的小桃树时写道，"就在那俯地的刹那，我突然看见那树的顶端，高高的一枝儿上，竟还保留着一个欲绽的花苞"，它在风雨中摇摆抖动，但没有掉下去，还闪着"嫩黄的光，嫩红的光"。这就是作者的动情点，情动于衷，作者的情感在此有了一个转折，接下来开始"言志"——"啊，小桃树啊！我该怎么感激你？……你那花是会开得美的，而且会孕出一个桃儿来的……"，托物言志，水到渠成。

《荷叶·母亲》也是在结尾捕捉"动情点"，加以描述。在雨势没有减退的情形下，作者看到"雨点不住地打着"那勇敢慈怜的荷叶，于是"动情"，写道："我心中深深地受了感动——"接下来抒情言志，"母亲啊！你是荷叶，我是红莲……"完成"物"与"志"的完美过渡，创造出形神契合的意境之美。

（四）学生列提纲，小组讨论，完善提纲，丰富细节后独立作文。

（五）交流、评议仿写文《白玉兰》。

白　玉　兰

树杉杉

学校的空地上有两棵白玉兰。

春天到了，白玉兰没有先长出绿叶，而是用自己积蓄一冬的力量开出了一朵朵白色的长长的花，在阳光的照射下反射着一点点的微光。在温暖的日子里，一朵朵花儿努力地开放着，争香斗艳，激烈地竞争着谁最美。在春寒料峭的日子，一朵朵花儿相互依偎着，希望彼此都能熬过余寒。好似人的相遇、相知与相识，竞争着，帮助着，不抛弃。

不知不觉，白玉兰已经开了三天。有一些花已经泛黄，不再拥有先前的纯白与光泽，还有一些花已经随风落入了泥土中，不再与树上的花交谈，不再与树有任何的交集，自顾自地走了。剩下的一些花虽还洁白，但可预见在不久的将来，它们也会凋落。

最终，树上的花落尽了。三天来发生的一切，仿佛不曾发生过。

虽然花儿们不再拥有一起开放的机会，虽然树木不会记得这些花儿曾在一起开放过，可之前发生的一切，花儿们都会记住，都会深深地铭刻在自己的心里，绝不忘却。

花儿开了三天，我们走了三年。也许之后的一切，我们都不会有交集，也许我们再也见不到彼此，可这段时光依然是快乐的。

能在一起绽放便是缘分，能在一起凋谢也是缘分。花的一生只有寥寥无几的几天，于是花儿们便会格外珍惜时间，在最好的时间、最好的地点，拼命地绽放自己，与众花斗艳。最后不留一丝遗憾地辉煌落幕。

花开了，你来了；花谢了，你走了。

【评析美点】这篇作文运用托物言志的写法，用白玉兰花象征曾经相遇相识、互相帮助的同窗好友，表达情感温婉含蓄。既抒发了对美好时光易逝的慨叹，又抒发了珍惜拥有、努力绽放的豪情，抒情细腻，格调高昂。语句优美精练，警句迭现，如"花儿开了三天，我们走了三年""能在一起绽放便是缘分，能在一起凋谢也是缘分"，耐人寻味，意蕴悠长。

古人写散文最重韵味。细读中国古代优秀散文，通篇灵气挥洒，清新俊逸，这就叫"韵味"。散文追求"淳朴自然，真情流露"，此文托物言志，发现美，创造美，给读者以浓浓的韵味和自然的真情。

中编　写作教学创意实践

第一章
写作教例研究

　　本章所录写作教学案例涵盖整个初中学段，文体多样，案例丰富。这些案例是教学理念与教学实践的融合，以课例的样态阐述了对语文核心素养背景下写作理念的实践探索。它突出了《义务教育语文课程标准（2022年版)》写作教学注重情境性、实践性、综合性的理念，提出设计指导程序、创设情境任务、设计读写项目、引入评价量表、实践美读美写等写作指导策略。所选案例着眼于整体教学设计，注重程序化写作教学，融写作教学于生活情境中，具有较强的操作性。

第一节 设计指导程序：如何表现人物精神

"逆向设计"是由美国课程研究专家格兰特·威金斯和杰伊·麦克泰格在《追求理解的教学设计》中提出的一种有效的课程设计方法，它以单元为基本单位进行教学设计，强调课堂、单元和逻辑上想要达到的最终学习结果。这种设计方法重构了常态的写作教学设计程序，使教学活动焕发出新的活力，能够有效促进写作教学转型，提高教学效率。

"逆向设计"的创新点体现在凸显学习结果和注重实证评估上。本写作案例是对统编语文教材七年级下册第一单元的写作教学研究，运用逆向设计理念进行了由读到写、读写结合的写作指导设计，分为以下三个阶段：

一、确定预期的学习结果：写一篇表现人物精神的作文

"预期的学习结果"是"预期的学习目标"的具体化。预期的学习结果指向学科核心素养，即通过对单元大概念的探究与建构、理解与迁移，帮助学生建立单元知识体系，使单元知识结构化。确定预期的学习结果，包括以下要素：提炼大概念、设计基本问题、架构预期理解。

（一）提炼大概念

统编语文教材七年级下册第一单元由《邓稼先》《说和做——记闻一多先生言行片段》《回忆鲁迅先生》（节选）、《孙权劝学》四篇阅读文本和一个专题写作"写出人物的精神"组成。根据单元导语，本单元的人文主题是"杰出人物"，其语文要素是"学习精读"和"感受人物的非凡气质"。再根据课后的思考探究、阅读提示、专题写作内容以及七年级学生学情，笔者确定了本单元教学的大概念"表现人物的精神"，以此关联四篇文本的核心知识，联结阅读与写作，促进大概念的建构与迁移运用。大概念是逆向设计"预期学习结果"中需要重点理解的学习目标，它不同于常态教学设计中的"单元教学目标"，因为大概念指向核心素养，具有迁移性。

（二）设计基本问题

在逆向设计中，如何更好地专注于大概念，把诸多知识与技能目标融合起来

形成吸引人的、有效的教学方案呢？设计情境任务可以使这一关注点得以较好地实现。笔者为单元学习设计了如下情境任务：

有的同学崇拜的偶像是歌声优美、舞姿华丽的明星，有的同学崇拜的偶像是探索宇宙的航天英雄、新时代楷模，有的同学崇拜的偶像则是自己身边熟悉的普通人。通过本单元的学习，我们将制作一个"人物风采画廊"，以"文字+照片"的形式，展示你笔下人物的精神风貌。

该情境任务不仅激发了学生的学习兴趣和表现欲望，更重要的设计意义在于指向单元的大概念，提出一个单元学习的基本问题，从而引发认知冲突。这个基本问题是：如何写出身边人物的精神？

围绕基本问题，学生探究单元学习内容的核心，从而激励他们提出更多的问题：

1. 课文中人物的精神是怎样的？

2. 表现人物精神的写法有哪些？

3. 各种写法的表达效果有何不同？

4. 如何在自己的写作中运用这些写法来表现人物的精神？

由基本问题引出的系列问题，形成一个意义上互为联系的"问题结构"，能够促进学生对大概念更系统、更深入地理解。上述基本问题中强调"身边人物"，把语文学习与真实生活联系起来，把建构大概念与运用大概念结合起来，激活了知识间的联系和迁移。同时，基本问题也可以用来架构单元整体教学的内容目标。

（三）架构预期理解

"逆向设计"在确定预期的学习结果时，也不能忽视那些较为离散的知识和技能，因为大概念是由具体知识抽象而形成的，架构预期的理解是对大概念和基本问题的有力支撑。这种预期的理解包括有价值的概括、可迁移的知识和技能。

在这个单元的学习中，学生需要理解如下大概念及其与本单元核心知识的关系。（见图1）

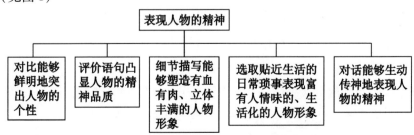

图1 第一单元大概念与核心知识关系图

学生将会知道：

1. 表现人物精神的方法。

2. 杰出人物所取得的非凡成就与其性格和精神有密切关系。

学生将能够：

1. 运用精读的方法，抓住关键语句或段落，揣摩品味其含义和表达妙处。

2. 通过内容概括和手法赏析，理解人物的精神气质。

3. 建构"写出人物的精神"的方法，并运用到自己的创作中。

二、确定合适的评估证据：表现人物的精神要具备什么元素

（一）表现性任务

如何知道学生是否已经达到了预期的目标？如何证明学生的理解和掌握程度？逆向设计理念要求教师要在如何教之前"像评估员一样"思考这些问题，而不是在单元学习结束时才进行评估。"由于理解是随着探究和反思的进行逐渐形成的，对理解的评估应该是随着时间的推移而形成的证据集，而不是单个事件。"对于学生学习的评估要贯穿单元教学的整个过程。评估证据包括：表现性任务、其他证据、自评与反馈。作为评估证据，评估指标要清晰明确，将学习结果的标准具体化，尤其是表现性任务需要教师制作评价量表来评价学生的表现。"表现性评价不仅关注学生的'最终结果'，也关注学生的'表现过程'。"评价量表可以为学生在学习过程中及时提供有意义的反馈信息，以及引导达成任务所必需的"评估证据"，确保教学与评价的一体性。

【表现性任务一】历史的星空，因有众多杰出人物而光辉灿烂。请你制作一张"名人风采"手抄报（人物图片+精彩语段，关键词句用彩笔标画），向全班同学展示你精读文本的学习成果。通过展览与交流，唤起我们对"精神之光"的憧憬与追求。

任务支架：阅读本单元的课文和下面提供的拓展文本，关注打动你的语句或细节描写。摘抄至少5处关键语句或段落，并批注其含义和表达的妙处，揭示人物的精神与品质。

拓展文本：刘敬智《钱学森——中国人民的骄傲》、汪曾祺《闻一多先生上课》、陈丹青《笑谈大先生》、张亚杰《文哲季羡林》。

【表现性任务二】同学们，我们已经积累了写出人物精神的锦囊秘籍。如果

老师邀请你为全班同学作"如何写出人物的精神"的讲座，你准备讲哪些内容呢？请你以本单元的阅读文本为例，用思维导图的形式进行辅助来为大家讲一讲。相信你参与了这次学习体验，下一阶段的写作一定是最棒的！

学习支架：思维导图评价表。（见表1）

表1　思维导图评价表

维度	评价指标	自评	小组评价
聚焦大概念	能够聚焦大概念构图，每篇文本概括的核心知识均指向大概念，单元学习凸显整体思维		
提炼知识准确	提炼的核心知识、概念、术语等无知识性错误，表述准确		
概括篇目知识	能够从具体篇目中归纳知识，显示出单元中每一篇文本的概括性知识		
揭示逻辑层级	上位概念与下位概念逻辑正确，层级关系清晰		
构图美观醒目	构图造型美观，书写整齐，关键信息醒目		

注：按照优秀、良好、合格、待合格四个等级评估。

【表现性任务三】请根据网络搜索、访谈、观察等途径收集的资料，选取典型事例和恰当的写作方法，写一篇写人物的文章，表现其美好的心灵和精神，不少于600字。写好作文后，小组以"文字+照片"的形式，制作一个"人物风采画廊"，作为单元学习成果在班里公开展示。

学习支架：1. 观察笔记等素材；2. 写作方法思维导图；3. 写作提纲；4. "写出人物的精神"作文成果评价量表。（见表2）

表2　"写出人物的精神"作文成果评价量表

	维度	评价指标		小组评价（评定星级）	证据或修改建议
		★★	★		
1	抓住典型细节（场景细节或琐事细节）来表现人物的精神风貌	能够抓住三个细节，且细节角度多样，描写细致、逼真，能够表现人物精神	能够抓住一两处细节表现人物的精神		

（续表）

维度	评价指标		小组评价 （评定星级）	证据或修 改建议
	★★	★		
2 借助对比、侧面烘托（环境描写）、对话、心理活动等手法表现人物的精神	能够恰当运用两种以上手法凸显人物的精神	能够选择一种表现手法表现人物的精神		
3 借助抒情、议论句或他人的评价语，概括人物的精神	能够运用抒情、议论句和引用评价语精准概括人物精神	能够运用抒情、议论句或引用评价语概括人物的精神		
4 通过典型事例表现人物的精神	能够选取两个以上典型事例多角度表现人物真实复杂的精神世界	能够选取一件典型事例表现人物精神		
5 图文并茂	文稿正确，排版美观，不少于 600字，至少有一幅插图	文稿比较规范，大体符合要求		

评价者：————、————、———— 　　　　星级：————

（二）其他证据

逆向设计中的"其他证据"指的是根据阶段一预期的学习结果，还需要收集的证据。例如课堂交流、小测试、课文朗读、课中笔记、课后作业与小结等。本单元学习过程中可收集的"其他证据"有：

1. 课堂交流——能举例阐释文中表现人物精神的方法，并简要赏析其表达之妙。

2. 作业——能够运用精读的方法，批注课外拓展文本中关键语句的含义及表现人物的精神的写法。

3. 朗读——能够读出人物的个性气质和精神风貌。

（三）自评与反馈

要让评估真正发挥作用，需要指导学生提升元认知能力，自己清楚评价标准，自己能够判断什么样的内容可以（或不可以）作为达到标准的证据，促进学生的高阶思维。本单元学习过程中可收集以下"自评与反馈"证据：

1. 自评或小组互评"表现人物精神的写法"思维导图，未获优秀等级者需有进一步修改的痕迹。

2. 自评或小组互评作文，能够根据小组建议修改作文，有修改完善的痕迹。

三、确定有效的学习活动：怎样有序地学习才能完成这篇作文

确定预期学习结果和评估证据后，就要以此为目标和参照来设计学习活动。组织学习活动的过程就是学生运用知识、技能、方法等深入理解大概念的过程，就是为完成表现性任务而提供证据的过程。因此，设计学习活动要着眼于对单元大概念的持续探究、着眼于关键学习活动的进阶、着眼于预期学习结果的有效达成。

逆向设计逻辑要求教师所设计的各种学习活动要与阶段一、阶段二的各项条目相对应，呈现一致性的学习活动，促进预期学习结果的达成，使优秀的表现性行为成为可能。为确保学习活动的一致性和参与性，需要将学习活动按照优先次序进行排列。笔者使用逆向设计 WHERETO［W——学习方向和原因，H——吸引和保持，E1——探索和体验，R——反思和修改，E2——评价，T——量身定制，O——组织排序］的元素设计学习任务序列。该单元的学习活动如下：

1. 人的一生给世界留下的最宝贵的东西是什么？组织学生观看"感动中国2020年度人物"张定宇、陈陆的视频片段，通过创设情境，感受人物的精神魅力和思想光芒，引发学生的学习兴趣和对人物精神的关注。（H）

2. 介绍基本问题和本单元的三个表现性任务——制作手抄报、讲座（借助思维导图）、布置"人物风采画廊"（借助作品），强调最终表现性任务"人物风采画廊"。指导学生开始写身边人物的观察日记。（W）

3. 组织学生在课堂上朗读前三篇课文，利用一节课的时间指导学生阅读《孙权劝学》，课外自主整理本单元字词，写出阅读四篇课文后的"阅读心语"。（E1：知识的体验和观点的探索）

4. 指导学生精读《邓稼先》《说和做——记闻一多先生言行片段》，抓住关键语句或段落，揣摩品味其含义和表达妙处。同时利用文学术语作赏析批注，理解人物的精神品质。（E1）

5. 指导学生迁移运用精读的方法自读《回忆鲁迅先生》（节选）及拓展阅读文本，感受众多杰出人物的风采及同一人物立体的精神世界。（E1）

6. 完成表现性任务一，即选择一位人物制作"名人风采"手抄报，自评，

班级展示交流。(E1, T, E2, O)

7. 梳理本单元所学的"表现人物精神"的写作手法，探究每一种写作手法的表达效果；在此基础上，小组合作绘制"表现人物精神"的大概念架构图（即写法思维导图），小组间互评。(E1, T, E2, R)

8. 完成表现性任务二，组织小组代表进行"如何写出人物的精神"写法讲座，深入理解大概念。(E2, T, O)

9. 小组交流关于身边人物的观察日记，确定写作对象；拟制写作提纲，并参考"写法思维导图"和"写出人物的精神"作文评价表，自己修正提纲。(E1, R)

10. 学生写作。依照评价量表组织组内互评，修改。打印创作文稿（附照片，标注关键句段，排版美观）。(E1, E2, R, T)

11. 完成表现性任务三，各组长合作布置"人物风采画廊"，教师和语文课代表组织全体学生（可邀请本班老师和学校老师）利用课余时间观赏品读，可在文后撰写"阅读心语"。(O, R)

12. 单元总结。撰写总结：从学习方法、参与学习、任务完成、思想情感等方面进行反思与整理。(R, E2)

综上，本单元的逆向教学设计以追求学生对大概念"表现人物的精神"的持续理解为目标，通过设计三个表现性任务来驱动学生深度探究。逆向设计思维指向预期结果、评估证据和学习活动的一致性和逻辑关联：学习结果都有评估证据，学习活动都围绕学习结果而设计，评估证据都能够引导学习活动。逆向设计理念下的单元整体教学设计，凸显学习结果导向，以大概念和表现性任务为核心，可以有效提高学生在真实情境中迁移运用的表现性能力，为培育学生核心素养注入活力。

第二节　创设写作情境：分享自己的探险故事

初中语文统编教材以"人文主题"和"语文要素"的双线结构组织单元，每个单元均有明确的教学目标，强调核心知识的教学。当前的语文教学，缺乏对单元教学学习目标的总体架构意识；教师的教学内容主要停留在知识的理解层面，学生缺少对所学知识、方法的迁移运用，高阶思维能力偏弱。而以整体阅读推动写作教学，以写作深化单元核心知识，能够实现读写转化与迁移运用，能够有效提升学生的写作水平。本节以七年级下册第六单元探险作品《伟大的悲剧》《太空一日》为例进行阐述。

一、提炼写作概念：紧张而意外是探险作品突出的叙事方式

威金斯和麦克泰格提倡的"追求理解的教学设计"，主张以大概念（即"核心的概括性知识"）来组织单元教学。"大概念可以帮助学生将各个知识点联系起来……有助于知识和技能的整合。"大概念是从具体中概括的抽象，它能够引导学生整体认知学科知识框架，学会在不同的言语情境中迁移运用大概念解决现实问题。因此，大概念是落实学科素养的重要抓手。统编语文教材七年级下册第六单元的人文主题为"探险与科幻"，为聚焦学习重点，笔者选取《伟大的悲剧》《太空一日》两篇课文与一篇课外文章，即英国探险旅行家理查德·特伦奇的《撒哈拉游记》（节选），组编为一个学习单元，形成一组"探险作品"阅读群。笔者研读本单元的"单元导语"和《太空一日》的"思考探究"，发现并提炼出"探险作品"单元的大概念——"紧张而意外是探险作品突出的叙事方式"。总览这三篇文章，都凸显出紧张的心理描写和意外的情节设置，充分体现出"探险作品"类文章的特点，故而这一大概念具有超越特定主题的持久价值。通过对大概念的理解、探究和运用，学生可以较好地实现对探险作品的深度学习。

大概念是从具体知识中概括出来的抽象概念，但在实施教学时教师要进一步细化大概念，分解出具有操作性的关键知识，关键知识建构起来才能够支撑大概念。基于对《伟大的悲剧》《太空一日》《撒哈拉游记》（节选）这三篇文章的解读，可以提炼出以下大概念与核心知识关系图（见图1），以自上而下层层深入地学习、自下而上螺旋上升地概括，深入理解单元大概念"紧张而意外是探险作品突出的叙事方式"，从而建构探险作品的结构图式。

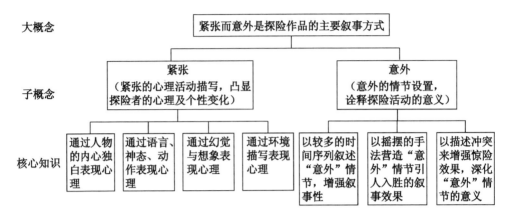

图 1 "探险作品"大概念与核心知识关系图

据此，可以明确"探险作品"单元学习目标：

1. 浏览《伟大的悲剧》《太空一日》《撒哈拉游记》（节选），迅速提取每篇文章的主要信息，了解主要内容，感受探险者严谨科学的态度和勇于探索的精神。

2. 画出探险者遇到的意外情况，以及他们的心理活动或举动，探究该写法的表达作用。

3. 运用"意外""心理描写""环境描写"等核心知识创作一篇历险记，表现探险者挑战自我、探求未知的科学精神。

二、创设写作情境：请把你的探险故事分享给大家

迁移是大概念的本质和价值所在。大概念从具体中概括出来，又要回到具体中，注重对自己所学知识的实际应用，解决真实生活情境中的问题。故而大概念统领下的单元教学追求真实情境的创设，以驱动学生在迁移运用中对大概念进行深入地理解。基于七年级学生的年龄特点，他们对未知世界充满好奇与憧憬，乐于探险与挑战自我，有着丰富的想象力，笔者创设了如下情境：

同学们，有人说你们这一代是奶奶、外婆、妈妈带大的一代，娇弱胆小。老师则不这么认为。你有过怎样的探险经历呢？请把你的探险故事分享给大家，好吗？如果你暂时还没有这样的经历，可以展开想象，虚构一个故事，表现自己的探险精神。相信大家都是小英雄！

基于"紧张而意外是探险作品突出的叙事方式"的大概念和上述情境，笔者顺势提出"探险作品"单元学习的核心任务：展开联想和想象，运用心理描

写和设置意外情节等叙事方式，创作一篇《××历险记》，表达你对未知世界的探寻或对自身的挑战。

该核心任务要在学生通过阅读文本、建构大概念的基础上，运用大概念进行"探险作品"文本创作。大概念"作为理解的关键，通过对多个事实、技能和经验的关联和组织来提供含义的广度"，为了使大概念理念架构的单元教学易于操作，教师需科学设计子任务，注重写作的过程性指导，注重把"心理描写""意外情节"等写作元素统整起来，以最终完成核心任务。子任务设计如下：

子任务一：浏览《伟大的悲剧》《太空一日》《撒哈拉游记》（节选），复述每篇文章中主要的探险经历。

子任务二：教学《太空一日》，画出课文中描写心理活动的语句，找出叙述意外情节的内容，并分析其作用。

子任务三：按照《太空一日》的学法，自读《伟大的悲剧》《撒哈拉游记》（节选），建构探险类文章的写作图式。

子任务四：联系自己的生活体验和阅读积累，拟写提纲，运用大概念创作《××历险记》。

子任务五：小组之间交流作文，修改完善，形成作品，在班级公众号发表。

由以上五项子任务，可见此单元教学的整体架构，层层落实，紧密关联。子任务一，落实初中语文统编教材中学习"浏览"阅读方式的要求。子任务二与子任务三实施"1+X"的群文阅读范式，由教读到自读，通过合作探究和归纳提炼的学习方式，集体建构大概念"紧张而意外是探险作品突出的叙事方式"。子任务四与子任务五是迁移运用大概念进行写作，完成核心任务，形成项目成果。综观五项子任务，三篇文章成了写作探险文章的重要学习资源，充分彰显"阅读指向言语表现，指向写作"的新读写理念。"读"，建构大概念；"写"，运用大概念。读写共生，实现对学科大概念的深度理解。

三、实施写作学习：实现语言建构到语言运用

大概念的意义或价值对于学生来说是不容易觉察的，因为它是违反直觉的，它需要被学习者揭示，需要学生深入探究，直到建构起大概念，并能够强有力地解释类似现象。这是一个持续的活动探究过程。笔者根据提炼的大概念、设计的核心任务及五项子任务，有效实施了"探险作品"单元学习指导活动。

(一)创设生活情境，出示写作任务

大概念视角下的教学运用逆向设计来规划一个学习单元。为了让规划更加完善和有效，一开始就要让学生关注大概念下最有价值的核心任务，明确学习重点。所以，教学伊始的创设情境，不仅是为了激发学生的学习兴趣，更是为了让学生聚焦大概念，明确学习方向。创设的情境及核心任务见上文。

(二)浏览三篇文章，了解主要内容

教材在大概念被揭示的过程中从主要资源变成了支持材料，不是只教课文，而是用课文这个具体例子提炼出大概念。遵循教材编写意图和学生年龄特点，"揭示"过程的第一步，要让学生整体通读三篇文章，顺势完成初中语文统编教材要求的语文要素。语文七年级下册第六单元提出了"重点学习浏览"的阅读方法的要求，学生要借助这三篇较长的文章进行浏览阅读方式的训练。教师要给予方法指导，如讲究速度，原则上每分钟不少于400字；浏览后要了解文章的主要人物、事件经过及结果；要动笔圈画关键词、段首句、小标题及感受深刻的语句等。

(三)精读《太空一日》，阐释相关概念

1. 阅读《太空一日》，学生试做课后"思考探究一"。

2. 师生交流"思考探究一"，教师进一步启发学生思考：（1）作者描写心理活动的方式有哪些？描写心理对表现人物有什么作用？（2）当你读到杨利伟写到的这些意外情况，你有何感受？这些意外有什么表达效果？

3. 指导学生用思维导图画出探险类文章的大概念图，学生结合阅读体会阐释"紧张""意外"及二者的联系，以及"紧张"与"意外"在探险作品中的叙事效果。

(四)自读《伟大的悲剧》《撒哈拉游记》（节选），印证大概念

1. 学生回顾精读课上习得的大概念，阅读《伟大的悲剧》《撒哈拉游记》（节选），圈画描写心理活动的语句，找到意外事件。

2. 教师提供自学支架，并指导学生结合下面的表1、表2进行自学，迁移运用阅读策略。结合具体语境，印证、深入理解大概念。

教师提供以下学习支架：

自学支架1：

表1 自主探究表

探究任务	篇目		
	《太空一日》	《伟大的悲剧》	《撒哈拉游记》（节选）
找出表现探险者紧张心理的语句，并分析其作用			
概括探险中的意外情节，并分析其作用			
比较分析，总结"探险作品"的叙事特点			

自学支架2：

表2 自主探究评价量表

维度		评价指标	自我评价	小组评价
独立自学	探究点1：紧张心理	合格：能够找出表现人物紧张心理的语句 良好：能够找出多处表现人物紧张心理的语句 优秀：能够找出表现人物紧张心理的语句并分析其作用		
	探究点2：意外情节	合格：能够概括意外情节 良好：能够概括意外情节并简单分析其作用 优秀：能够概括意外情节并从多角度分析其作用		
	探究点3：总结归纳	良好：能够概括探险作品突出的叙事方式 优秀：能够概括探险作品突出的叙事方式，且语言准确、简明		
合作学习	发言	能够主动发言交流，提出自己的想法		
	倾听	能够认真听取他人发言，接纳、记录合理建议		
	修正	能够根据小组同学的建议，修改、完善自主探究表		

自学支架3：

探险作品叙事性强，是因为它更有意味，它所描述的变化不仅仅是从一个偶然状态到另一个偶然状态的改变，而且是从一个根本状态到另一个根本状态的改变。

自学支架4：

关于"摇摆"手法：惊险小说的一大特点就是扣人心弦，而扣人心弦的基本策略就是让情节总是不按一个方向走，在你想要沿着既定的线路走下去时，情节运行的方向出人意料地改变了。它大幅度地摇摆着，如果我们将情节的运行抽象出来，我们看到的将是弧度不一的曲线。

3. 开展合作探究。引导学生比较思辨"同类异质"文本，重在"比异"，以丰富大概念的内涵，螺旋上升式完善本单元大概念思维图。（见上文图1"'探险作品'大概念与核心知识关系图"）

4. 师生制订"探险作文评价表"。（见表3）

表3　"探险作文"评价表

维度	评价指标	证据或建议	评价
中心明确（5分）	能够通过叙事表现你对未知世界的探寻或对自身的挑战，表达自己的探险精神		
叙事完整（5分）	能够按照记事的"六要素"写清楚你的探险经历。探险的起因、经过和结果，行文清晰		
心理描写（15分）	能够运用多种方法描写人物紧张的心理。运用两种方法计5分，运用三种方法及以上计10分		
	能够通过心理描写表达人物历险的复杂心理变化，表现人物的精神成长，5分		
意外情节（15分）	能够设置一处"意外"，并能够生动描述冲突的场面，10分		
	能够设置两处以上"意外"，并能够生动描述，10分		
语言简明（5分）	行文时语言精练，不重复，不啰唆，表达意思清楚明白，不让人误解		
文面（5分）	字体工整，卷面干净，段落清晰		

评价者：＿＿＿＿＿、＿＿＿＿＿、＿＿＿＿＿　　　　总分：＿＿＿＿＿

说明：此表由小组交流评议后填写。"证据或建议"，指对于得分处要简明提供"语言表现"证据，对于扣分处要提出修改建议，帮助同学完善作文。

（五）交流探险经历，创写探险故事

教师指导学生在写作前进行交流，激活生活体验，互相启发，从而使学生对写作产生好奇、有趣之感。教师指导学生拟写提纲时，要凸显"紧张的心理描写"和"意外情节的设置"的构思，运用大概念完成自己的写作。

（六）修改完善作文，深入理解大概念

教师指导学生运用"'探险作文'评价表"（见上页表3）对作文进行小组评价。创意写作认为写作不仅仅是作者的个人行为，而且是一种群体间的交际活动。伙伴之间互相提出问题，并讨论修改建议，进而校订、发表，学生全程交流与互动。在合作探究、修正思辨中，学生见识了诸多有着共同属性的不同例子呈现的历险记，深入理解了探险作品中"紧张而意外"的叙事方式，螺旋上升式地完成了对该学习单元大概念更高位的认知。

评价促进教学转型，以评促学成为有效的学习方式。评价贯穿于学习实施的全过程，而不是在学习的终结阶段孤立进行的。上文的"自主探究评价量表"和"'探险作文'评价表"都共同发挥着引领学生深入探究大概念的功能，既指引探究方向，又提供探究方法。这里需指出，在教学实践中，有的结果性评价量表由教师研发，常在提出核心任务后呈现，驱动学生一步步达成学习目标。本文中的结果性评价量表则是在阅读群文后师生一起研发的，具有课堂生成性。评价量表研发的过程也是学习的过程，它能促进学生对大概念的理解，提高对自我创作的元认知水平。

第三节　设计读写项目：学校园景微写作

读写微项目，是提升"语言建构与运用"素养的有效学习方式。它强调在真实生活情境中运用写作知识，凸显"写作"成果化；同时注重体验探究、自主建构、迁移运用、小组评议等学习策略，提升学生写作评价素养。读写微项目学习之"微"，体现在适用于单篇课文的学习，又体现在用时短，一般两三节课即可完成，易于操作与调控。笔者以《苏州园林》的教学为例，浅谈一下读写微项目"学校园景微写作"的教学实践与思考。

一、创设真实情境，驱动写作任务

《苏州园林》最初是叶圣陶为一本苏州园林的摄影集所写的序文，长期以来都被编入语文教材的说明文单元，是一篇经典课文。研究大量的教学案例可知，本课的教学内容多关注说明事物的特征、说明顺序、说明语言和说明方法，而且传统课堂的学习多是一项一项地教这些文体知识，局限于课堂与文本，给人以枯燥无趣之感。

《义务教育语文课程标准（2022年版）》指出："义务教育语文课程实施从学生语文生活实际出发，创设丰富多样的学习情境，设计富有挑战性的学习任务。"创设真实情境，让语文学习与真实生活密切关联，让说明文的学习有意义、有意思，便可激发学生的学习动机和兴趣。笔者在杭州市某校上公开课前关注到该校校园网站上的简介："学校将秉承以人为本的设计理念，融大气开放的钱塘江文化与宁静致远的江南书院风格于一体，以打造教学条件省内一流、教育质量区内领先的现代化、生态化、园林化百年名校为目标。""园林化"三个字，勾起了与"苏州园林"的关联。随后，笔者又关注到初中语文统编教材八年级上册第五单元《苏州园林》课后"积累拓展"中的第四题，于是创设了如下情境任务：

同学们，我们的校园如此美丽，请慢慢欣赏校园风景吧！请你拍摄下心仪的风景照，配上一段介绍园林特色的说明性文字，最后制作一张"校园微景"明信片。届时我们将在全班展示交流，展示后你可把它送给老师、同学、亲人或朋友。请你积极参与吧！

上述情境隐含着丰富的交际语境要素：读者对象（老师、同学、亲人或朋友）、写作目的（制作一张介绍学校园林特色的明信片）、写作任务（写一段说明性文字来介绍所拍摄的校园风景照片）、写作文体（说明文）等。如此细化分析，有助于学生明确读写微项目的驱动性任务。上课伊始，即让学生进入学习情境，让写作任务贯穿语文学习的始终。

二、建构写作知识，深化文本学习

如何写好一段介绍园林特色的说明性文字呢？解决问题的前提是需要建构解决此问题的核心知识。在任务驱动下，以问题来导学，让学生学有方向，紧密地把文本学习与情境任务联系起来。笔者分步、有序地组织了三次自主学习实践活动（子任务），从而建构核心知识。

1. 指导学习，画结构图

子任务 1：画一张结构图来说明《苏州园林》是一篇结构清晰、层次分明的文章。

教师提供"小贴士"方法支架：

（1）速读全文，画出文中各段的关键语句；

（2）思考段与段之间的内在联系；

（3）语言简洁，可用关键词或关键句；

（4）突出结构层次，可用彩色笔标注或勾画。

学生安静地阅读与思考，提取关键信息进行重组，将语言材料结构化，其实画结构图也是一项微写作。"段与段之间的内在联系""突出结构层次"，最能体现学生的逻辑思维品质。画好后，让学生自主阐释结构图。阐释活动是信息的输出，要让学生有理有据地阐述自己的发现，以深化对文本内容和文体知识的理解。

2. 自主学习，提炼写法

子任务 2：阅读课文第 4 段，思考讨论：可以从中借鉴哪些写说明性段落的方法呢？

学生自主学习，思考与讨论，结合具体语段，阐释这一段的写法。在此基础上归纳整合，探寻写作知识，从而集体建构说明性段落的写法。如用段首句概括被说明事物的特征，学用"总—分—总"与"说明+观感"的结构，说明顺序可按照"分主次说明""分类别说明"或"分部位说明"等，说明语言既准确又生动，尝试用两种以上的说明方法说明事物特征等。

子任务 1 是教师提供方法支架指导学生学习文本，着眼于探究说明文"整篇"的表达；子任务 2 则是凸显学生的自主学习，着眼于探究说明文"段落"的表达。从宏观至微观，从篇章布局至段落结构，《苏州园林》都表现出"结构清晰、层次分明"的特点。研究证明，在提取与具体任务相关的知识时，文体知识越具体，对写作者越有用。因此，聚焦说明文段落的学习实践，总结提炼，形成结构模板，可以为"建构"走向"迁移"奠定坚实的基础。

3. 持续探究，形成量表

在完成以上两个子任务的基础上，教师要指导学生持续探究，建构为完成微写作而必需的核心知识体系，从而生成"学校园景微写作"的评价量表（见表1）。该表既作为学生微写作的方法支架，也为微写作后的评价提供了依据。

表1 "学校园景微写作"评价量表

维度	★★	★	小组评议	修改意见
事物特征	能够细致、全面地观察事物，概括其显著特征；能够两次以上运用关键词点明事物特征	比较细致地观察事物，能够用关键词概括事物特征		
说明顺序	说明顺序有条理，逻辑思维严谨，整体与局部都显现出层次性	说明顺序有条理，有一定的逻辑性		
说明结构	用段首句点明本段说明的内容，语段呈现"总—分—总"结构；"分说"至少从两个方面有根据地展开说明事物的特征	语段呈现"总—分—总"结构；"分说"仅从一个方面说明事物的特征		
说明语言	说明语言既能准确说明事物，又生动形象	说明语言准确或生动（只体现一种语言风格）		
说明方法	恰当运用两种以上说明方法	恰当运用两种说明方法		

三、迁移运用知识，创作校园微文

华东师范大学教授钟启泉曾指出："真实性是核心素养的精髓。"读写微项目关注"为有生活价值的学习而教"，强调所建构的核心知识具有迁移价值，以用于解决学生未来真实生活中可能会遇到的问题。学以致用是理解知识、强化知识的最佳途径。

1. 把脉学情，观察校园

在实际教学中，常常出现"文体知识"与"生活情境"不能对接的现象，也就是迁移运用不通畅的问题。笔者通过调查与访谈，了解到学生对校园这个看起来熟悉的地方其实也存在陌生感。比如学校占地多少平方米，这棵树是什么树种，这个花坛里种植有多少类花草，这种造型有何文化意义等。教师要引导学生于"熟视"中有所"睹"，有所知。于是，笔者在课余时间带领学生参观校园，发现美丽风景，进行整体的、局部的、细部的观察，激活生活体验，记录获取的信息。有的学生看到校园的一处漏窗，激活了"隔而未隔，界而未界"的体验；有的高个子男生跑到圆形拱门下测估拱门的高度；有学生发现陌生花草，让老师用手机扫描识别；还有学生仰面细细观察黛瓦之花纹……通过体验来探索，为了提高表现力而准备。实践证明："知识""概念"并不能直接转化为"能力"和"素养"，唯有通过体验与实践，才可实现迁移转化。

2. 运用知识进行微写作

"语言建构与运用是指学生在丰富的语言实践中，通过主动的积累、梳理和整合，逐步掌握祖国语言文字特点及其运用规律，形成个体言语经验。"读写微项目，凸显写作实践。之前是为写作而读，而建构知识，这些知识学习的意义与价值，最终将体现在写作上，因此写作是学习成果外化的重要方式。

学生动笔前，再次熟悉"学校园景微写作"评价量表中的指标，再次梳理、整合观察校园所获取的有价值的资料，选定景点，概括特征，调取景物，进行布局，拟写层次，创作微文。读写微项目学习中所关注的核心知识具有整体性，是对零散的、孤立的语言技能进行的整合和提炼，最终考量的是核心知识如何在真实的生活情境中被运用。正如夏雪梅教授所指出的："母语项目化学习中的知识是要以'用'为主，要能提升学生在真实情境中对语文本身的听、说、读、写、看的能力，促进学生对关键概念和能力的理解和运用。"微文创作，聚焦核心知识的迁移与运用，大大提高了学生的高阶思维能力。

四、评议修改微文，展示项目成果

巴克教育研究所对项目化学习除了强调真实的驱动性问题、运用各种工具和资源促进问题解决外，还十分强调用项目化小组的方式进行学习，最终产生可以公开发表的成果。

1. 小组评议，修改完善

微文创作完成后，教师现场组织小组根据评价量表进行评议，及时给予学生反馈，以检测对核心知识理解和运用的结果。教师深入小组，参与学生评议，指导学习策略，并为学生提供评议作文的程序性支架：

（1）作者朗读作品，组员聆听。

（2）根据评价量表，组员逐条进行评价，确定"星级"。

（3）作者或组员在获得"星级"处用彩色笔标记"实证"依据或简要批注。

（4）对于未达到"二星级"的维度，小组讨论，提出具体的修改建议。

（5）作者根据组员的反馈，修改完善自己的作品，形成新作品。

评议与修改的过程，充分体现"评价即学习"的教学理念，让评价量表成为促进学习的一种策略。学生在讨论中评议，在交流中品赏，发展了思维的深度，拓展了思维的宽度，强化了写作的过程与方法，深化了对写景类说明文文体知识的理解。评议作文的程序，也体现出作文教学的新转型，由传统的"教写作"转向"通过写作学"，写作与评议的过程就是深入理解核心知识、完成驱动任务的一个过程。

2. 成果展示，悟学省思

情境任务贯穿读写微项目学习的始终。形成公开的成果标志着学习者完成了情境任务，本次读写微项目学习的落脚点是制作学校园景明信片。有了丰富的言语积累和鲜活的实践体验，学生则可自主完成明信片制作的任务。教师组织学生在班级内布展，引导学生理解语言学习是文化与生活的学习，是真实情境的学习。成果展示不仅是为了展示明信片这一物化成果，在展示过程中的介绍与交流本身也是一种语言思维的真实学习过程。展评明信片可以再次促进深度学习，加深学生对核心知识的理解，提升对园林艺术之美的品鉴水平，激发对校园优美环境、祖国灿烂文化的热爱之情，在"做事"中提升了语文核心素养。

读写微项目学习能够促进学生真正投入学习，下面是一位学生参与读写微项目学习后的"悟学省思"体会：

这次学习，我掌握了运用段首句、"总—分"结构和"说明+观感"的段式，这些可使说明顺序更清晰。我担心自己把学校园景写成描写景物的文字，所以我按照老师提供的评价表，多运用了一些说明方法，这样写可以使语言既准确又生动。通过评价量表，我自己还学会并修改了自己写的说明文。在这次活动中，我参观了熟悉的校园，感受到了校园里我从未感受过的美，学到了很多园林的知识。为了让我的伙伴喜欢我的明信片，我精选照片，认真配文。总之，我在这次活动中还是挺用心的。

五、微项目实践总结与反思

"学校园景明信片制作"读写微项目是笔者进行教学改革的一次尝试和挑战。回顾教学实践的全过程，总结与反思如下：

1. 微项目学习追求"聚焦"和"定向"。本次读写微项目的驱动任务是制作学校园景明信片，学习的整个过程围绕此展开。文本的学习、段式的借鉴、校园的观察、评价量表的制订、微文的创作、小组的评议等，都指向于如何撰写说明性的园景微文的核心知识，知识的产生、提炼、迁移与内化，都是为了完成情境任务而实施的有效策略。前期的学习实践都纳入了形成成果的系统，为达成任务而进行持续地探究，彰显出微项目聚焦核心知识和只定向于一个任务的设计理念。

2. 读写微项目凸显写作成果。阅读以及由阅读所建构的知识均作为写作的学习资源而被整合和运用。传统阅读教学所获得的知识常常是零散的、碎片化的，读写微项目把知识点进行"组块"，使其成为一个有组织的知识体系，作为一个整体运用于实践。只有语文学习与真实生活相结合，知识的学习才是有意义和有价值的。读写微项目成功实践了浅文深教，以高阶思维包裹低阶思维。学校园景明信片的制作凝聚着学习过程成果，闪烁着思维光芒，流淌着言语智慧。反过来，园景微文的写作过程也是对文本的深度学习，读与写在这一过程中是相融共生的。

3. 读写微项目平衡"篇"与"类"的知识。鉴于读写微项目周期短、易操作的特点，通常着眼于单篇教学，一篇课文设计一个微任务，这样能够对"篇"的独特个性有所发现，以充分发挥其文本价值，培养语文素养。从教学实践来看，就一篇园林文本的阅读而写作一篇园林文本，在阅读的量上是不够的，学生对于园林缺乏全面性、深刻性的认识。没有丰厚的知识储备和审美体验，对于写作园林文本而言，显得捉襟见肘、力不从心。因此，若要使学生获得更为丰富的园林知识，提升欣赏园林的审美水平，可结合教材中《苏州园林》这课的课后"积累拓展"第四题，组织学生进行以"园林"为专题的"1+X"群文阅读，联读《红楼梦》的第十七回写大观园的内容和陈从周的《中国园林散记——园日涉以成趣》。这样，由一篇到一类，引导学生建构起关于园林的知识。之后，再进行园林微景创作，学生便成竹在胸、得心应手了。

故而，笔者通过读写微项目活动的开展，既关注到《苏州园林》这一篇的独特文本价值，又通过适度联读关注到这一类文本的价值，从而建构这一类文本的核心知识。读写微项目在"篇"与"类"中找到了平衡点，学习任务"微"而读写内容"丰"，将大大促进特定文体知识的结构化，促进核心知识的迁移与运用，以提升学生的说明文写作水平。

第四节　引入评价量表："我和我的祖国"诗歌创作

本课例以初中语文统编教材九年级上册诗歌"活动·探究"单元为载体，探讨如何通过评价量表促进诗歌的创作。本课例开发了三个评价量表：诗歌赏析短文写作评价量表、"我和我的祖国"主题诗歌创作评价量表、诗歌朗诵比赛评价量表。诗歌的写作是难点，考虑学生的写作实际，可以从创设真实情境、聚焦预期目标、细化学习任务、注重过程体验、引入评价量表等方面开展诗歌的创作，培育学生的文学审美与创造素养。

一、创设真实情境，优化驱动任务

当前，在学生发展核心素养、学习任务群、项目化学习等学术背景下，引导学生在真实的语言运用情境中学习语文这一教学理念备受关注。教师创设真实情境，使学生沉浸在真实的语文世界中，不但能够消除语言作品与日常生活之间的壁障，激发学生学习的能动性，明确学习目标，增强任务意识，而且把"活动·探究"指向学生的生活世界，这是有意义、有生活价值的学习，利于建构完整的知识体系，发展学生的核心素养。

创设真实情境，要立足于单元整体教学，聚焦单元主题和核心知识，发挥一个学习项目牵引整个单元学习的作用。在九年级上册诗歌"活动·探究"单元中，《沁园春·雪》描绘北国雪景，表达了作者对祖国壮丽河山的赞美，抒发宏伟抱负；《周总理，你在哪里》以深挚饱满的情感、荡气回肠的韵律，表达了全国人民对周总理的思念与爱戴；《我爱这土地》表达了作者对饱受苦难的祖国的深沉眷恋；《乡愁》由故乡之思升华为家国情怀，是海外游子的深情恋歌；《你是人间的四月天——一句爱的赞颂》直接使用多个喻体，歌咏"四月天"的美好，赞美"你"带来的爱；《我看》由自然万物的生生不息引发人们对生命的感悟，是一首生命的赞歌。这六首诗歌，流淌着一个共同的主题"爱"。根据以上分析，笔者创设了如下真实情境：

在国庆节前，我们班要举行一场主题为"我和我的祖国"的原创诗歌朗诵会。届时将邀请学校领导、家长代表光临诗会。请大家积极准备起来吧！以第一单元诗歌"活动·探究"为载体，开始我们的"诗歌欣赏"——"诗歌创作"——"诗歌朗诵"之旅吧！让我们以诗人的名义为祖国献上最美的赞歌！

这样的情境创设，结合实际生活与语文学习内容，并有学校领导、家长出席的"现场事实"，凸显情境的真实性。它引导诗歌学习进一步贴近生活，走向真实的感悟、真实的自我，激发学生读诗与品诗、观察与思考、表达与创造的热情，鼓励学生积极参与到原创诗歌朗诵会的活动中去。学习心理学研究表明，人的情感投入学习中，教育才可以取得成功。

真实情境并非只在单元学习之始来个"精彩亮相"，它应贯穿于"活动·探究"单元的每一个任务中，使每一个学生处于亢奋激动的心理状态，这样语文学习才能血肉丰满，充满生命的活力。

二、聚焦预期目标，优化探究路径

"活动·探究"单元采用任务驱动的方式组织单元。九年级上册诗歌"活动·探究"单元任务一是学习鉴赏，任务二是诗歌朗诵，任务三是尝试创作。三项任务形成一个学习任务群，构成一个单元整体，建构起一个综合性的动态的学习体系。

《义务教育教科书教师教学用书·语文　九年级　上册》（人民教育出版社2018年版）第一单元的"教学指导"中说："既要重视单元任务的整体性，也要重视不同任务的独特性。"为了圆满完成上述"我和我的祖国"原创诗歌朗诵会的情境任务，关注到"不同任务的独特性"，笔者在指导九年级上册诗歌"活动·探究"单元的学习时，对三项任务的活动顺序做了调整，将"任务二"与"任务三"互换。任务顺序调换的背后是单元学习目标的调整。教材中任务三的落脚点是写一首小诗，抒发自己的情感。调换活动顺序后，整个"活动·探究"单元的落脚点就变为学生精彩地朗诵自己创作的诗歌，抒发对祖国的热爱之情。最后，对诗歌进行结集，附上诗歌朗诵活动的照片，制作"我和我的祖国"朗诵视频。整个"活动·探究"过程，成果更为丰硕，更有纪念意义和生活价值，让学生的诗歌岁月与祖国的繁荣昌盛同伴同行。

鉴于要达成真实情境任务，很有必要对调整后的三项任务做新的定位。

明确单元学习目标和真实情境任务是落实"活动·探究"单元教学的前提和保证。根据 UBD 逆向设计原理，教师从"预期结果"起始，为学生设计出一条明晰的"活动·探究"的路径。为了完成自创诗歌朗诵的任务，需有朗诵文本，这就必得原创一首诗歌；为了完成原创诗歌的任务，需具备诗歌创作的核心知识，这就必得先学习如何鉴赏诗歌。如此观之，三项任务的每一步骤，都与任务三"诗歌朗诵"环环相扣，密切关联，都需为完成真实情境任务而做必要准备。反观之，三个任务之间是层层深入、相互促进的。如下图所示：

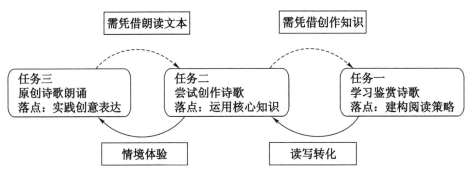

图 1　诗歌"活动·探究"单元任务推进图

这样安排学习任务，体现出科学的活动探究规律。任务一"学习鉴赏"的落脚点是建构阅读策略，任务二"尝试创作"的落脚点是"运用核心知识"。由任务一到任务二，真正践行了"读写结合、迁移运用"的教学理念，顺势而得法地将阅读经验转化为写作体验，将阅读能力转化为写作能力。任务三"诗歌朗诵"是自己创作的情境体验，可以深化对创作的感受。以任务三"诗歌朗诵"作为单元整体活动的压轴，是整个"活动·探究"单元的成果表现，更易掀起整个单元的学习高潮，在抑扬顿挫的诵读声中感受诗歌的艺术魅力，陶冶审美情趣。再则，学生朗诵的是自己创作的诗歌，悄然无声地培养了学生对文学创作的热爱；学生合作朗诵，也培养了自主发展、社会参与、实践创新等核心素养。上述优化，体现出三项任务科学有序的逻辑链条，充分体现出"活动·探究"综合性、实践性的特点。

三、细化学习任务，优化课堂实施

初中语文统编教材首创"活动·探究"单元编写体例，意在倡导单元整体教学，防止知识的碎片化，培养学生自主建构知识体系、形成大结构的高阶思维能力，全面促进学生的核心素养。同时，我们也应当体认核心素养的培养要落实在每一堂课的学习中。

鉴于以上认知，要达成"原创诗歌朗诵"的情境任务，必须重视"活动·探究"的过程。教材中虽然对学习任务都有说明，但对探究路径不够细化，因此教师要根据学情细化"任务一""任务二""任务三"，把任务分解为几个小任务，一个小任务一个小任务地渐进完成，从而帮助学生扎扎实实地完成每项学习任务，最终完成创设的真实情境任务。

细化学习任务，还要整体规划学习课时及内容。如规划好每项任务需要几个课时，每个课时完成哪项小任务，每个任务的活动形式以及教师应给予学生的学习支架等。细化任务，方可保证学习过程步步落实，真实有效。请参阅下表1。

表1　诗歌"活动·探究"单元学习规划表

任务	课时	课堂小任务	教师提供学习支架
任务一：学习鉴赏	1	1. 独立阅读，批注初读感受。 2. 结合注释、旁批或所给资料，再读诗歌，理解诗意。 3. 初步把握感情基调。 4. 参照《沁园春·雪》写作背景的批注，课外搜集其他五首诗的写作背景，批注到课文的右上角	关于诗歌的感情基调知识
	2	根据教材第2页提供的阅读策略，自主学习鉴赏这六首诗歌	核心知识：节奏、押韵、意象、意境、转行、陌生化语言
	3	小组交流或全班交流，深入把握诗歌意蕴，自主建构、完善诗歌鉴赏策略	思维导图的模板
	4	自主欣赏《艾青诗选》《泰戈尔诗选》	诗歌鉴赏策略
	5	从《艾青诗选》或《泰戈尔诗选》中选一首诗歌，写一段赏析性文字，同学之间互评、分享	诗歌赏析短文写作评价量表
任务二：尝试创作	6	自主创作诗歌：主题"我和我的祖国"	教材知识"怎样写诗"
	7	交流、互评作文；修改诗歌；互写"阅读心语"	提供诗歌创作评价量表

（续表）

任务	课时	课堂小任务	教师提供学习支架
任务三：诗歌朗诵	8	小组确定朗诵篇目、朗诵形式（配乐），做好朗诵设计，进行排练。自主设计评分规则	诗歌朗诵技巧说明
	9、10	举办班级朗读比赛	诗歌朗读比赛评价量表

四、注重过程体验，优化活动细节

"活动·探究"单元凸显学习的实践性，凸显学生是学习的主体的理念，也特别重视学生的学习体验。本单元中，三项任务都以学生的自主实践为主，或自主探究文本，或自主体验创作，或自主组织诗歌朗诵……在"我和我的祖国"原创诗歌朗诵会的情境任务驱动下，学生可获得丰富、立体的诗歌学习体验。为深化学生的活动体验，促进深度学习，可从以下几个方面优化活动细节：

1. 融入名著诗选，体验诗歌之美。笔者建议教师引导学生自主选取教材推荐的"名著阅读"书目《艾青诗选》《泰戈尔诗选》中的诗歌写"赏析短文"，一方面可以增加学生赏析诗歌的机会，进一步提升诗歌赏析的写作能力；另一方面也可以拓宽学生的视野，增加阅读量。这样，由课内到课外，自然衔接，既完成了名著导读任务，又丰厚了本单元学习内容，加深了诗歌学习体验。

2. 播放名家视频，丰富朗诵体验。笔者建议教师在此项学习活动中让学生多一些感性体验，如欣赏名家的诗歌朗诵视频，可以观看 2021 年 7 月 1 日举行的"庆祝中国共产党成立 100 周年大会"的视频，聆听共青团员和少先队员代表集体致献词；欣赏方明朗诵的《沁园春·雪》，任志宏或丁建华朗诵的《我爱这土地》，余光中或陈铎朗诵的《乡愁》，等等。这样一方面能够激发学生朗诵的兴趣，另一方面学生可以感性体验停连、语速等。这就是范读的魅力。

3. 身临真实情境，丰富创作体验。教师要善于将教材中的写作内容转换为程序性写作知识，让学生在实践中经历体验，实现迁移，完成诗歌创作。建议教师带领学生走向大自然，身临真实情境，去观察、思考，触动感官，放飞思绪。联想和想象越丰富，体验就越深刻，创作的冲动就会越强烈，笔下表达自己情感的"形象"自然就呼之欲出了。下笔则文思泉涌，如滔滔春潮了。

五、引入评价量表，提高写作质量

"活动·探究"单元的学习具有自主性、活动性、探究性的特点，一方面把学习权利还给学生，体现学生主体地位，让学习在课堂上真正发生；另一方面又要体现活动探究的有效性，形成活动探究的成果。那么，如何既放手让学生自主学习，又确保学习效果呢？引入科学规范、具有可信度的评价量表，以评价引导"做中学"，是促进学生有效开展"活动·探究"的有效举措。

笔者在指导诗歌"活动·探究"单元学习时，与学生一起讨论、设计了如下三个活动量表，作为综合实践的行动指南。如下：

表2　诗歌赏析短文写作评价量表

维度	评价指标	自评	他评
内容	结合时代背景、诗人经历、诗中的意象，体会诗人的感情，把握诗歌的感情基调		
	借助联想和想象，细致描绘诗歌所表现的画面美和意境美		
	品味意象所寄寓的感情，品析诗人表情达意的表现手法		
	抓住诗中所用修辞、修饰语、用词造句的新奇处，品析诗歌凝练雅致的语言		
	从押韵、回环、叠词、反复、句式等角度品析诗歌的韵律美		
	从色调、人称、情绪、意象特点等角度欣赏诗作的语言风格		
形式	按照"总—分—总"的结构写赏析文，体现层次感		
	"分说"部分要分点表述，条理清晰		

表3 "我和我的祖国"主题诗歌创作评价量表

维度	评价指标	自评	他评
内容	感情基调积极向上，抒情自然真实		
	能够展开联想和想象，借助具体的意象来表达对祖国的情感		
	能够运用恰当的修饰词语或修辞方法突出意象，表现"我"和"我的祖国"之间的联系，描绘画面或营造意境		
	语言凝练，富有诗意		
形式	通过押韵、回环、叠词、重复、运用结构相同的句式等手法形成韵律美		
	诗句转行自然，富有节奏美		
	每节诗的结构相似，给人以建筑美		

表4 诗歌朗诵比赛评价量表

维度	分值	评价指标	得分
朗诵作品	2	朗诵的作品是本人或小组成员的原创作品	
	2	符合"我和我的祖国"的主题要求	
情感表达	2	朗诵者能够正确理解诗歌的内容，情感基调把握准确	
	2	朗诵者感情投入，精神饱满，情感起伏，自然真切	
朗诵技巧	2	语气、语调、音量、抑扬恰当，重音、停连正确，富有节奏感，声情并茂，富有创意	
	2	面部表情自然，手势、动作得体，能够恰当辅助情感表达	
朗诵形式	2	可适当化妆，仪态大方，富有气质，衣着得体，与诗歌内容协调	
	2	上下场有序，站位造型美观，展现良好团队风貌	
朗诵效果	2	能够借助道具、PPT、背景音乐等多种方式，营造诗意氛围，富有感染力	
	2	脱稿朗诵，吐字清晰，表达流畅	
总分			

上述评价量表指向性强，操作性强，凸显方法指导，可以使学生有章可循。

学生在自主"活动·探究"中，非常清楚每一项任务应该怎么活动怎么探究，要达成什么目标。评价量表如同一个导航引擎，引导着学生驱动任务，一步步接近目的地，完成最初创设的真实情境任务——"我和我的祖国"原创诗歌朗诵。在自信与从容中，在自主与合作中，在活动与探究中，提高了学生的关键能力，发展了学生的文学素养。

第五节　实践美读美写:《围城》微剧本创编

提高创生写作内容的能力，可以通过调查采访、体验生活的方式从真实生活中汲取写作素材，也可以通过阅读与听闻的方式间接获取写作素材。贴近生活和贴近心灵的写作，都蕴含着美育的因子。阅读名著，让学生的心灵得到滋养；而指向写作的名著阅读则会提升学生感受美、表达美的能力。本课例通过实施《围城》整本书阅读的项目化学习，探索一条以读促写、创造表现性成果的写作路径。

一、寻找核心知识

用项目化学习推动《围城》的阅读，不仅仅是为了激发学生的阅读兴趣，更重要的是让学生通过实践、体验，加深对核心知识的理解，生成微剧本写作的内容。

一个高质量的项目化学习首先要回应这个项目所指向的核心知识是什么。《义务教育语文课程标准（2022 年版）》在"整本书阅读"学习任务群中提出"针对作品的语言、形象、主题等方面的话题展开研讨""尝试改编名著中的精彩片段""结合自己的阅读体会，尝试撰写文学鉴赏文章"的要求。《普通高中语文课程标准（2017 年版）》则进一步明确指出整本书阅读的学习目标："探索阅读整本书的门径，形成和积累自己阅读整本书的经验""感受、欣赏人物形象，探究人物的精神世界，体会小说的主旨，研究小说的艺术价值"。初中语文统编教材的编者将《围城》与《儒林外史》《格列佛游记》放置一起，是作为"讽刺作品的阅读"来编排的。根据教材中的"读书方法指导"，阅读此类文学作品应着眼于体会批判精神、欣赏讽刺笔法、联系现实深入理解。再结合教材中对钱锺书《围城》的推荐文字，可以提取出"主旨""讽刺艺术"两个核心概念。基于对课标、教材和名著的研读，笔者探寻到《围城》整本书阅读的核心知识：

1. 抓住小说的人物形象、故事情节，从多重路径深入理解小说的主旨。

2. 欣赏小说的精彩片段，体会其高妙的讽刺艺术。

"主旨"是内容领域的概念，它指向于思想情感、精神世界等，"从多重路径深入理解"意在激活学生的思辨能力；"讽刺艺术"是语言形式的概念，它指向于艺术手法和文本特质，教师可以借此培养学生的文学审美能力。语言的形式和内容是有机融合的，这是语文学科的本质。找到了核心知识，并使其统领写作实践，也使师生明确了项目化学习的本质。

二、设置情境任务

基于对核心知识的探寻，笔者提出了《围城》整本书阅读的本质问题：《围城》具有怎样的多重意蕴？《围城》在刻画人物的过程中，运用了哪些讽刺手法？产生了怎样的讽刺效果？本质问题的提出，就是树立问题导向意识，以问题推动学习。本质问题具有简洁、准确的优点，但也有抽象、深涩的弱点。为了激发学生以饱满的热情投入阅读与写作中，笔者进一步创设真实写作情境，将本质问题转化为下面的驱动性问题：

为营造书香校园的浓郁氛围，我校将举行一年一度的"阅读文化节"活动。现在，你和你的伙伴是"推动阅读使者"，你们的职责是向七、八年级的同学推介《围城》这部名著，请你们以课本剧的形式来表现《围城》的多重主题以及它在刻画人物的过程中运用的讽刺手法。请同学们踊跃参与，设计一场别具风格的名著表演秀，以精彩的表现传递经典文化！

驱动性问题显现出驱动和挑战两大功能：一方面，把本质问题置于学生感兴趣的具体情境中，把名著阅读与校园文学生活紧密联系起来，增强了真实学习的情境性，驱动学生积极参与；另一方面，促进学生的真实阅读，只有对整本书进行深度阅读，才能迎接挑战真实情境中的复杂问题。紧接着，教师指导学生自由组合，组建团队，合作探究。

三、建立知识联系

驱动性任务与项目化成果之间需要一架桥梁，那就是建立知识联系，用学科知识完成写作情境任务。实施整本书的项目化学习，前提是对整本书的真实阅读。反之，如果没有对整本书进行真实的阅读，无论活动形式多么有创意，也只是一个摆设而已。因此，教师在以驱动性问题激活了学生的阅读兴趣之后，应顺势指导学生自主阅读名著。教师为学生提供自读支架，制订阅读规划表，为完成指向微剧本写作的任务打下坚实的基础。除此之外，教师还需要为学生提供高质量的学术文献资料，以深化对"多重围城"的思想主题和讽刺艺术手法的理解；也可以将《围城》与《儒林外史》《格列佛游记》进行比较阅读，以联系建模的方法理解《围城》。

四、设计公开成果

《围城》整本书阅读的项目化学习过程，突出体现了运用"创见"的高阶认知策略达成项目写作成果。因此，教师的指导要基于学生的阅读，重在引导思路和大方向，瞄准核心知识；不可越俎代庖，否则学生的自我创造性就会逐渐丧失，也违背了教师的初心——促进学生学习素养的提升，让孩子成为心智自由者。笔者与学生多次讨论、磋商，师生共同设计出"名著表演秀"评价量表（见表1），它不仅是展示成果的评价标准，也有效推动了真实、深度阅读名著的过程。

表1　"名著表演秀"评价量表

维度	评价指标	分值	评价
剧本创编	忠于原作内容，正确把握小说的内容和思想	10	
	所改写的内容矛盾冲突集中	10	
	剧本详细呈现人物台词和舞台说明	10	
	能够基于原作的理解添加细节，丰富故事情节和人物形象	20	
舞台表现	语言流畅，语速、语调适中	20	
	动作、手势得体大方，富有表现力	10	
	与其他角色配合默契	10	
	舞台布景、道具等精致，服装合适	10	
总评			

五、开展学习实践

项目化学习凸显学生的亲身实践，在做中学习，经历有意义的实践过程。学生面对真实复杂的情境，需要参与不同的学习实践，从而学会迁移知识、解决问题、增长才干。项目化学习是一个持续时间长、复杂艰巨的课程，实施进程要井然有序，方可有效。基于整本书的阅读、指向表现性成果的《围城》剧本创编及表演，进行了如下学习实践：

（一）创编剧本

从名著《围城》中选择一个精彩片段，选取其中个性鲜明的人物和富于戏剧色彩的情节，把它改编为剧本。

1. 组建团队，确定要改写的精彩片段，确定剧本的立意和中心思想。

2. 组内进行头脑风暴，各抒己见，讨论出完整的剧情大纲，并安排小组成员进行具体的剧本写作工作。

3. 小组评议剧本。评议的关注点：把握戏剧冲突，理解人物形象，品味人物台词，注意舞台说明的完整性。

4. 根据大家的讨论，完善剧本。请换一种颜色的笔标注修改部分，以展示大家进一步深入思考的成果。

（二）组织排练

1. 小组内讨论，明确分工与职责。

2. 导演深入理解剧本主题，并对演出做出整体设计，帮助演员不断调整、改进在舞台上的表现。

3. 演员要背诵台词，熟悉有关的舞台说明。听取导演和组员的意见，不断深化对所演角色的理解，提高表演水平。

4. 剧务准备好服装、道具、布景（或以 PPT 代替）、配乐等。

5. 在排练的过程中，进一步修改、完善剧本。

（三）正式演出

1. 演出准备工作：班级制作节目单；推举主持人，准备串词；邀请校领导、班级任课老师、家长代表出席；各小组检查道具；聘请评委。

2. 正式演出。要求：观众文明观戏，评委参照"名著表演秀"评价量表打分。

3. 举行颁奖仪式。评委可以评出"最佳改编创意奖""最佳主角表演奖"

"最佳配角表演奖""最佳团队协作奖""最佳舞台布置奖"等。

4. 自我总结与反馈。请谈谈参与剧本改编或表演实践的心得体会，要求200字左右。

六、创造表现性成果

项目化学习最终是要形成公开的、有质量的成果，在多样的群体中进行交流。在团队的共同协作下，学生经历了自主设计、合作探究、反思论证、修改完善的过程，进行了探究性实践、社会性实践、审美性实践等多样化实践，最终形成了微剧本创作成果。现选录一项成果如下：

十二点的钟声
编剧：陈姿蓥

时间：下午

地点：孙柔嘉和方鸿渐的家里

孙柔嘉 （轻快地上楼）Dear，我回来了。今天爸爸、兄弟，还有姑夫两个侄女儿都在。他们要拉我去买东西，我怕你等急了，所以赶早回来。没让你久等吧？[此处的孙柔嘉刚回到家，还是温柔热情的，对方鸿渐还十分亲切，不想让方鸿渐久等]

方鸿渐 （意味深长地看壁上的钟，又忙伸出手来看表）你说呢？都快四点钟了。[方鸿渐带有埋怨，故意向孙柔嘉发脾气找碴儿]让我想想，早晨九点钟出去的，是不是？我等你吃饭等到——

孙柔嘉 （略有得意地笑）你这人不要脸，无赖！你明明知道我不会回来吃饭的，并且我出门的时候，吩咐李妈十二点钟开饭给你吃——不是你这只传家宝钟上十二点，是这闹钟上十二点。哈哈哈……（大笑）[方鸿渐哑口无言，败给了孙柔嘉，孙柔嘉胜利地笑了，为后面二人矛盾的激化埋下了伏笔]

（旁白：方鸿渐无言以对，输了第一个回合，便改换话题）

方鸿渐 羊毛坎肩结好没有？我这时候要穿了出去。你动作快一点！[方鸿渐面子上过意不去，故意找麻烦，想压孙柔嘉一头，惹是生非，矛盾冲突即将产生]

孙柔嘉 （不耐烦）没有结！要穿，你自己去买。我没见过像你这样 nasty

的人！我忙了六天，就不许我半天快乐，回来准看你的脸。我真是受够了！［孙柔嘉此刻是委屈恼怒的，她数落埋怨方鸿渐，二人争吵场面被放大，突出了他们扭曲的生活常态］

方鸿渐 （气愤）就只有你六天忙，我不忙的！［显现出方鸿渐的气愤］当然你忙了有代价，你本领大，有靠山，赚的钱比我多——

孙柔嘉 （委屈抽泣）亏得我会赚几个钱，否则我真给你欺负死了。姑妈说你欺负我，一点儿没有冤枉你。我真是瞎了眼了！［矛盾的结果，互相生厌。生活中鸡毛蒜皮的小事与负面情绪堆积在心里，等待着后续的爆发，为后文两人离婚做铺垫］

方鸿渐 （发狠拍桌）那么你快去请你家庭驻外代表李老太太上来，叫她快去报告你的 Auntie！

【评点】这个小组根据《围城》片段改编了微剧本，作为演出的脚本。通过改编，学生加深了对原著的理解，尤其是中括号内的批注，为其他伙伴演出做了艺术导引。两位主角因一点小事而闹矛盾，最后竟导致离婚，简直荒唐可笑。名著的讽刺艺术通过短剧表现出来，指向项目化学习的核心知识。读写结合，以读促写；创编剧本，转化阅读经验；剧本演出，深化写作知识。

指向写作成果的《围城》整本书阅读是笔者以读促写教学的一次新尝试。它创设了真实的写作情境，把名著阅读与表现生活联系了起来，让学生感受到阅读的快乐和写作的乐趣。通过这次读写实践，学生不仅提高了阅读整本书的兴趣，而且深入理解了名著中蕴含的核心知识，发展了剧本写作素养，提高了文学审美能力。教师要不断提升自己的文学修养，研读学术著作，扩展自身的阅读视野，从而为学生提供高质量的学习支架，促进学生的读写转化。

第二章
写作教学设计

初中语文统编教材的写作专题，注重从培养学生的写作兴趣和良好的写作习惯入手，而后逐步培养各类文体的写作能力。本章选录的教学设计，既有实用类文本写作设计，也有改编式写作设计，具有典型性。所选教学设计也是对初中语文统编教材写作专题的细探与深研，其显著特点是把"写作教材"的知识情境化、思维显性化，以评价量表或检查导思单的形式指导写作，实现了事实性知识向程序性知识的转化。这些教学设计目标明确，讲究创意。

第一节 "学写游记"教学设计

【说明】此教学设计适用于统编语文教材八年级下册第五单元写作学习指导。

第一课时

【教学目标】

1. 唤醒生活经验，进入写作情境，激发写作动机。

2. 建构游记的文体知识，生成游记写作的评价量表。

3. 选择材料、组织结构，拟制写作提纲，起草行文。

【设计创意】

游记写作语境要素分析表；游记写作评价量表。

【教学过程】

一、呈现情境任务

1. 揭示课题

古人说，读万卷书，行万里路。旅游也是一种"阅读"，是认识世界、陶冶性情的一种方式。在节假日里，你和父母、朋友一起外出旅游过吧？把旅游时的经历和感受写下来，就是游记。今天我们学写游记。（教师板书：学写游记）

2. 精讲"游记"

出示PPT：

> 游记，是游览者把他游览过的经历和感受用文字记录下来的一种文学体裁。一般而言，游记有三个要素，即"所至"（游踪）、"所见"（景观、风土）和"所感"（感悟、情思）。

写游记就是以你的生活经历为读者描述画面，带领读者领略一个新奇的地方，与他们分享对这个陌生地方的发现与感受。当然，这个地方可以是勃朗峰、丽江，也可以是少林寺、西湖……旅游的地方不在于远近，重要的是旅行过程的精彩程度。

再从另一个角度加深对"游记"的理解。出示 PPT：

游记的三个要素

（1）个人感受。通过描写独特的个人经历、分享情感来触动读者，引起读者共鸣。

（2）想象空间。游记需要作者运用叙述技巧来向读者分享旅行中发生的故事，为读者打开一个新的世界。

（3）丰富的信息。游记的内容中要有对当地历史和文化的反映。

---

3. 明确情境任务

出示 PPT：

"山川之美，古来共谈。"乐于发现美、欣赏美的你，将旅游中的所见所感与人分享，便是一件雅事。哪段旅行经历唤醒了你？你曾看到了什么新奇的风景？旅途中有什么新鲜有趣的故事？你到某一地欣赏某一景的时候，内心是否有所触动？请你写一篇游记（文中最好附一张旅游照片），与同学们进行分享交流。要让大家听后对你所游胜境心驰神往哦！

---

4. 分析语境要素

写作文，首先要分析写作情境任务中的交际语境要素。

请思考：在写作过程中你充当什么样的角色？你的读者是谁？你要给你的读者分享什么？你打算以什么样的文体去表达？

请大家看着自己的旅游照片，先回忆一下旅游时的情景，然后和大家交流。关于分享的内容，同学们还可以参考一下学过的课文。

PPT 出示下表：

课文篇目	选材	立意
《壶口瀑布》	写两次游览经历，既有整体关照，也有细节刻画，突出龙槽中巨石与洪流跌宕的气势，表现出黄河壶口瀑布的雄浑壮美	从黄河的特点联想到人的个性品质，赞美黄河宽厚博大、柔中有刚的个性，歌颂自强不息的民族精神
《在长江源头各拉丹东》	描写冰塔林难得一见的奇绝景观，突出其雄伟、圣洁、瑰奇的特点	作者在生命极限之时观赏景物，引发对生命、死亡、瞬间、历史的思考，传达了敬畏自然的意识

（续表）

课文篇目	选材	立意
《登勃朗峰》	描写登山所见勃朗峰满目华彩、变化无穷的景色，叙述旅途中的奇人奇事，意外惊险	透露出作者积极乐观、率真随性、粗粝豪放的人生姿态
《一滴水经过丽江》	美丽的丽江坝，初建的丽江城，现代的四方街，东巴文字，恬淡的百姓生活，古城五彩斑斓的夜和旷野静谧澄澈的美	以一滴水的视角，描述丽江的自然风景和人文风情，富有诗意地表现生命的丽江，表达赞美之情

学生思考。在构思单（稿纸）的上半页面随意记下自己的想法或关键词，也可以随手画一画自己的旅行路线图。

学生发言。根据发言情况，教师生成语境要素分析表格（部分）。

教师小结。（出示PPT：游记写作语境要素分析表）游记写作涉及内容广泛，写法自由，风格多样。期待我们的作品能够使读者增加见闻，给他们带来美的享受，引发心灵的共鸣。

作者（角色）	读者（对象）	分享内容（话题）	形式（文体）
初中生	父母、爷爷、奶奶	黄山黄河	散文
探险家	同桌	长江长城	书信
游客	杂志编辑	园林碑林	日记
记者	文学社指导老师	人与自然	故事
作家	外国朋友	当地传说	童话
孩子	校长	旅途故事	回忆录
志愿者	游客	风土人情	小说
文学爱好者	网友	历史现实	解说词
一只鸟	喜欢绘画的朋友	所思所感	采访笔录
……	……	……	……

设计意图：运用设置写作情境、头脑风暴、回忆联想、叙述交流等手段唤醒学生的生活经验，激发学生的写作动机，解决"为什么写"的问题。让学生联系课文内容，分享自己游记要分享的内容，初步解决"写什么"的问题。突出读者意识，强调为了"分享交流"而写作。

二、研制评价量表

1. 问题激思：同学们已经有了强烈的表达欲望，那怎样才能做到有质量的分享呢？也就是说，一篇好的游记该是什么样子的呢？请学生自主阅读语文课本111、112页的内容，圈画、归纳游记的关键知识，研制优秀游记的评价标准。

2. 自主学习：教师提供下面的表格学习支架，学生思考、整理。

游记写作评价量表

序号	评价维度	小组评价
1		☆ ☆ ☆ ☆ ☆
2		☆ ☆ ☆ ☆ ☆
3		☆ ☆ ☆ ☆ ☆
4		☆ ☆ ☆ ☆ ☆
…		☆ ☆ ☆ ☆ ☆
	优秀★★★★★　　良好★★★★　　达标★★★	

3. 学生发言。教师在学生发言与讨论中，联系本单元学过的游记课文，生成、完善"游记写作评价量表"的五个重要评价维度，精要讲析，板书如下：

（1）游踪清晰，串联全文。

（2）选择最富特色的或最能打动读者的景物。

（3）从不同角度、运用不同的表现手法，鲜明地呈现景物之独特、令人难忘之处。

（4）或直接抒发情感，或含蓄渗透人生感悟。

（5）适当穿插"所闻"（地域文化、历史传说等）或趣事（旅途中特别的经历）。

> 设计意图：通过指导学生自主阅读教材，进一步建构、归纳关于游记的文体知识，在学习与讨论中，课堂生成"游记写作评价量表"。评价量表的研制是深入理解游记这一文体的过程，更是作文创作的指南，它在写作中起到方法引领和指导修改的重要作用。自主研制评价量表，提高了学生对写作目标的自我认知水平，从宏观上解决了"怎么写"的问题。

三、拟列写作提纲

1. 谈话启思：现在，根据"游记写作评价量表"我们可以回头再看看刚才的构思单，分步骤细细想一想，在构思单的下半页面列写作提纲，构思尽可能全面一些。

2. 教师提供打印好的"提纲导思单",分发给学生,提醒学生把想到的随时添加至写作提纲上。

提纲导思单

(1) 交代游踪有两种方式,我准备采取哪一种?

第一种:按照参观游览顺序交代游踪,这种写法游览线路明确,读者容易随着你的描述在文中来一场"游历",与你产生共鸣,如《一滴水经过丽江》。如选此种写法,请具体描画路线图,连点成线组织结构。

第二种:按照你游览时的独特体验,分类描摹,一般采用先概括再分述的结构方式,这样可以通过新颖别致的视角突出重点感受,凸显你的个性体验。如《在长江源头各拉丹冬》《壶口瀑布》。如选此种写法,请分类选景,以"镜头组合"的方式结构文章。

(2) 我选择的景物是具有地标性的吗?或者是最富有特色的、最能够打动我的景物吗?

(3) 我从哪几个角度来描写风景?是定点观察还是移步换景?是仰视还是俯视?是近观还是远望?是静态还是动态?是从视觉、听觉,还是嗅觉、触觉角度来写?是详略结合写景,还是虚实结合写景?是景与人相映,还是景与事相融?这样写景是否能够给读者以视觉化效果,让他有身临其境之感?

(4) 写景时,我可能运用到哪些表现手法?运用情景交融、虚实相生、渲染铺陈、侧面映衬的手法,还是详略结合、一线串珠的手法?

(5) 在描写旅途中的所见时,我有何感触?曾引发我对生命、人生、自然、事理的思考吗?这一点感悟是来自风景还是旅途中的故事?怎么把所感与所见巧妙对接?我想在结尾集中抒情议论来表达感悟、阐发哲理,还是在文中借景抒怀、托物寓意?

(6) 我对旅游胜地的历史文化有哪些了解?比如风俗习惯、风土人情、历史故事、诗词歌谣等。这些地域文化可以增强游记的可读性和文化气息。

---

3. 小组讨论提纲,予以修改、完善。

设计意图:编拟写作提纲,是写作行文的前提与保障。编写提纲,即启动自由写作。通过编写提纲,加深对评价量表的认知,把写作知识转化为写作能力。尤其是教师提供具体、可操作的"提纲导思单",可以细化学生的思维,提高学生编拟提纲的质量,从微观上具体解决了"怎么写"的问题。小组的研讨与修改,体现了注重全程交流与互动的写作指导思想。

四、布置作业

根据课堂上拟制的作文提纲,关注作者角色、读者对象、分享内容和呈现形式,课下完成作文的初稿。标题自拟。不少于600字。

第二课时

【教学目标】

1. 深入理解优秀游记的写作范式。

2. 对照"游记写作评价量表"评价组员作文。

3. 根据游记写作"检查清单"反思、修改自己的作文。

【设计创意】

按照"检查清单"修改作文。

【教学过程】

一、展示佳作

1. 学生阅读教师分发的作文。

探寻米尔福德峡湾

陈逸彬

①来到新西兰南岛荷马隧道，便意味着离米尔福德峡湾已经不远了。隧道隐藏于人迹罕至的原始山峦中，是单行线。我们在隧道入口等待对方车辆通过的时间里下了车。

②雪山近在眼前，仿佛伸手可触。雪水从峡湾深处流来，我触摸了这清冽、神秘的雪水。忍不住亲尝一口，居然是甜的，不禁使我神清气爽，驱散了乘车多时的疲劳，也让我更加急切地想要探寻这水的发源地——米尔福德峡湾。

③抵达峡湾时，已经是正午时分。这里一年中有 200 多天都在下雨，年降水量超过 7 米，可我们却幸运地赶上了这里少有的晴天。导游介绍，在经典的科幻电影《异性：契约》中，一群在宇宙中寻找殖民地的宇航员，来到了一个如天堂般的外星球。这个美得不太真实的地方，实际取景地便是米尔福德峡湾。而毛利人则认为，美丽的峡湾奇观是一个力大无穷的铁匠用斧头雕刻创造的。

④我们上了玻璃全景游船，简单地吃了船餐后，便迫不及待地来到了甲板上，明媚的阳光把天空衬托得更为清透湛蓝，在寒冷的冬季让人感受到了无与伦比的温暖。船开始行驶，阳光照在峡湾两侧的山峰上。座座山峰直冲云霄，倒映入水，并向远处延伸。眼前就是著名的米特峰，高 1692 米，仰面而观，挺拔陡

峭的峻峰迎天耸立，他雄奇壮阔如一位俊秀男子，让人们不禁感叹大自然的鬼斧神工。游船持续行驶，随着光线的变幻，海水的颜色也如调色盘一般变化多端，时而淡蓝，时而深蓝，时而又呈浅绿，只是看着，就能把人看醉。在这个峡湾内，一望无际的尽是群山合围，峭壁万仞，也有飞瀑流泉，冰川滢滢，给人以无限的震撼。这就是200万年前，几千米厚的巨大冰川移走后留下的峡谷，幽深曼妙，谁见了能不惊叹！

⑤途中，令我印象十分深刻的是，从陡峭的悬崖上倾泻而下的瀑布给予人莫大的神秘感。它不像其他洪瀑那般声似千军呐喊，势如万马奔腾。这里的瀑布飞快地冲下，像一匹银缎，又如一条轻纱，是如此轻巧、灵动。风一吹，如烟似雾，水珠似一朵朵白梅，在空中微雨似的悬浮着。忽然，在瀑布的前方出现了一道彩虹，七色分明，灿烂夺目，它像一条瑰丽的彩带在空中舒展，把人引入神话世界，令人陶醉！

⑥船行驶到了海豹角，离船不远处，看到趴在岩石上憨态可掬的新西兰长毛海豹。它们的皮毛厚厚的，油亮油亮，全身呈靛灰色，一双双圆鼓鼓的清澈的大眼睛眨巴着。它们有的懒洋洋地横卧着，打着哈欠，露出它那尖尖的雪亮的牙齿；有的看到我们来了，兴奋地昂起肥嘟嘟的身子，鼓动着两翼向我们挥手；还有的望了我们一眼，便漫不经心地翻了个身，将白色的肚皮露在上方，又想翻过去，却怎么用力都翻不过来，只好在原地打着转儿。好有趣！

⑦船一直行驶着，继续探寻着米尔福德峡湾，而我早已沉浸于这如诗如画的景色中了。

2. 学生按照游记评价量表进行评点。

赏析要点：

（1）本文游踪清晰，串联全文。"来到荷马隧道——抵达峡湾——上了玻璃全景游船——到了海豹角"，移步换景，一一写来，文脉流畅清晰。

（2）选择最富特色的或最能打动读者的景物。本文突出描写了米尔福德峡湾山峰的雄奇险峻、海水的色彩变幻以及飞瀑的瑰丽灵动。此外，吸引读者的还有憨态可掬的新西兰长毛海豹，它们摆出各种各样的姿态，惹人喜爱。

（3）从不同角度、运用不同的表现手法写景。第④段的写景，先概写峡湾之景，后特写"米特峰"。从观察视角上，先仰观直冲云霄的峻峰，再俯视变化多端的海水。第⑤段集中笔墨写瀑布，以想象之笔描绘画面，虚实结合，有声有色，有动有静，如诗如画。景物特征鲜明，令读者也会忍不住想去看一看。

（4）或直接抒发情感，或含蓄渗透人生感悟。本文第④⑤⑥段的结尾，是作者在写景的基础上情不自禁地直接抒发对美丽峡湾景观的赞美与喜爱，作者完全陶醉于这如诗如画的山水中了。

（5）适当穿插"所闻"或趣事。这篇游记在写景中穿插了丰富的信息。如第③段以导游之口，穿插米尔福德峡湾是科幻电影《异性：契约》取景地之事，第④段穿插了米尔福德峡湾的形成原因。第⑥段写"我"看新西兰海豹，海豹看"我"，这个难忘的场景应是旅途中特别的趣事。

> 设计意图："展示佳作"就是提供范文，对学生写作起到正面示范的作用。教师组织学生阅读并讨论范文，引导学生发现其中的亮点，丰富语文学习的经验，为己所用，从而进一步加深对优秀游记评价标准的理解。

二、评议作文

以本班一位学生的作文为例（打印好，课前发给学生），开展评议。

1. 屏幕出示"游记写作评价与反思表"。

游记写作评价与反思表

评价维度	检查反思	小组评价	修改意见
游踪清晰	你选了哪种方法交代游踪？能否很快让读者把握游记的脉络？		
	如果能够写一写旅途中的趣事会更好		
精当选景	选择的景物是具有地标性的吗？或者是最富有特色的、最能够打动读者的景物吗？		
生动写景	能从多角度描写风景吗？能否给读者以视觉化效果，让他有身临其境之感？		
	写景时运用到了哪些表现手法？（至少3种）		
融入所感	作文中恰当融入所思所感了吗？做到情景交融或由景入理了吗？		
知识丰富	文中是否渗透了有关旅游胜地历史文化或风土人情方面的内容？		

2. 学生默读老师发下来的作文稿，围绕评价表中的"评价维度"和"检查

反思"思考，批注，评价。评价要具体，要分析问题出现在哪里，怎么修改更合适。

3. 师生交流，探讨问题，修改作文。

设计意图：细化评价量表，给出"检查反思"清单，增强了作文评价的操作性。在教师的指导下，学生发现问题、分析问题、解决问题，增强了作文评议的针对性。同时，为下一环节学生自主修改作文提供支架和示例。

三、批改作文

1. 小组互评。小组对照"作文评价与反思表"互批作文，商议修改方案，倾听、记录修改建议，同时注意借鉴小组成员中好的写法。

2. 修改作文。用另一种颜色的笔在原文修改、完善。在小组成员修改建议的基础上，修改作文。

3. 互读共赏。作者读给同桌听，与同桌交流：你喜欢游记中描述的风景与故事吗？游记中的哪些内容吸引了你？这篇游记带给你怎样的感悟？同桌之间互相为彼此的作文撰写"阅读心语"。

4. 发表作文。检查语句是否通顺、用词是否准确、标点是否规范。最好配上一张清晰的旅游时的照片，上传至班级公众号，或投稿。

设计意图：通过小组互评、修改作文、互读共赏等多种学习方式，促进学生对游记写作的深度学习，凸显合作探究在作文指导中开发思维能力的作用。科学有序的教学环节显现出写作是一种发现、认识和表现的创意活动。

【专家评点】

进入 21 世纪以来，随着语文课程改革的推进，我国的写作教学取得了较大突破。从国家课程政策来看，新修订的语文课程标准围绕语文课程核心素养，倡导基于日常生活经验和真实情境的表达与交流。研读本案例不难发现，它既很好地落实了语文课标的新要求，也借鉴了学界写作教学的新成果，主要体现在以下三个方面：

1. **创设真实的交际语境。**写作活动伊始，老师并未急于让学生下笔，而是引导学生说一说各自的旅游经历，展示自己的旅游照片。这样就自然而然地把写作活动与学生的日常生活经历结合了起来，以此激发学生表达的兴趣。随之，老师引导学生思考"在写作过程中你充当什么样的角色？你的读者是谁？你要给你的读者分享什么？你打算以什么样的文体去表达？"四个问题，让学生置身于真实的交际语境中。

2. **关注具体的过程指导**。本案例的过程指导，给学生的写作之路装上了一盏盏明亮的路灯，照亮了学生思考的方向。例如，在指导学生列提纲时，老师提供了一份"提纲导思单"，其中的一个个问题可以引领学生走出思维的迷宫。

3. **搭建有效的学习支架**。学习支架又称"脚手架"，这些脚手架在学生语文素养大厦的建设中具有不可或缺的作用。在本案例中，老师提供了一些表格和样例。表格包括"游记写作语境要素分析表""游记写作评价与反思表"等，样例如第二课时提供的学生作文样例。这些学习支架，为学生的写作提供了有力的支撑。

评点：申宣成，杭州师范大学教授，国家义务教育语文课程标准修订组成员，主持的成果荣获国家级基础教育教学成果二等奖。

第二节 "论证要合理"教学设计

【说明】此教学设计适用于统编语文教材九年级上册第五单元写作学习指导。

第一课时

【教学目标】

1. 探讨论证合理的方法。

2. 学习选择、分析材料，深入合理地论证。

【设计创意】

创设写作情境，自主建构写作知识。

【教学过程】

一、情境探究

1. 导入：写议论文，不管是立论还是驳论，都要摆事实、讲道理，使人信服你的观点，也就是要进行论证。合理的论证要求选用恰当的论据、适当的论证方法，准确阐发论据与观点之间的逻辑关联。

2. "师生论坛"：请指出下面情境中的逻辑错误并简要阐释。

出示 PPT：（师生对话的形式）

中学生需不需要学习地理呢？书扬，发表一下你的看法。

我认为中学生没有必要学习地理。某个国家的地形和位置完全可以和这个国家的历史同时学习。我主张把历史课和地理课合并，这样对学生而言是方便的。因为这样做所占的时间较少，而获得的效果却很好。否则就会这样：这个国家的地理归地理，而它的历史归历史，各管各，不能互相联系起来。

雪昀，请你来点评一下书扬的论述，好吗？

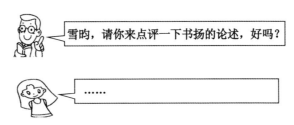

……

学生讨论，教师点拨，引导学生阐释：

书扬犯了混淆或偷换论题的逻辑错误。老师最初提出的论题是"中学生需不需要学习地理"，而书扬所论述的却是另一个论题——"把历史课和地理课合并"。显然，他是把后一个论题与前一个论题混淆起来了，因而他就自觉或不自觉地用后一个论题去偷换了前一个论题。

教师点评，小结。出示 PPT：

论证要合理，就要逻辑严密，观点一致，概念统一。

论证要合理，还有哪些方法呢？我们来自学课本。

设计意图：通过师生对话、生生对话的情境进入学习，使课堂生动活泼，又具有探讨氛围和思辨色彩，加深对"论证时要做到逻辑严密、观点一致、概念统一"的理解。

二、阐释理解

1. 学生阅读课本第 111、112 页的内容，圈画、归纳做到"论证要合理"的方法。

2. 请学生做小结：

（1）论证要合乎逻辑。观点要一致，概念要统一。

（2）论据要能合理、充分地支持论点。

（3）选择恰当的论证方法。

（4）论证结构合理，思路清晰。

教师顺势补充议论文结构的几种模式：总—分—总式的结构，条理清晰，眉目分明；并列式结构（横式结构），便于从几个方面多个角度来论证文章的论点；递进式结构（纵式结构），纵向思维，层层递进论证；对照式结构，从正反两个方面对中心论点进行论证，突出论述其中的一个方面的正确性。

3. 试分析《知足者，常乐也》这篇作文是怎样做到"论证合理"的（教师可以分发打印好的纸质文稿）。请从 A、B、C 中任选一个角度，结合有关内容进行分析。

出示 PPT：

> A. 论据要能合理、充分地支持论点。
>
> B. 选择恰当的论证方法。
>
> C. 论证结构合理，思路清晰。

知足者，常乐也

①知足者，常乐也。

②知足，是一种平和的人生境界，即对己对人皆不强求；常乐，是一种豁达的人生态度，即对事对物皆有包容。

③当然，知足常乐者，并不是说这个人要安于现状，没有追求，没有理想，而是要懂得适可而止，懂得取舍，懂得放弃，毕竟人的欲望是无限的。如《我的叔叔于勒》，菲利普夫妇艳羡富人们的生活，极力遮掩自己的贫困，对于勒的态度也完全建立在金钱之上，毫无亲情可言。因此，他们的人生注定不会常乐。

④被称为"古今隐逸诗人之宗"的陶渊明，面对仕途不顺，宏图难展，仍能"采菊东篱下，悠然见南山"，在乡野山林中，找到了人生乐趣，其田园诗作因传递出来的悠然达观的人生信条而传唱千古。鼎鼎大名的诗仙李白，虽未受到朝廷重用，但仍有"天生我材必有用，千金散尽还复来"之豁达胸襟，在周游四海、浪迹天涯中，将诗意尽情挥发，成为唐诗史上最为璀璨的一颗明珠。被林

语堂先生称为"无可救药的乐天派"的苏东坡，一生坎坷，正如其《自题金山画像》一诗中的自白："问汝平生功业，黄州惠州儋州"。不断被贬谪的命运，并没有阻挡东坡居士对生命和生活的热爱，遂有"竹杖芒鞋轻胜马，谁怕？一蓑烟雨任平生"的旷达超脱的胸襟。

⑤人们常说："人生不如意事十之八九。"那么我们不妨"常想一二"，因为知足者，常乐也。

（见《义务教育教科书教师教学用书 语文 九年级 上册》第 269 页，人民教育出版社 2018 年 8 月第 1 版）

4. 学生思考，班内交流。教师与学生适时互动，顺势启发。

预设：

A. 论据要能合理、充分地支持论点。文章举出陶渊明、李白、苏轼的例子，从他们的人生经历和精神品质方面展开论述，由命运的坎坷与精神的豁达的鲜明对比，论证自己主张的平和、不强求、豁达即知足常乐的观点。三个人物的事例，论据充分；从两个方面充分论述，加之对比，增强了论证的力度。

B. 选择恰当的论证方法。文章不但突出运用了举例论证的方法，还运用对比论证的方法。在第③段中，作者先从反面进行论证，列出菲利普夫妇不知足的事例，论证"不知足者注定不会常乐"的观点。第④段则举出陶渊明、李白、苏轼的例子，论证"知足常乐"的观点。选择合理、恰当、多样的论证方法，增强了说服力，增加了表达的丰富性。

C. 论证结构合理，思路清晰。本文开篇即点明观点——知足者，常乐也。第②段对其稍作解释，清晰地表达了观点的内涵。第③段从反面进行论证，列出不知足者的事例，并加以分析。第④段则从正面进行论证，举例论证"知足者常乐也"的观点。结尾引用俗语，点题且照应开篇，整篇文章结构严整，逻辑严密。

> 设计意图：通过读教材，学生归纳小结，了解"论证要合理"的几种方法。接着引导学生运用所学知识从所给出的三个角度中任选其一分析例文，促进深度学习。任选一个角度，降低了分析的难度，但三个角度都紧扣本课的重点。

三、微文写作

1. 写作内容（屏幕显示）

　　刚才我们阅读的这篇作文，表达的观点是"知足者常乐也"。可能有的同学会说："知足者未必常乐。"请你围绕"知足与快乐"这个话题，自定立意，选用下面提供的材料写一段话，论证你的观点。120字左右。

　　（1）祸莫大于不知足，咎莫大于欲得。　　　　（选自老子《道德经》）

　　（2）不满是向上的车轮，能够载着不自满的人前进。　　——鲁迅

　　（3）1971年的一天，布歇内尔边看电视边这么想："光看太没意思了。把电视接收器作为试验对象，看它能产生什么反应。"此后不久，他就发明了交互式的乒乓球电子游戏，从此开始了游戏机的革命。

　　（4）蜀之鄙有二僧：其一贫，其一富。贫者语于富者曰："吾欲之南海，何如？"富者曰："子何恃而往？"曰："吾一瓶一钵足矣。"富者曰："吾数年来欲买舟而下，犹未能也。子何恃而往！"越明年，贫者自南海还，以告富者，富者有惭色。

　　　　　　　　　　　　　　　　　（选自彭端淑《为学一首示子侄》）

　　2. 教师精要讲解：论据和论点的关系，并不只是证明和被证明的关系，不能将材料变成僵硬的陪衬。论证并不是简单的"观点+事例（格言）"，而是要深入地分析材料。材料不仅是供我们选择的对象，更是供我们进行分析的对象。在分析材料的过程中，阐明材料与观点的联系，材料分析得越透彻、充分，观点就会显得越鲜明、深刻，同学们的逻辑思维也就得以提升。

　　出示PPT：评价标准

评价标准	小组评议
明确表达自己的观点	☆
明确表达自己的观点，材料能够支持观点	☆☆
明确表达自己的观点，材料能够支持观点，能够分析、阐释材料	☆☆☆
明确表达自己的观点，材料能够支持观点，能够分析、阐释材料，论证方法合理、多样	☆☆☆☆
明确表达自己的观点，材料能够支持观点，能够分析、阐释材料，论证方法合理、多样，论证结构合理	☆☆☆☆☆

3. 学生静思默想，课堂上动笔写作。

4. 小组对照评价标准交流。

5. 全班展示两篇短文，教师精要评点。

> 设计意图：学生通过微文写作，把写作知识转化为写作能力。微文写作，体现当堂学以致用、深度学习的高效教学理念。教师出示的表现性评价量表引领学生高效作文。

四、布置作业

作业：语文教材第 112 页"写作实践"第三题。

前置指导：

1. 审题：在内容方面，要求对"近朱者赤，近墨者黑"发表看法。在文体方面，要求写一篇驳论文。字数不少于 600。

2. 选择一个合适的角度来批驳，可以反驳"近朱者赤"，提出"近朱者未必赤"的观点，也可以反驳"近墨者黑"，提出"近墨者未必黑"的观点。

3. 选择与观点一致的材料，最好有事实论据，也有道理论据。

4. 参考《中国人失掉自信力了吗》一文的结构模式，先编写作文的思维导图或提纲，然后动笔。议论文的结构模式有总—分—总式、并列式、递进式、对照式。绘制思维导图或提纲可以帮助你写好一篇材料使用合理、论证方法得当、思路清晰的议论文。

> 设计意图：布置作业时的"前置指导"，可以帮助学生审题、选材等，以免学生走弯路，有利于提高学生的课外作业质量。

第二课时

【教学目标】

1. 了解议论文的论证思路。

2. 选择合适的角度进行批驳，表达自己的观点。

3. 运用多种论证方法，进行合理、深入地论证。

【设计创意】

对比辨析作文

【教学过程】

一、展示佳作

驳"近墨者黑"

张朦丹

①有一句话，从古至今被许多人作为交友或处世的标准——"近朱者赤，近墨者黑"。然而，不少古往今来的事例触动了我，我开始思考：近墨者一定会黑吗？

②东晋著名田园诗人陶渊明，置身于当时的黑暗官场，却"不为五斗米折腰"，一身正气，不与乡里小儿为伍。虽然陶渊明后来消极避世，隐居山林之中，但他可以在当时黑暗的官场中保持高尚的节操，这确实难能可贵。由此看来，"近墨者"未必黑。

③为何陶渊明"近墨"却"不黑"呢？这与他刚正清廉、不慕名利、清高洒脱的本性有关。同样，文学家、革命家、思想家鲁迅先生曾在日本留学，当时与他同在东京留学的"清国留学生"，整天不务正业，游手好闲，沉醉于纸醉金迷的生活中。在这样的环境下，鲁迅先生凭着他拯救国家于危亡的赤诚之心，勤奋好问，钻研医学，取得了令日本学生"惊讶"甚至"怀疑"的优异成绩。从陶渊明和鲁迅身上可以看出，近墨者未必黑。近墨者"黑"还是"不黑"，取决于一个人是否拥有崇高的信仰、坚定的意志和凛然的气节。

④周敦颐在《爱莲说》中赞美莲："出淤泥而不染，濯清涟而不妖。"是的，莲生长于黢黑的淤泥中而不被沾染，是它"亭亭净植""香远益清"的本性使然。然而，处于同样的恶劣环境，有的人却意志不坚定，随波逐流，迷失方向，浑浑噩噩，不思进取，沉迷于吃喝玩乐之中，最终"近墨者黑"。由此看来，近墨者"黑"还是"不黑"，还要看一个人的信仰和意志是否坚定。

⑤新时代有梦想有追求的人，无论面对的环境多么复杂，都要坚定自己的理想和信念。哪怕身陷泥潭、卷入浊流，也要不为污浊所污，做个"近墨而不黑"的人。不忘初心，砥砺前行，为建设文明、和谐、美好的中国担负起自己的使命。

【评点】这篇作文观点鲜明，论证合理而深入，逻辑思辨性强。作文开篇摆出错误论点，进而提出质疑，紧接着举陶渊明的事例，得出"近墨者未必黑"的观点。在第③段中作者高明地设问，使论证引向本质，得出"近墨不黑"的原因。第④段从正反两个方面，继续深入论证"近墨"的两种选择。最后总结全文，激励大家做个"近墨而不黑"的人。全文层层递进，逻辑严密，充分的论据有力地支撑了观点，增强了论证的力度。

> 设计意图："展示佳作"就是提供范文。教师可组织讨论，引导学生发现亮点，为己所用，尤其要引导学生体会作文的行文思路。

二、评议作文

以本班一位学生的作文为例（打印好，课前发给同学们），开展评议。

近墨者未必黑

①常言道："近墨者黑。"意思是说在一个不好的环境中，人也会慢慢变得不好，会受环境影响。但是，并非所有的人在恶劣的环境中都会受到影响。

②众所周知，那玲珑剔透的美玉总是产于乱石之中，那千年稀有的灵芝总是与杂草为伍，那价值不菲的黄金总是藏身于沙砾之中。而由于本身的坚定意志，在"墨者"中磨砺成"赤者"的人，亦不胜枚举。

③陶渊明置身于当时的黑暗官场，仍能保持着高尚的节操，仍能写出"采菊东篱下，悠然见南山"那样的千古名句，可谓"出淤泥而不染"。

④现代作家鲁迅先生出身于封建旧式大家庭，但他并没有成为一个养尊处优的阔少爷，而是对为富不仁者充满憎恨，用自己的笔坚决地和旧社会、旧阶级作斗争。"横眉冷对千夫指，俯首甘为孺子牛"，让我们读出一个近"墨"而不曾"黑"的鲁迅。

⑤而在今天，更有许多忠诚于人民事业的警察和司法人员，不怕"近墨"，主动去接触那些失足和犯错误的人，耐心教育着他们，关心他们，使那些"墨者"认识到自己的错误。我们班也是一样，一些同学犯错了，班干部会耐心地帮助他们认识到错误，重新成为九（2）班的好同学。

⑥并不是所有的近墨者都会黑。因为"近墨"只不过是外因，而外因是由内因而起作用的。近墨者是否会变黑，完全取决于自己的思想意识。由此可见，近墨者未必黑。

⑦我们青少年学生，当不慎"近墨"时，要不被其所染。我们要抱着帮助"墨者"的态度去和他们交往，而且要坚信，经过长时间的努力，"赤"必能战胜"黑"。

⑧只要拥有坚定的信念和必胜的信心，无论环境多么污浊，有些人总不会被其所影响，因为——"近墨者未必黑"。

1. 作文讲评紧紧围绕上一课时"论证要合理"的几个要求。

PPT 出示作文评价表。

关注方向	评议	修改意见
开篇是否先立起敌论点		
己方论点是否鲜明突出		
材料是否能支持论点		
能分析材料以论证观点		
论证方法是否合理多样		
论证结构是否合理清晰		

2. 学生默读老师发下来的作文稿，围绕评价表中的"关注方向"思考，批注。

3. 师生交流，探讨问题，修改作文。

设计意图：在教师的指导和共同修改的过程中，有针对性地发现问题、分析问题、解决问题。同时，为下一环节学生修改自己的习作提供支架和示例。

三、批改作文

1. 同桌（或小组）对照评价表互批作文，商议修改方案，倾听、记录修改建议，同时注意积累写作素材。

2. 修改作文

请用另一种颜色的笔在原文上修改。可以把其他同学的论据补充到自己的作文中，丰富自己的作文内容，使论证更合理，更有力度。

设计意图：通过学生互评、自评等多元评价形式，促进学生深度学习和合作探究。在教师示范和学生互批、反思中，发展了学生的思维，显现了课堂教学的增量。

【专家评点】

议论文是初中语文教学的难点，而论证是议论文难点中的难点。如何让学生学会合理论证呢？该教学设计给我们提供了切实有效、稳扎稳打的教学范例。

第一课时的设计，首先紧扣教材，呈现什么是合理的论证——要求选用恰当的论据，运用适当的论证方法，准确阐发论据与观点间的逻辑关联。然后，通过一组师生间讨论"中学生需不需要学习地理"的案例中的逻辑错误，指出论证的第一要义就是逻辑严密、观点一致、概念统一。这种以典型的错误案例让学生理解论证要义的设计，能使学生切实地感受和了解逻辑要严密和观点要一致的要求，教学效果就更切实。关于论证的结构问题，学生在这个方面的知识是欠缺的，老师顺势补充，让学生了解论证的结构也是论证合理的重要方法，这是对教材必要和恰当的补充。"微文写作"板块的设计，指导具有针对性。教师不是把材料抛给学生就完事了，而是精要讲解论点与论据的关系，也就是阐发如何论证。最后通过五个方面的星级评价，让学生们进行自我检测，看看自己究竟掌握得如何。这一板块的设计完成了教材中"写作实践二"的写作任务，材料的提供开阔了同学们的思路，给了同学们立论的依据。

第二课时"评议作文"环节的设计是值得肯定的亮点。在教学实践中，我们常常会发现学生不知道自己和同学的文章哪里好，为什么好；哪里差，为什么差。他们只是凭惯性和直觉进行写作。当学生不知道自己和同学的文章好在哪里、问题在哪里时，是不能够有针对性地提高的，所以让学生明确自己文章的得失优劣就至关重要。而且这种给学生搭建支架，给出学生明确要求和评价目标的方法，是议论文写作初期让学生可以有据可循、按图索骥的有效方式。

纵观整个教学设计，教学目标合理、明确，教学思路清晰，内容衔接紧密，教材落实到位，且对教材内容有所补充与拓展，运用案例典型恰当，训练评析具体，指导切实有效，是既平实又具实效的优秀教学设计。

由于议论文的论证是议论文教学的难点，尤其是初中学生初步尝试学习议论文，而教材中的议论文范文数量还比较有限，读写结合的借鉴作用没有记叙文那么凸显，这就需要我们教师在充分了解学情、研究教材的基础上，各显神通。这个教学设计就是很好的探索。

教材中"写作实践"第二、三题有较大的难度，可在设计时安排审题指导。这两道题目中给出的论题是中华传统文化中的重要论题，既可以立论，也可以驳论。比如"知足常乐"作为道家的一种思想，主要讲人不应当在物质利益方面欲望膨胀而无止境，要适可而止，无欲无求则自由快乐。这里的"知足"指的是物质名利、个人私欲方面，而不是事业作为和科学探求方面。如果对该论题缺乏正确的理解，缺乏对中国文化的了解，就有可能对学生有误导，认为"知足常乐"就是"躺平"。这样的话，论证的方向就会偏离。所以，正确解题，尤为重要。当然，中华传统文化不只有"知足常乐"的平和乐观，还有"天行健，君子以自强不息"的不懈进取。就如同材料中给出的鲁迅的名言"不满是向上的车轮，能够载着不自满的人前进"，这一层思想就是否定"知足常乐"的依据。但是"知足常乐"错了吗？没有！所以，这就需要老师进行引导。任何真理都是相对的，都只是从某个角度和方面而言的，都是有前提的。

评点：张燕玲，北京师范大学文学院语文教育所副教授、硕士生导师，北京师范大学文学院国学教育研究推广中心主任，"北京市中小学名师工程"学术导师，中小学语文国家教材建设重点基地研究员。

第三节　"学习改写"教学设计

【说明】此教学设计适用于统编语文教材九年级上册第六单元写作学习指导。

【学习目标】

1. 了解改写的常见形式及基本特点。

2. 参与建构改写的基本方法，依据原文主题、内容，适当发挥想象进行改写。

3. 通过写作实践，理解改写前后文章风格一致的原则。

【设计创意】

实践创意写作，开发创造思维。

【知识精讲】

改写，就是在忠于原作内容的基础上，通过改变文体、语体和叙述角度等，进行"再创作"以服务于特定的需要。改写有助于更深入地把握原作，还有助于培养文体意识、语体意识，提高写作能力、思维能力与审美能力。

改变文体的改写。比如将诗歌改写成散文，将小说改写成剧本。改写时要注意：（1）诗歌改写成散文，要细品原作，精选内容，适当添加细节，想象创新；（2）将情节复杂、人物众多的长篇小说改编为戏剧或影视文学剧本，往往就会简化情节，缩减场面，突出主要人物的活动；（3）明确不同文体的内容呈现方式，如小说改写为剧本，就需要凸显矛盾冲突，划分场次，增加舞台布景说明，保持场景高度集中，用旁白交代故事背景等。

改变语体的改写。比如将文言文改写成现代文，把书面语改成口语。改写时要注意：（1）细心体会原作，不改变原意；（2）不要逐字逐句翻译，可进行合理的想象，增添必要的细节；（3）改写的语言要统一，不要文白夹杂；（4）把古典文学名著改写成通俗的少儿读物时，要选择恰当的内容，适当简化故事情节，用浅近易懂的语言来讲述。

改变叙述角度的改写。比如将第一人称改成第三人称，或将顺叙改为倒叙、插叙，或改变叙事视角、叙述口吻。改写时，要注意：（1）行文要协调，避免人称不统一和情节上的混乱；（2）如果改变了原作的叙事顺序，就要精心安排叙事结构，还要有适当的过渡；（3）语言风格上要与原文保持统一；（4）明确改写后所采用的叙事视角与口吻。

【小练笔】

选取一则古代寓言，用现代汉语将其改写成一篇小故事。不少于300字。

提示：

1. 可从以下古代寓言中任选一则，也可自选。

《歧路亡羊》《詹何钓鱼》《造父学御》《鲍氏之子》《九方皋相马》《智子疑邻》《塞翁失马》《杯弓蛇影》《守株待兔》《纪昌学射》《东野稷败马》《千金买骨》等。

2. 细心体会原作，不要改变主要内容和寓意。

3. 不要逐字逐句翻译，可适当发挥想象，增添必要的细节。

4. 将原文附在改写的文章后面。

要求：

1. 写完后，可以在小组之间进行交流。

2. 请根据评价量表在小组内交流作文，并讨论修改意见。涂红一颗☆计1

分，共10分。

维度	评价指标	小组评议	修改意见
内容	1. 忠实于原文，不改变原文的寓意	☆☆	
	2. 能够合理展开想象，添加必要的细节	☆☆	
结构	结构完整，布局清晰	☆☆	
语言	1. 能做到不逐字逐句翻译原文	☆	
	2. 符合现代汉语规范，文从字顺，语言生动，并有一定的趣味性	☆☆	
文面	字体书写工整，卷面干净，文后附原文	☆	

3. 根据同学们的建议和自己的思考修改作文。增删部分要换另外一种颜色的笔标注哟！

【思维智库】

老师：同学们，下面我们以教材中的两道"写作实践"题为例，交流一下如何进行改写。请大家认真读题、思考，明确这两道题的要求。我们先来交流第二题的改写要求。小欣，你先来谈谈好吗？

小欣：这道题训练我们改变叙述角度进行再创作，要求"从学过的小说中选择一篇，改变原来的叙事视角，换成另一个人物的口吻来讲述这个故事"。这一类改写作文，要保持原文的语言风格，改写时注意人称统一，叙事要清晰。

老师：有的小说篇幅很长，可以精选小说的片段改写；如果是短篇小说，为了结构的完整，最好改写全文。你们想好要改写哪一篇小说了吗？具体打算怎样改写呢？

憨豆：我想改写一下最近学过的《智取生辰纲》，选取吴用等人在黄泥冈上智取生辰纲的那个精彩片段。我想以那个可爱的"白日鼠"白胜的口吻来讲述故事。也就是说，第一人称"我"就是白胜。原文中"那汉子道"要改为"我说"。因为叙事视角的改变，要调整人与人之间的关系，如在白胜眼中，"众军"可改写为"杨志他们"，白胜知道从树林里拿着椰瓢出来的人是吴用，就可以写成"吴用先生"了。这样就做到了小欣所说的"人称统一"了。

小丹：这个片段确实精彩。如果以白胜的口吻讲述故事，我认为可以融入一点白胜的心理活动描写，这样更真实鲜活，也利于表现人物性格。老师，这样写可以吗？

老师：当然可以。你很善于思考。记住：要忠实于原作，不可戏说或恶搞，否则会削弱名著的文学艺术魅力。接下来，咱们聊聊"写作实践"第三题吧？

萌萌：这道题要求从本单元的课文中选一篇改写成课本剧，这是改变文体的训练。剧本与小说明显的不同是，剧本是以人物台词和舞台提示等形式呈现内容的。改写的时候，要把重点人物列出来，把小说中的语言描写改成人物台词，剧本是用人物的语言推动剧情发展的。小说中的环境描写可以改为舞台说明。小说中人物的心理活动可以改为自白或旁白。

硕硕：我很赞同萌萌的看法。我补充一点，剧本还有一个特点，就是矛盾冲突更加集中，所以我觉得小说改写剧本时，要把一些无关要旨的情节删掉，截取几个关键场景，让时间、人物、情节、场景更加集中，更符合演出的需要。

睿阳：我八年级时曾演出过课本剧《卖炭翁》。我的体验是演员要想演活人物，首先要写好台词，台词要能充分表现人物的个性；其次要揣摩人物的台词，想好演出时每一句话该怎样说，辅之以什么语气、什么动作、什么表情，也就是要写好舞台提示。对了，道具也要写进去。

小欣：我正想说呢，让睿阳抢先说了。改写前，最好先根据小说描述的场景切分场次，这样剧本写起来就会更顺畅，通过几场戏逐渐把矛盾冲突推向高潮。

老师：看来，你们都是小"戏精"啊！萌萌先说到以人物的语言推动剧情发展，小欣又讲到以换幕换场来推动剧情。其实，有时候旁白也可以推动剧情。刚才大家热烈讨论了应该怎么写改变叙述视角和改变文体这两类改写作文，大家都说到点子上了。无论改写什么样的作品，都必须理解原文，体现原文的主旨。老师期待读到彰显你们个人风格的改写作文。加油！

【头脑风暴】

同学们明白了改写的形式与方法后，下面就从写作实践二和写作实践三中任选一题，列出写作提纲，然后以小组为单位进行交流，互相评价，互提建议，以便完善构思。

我的写作提纲

我准备写_____。

计划先写_____，

再写_____，

最后写_____。

【技法点拨】

[文段一]　以刘备为叙事视角的《三顾茅庐》改写片段

离草庐半里之外，我便下马步行，正遇诸葛均。我忙施礼，问道："令兄在庄否？"诸葛均说："昨暮方归。将军今日可与相见。"言罢，飘然自去。我说："今番侥幸得见亮仔矣！"张飞说："此人无礼！便引我等到庄也不妨，何故竟自去了！"我说："彼各有事，岂可相强。"三人来到庄前叩门，童子开门出问。

[点拨]　在这个改写片段中，有以下问题值得讨论：（1）人称要前后统一。以刘备为叙事视角，第一人称的"我"就是指刘备，但要注意不能只把原文中出现的"玄德"改为"我"。文中"三人来到庄前叩门"是第三人称的写法，也需要改为"我和云长、翼德两位兄弟来到庄前，轻叩柴门"。（2）改文几乎是引述原文，没有融入自己的想象进行再创作。改变叙述角度的目的就是换一种视角叙事，给人以新颖的阅读感受。如刘备所说的"彼各有事，岂可相强"可改为"'嗯——'，我轻轻拍了拍翼德的臂膀，劝慰他说：'贤弟，人家自有其事，不可以勉强人家啊。'我拉着他向草庐走去"。添加一些细节描写后，刘备求贤若渴的真诚就呼之欲出了。（3）对于古典名著的改写，可以把文言词汇改为现代汉语，但不要"戏说"或故意搞笑，如"今番侥幸得见亮仔矣！"就改写得不恰当。语言风格上要与原著协调一致，显得庄重、文雅。

[文段二]《范进中举》片段

旁白　邻居在集市不停寻找胡屠户，正迎面遇上提着几斤瘦肉准备去范家道喜的胡屠户，后面跟着一个烧汤的二汉。

邻居　（焦急地）胡老爹，快快去范家吧，范大人他知道自己高中后，高兴得疯了，恐怕只有您打他一巴掌，他才能清醒过来！

胡屠户　（诧异地）有这等糟心事？范大人虽然是我女婿，而今却高中了，做了老爷，就是天上的星宿。天上的星宿是打不得的！我听斋公们说，打了天上的星宿，死后阎王要打一百铁棍，发到十八层地狱的！

邻居　（冷笑道）胡老爹，你干这杀猪的行当，每天白刀子进、红刀子出的，阎王不知道要打你多少棍哟！你把范老爷的病打好了，阎王必定叙功，或许会免了你的杀生大罪啊！

报子　（有些生气）你别说风凉话！胡老爹，您可必须要打啊！范进老爷和您的富贵日子，就靠您了！

[画面转向集市的一个庙门口，众人在这儿寻到了在黄泥中大笑不止的范进，正好胡屠户一行人经过此处]

[点拨] 在这个改写片段中，以下亮点值得同学们借鉴：（1）从呈现方式上看，该片段把小说的内容比较好地转化为了人物台词、旁白和舞台提示，且并非简单地把人物语言转化为台词，而是根据对小说的理解添加了人物表演的提示语，丰富了人物形象。（2）小说改写为剧本，要精选场景，突出矛盾冲突。为了刻画胡屠户形象，这里省去了胡屠户回家与范进母亲的对话，跳跃性地切到"庙门口"的场景，推进了剧情走向高潮。（3）人物的对话更有个性。狄德罗在《论戏剧艺术》中说："在戏剧里正如社会里一样，每一个性格有一种与它相适应的语气。"文中胡屠户对范进奉承敬畏的语气、邻居对胡屠户嘲讽又不失热情的语调、报子既焦急无奈又善意催促的神态，呼之欲出，生动形象。需要提醒同学们注意的是：完整的一场戏要在篇首写上时间、人物、地点或布景设置等。当然，如果能够再增添一些动作提示语，细化一下庙门口的环境描写就更好了。

【下笔成文】

依据"头脑风暴"后形成的写作提纲，结合从"技法点拨"中得到的启示，完成作文草稿。

【碰碰船】

请同学们在小组内交流作文草稿，互为读者，进行评价，找出习作中的优缺点，并提出修改建议。

同学对我的作文的评价：	同学给我的修改建议：

【升格路】

请同学们根据同学和老师的反馈，写下修改思路，并完善自己的初稿，形成新的作文。作文可在班级内部展示，也可以投稿到学校文学社。

【同龄文苑1】

战地秋思

王周菡雪

戈壁上只剩下一点余光，火红的太阳被荒漠吞噬着。无尽的荒漠，无尽的战火、狼烟，还有怎么也流不干的泪。

黄昏的天空，远远飞来一排大雁，它们发出凄厉的鸣叫，仿佛要把天空撕裂。它们挥舞着翅膀，挣扎着，想要逃回那温暖的南方。它们知道这片土地不安宁。将军久久地凝望，不知何时，泪，流了下来。

风沙卷着枯叶。伴随着发号施令的擂鼓，壮士们骑上马，再次环顾这片他们所热爱的土地，眼神中透露着坚毅。此仗，我们不赢不归！号角声苍凉而悲愤，如诉如泣，兵器击打的金属声，马的嘶鸣声，激荡着将军的雄心。

太阳快要落下，那抹金色好像撕裂了天空，穿破了云层。渐渐地，光柔和了起来，温暖而慈祥地安抚着那些已逝去的生灵。一切都这么平静，好像他们只是睡着了。

太阳收尽了最后一丝光，一切都恢复了平静。士兵们瘫坐在地上，好像经历了一场梦，对着月亮小声地哭泣。"又逃过了一劫。""亲人啊，我们何时才能相见？"千万思绪和着无尽的思念，越过屏障般的崇山峻岭，飞向远方。

城门已关，这座死气沉沉的城像是荒漠中被遗忘的孤儿，怎么也找不到回家的路。戍城士兵一丝也不敢怠慢，努力撑着疲惫红肿的眼睛，岿然不动。

月亮像笼上了一层纱，朦朦胧胧。诗人举起酒杯，浊酒映着墨水一样浓稠的苍穹。不知何时，酒中滴入了一滴酸涩的泪。诗人把酒与泪一饮而尽，然后紧握酒杯，想要把它捏碎。他一遍又一遍地告诉自己：未立燕然功，何颜回家乡？

不知何时，充满疲倦的平静里飘来了羌管之声，那么悠远，那么凄凉。又是谁在思念着远方？夜色渐深，寒冷阵阵袭来，边地万物凝霜。将士们往被褥里缩了缩，却丝毫没有减轻寒冷。每个人的思念，就像冰雪压在地面一样，久久不能融化。将军营帐里还点着油灯，微弱的火苗跳动着，好像不时就会熄灭。将军的两鬓被岁月冲洗得斑白，皱纹满脸都是。他手操兵书，运筹军计，希望明天就是胜利之日，希望早日离开这兵戎相见的荒凉与肃杀。

将军站了起来，走出营外。任凭风雪吹打，和着无尽的思念，混着英雄气概。他仰起头，无奈轻叹道："人不寐，将军白发征夫泪。"

【同龄文苑2】

我的弟弟于勒

——《我的叔叔于勒》片段改写

何劲安

我们一家上了轮船，离开栈桥，在一片平静得好似绿色大理石桌面的海上驶向远处。

在轮船上，我忽然看见两位先生在请两位打扮很漂亮的太太吃牡蛎。一个衣衫褴褛的年老水手拿小刀一下撬开牡蛎，递给两位先生，再由他们递给两位太太。她们的吃法很文雅，用一方小巧的手帕托着牡蛎，头稍向前伸，免得弄脏长袍；然后嘴很快地微微一动，就把汁水吸进去，牡蛎壳扔到海里。

我被这种高贵的吃法打动了，便问太太："克拉丽丝，要我请你们吃牡蛎吗？"太太迟疑了一会儿，我指了指包中的那封信说："没事的，有它在。"她摇了摇头，指了指女儿、女婿。于是克拉丽丝就决定让我给两个女儿和女婿买几个。我和两个女儿、女婿走向那个衣衫褴褛的人，并在途中向他们介绍牡蛎的吃法。

走着走着，我突然不安起来，越来越觉得那个卖牡蛎的人有些不对劲，就向旁边退了几步，又斜着眼瞅了瞅那个人的脸，越看越像是于勒，尽管怎么都和印象中的于勒匹配不上。我下意识地瞪着眼看了看挤在卖牡蛎的身边的女儿女婿后，赶紧走了回来，低声对克拉丽丝说："真奇怪！这个卖牡蛎的怎么这么像于勒？"

克拉丽斯也怕起来了，吞吞吐吐地说："你疯了，为什么这样胡说八道？"

我还是放不下心，于是让克拉丽丝去看看。而我从包中拿出了那张发了黄的信纸：

"亲爱的菲利普，我在美洲租了一间大店铺，做了一桩很大的买卖，赚了点钱，希望能偿还过去给哥哥造成的损失。我身体很好，不用担心我的健康……"

我反复读了好几遍，不相信眼前的一切，彷徨不定。于是，我悄悄起身，慢慢地走向船长……

【专家评点】

语文课程的核心任务是让学生学会语言文字的运用，而语文课程中除了阅读教学之外，写作教学则是指导学生练习语言文字运用的又一重要方面。就目前初中作文教学现状来看，大部分初中学生的写作水平不高。我个人认为，各种原因之中不在材料，不在结构，而在于语言文字运用的能力。而改写在写作创新之处，则对学生运用语言文字能力的培养发挥着独特作用。张占营老师的"学习改写"教学设计，为提高学生语言表述能力做出了一个很好的范式。

一、审题指导的必要性

改写作为提高学生作文技能技巧的一种方式，虽然从小学阶段就做过，但是关于改写在教材中呈现系统完整的知识说明，是在统编语文教材九年级上册第六单元。由此，教师一定要紧扣教材的写作知识，帮助学生纠正以往对改写的一些模糊认识，让学生明确什么叫作改写，改写的常见形式，等等。教师基于教材理解，设置了"知识精讲"环节，这是很有必要的。

二、写作实施的操作性

改写的过程是一个新的构思过程，全新布局的过程是较有难度的写作训练，需要给学生搭支架来完成写作任务。"小练笔""思维智库"紧扣改写的三种形式，让学生在教师的指导下进行写作实践，这样就降低了学生写作的难度，同时设置的一些问题可以让学生避免在改写中出现类似的问题。比如文章风格要一致，文章主体部分不能随便背离原作"戏说"，要避免人称上的不统一，等等。

三、写作指导策略的趣味性

学生对写作提不起兴趣是中小学现存的普遍现象，针对这一现象，本教学设计在写作指导策略方面做出了努力。比如"头脑风暴"环节，针对性地解决每个学生在写作过程中遇到的问题，进而提升学生的写作效率；"技法点拨"以简单易懂的语言、轻松的语调、饱含质朴纯真的情感来触动学生的内心，使学生对作文产生亲近感，从而对写作产生兴趣。最精彩的是"碰碰船"环节，教师运用新颖的教学方法和手段来调动学生的学习热情，让学生在写作的过程中将思维和特点充分发挥，进而创造出好的作文。

四、注重阅读与写作的结合

叶圣陶先生说："阅读是写作的基础。"而之于改写，阅读显得尤为重要。也就是说，改写的前提是阅读。一部优秀的文学作品，常常充满对自然、社会、人生、人类的关爱和思考，蕴含着丰富的人文内涵，它会使同学们从中获得情感的慰藉和心灵的滋养。"同龄文苑"设置了《〈我的弟弟于勒〉——〈我的叔叔于勒〉片段改写》，为学生提供了改写的样例。这样，以阅读与写作相结合的语文课程教学，不仅训练了学生改写作品的能力，同时提高了学生的文学品位。

统编教材在写作部分的编排上呈现出的原则之一，就是注重写作能力培养的层级性。而改写是为了让学生掌握写作的一种方法，并且力图利用这一类作文的写作训练，提高学生写作能力。因此本设计能否将改写和前面训练过的扩写、缩写做一些勾连上的指导？此言仅为建议，供商榷。

评点：邓玲，桂林师范高等专科学校中文系教授，广西师范大学基础教育研究院兼职研究员。主要成果《中学语文五程序单元教学模式的理论与实践》获2017年广西基础教育教学成果奖的特等奖，获教育部2018年基础教育国家级教学成果奖二等奖。

第四节 "新闻写作"教学设计

【说明】此教学设计适用于统编语文教材八年级上册第一单元写作学习指导。

【学习目标】

1. 养成关注现实、关心时事、自主思考的习惯；形成求真求实、冷静客观的思维方式。

2. 学习捕捉新闻线索、抓住新闻热点的写作方法；学会策划、组织新闻采访活动。

3. 学会整理采访素材，学会撰写消息和新闻特写，进行宣传报道。

【设计创意】

注重写作实践过程，分类分层具体指导。

【驱动性任务】

同学们，学校第十六届运动会和第三届阅读文化节即将拉开帷幕，你们不仅是活动的参与者，更是活动的记录者。学校需要制作新闻专刊，传递文海运动会和文化节的精彩内容。如果你是新闻大主编，你会怎么完成这个专刊呢？加油，相信你一定可以做到！

【写作指导框架】

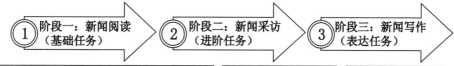

指向写作成果的新闻"活动·探究"学习
——八年级上册第一单元"我是新闻大主编"项目设计

①阶段一：新闻阅读（基础任务） ②阶段二：新闻采访（进阶任务） ③阶段三：新闻写作（表达任务）

阶段一	阶段二	阶段三
任务1：初步建构新闻知识体系，了解新闻的不同体裁，联读教材中的六则新闻，梳理新闻结构、六要素等新闻知识，初步感知不同种类的新闻作品的异同。 任务2：联读教材中的三则消息，并借助报纸，了解消息在结构、语言、表达方式等方面的特点；区分新闻事实与新闻背景、客观叙述与主观评价；写一则消息。 任务3：自读《"飞天"凌空——跳水姑娘吕伟夺魁记》，了解新闻特写的特点，依据其特点，写一篇新闻特写。 任务4：拓展阅读《折翼海天，用生命为航母事业铺路》《老鲍啊，是棵实心竹》，与课文《一着惊海天——目击我国航母舰载战斗机首架次成功着舰》进行横向与纵向对比阅读，比较消息与通讯的不同、人物通讯与事件通讯的不同，巩固新闻知识，提升新闻阅读能力。 任务5：自读《国行公祭，为佑世界和平》，借助观看《新闻联播》和拓展阅读《航天梦想的脚步铿锵前行》，建构新闻评论知识思维导图，在"双减""运动会""阅读文化节"中，任选其一写一篇新闻评论。	任务6：召开新闻选题会，确定报道题材；安排分工。 任务7：采访前要搜集资料；拟写采访提纲。 任务8：采访过程中要尊重采访对象，注意言行得体；做好记录。 任务9：采访后要整理材料。	任务10：指导消息写作。 任务11：指导新闻特写写作。 任务12：指导新闻评论写作。 任务13：精选不同种类的新闻作品，每小组编辑、制作活动特刊。

【知识建构】

1. 消息写作

（1）拟写消息标题

标题要准确概括消息的主要内容，重点突出，简洁醒目，要能引起受众的关注，突出最具新闻价值的要素。

【例1】语文八年级上册教材中的《人民解放军百万大军横渡长江》《首届诺贝尔奖颁发》两则消息，标题简明、醒目，概括性强。标题是消息的眼睛，拟新闻标题好比画龙点睛，好的标题让读者一看，就可以了解新闻的主要事实。此外，还要吸引读者。前者"百万大军"四字，引发读者想象，千里江面，万船齐发，冒着炮火，奋勇挺进。这是多么激动人心的消息！后者"首届"二字，凸显该消息在人类文化史上的重大意义。

【例2】新闻的标题有两种形式：单一型和复合型。教材中的《首届诺贝尔奖颁发》属于单一性标题；《"飞天"凌空——跳水姑娘吕伟夺魁记》属于复合型标题，由正标题和副标题组合。有的复合型标题，由引题和正标题组成，或由引题、正标题、副标题组成。

（2）合理安排结构

《首届诺贝尔奖颁发》是写作消息的典型范本，从中可以提炼以下消息写作知识：

导语是消息的核心。导语用简要的文字集中呈现最有新闻价值、最受读者关注的新闻事实，揭示消息的要旨，吸引读者进一步阅读消息。这篇消息的导语，概述颁奖事件和颁奖对象应具备的条件，既准确、简洁，又能吸引读者去关注它。

主体是消息的主要部分，它承接导语，具体叙述新闻事实，提供更详尽的消息，有时还要阐述导语所揭示的主题或回答导语中提出的问题。《首届诺贝尔奖颁发》的主体部分依次介绍获奖者的情况、颁奖机构及时间地点。获奖者的信息是消息的最主要的内容，故按"倒金字塔结构"放置在主体部分的最前面。至于诺贝尔奖奖金的来源、资金管理权及评奖权则作为新闻背景，放在了主体部分之后，另起一段交代。

（3）凸显语言特点

新闻的语言要准确、简练、易懂。准确是指语言表述要与新闻事实本身高度吻合，不能夸大或缩小，也不能含糊其词。简练是指在呈现新闻事实的时候，语言要讲究干净利落，删去多余的文字。易懂是指描写消息时要有读者意识，考虑受众需求，尽量采用大众化的语言，不用生僻词语，少用专业术语。

2. 新闻特写

新闻特写是采用特写的手法，以形象化的描写作为主要表现手段，截取新闻事件中最具有价值、最生动感人、最富有特征的片段和部分予以放大，从而鲜明地再现典型人物、事件、场景的一种新闻体裁。新闻特写兼有新闻和文学的特点。新闻特写与消息相比，消息往往要报道新闻事件的全过程，新闻特写则主要描绘新闻事件中的片段，展示新闻事件的某一横剖面，着重描写精彩瞬间，强调现场感。

阅读《"飞天"凌空——跳水姑娘吕伟夺魁记》，可以提炼以下进行"特写"的写作知识：

（1）细分镜头，延宕一瞬。即把一个瞬间按照一定的程序（如动作、时间等）切分为几个细小的步骤，一个步骤一个步骤地细细描写。如这篇新闻特写，就把吕伟姑娘跳水的动作切分为三个小动作（起跳、腾空、入水）来进行细腻地描写，就像观看影片中的慢镜头一样。

（2）展现画面，生动形象。展现生动的画面是新闻特写常用的写法。如文中"她已经展开身体，像轻盈的、笔直的箭，'哧'地插进碧波之中，几串白色的气泡拥抱了这位自天而降的仙女，四面水花则悄然不惊"，有极强的画面感，吸引读者进入情境，产生现场感。

（3）增加维度，细致描写。这篇新闻特写抓住典型的"跳水"动作，展开多维度的描写，拓展了描写的内容，体现了新闻的真实性与形象性。如"十米高台的前沿"，写跳水的位置；"轻轻一蹬，就向空中飞去"，写跳水时脚部动作；"修长美妙""优美的线条"，写跳水时的身体姿态；"向前翻腾一周半""空中转体三周"，写跳水时整个身体翻转的幅度；"1.7秒的时间"，写跳水的时间。

（4）融入体验，展开想象。"她那修长美妙的身体犹如被空气托住了，衬着蓝天白云，酷似敦煌壁画中凌空翔舞的'飞天'"，运用文学化的形象描绘（比喻、拟人等修辞手法），放大瞬间给读者的感受，铺展了新闻特写的内容。

【实践策略】

"用事实说话"是新闻的基本特征，所以新闻写作应该从新闻采访开始。调查、采访是搜集新闻素材的主要途径。

1. 学写采访提纲

采访提纲没有固定的形式，一般包含采访的时间、地点、对象、目的、方式等。另外，还要注明采访需要的器材用具。采访提纲的主要内容是预先拟好的采访问题。所提问题要紧扣选题，具体、客观，有针对性，问题之间要有一定的逻辑联系。

【例3】采访提纲样例

时间	2022年4月30日
地点	杭州市文海实验学校舍杭轩
采访对象	尹韬程

（续表）

时间	2022 年 4 月 30 日
采访目的	了解尹韬程同学参加数学建模比赛的经历与感受，以及他取得优异成绩的原因
采访方式	深度访谈，照片拍摄
采访用具	纸、笔、照相机、摄像机
采访问题	①同学们都知道你参加了 2022 年第八届国际数学建模中华赛的消息，并且你荣获了特等入围奖，请谈谈你此时的感受，好吗？ ②国际数学建模挑战赛是一个怎样的活动？ ③IMMC 强调团队协作，我了解到你们团队在比赛过程中步步升级的故事，非常感人，能分享一下吗？ ④你是怎么喜欢上数学建模的？在活动中遇到过哪些困难？你是怎样克服这些困难的？ ⑤香港之行，你最大的收获是什么？ ⑥你想对喜欢数学的同学们说点什么？

2. 进行实地采访

实地采访是获取新闻内容以及与所写话题相关的事实的基本途径，是新闻写作首先要关注的关键环节。

（1）采访前，先电话联系采访对象，提前约定，确定采访的具体时间与地点。时间和地点的选择，要尽可能为采访对象提供方便。

（2）正式采访前，可以简单自我介绍，并介绍采访团队人员、本次采访的大致流程。采访时，要尊重采访对象，注意言行得体。例如：不要强求采访对象回答不想回答的问题；需要拍照或录音时，要事先征得对方的同意；针对被采访者的回答，要有针对性的回应性语言。

（3）采访过程中，小组要明确分工。比如，有的同学负责提问，有的同学做采访速记，有的同学拍照与录音等。

（4）实地采访结束后，及时对采访素材进行加工与整理，保证采访内容的真实性。针对新闻事件或被采访人的特殊性，有选择性地将初稿交予被采访人审核。

（5）对接受采访对象表示感谢（采访前及采访结束时）。

【消息写作指导】

一、头脑风暴

关注学校举行的阅读文化节或运动会事件，发现新闻线索，找到有新闻价值的素材，并记下来。再重点关注一个活动，将其重点内容罗列一下。根据"倒金字塔结构"排列顺序，列出写作提纲，然后以小组为单位进行交流，互相评价，互提建议，以便完善构思。

我的写作提纲

我准备写_____。

计划先写_____，

再写_____，

最后写_____。

二、问题例说

1. 新闻素材不新

"新"才能够引起大家的关注。举个简单的例子：小区旁开了一家普通的超市，这不太有新闻价值；若小区旁开设了一家无人超市，则有较大的新闻价值。同学们要关注身边生活，发现与众不同之处，练就"新闻眼""新闻鼻"，挖掘吸引眼球的新闻事实。

2. 罗列新闻素材

【例4】记者特地采访了几位同学，并问了如下问题："请问你对侵华日军南京大屠杀的看法？""对于日本篡改历史教材，扭曲历史事实的行为，你有何看法？""你认为我们国家为什么要设立南京大屠杀死难者国家公祭日呢？""你认为我们在这个日子应该做些什么呢？"

得到的回答十分一致，同学们都对侵华日军的滔天罪行进行了谴责。有位同学说："有句话说得好，'忘记历史意味着背叛！'我中华少年自当不忘历史，振兴中华。"

同学们要对采访获得的新闻素材加以取舍、整理，形成结构合理、重点突出的消息。上述引文中，宜重点选取一两个问题深入采访，对于重点问题应该详细报道。

3. 新闻事实主次安排不当

下面是一则消息的导语：

【例5】今日，全国第五届 HPM 交流研讨会在我校成功举行。来自全国各个地区的老师会聚一堂，认真听讲，共同学习。据了解，上次 HPM 研讨会是 2011 年在华东师范大学举行的，与此次研讨会时隔 6 年。此次研讨会旨在得到更多的教学经验，揭开数学的神秘面纱。

上述引文中的"据了解，上次 HPM 研讨会是 2011 年在华东师范大学举行的，与此次研讨会时隔 6 年"应当作为背景资料，放在消息的主体部分之后，不应与导语一起呈现在第一段。背景材料，一般放在新闻事实后面。

三、范文引路

作家指引航向　学子翱翔梦想	写法提炼
【文海中学广播站9月7日电】 9月6日，全国十佳教师作家郭军平老师莅临杭州市文海实验学校，给同学们带来了一场韵味无穷的文学讲座。同学们热情洋溢，现场座无虚席。	单一型标题，简洁醒目。 导语交代了时间、地点、人员、事件、会场氛围。
郭老师为了让同学们更深刻地理解文学的重要性，先讲起了杭州的地域文化。讲西湖，"欲把西湖比西子，淡妆浓抹总相宜"；讲钱塘江，"钱塘自古繁华"。他特别指出，文海的学子依江成长，苍茫宏伟的钱塘江及其深厚的文化底蕴给予我们文学的灵魂。	诗意开篇，吸引读者。
好景要由妙笔写，我们应积累经典名句，积累生活经验，用自己的语言赞颂这片养育我们的土地。这正是郭老师对文海学子提出的殷切希望。	直接引述，表达文学的力量。
"文学永不言败，"郭老师坚定而真切地说，"人应有精神上的底子来支撑压力，以其作为精神支柱来面对学习上的压力，而这精神支柱就是文学！"	
"自然是诗人的情人，艺术家是自然之子。"郭老师建议大家走近自然，以得到大自然的启发，突破创作的瓶颈。	最后写"建议"，顺序由主到次。
郭军平老师的讲座以一种长久灵动的形式提高了同学们的文学素养。文海学子期待在诗意年华与文学相遇，让文学之梦展翅翱翔！	交代活动的意义。
（杭州文海中学广播站小记者　董梦圆）	
【借鉴点】 这则消息交代了时间、地点、人物、事件，新闻要素齐全。标题简洁明确，概括了主要事实。导语部分简明扼要地交代了这则消息的核心要点。主体部分根据讲座的内容，采用倒金字塔式的结构，把重要信息放在了前面。消息的语言准确、简明、流畅易懂。	

四、下笔成文

依据"头脑风暴"后形成的写作提纲，结合从"问题例说""范文引路"中得到的启示，完成作文草稿。

五、评价修正

1. 教师提供消息写作检查清单。

消息写作检查清单

（1）选题是否有新闻价值？考虑这则素材的时效性、重要性、与你们生活的密切性了吗？

（2）标题能否简洁地概括新闻内容？标题是否能够吸引读者？

（3）导语是否突出了主要的新闻事实？做到言之有物、用事实说话了吗？导语简明扼要吗？与主体部分重复吗？

（4）主体部分的新闻要素齐全吗？安排新闻事实是否遵循了"倒金字塔"原则？

（5）新闻的语言做到简洁、准确了吗？自己是否有负责任表达的意识？

---

2. 请同学们根据检查清单，在小组内交流作文草稿，互为读者，进行评价，找出习作中的优缺点，并提出修改建议。

同学对我的作文的评价：	同学给我的修改建议：

3. 根据同学和老师的反馈，自己整理修改思路，并进行修改、完善。这则消息就是你们小组新闻专刊的成果之一喽！

【新闻特写指导】

一、创设情境

杭州市文海实验学校第十六届运动会征稿启事

为配合我校第十六届校运会，学校广播站将举办一期"享文海盛事，绘精彩瞬间"活动，特向本校全体学生征集新闻特写稿。

征稿要求如下：

1. 选择本届运动会中最具有价值、最生动感人、最富有特征的精彩瞬间，写一篇新闻特写，500字左右，并配上五寸横版彩照。

2. 请以纸质稿的形式上交给本班语文老师，注明作品名、班级、姓名。

3. 本次大赛截稿日期：10月22日。

届时将评出一、二、三等奖若干名，期待你的来稿！

杭州市文海实验学校中学语文组

2021年10月8日

二、例文研讨

1. 例文呈现

跑道上的"猎豹"

——记陈金声同学百米夺冠

10月10日，校运会男子百米决赛上，一个橙色的身影在跑道上飞驰而过，观众的视线随他而动。这是一场万众瞩目的赛事。

他脚踏起跑器，手撑在地上，身体紧绷，注意力高度集中，宛如一头蓄势待发的猎豹，等待着那一声令下。"砰——"只听枪声一响，陈金声风驰电掣，如箭离弦般冲出起点。他双臂不断摆动，双脚频率不断加快，全身肌肉紧绷，节奏迅速有力，眉头微皱，但眼神显得很坚定。面对对手的追击，他咬紧牙关，奋力向前。100米似乎对他来说特别短，还没等观众反应过来，他已第一个冲向终点。胜利已属于他！"陈金声好样的！"坐在观众台上的同学们欢呼起来，雷鸣般的掌声连绵不断。

从预赛到决赛，陈金声一次次与时间赛跑，一次次超越自我，挑战自我。致敬他的运动精神，也致敬每一位为了班级荣耀而拼搏的英雄！

2. 思考研讨

（1）这篇新闻特写突出真实性和文学性了吗？有现场感和感染力吗？

（2）这篇新闻特写最生动感人的是哪个画面？怎样把"特写镜头"再细分为几个微镜头？

（3）教师提供导思单，引发学生往细处思考，细致描述特写镜头，进行修正。

> "手撑在地上，全身紧绷"，整个身体是什么姿势？
>
> 他的衣着透出一种什么气质？
>
> 目光、呼吸、头发、汗水、号码布，是否可以写进去？
>
> 手臂摆动的幅度如何？双脚是什么时候加快的？
>
> 怎么写出"快"？怎么写出"有力"？展开想象。
>
> 冲刺是高潮，怎么表现出来？
>
> 到达终点后，他的状况如何？交代一下。
>
> 写出自己的感受，把自己的感情、体验写进去。
>
> 适当添加环境描写，营造氛围，烘托心情。

三、例文升格

跑道上飞动的"猎豹" ——记陈金声同学男子百米赛夺冠 费　杨	写法提炼
10月10日上午10时20分，校运会男子百米决赛上，一个橙色的身影在跑道上飞驰而过，观众的视线随他而动。"400"，白底红字，赫然胸前。这是一场万众瞩目的赛事。	交代时间、地点、事件，聚焦"400"号。
他脚踏起跑器，两手稳稳地撑在地面的白色起跑线外，身体紧绷，暴凸的肌肉清晰可见，整个身子向前微倾，目光炯炯，射向前方，宛如一头蓄势待发的猎豹，等待着那一声令下。	镜头一：赛前，神态凝重，蓄势待发。
"砰——"只听枪声一响，寂静的跑道沸腾了！热烈了！燃烧了！陈金声如威猛飞将军李广强劲臂膊射出的一支离弦之箭，"嗖"的一下，已冲出起点。定睛再看，已达赛程30米了。40米，50米，奋力！奋力！	镜头二：起跑，身如飞箭。
60米，70米，他开始加速！加速！双臂加快摆动，双脚超速跨步，冲啊！冲啊！他全身肌肉紧绷，节奏迅速有力。他发狠了！拼命了！风，伴随着他，与他追逐，与他飞奔！他的整个身体即将腾飞！腾飞！……面对对手几近贴身的追击，他不顾一切地向前飞跑，向前，向前！	镜头三：途中，超速跨步，向前飞奔。

（续表）

距离终点还有 10 米，8 米，6 米……已看不清是两条腿在向前跑，还是整个身体向前冲，他咬紧牙关，黑发飞舞，目光坚定，奋力向前！冲刺！冲刺！快！快！快！还有 3 米，2 米，1 米……啊！好样的！伴随着雄狮的一声怒吼，他第一个冲过终点线。漂亮！完美！给力！男子百米金牌尘埃落定！陈金声！12 秒 6！他创造了自己的最高纪录！一个光彩夺目的数字！	镜头四：冲刺，奋力飞奔，冲过终点。短句频出，简洁有力，与比赛相映，达到高潮。
坐在观众台上的同学们欢呼起来，雷鸣般的掌声连绵不断……"陈金声好样的！"那一刻，飞动的猎豹安静了，紧绷的肌肉松弛了，加油呐喊声变成了雷鸣般的欢呼声！他脸上的笑意愈来愈浓，挥了挥汗珠滚滚的双臂，乌黑的头发自信地向上甩了一下，汗水随即洒向空中，身上那独特的青春活力也洒向蓝天……	观众欢呼，侧面描写。镜头五：赛后，笑意灿烂，彰显风采。
从预赛到决赛，陈金声一次次与时间赛跑，一次次超越自我、挑战自我。致敬他的运动精神，也致敬每一位为了班级荣耀而拼搏的英雄！	

【借鉴点】这篇新闻特写选取校运会中最激动人心的百米赛跑场面，在"总—分—总"的结构中，聚焦"精彩一瞬"，并将其切分为五个微镜头，以不同时段运动健儿不同的风姿展示生动的画面，这是这篇新闻特写的亮点。在新闻内容真实性的基础上，又用动作描写、神态描写、场面描写，排比、比喻、反复的修辞手法以及短句式等，增强了这篇新闻特写的文学性与感染力。文中自然融入了自己的观赛体验与感受，给人以现场感。

四、生成量表

根据"问题例说"和"引路范文"得到的启示，联系《"飞天"凌空——跳水姑娘吕伟夺魁记》的阅读，生成"新闻特写"评价量表，用于指导学生的写作及评价。

"新闻特写"评价量表

项目	评价指标	达成情况（佐证）	存在问题
标题	运用正副双标题，副题补充、解释和证明标题		
内容	新闻事件中最具有价值、最生动感人、最富有特征的精彩瞬间，鲜明再现典型人物、场景等		
特写镜头	运用慢镜头的方式分解、放大精彩瞬间的过程		

（续表）

项目	评价指标	达成情况 （佐证）	存在问题
写法	运用正面描写：神态描写、动作描写、语言描写等		
	运用侧面描写：环境描写、旁观者描写、场景描写		
语言	运用比喻、拟人、夸张、排比、对比、引用等修辞		
表达方式	运用叙述、描写等表达方式（主要运用描写）		

五、头脑风暴

关注阅读文化节或运动会中的精彩瞬间，哪些激动时刻给你留下了深刻的印象？把你发现的新闻线索随时记下来，与同学分享。根据新闻特写注重视觉效果、画面生动的特点，最后从中选择一个最精彩的瞬间。列出写作提纲，然后以小组为单位进行交流，互相评价，互提建议，以便完善构思。

我的写作提纲

我准备写_____。

计划先写_____，

再写_____，

最后写_____。

六、下笔成文

依据"头脑风暴"后形成的写作提纲，参照"新闻特写"评价量表，完成作文草稿。

七、评价修正

1. 请同学们根据"新闻特写"评价量表，在小组内交流作文草稿，互为读者，进行评价，找出习作中的优缺点，并提出修改建议。

185

```
┌─────────────────────────┐   ┌─────────────────────────┐
│ 同学对我的作文的评价：     │   │ 同学给我的修改建议：       │
│                         │   │                         │
│ _____        │   │ _____        │
│ _____        │   │ _____        │
│ _____        │   │ _____        │
└─────────────────────────┘   └─────────────────────────┘
```

2. 根据同学和老师的反馈，整理修改思路，认真修改作文。完成后，认真校对，交给本小组负责新闻专刊编辑的同学。这则特写又是新闻专刊的一篇成果喽！

【专家评点】

1. **写作任务和形式具有综合性和实践性**。《义务教育语文课程标准（2022年版）》指出："语文课程是一门学习国家通用语言文字运用的综合性、实践性课程。"统编语文教材在初中阶段共安排了四次"活动·探究"单元教学形式，这是新教材对上述课程标准理念的具体实施，成为夺目的亮点。新闻"活动·探究"单元即其中的首次。

本节"新闻写作"教学设计是"综合性""实践性"课程标准要求在新闻"活动·探究"单元写作上的具体体现与落实。该设计的形式，以新闻写作任务为依托，将新闻阅读、新闻采访和写作整合在一起，走出课堂，走向校园，走近采访对象，进行面对面的交谈，直接获得第一手新闻素材，使写作不再是"纸上谈兵"。这是将写作与社会生活有机结合，与阅读、与听说等有机融合，引导学生关注现实，捕捉新闻，培养了学生的多种语文素养，尤其是实践能力，充分体现了本次写作的综合性和实践性。

2. **写作过程具有可操作性**。学生对新闻这种文体的写作是很生疏的。因此，该设计建构了阶梯状、宜操作的训练程序：新闻阅读→新闻采访→新闻写作，学习任务螺旋进阶。以教材中的多种新闻阅读为基础，先建构新闻知识，把握文体特征；再教给学生如何编拟采访提纲和采访策略，如采访中要善问会听会记；然后根据写作情境任务和不同新闻文体的要求，例说新闻写作中的常见问题，用所学精彩课文《"飞天"凌空——跳水姑娘吕伟夺魁记》和典型时文引路，让学生可模仿、可借鉴，并指点写法。尤其是写作评价量表和导思单的提供，作为学习支架，促进了学生的写作学习，实操性极强。

3. **写作内容具有时效性**。"新闻是社会生活的空气",新闻讲究的是"新"和"深"。对学生来说,刚刚发生在他们身边的有意义的人和事就是最清新的"空气"。本设计的写作情境及所选的范文《作家指引航向　学子翱翔梦想》《跑道上飞动的"猎豹"——记陈金声同学男子百米赛夺冠》贴近学生生活,皆为"迎面吹来的凉爽的风"。

4. **写作表达具有文学性**。梁衡先生说:"新闻因为文学而被记住。"此设计的范文无论是新闻特写,还是消息,都具有文学性,尤其侧重从描写、修辞等文学表达方式和语言角度对典例新闻特写进行解析,意在引领学生写作时注意运用文学手法,增强新闻的可读性。

评点:陈树元,河北省沧州市教育科学研究所原初中语文教研员,正高级教师,省特级教师,全国优秀教师,中国教育学会中学语文教学专业委员会学术委员,全国中语会青年教师专业发展研究中心导师。

第三章
写作课堂实录

　　写作课堂实录真实还原课堂教学，生动再现教学场景，这也是对教学理念的深入实践，对教学设计的具体演绎。本章辑录的四篇教学实录各有特色，富有创意。"学写传记"课堂实录的教学创意是创设项目情境和生成评价量表；"学写故事"课堂实录的教学创意是设置冲突法和提供人物导思单；"美读美写，段式学用"课堂实录的教学创意是基于仿写与创造理论的段式学用；"'一材多用'中考作文指导"课堂实录的教学创意是一材多用和活用材料。课堂实录由教师与学生共同生成，因此它会给语文同人带来"写作指导"与"写作学习"的双重思考。

第一节 "学写传记"课堂实录

【教学目标】

1. 通过采访，搜集、选择典型事例多角度地表现传主的精神品质。

2. 建构传记写作知识，生成传记写作的评价量表。

3. 以传记写作评价量表为指南，创作、修改传记作文。

【教学创意】

创设项目情境 生成评价量表

【教学思路】

采访分享——生成量表——自由写作——选点细化

【写作准备】

采访自己的家人，填写"学写传记"采访单。

第一课时

一、创设情境，采访分享

师：同学们好！之前我们读过《苏东坡传》《孔子传》等名著和《邓稼先》《伟大的悲剧》等传记，这一周我们又集中学习了《列夫·托尔斯泰》《美丽的颜色》两篇传记作品，今天我们进入"学写传记"的写作训练。请朗读——

（屏幕显示，学生齐读）

我是被人忽略的一棵大树

在这待了几十年

有个奇妙的发现

人们也会彼此忽略

鸟儿忽略了天空

树叶忽略了风

往往最亲近的人呐

最容易彼此忽略……

师：这是一首歌《美妙的街心花园》中的歌词。在时代脚步日益匆匆的今天，有时候我们过多地关注了新潮的事物，而忽略了身边最亲近的人。重阳节快到了，老师想通过人物传记写作活动，让大家走近自己的亲人，"看见"他们平凡而感人的事迹，"看见"他们别样的人生和高尚的品格。期待重阳节那天，亲人们会读到我们的文集《潮·看见》，读到你给他（她）写的传记。我想那时他们的内心一定会非常幸福！

（屏幕显示）

"学写传记"采访单

传主姓名	性别	年龄/生日	籍贯	对传主有影响的重要人物	人生信条
生活经历（概括梳理）					
典型事件（记录言行细节）					
对传主的评价					

师：请大家拿出"学写传记"采访单，向小伙伴介绍一下自己要写的传主，也可以把采访的过程与细节分享一下。好，小组之间互相交流。4分钟。

（学生交流）

师：下面请同学分享一下你所采访的传主的情况。

生1：我采访的是我的外公。外公的名字叫赵大洋，他出生于1949年5月6日，浙江省绍兴市直埠镇赵源村人。他兄弟姐妹共六人。下面我简单介绍一下他的生活经历：外公上学时勤奋刻苦，年年都是三好学生。读到六年级时因家境贫寒而辍学，后参加劳动，打水、砍柴、种田，在村里多次被评为劳动模范。18岁时，报名参军，政审的时候，因为他的父亲之前是地主，所以外公与军旅失之交臂。26岁时结婚。30岁时已儿女双全。外公在1985年建造成新房，全家喜迁新居。1997年，女儿（就是我母亲）考上杭州电子科技大学，儿子也已经在浙江大学读了三年书。自此，48岁的外公终于可以闲下来了，除了打理农活外，他学会了下象棋，再接下来就是照看他的孙子和外孙。外公的典型事件有这么两件：一是外公十来岁时就帮助大人干活，公鸡打鸣时就要起床，先去村里的大井边用水桶打水，再去后山砍一大捆柴，最后扎进田地里，一干就是一整天。再是外公攒钱建造新房。外公拼命地在田间劳作，除了在生产队赚工分外，还抽时间和外婆一起养小猪卖，去田里抓黄鳝卖。省吃俭用，攒了一部分钱，还向朋友借了钱，终于凑够了一百块钱，买下来一块一百多平方米的地，开始盖房子。我采访外公时，他还动情地描述搬家那天的情景："那可真是个喜庆的日子，是我和你外婆拼出来的。"这个"拼"字说得很深沉。最后谈一下对传主的评价：外公的一生是勤劳质朴的一生，在贫寒岁月中他忍耐坚持，在晚年生活中乐观闲适，一直憧憬着美好的生活。

师：陈可鹏同学的分享交流，内容具体，层次清晰，采访深入。尤其是外公攒钱造新房的细节给大家留下深刻的印象。很多时间点记录得非常清晰，彰显出传记的真实性。外公的一生是质朴的，勤劳的，坚毅的，乐观的……如果不做这一次采访，估计我们很难想到亲人的生活经历是如此丰富。通过采访，我们"看见"了自己的亲人，他们虽然平凡，但很伟大。同学们，通过此次交流，你是否也想写写你的亲人的人生经历呢？不仅让自己"看见"，也让很多读者都"看见"，这有助于大家了解传主别样的人生，丰富生活体验，濡染其高尚的精神与品格。

二、回顾知识，生成评价量表

师：好了，我们获得了丰富的第一手资料，那么怎么把这些材料组合起来，写成一篇传记文章呢？需要写作手法。现在请大家把自己在阅读中积累的与传记写作有关的知识，分条写在"采访单"的右面，也可以自主阅读课本写作专题"学写传记"，从中提取写作要点。时间6分钟。

（学生思考，整理，建构"学写传记"的知识结构）

师：现在请同学来进行交流。（一生举手）谢谢！

生2：我认为传记的写法主要有：一、精选典型事件，通过典型事件表现人物的品格；二、选取特写镜头，就像《美丽的颜色》一样，写一件事的时候最好分镜头去写，这样就会突出细节，有血有肉，使人物形象鲜明丰满起来；三、注意详略，最能表现传主主要精神风貌的事件要详细写，其他次要内容可以略写。

生3：我想到的传记写法还有分阶段写经历和融入适当的想象来丰富细节。组织材料的时候，要把传主的成长经历分成几个阶段来写，这样会显得层次清晰。再就是重要的经历可以融入适当的想象来丰富细节，这样显得真实可信。比如外公外婆、爸爸妈妈小时候的事迹我们只是听他们讲，并没有亲见，这时可以适当进行合理想象，就像《伟大的悲剧》中，茨威格依靠斯科特的日记进行想象一样。

生4：我也列出了三条传记的写法。第一，突出传主主要的精神风采，所写的典型事件都要围绕它展开。如《列夫·托尔斯泰》就通过反复写托尔斯泰的眼睛，展示出传主"天才灵魂"的深邃、伟大。第二，为突出传记的真实性，要确保时间、地点、事件的准确性；也可以引用传主的语言，增强真实性。第三，可以运用映衬的手法来凸显传主的形象。如《美丽的颜色》一文中，传主是居里夫人，但文中还写到了居里夫人的丈夫比埃尔·居里，作者通过运用映衬的手法多角度地凸显了传主的形象。

师：好，映衬手法。写传记还要写一写对传主有深远影响的重要人物。还有补充的吗？

生5：可以运用小标题的形式切分传主的主要人生经历，这样显得层次清晰，富有逻辑性。

生6：我认为还要注意传记文的语言特点。在记述时间、地点、人物、事件的时候，必须准确真实，引用一些可靠的资料，语言要讲究"冷静客观"。在评价传主精神风采时，可以用抒情、议论的表达方式，语言讲究"饱含深情"。

师：多好！根据表达的需要，或冷静叙述，或深情评价。老师再讲两点：传记文章在记述事件时，主要通过传主的"言"和"行"具体地表现出来，所以要多写传主自身的言行。刚才有同学说到传记文可以进行适当的想象，是的，写好传记需要我们发挥合理的想象，但它不像我们以前写的记叙文，有较多的生动具体的细节描写，在传记文中，只撷取少许细节，仅仅"点染"一下即可，不要去大范围地铺排、渲染。

师：好！下面的学习任务是请小组根据刚才的发言，参照下面的表格，讨论、制订传记文写作的评价量表。

（屏幕显示）

传记文写作评价量表

序号	评价维度	小组评价
1		☆☆☆☆☆
2		☆☆☆☆☆
3		☆☆☆☆☆
4		☆☆☆☆☆
5		☆☆☆☆☆
	优秀★★★★★　　良好★★★★　　达标★★★	

（学生讨论，制订评价量表）

师：下面请一个小组派代表展示并讲解一下你们组制订的评价量表。哪组先来讲?

师：好。请你来! 把表格投影到屏幕上。

传记文写作评价量表

序号	评价维度	小组评价
1	内容真实准确，引用有关资料（传主的话），增加真实性	☆☆☆☆☆
2	能够围绕传主的精神品质，选择典型事例	☆☆☆☆☆
3	分阶段（或用小标题）记述传主的生活经历	☆☆☆☆☆
4	运用想象、特写镜头等手法，丰富人物的言行细节	☆☆☆☆☆
5	能够运用冷静客观的语言真实叙述事件	☆☆☆☆☆
	优秀★★★★★　　良好★★★★　　达标★★★	

（实物展台，投影）

生7：我们小组通过讨论，制订了5条评价标准：一是内容真实，可以引用有关资料来增加真实性；二是能够围绕传主的精神品质选择典型事例；三是分阶段或用小标题的形式记述传主的生活经历；四是运用想象、特写镜头等写法，丰富人物的言行细节；最后一条是能够运用冷静客观的语言真实叙述事件。

师：我看这个小组制订的评价量表已经很不错了。大家再认真看一下，看看哪些评价维度还需要再优化一下？其他小组的同学可以表达自己的见解。

生8：我认为第2条中在"选择"前面可以加上"多角度"，这样的话就可以立体全面地展现传主的精神品质。

生9：传记内容真实，一方面需要客观介绍传主的事实，不能虚构，但语言也不能一直那么冷静，茨威格的《列夫·托尔斯泰》不是就采用了先抑后扬的手法吗？所以，第5条可以增加"能够用深情的语言或抒情议论句评价传主"。

师：评价得好，有理有据，同意这条修改建议。

生10：第3条可加上"详略得当，典型事件详写，其他内容可以一笔带过"。

师：好！老师觉得大家的发言质量都很高，很有道理。下面就请同学们修改、完善你们制订的评价量表。

（学生修改评价量表）

三、精选事例，自由写作

师：下面进行课堂写作实践，力争达到传记文写作评价量表中的第3条和第4条的要求。写作内容是：根据采访单的内容，聚焦传主的精神品质，精选一个典型事例，发挥合理想象，写一个片段。请大家自由写作，先默读一下要求。

（屏幕显示）

自由写作的要求：

1. 在10分钟内快速写作，根据采访单的有关内容，选取一个典型事件，自由联想，将大脑中想到的一切字、词、句都随意写下来。

2. 不要停笔，一直写下去，确保你的笔下流淌出新的词句，文思泉涌。

（学生安静地写作，教师巡视）

师：好的，老师听到美妙的沙沙声渐渐小了。请小组交流分享一下吧。注意评价量表中第3条和第4条的评价标准。

（学生交流）

师：下面请两位同学展示一下自己的写作片段。作者朗读片段，再请读者按照标准点评。

生11：我写的是《母亲小传》。"1985年9月，母亲步入江西省宜春市浒坑

195

钨矿小学读书。母亲现在回忆起小学时期，对她影响最大的是语文老师袁小珍老师。当时，母亲写了一篇作文《荷包蛋》，写得很长。中午，袁老师把母亲叫到办公室，语重心长地对她说：'你的作文我已经批改好了，还需修改。以后作文写完要多读几遍，拿笔画出语句不通的地方，修改好再交给老师二次批改。'母亲走出办公室，手里紧攥着那篇作文，上面布满密密麻麻的字与红双圈，老师竟连错别字都改好了。1990 年 4 月的某一天，具体日期母亲已经不记得了。当她在操场上散步，好朋友跑过来告诉她，你的作文在校门口的屏幕上展示了。母亲这才意识到是袁老师给她投的稿，还得了 20 元奖学金呢。总之，母亲对于袁老师是打心底里感谢。"

师：哪位同学来评点？（一生举手）谢谢！

生 12：感谢刘屹芸同学的分享。这个片段从时间、地点、人物和采访的记录推断，应是真实的。主要写母亲上小学时热爱写作，得到了袁老师的帮助，心怀感激。母亲攥着那篇作文走出办公室的情景，属于合理想象，丰富了传主的形象。语言风格上，质朴深情，饱含母亲对袁老师的感激之情。

师：点评得好。选取母亲上小学时写作文的典型事例，凸显母亲对文学的热爱，表现了生命中的重要人物对母亲的影响。注意，可以再用点笔墨叙述母亲从小就热爱写作，最后还要写写母亲在文学写作上的发展，因为传主是母亲。——继续展示片段。好，请你来。

生 13：我写的是《家父小传》。"1996 年，我的父亲成功考取了巨野县一中。可是学校离家太远了，又不通车，贫穷的家庭也买不起摩托车这样的代步工具，这就意味着他每个周末都得骑自行车去上学。往返 32 公里啊！但他并没有放弃，强大的自尊心和不服输的顽强意志使他坚持了下来。每至夏季，太阳放肆地散发着光芒，强烈的阳光照射在他身上、脸上、额头上，每次汗水都能湿透衣衫，而骑行的过程不仅热，最难克服的是身体的疲惫：由于长时间的骑行，双腿如同灌了铅一样沉重。命运往往会眷顾那些努力的人。1999 年，父亲考上了烟台大学的机械专业。"

师：哪位读者来点评？

生 14：国家宁写的是他父亲读高中时骑自行车上学的事，表现出了父亲不怕吃苦的精神。在父亲读书上学的那个年代，贫穷人家买不起摩托车，只能骑自行车往返 32 公里去上学，每个周末如此，事例确实很典型。尤其是烈日下父亲骑单车的感受，融入了想象，以特写镜头的方式予以点染，让父亲的形象在读者心中变得坚强而高大。

师：很好！"他并没有放弃，强大的自尊心和不服输的顽强意志使他坚持了下来""命运往往会眷顾那些努力的人"，这些语句也起到概括传主精神品质的作用。这节课大家动脑思考，动笔写作，建构了传记的写作知识，感受到了传主不寻常的人生经历。

今天的作业：以传记文写作评价量表为作业指南，根据采访单的内容，聚焦传主的精神品质，撰写一篇结构完整的传记。600~800 字。下课！

第二课时

一、作文分享，交流评价

师：通过上节课的指导，课下大家完成了人物传记的写作。请同学们分小组交流作文，让更多的读者走近传主，领略其非凡风采。小组一边欣赏，一边讨论，对照"传记作文评价量表"，对小组成员的作文进行评价。看看每个维度可以打几颗星，若有不足，也及时批注，方便讨论与交流，也方便作者修改作文。好，开始吧。

（学生交流、评价作文）

二、选点细化，凸显形象

师：好。下面我们用实物展台展示同学们的作文。文章拥有了读者，才更有价值。让我们笔下的传主被更多的读者"看见"吧！小组可以推荐一位同学展示你们小组评选出的优秀作文，也可以展示良好作文或达标作文。其他同学继续对照评价量表做好点评，并说明理由。最好给展示的这位同学提出修改建议。通过这个活动，审视自己的作文，更深入地理解人物传记该怎样写，不该怎样写。谁想展示自己的作文？好，乐于分享的你，传主也会高兴的。

生1：我的这篇《父亲小传》，小组综合评定为"达标"，请大家帮我提出修改意见。谢谢！（展台展示，学生朗读作文）

父亲小传

父亲杜恩龙，1965 年 9 月 28 日出生，河北大名县人氏，浙江越秀外国语学院教授。他个子不算太高，但也不能说矮，长着一张有点圆又有点方的普通面孔。他的眼睛有点小，脸上的皱纹有点多。平日里最喜爱做的三件事就是讲故事、读书和摄影。

父亲经常给我讲一些历史故事，他总能把一些我原本知道的故事讲出更多的细节和内涵，把一些我本不知道、不理解的故事讲得绘声绘色、通俗易懂。这大概是因为父亲博览群书吧。

父亲最喜欢的便是读书了，家里四处摆放的都是各式各样的书，桌子下，床板下，柜子里，书架上，地板上，无处不有父亲的书。毛边书，立体书，会发光的书，会发声的书，彩绘的书，有香味的书，各式各样，无奇不有。这些书一方面是他的阅读和研究对象，同时也是他的教具。但奇怪的是总有一些书还未拆封却落满了灰，这是为什么？我问父亲，他便会有些无奈地说："一方面是有时候一口气买的书太多，看不完。还有些书是当资料用，需要用的时候才会看，但不知不觉间就忘却了这件事，自然也就忘却了那些书。"真是无奈又好笑，但这何尝不是对知识的一种贪婪和渴望呢？倒也不是坏事。

在生活里，父亲经常拍照，仿佛无论在何地都能拍出好看的照片。有时在窗边，有时又在楼顶。跟对书的态度一样，父亲喜欢多方面地记录那些美好的时刻。因此，父亲拍的照片真是琳琅满目：有一小片叶子上的纹理，有家猫玩耍时的憨态，也有广阔天空中的一小片云彩……真是无时无刻不在记录生活中的美好。

我的父亲就是一个"三迷"，迷故事，迷读书，迷摄影。他的生活在"迷"中幻化出五彩斑斓，幻化出趣味与活力。父亲的学生给爸爸起了一个外号——"老顽童"。他也乐得接受。

师：哪位同学来点评？

生2：这篇作文突出的问题是没有分阶段介绍传主的生活经历，而是直接选取了表现传主兴趣爱好的三件事例来写的，看不出传主不同阶段的成长历程。

师：分析得好。建议作者把笔墨集中在传主的主要经历上，分阶段写。继续！

生3：第1段中介绍了传主的姓名、出生日期、籍贯、职业等基本情况，给人以真实感。但后面的几句描写外貌的语句太文学化了，应简洁地做一下描述就可以了。

师：是呀。传记在记述生平、描写外貌等情况时，语言应简洁明了。在叙述典型事例时，则可以展开，稍微做细致的描写，以生动传神地表现人物。如文中表现传主喜爱读书，做了这样的描述"家里四处摆放的都是各式各样的书，桌子下，床板下，柜子里，书架上，地板上，无处不有父亲的书"，父亲博览群书的形象就表现得十分鲜明。继续点评！

生4：我感觉这篇作文从文章体裁上来看，和我们以前写过的写人记叙文差别不大，就是写父亲的爱好。上节课老师讲过，传记要聚焦传主的精神品格，只写爸爸的兴趣爱好不能够充分表现人物的精神。我认为在选材上应当写写爸爸的求学史、奋斗史、专业特长、对学校的贡献之类。我觉得文章中的三个事例可以删减一下，因为都是一个角度的材料。

师：谢谢！专家水平啊！句句在理。要多角度选择典型事例表现传主的丰富经历和精神风貌。你不仅诊断，还提出好的修改建议。姬小溪同学可以从以上几个方面选点细化、完善。老师再给你提一点建议，注意传记的语言风格。如第2段，可以这样修改："父亲博览群书，擅长说书。他经常给我讲一些历史故事，细节内容如数家珍，历史内涵彰显洞见，历史人物栩栩如生，故事哲思在他口中也变得通俗易懂。"你看，开头总说句点明父亲的个性特长，接下来细写这一点。"我"的影子渐渐退去，目的就是突出传主这个人。传记要用旁观者的视角表现传主，不能像回忆性散文那样作为体验者来表达自己的感情。

师：好。下面哪一小组能推荐一篇"良好"等级的作文呢？我们来共赏、共评。

生5：大家好！我们小组推荐了我这篇"良好"等级的作文。（展台展示，学生朗读作文）

我的母亲

我的母亲章彩芳于1977年9月出生于杭州富阳的一个乡下普通家庭。

1983年，母亲到镇上的富阳第二小学就读，每天5:30起床上学，步行两小时到学校上课。当时外公是名工人，外婆是鞋匠，家庭极其拮据。每次学校需要交学费时，外婆只能向别人借钱，母亲总是班上最后一个交学费的。母亲立志认真读书，努力摆脱贫困的生活状况，同时做自己想做的事。

1989年，母亲上了富阳郁达夫中学（原富阳镇中学）。她喜欢阅读和写诗歌，写好诗歌后便投稿和参赛，母亲的诗歌《变》获得了世界环境保护日征文二等奖。她是班级第一批共青团员，初二时便顺利考入富阳中学少科班。本来这是培养重点大学的高考班，但由于外公外婆的多次要求，班主任才不得已安排母亲考中专，母亲在初三毕业后考取了中专。

1993 年，母亲一个人到杭州护士学校就读，她依然保持着对文学的热爱，阅读了大量的课外名著。书籍帮她开阔了视野，母亲特别记得，《平凡的世界》帮助她树立了积极的人生观和价值观。母亲成绩依然优秀，成为全年级仅有的四位优秀毕业生之一。当时优秀毕业生可自己选择工作单位，母亲选择了当时杭州唯一的中美合作管理的邵逸夫医院。

1996 年，年仅 18 岁的母亲开始踏入社会工作，成为一名手术室护士。工作后的母亲一直很努力，没有放弃上大学的梦想。她一边工作，一边考取了浙江大学的成人高考班，完成了 4 年的大专学习。同时，母亲也很喜欢英语，一直坚持自学，为后面出国留学做准备。

2003 年，母亲偷偷辞去了医院的工作，骗外公外婆是医院公派，实际是自费出国留学。她在英国期间半工半读，自己赚了学费和生活费，在纽卡斯尔的诺森比亚大学完成了护理本科和社会健康管理硕士学位。

2006 年，母亲回国后，回到了她的母校杭州师范大学护理学院（原杭州护士学校），成为一名护理专业教师。2010 年，母亲再次出发去英国爱丁堡大学攻读博士学位。2011 年回到杭州后，母亲一直在杭州师范大学任教，直到现在。

这就是我的母亲，一个努力向上、奔跑追梦的人。

师：请评价这篇作文。评说亮点，并选点修正、细化。（一生举手）好，谢谢你的参与。

生6：这篇传记突出的亮点是分阶段写传主的成长经历，脉络清晰。用了很多表示时间的词语，说明内容很真实。也做到了多角度选取典型事例，人物形象丰富立体。我认为有些事例，如母亲在英国如何半工半读的，可以再展开合理的想象，以细节表现传主心怀理想、意志坚定的精神。

师：很好。这篇作文传记特色鲜明，选取的典型事例表现了传主刻苦学习、热爱文学、孜孜以求、勇攀高峰的个性特点。传记不是生平简介或履历表，还讲究文学性。刚才这位同学的建议很好，稍作想象，进行细节描写，可让传主形象生动传神。

生7：严羽同学的这篇传记，写妈妈是一名护理专业教师。倒数第2段，我认为应多写点妈妈在教书方面的成绩，前面的自学英语、自费出国等，应该都是为一个人的成就做铺垫的，感觉收尾不够厚重，不能够突出传主的锲而不舍的这种拼劲。

师：点评得好，在这篇传记叙事的基础上，顺势点出妈妈取得的成就，这样传主的人生奋斗史、精神成长史就显现出来了。这个建议挺好。另外，传记通过记言述行来展现人物风貌，如果增添一些语言、动作描写的语句，可让这篇传记的语言显得鲜活灵动。

师：评议了这两篇作文，大家或许对自己作文的亮点理解得更为深刻了。对于存在的弱点，请同学们选点进行细化，认真地修改，达标的力争良好，良好的力争优秀。优秀的——干什么？可以写一写这次写作活动的收获或体会，作为"创作后记"放在作文后面，一两百字即可。好吧，请动脑动笔，用另一种颜色的笔修改。

（学生修改自己的作文）

三、分享后记，畅谈收获

师：通过这次写作活动，你在写作方面有何提高？在"看见"我们最熟悉的亲人方面有何认识？请交流一下你的写后心得。没有形成文字的同学，可以自由发言。

生8：昨晚，当外公得知我写了这篇《外公小传》后，便马上让我发给他看。他看后非常高兴，和他视频聊天的时候，他笑得合不拢嘴，因为他觉得我这个外孙心里惦记着他。我是外公带大的。他曾跟我讲过许多他那时候的故事，我觉得有趣，也很爱听。后来，因为我上小学，外公和我相处的时间逐渐减少，我慢慢忘记了这些他曾给我讲过的故事，记忆里也慢慢失去了外公所描绘的曾经的他。张老师PPT上《美妙的街心花园》的一句话"往往最亲近的人呐，最容易彼此忽略"，勾起我对外公的回忆。我按时间顺序排列，写成了这篇《外公小传》。写着写着，我发现，这是在弥补那正在慢慢退出我日常生活的外公的模样。动笔前，我采访外公，外公那温和的话语让我感到温暖。我之前一直觉得倘若写传，写长辈定是最难，因为身为小辈不好妄下评论。今天我明白了，朴实无华的文字最能流露真情。

生9：这次写作实践活动使我第一次接触到传记写作，所以并没有太多的经验。写作之前，张老师让我们画好思维导图，给我们一一讲授了传记写作的特点和应具有的几个要素。我虽牢记于心，但还是犯了一个致命的错误——将传记写得近似于回忆性散文。通过学习，我明白了传记很少用倒叙，一般通过时间顺序来写，对于传主开头要有一个简介等，还有就是要让文字更加准确客观。不仅如此，我在不断修改原稿的过程中，对于传主的成长经历和情感也有了更加深入的了解。

生10：以前我写的作文一般是写人记事类的散文，这是我第一次写人物小传类文章。虽然之前读过一些传记文章，但初稿还是没有把文体弄清楚，传记应以旁观者的视角来写传主的事迹和精神，有的段落写成了回忆性散文，过多地表达了我对爸爸的情感。张老师指导我写传记，重心在表现"传主"这个人。在第二节课小组讨论时，我发现我的作文写了很多事，行文十分琐碎。听了老师和同学们的点评后，我学到了按照时间分阶段选择典型事例表现人物的方法，这种方法可以使行文变得有条理，重点突出。

师：感谢以上三位同学的分享交流，我们通过传记的写作，建构了传记文章的写作知识，初步积累了人物小传的写作范式，这对于以后阅读与写作传记都是有好处的。同时，这次写作也让我们听闻到我们未曾听闻的亲人的故事，让我们在心中树立起了他们高大的形象。周末，请大家把作文打成电子稿，我们编辑一册《潮·看见》，成书后你可以送给你的亲人，让他们也"看见"。谢谢同学们的努力，下课！

【学生佳作】

惠燕先生传

卢王漠

我的母亲王惠燕于1981年4月21日出生于浙江省金华市浦江县白马镇的一个农村家庭。她从小就下定决心："我只有通过刻苦学习和读书才能改变我的命运。"她一直刻苦学习，就是为了能出人头地。然而，她的学习之路是存在些许困难的，但对她来说也是充满希望的。

少年时期：上进与好学

1988年9月，惠燕先生进入兰塘小学。后转至夏张小学。她从小学习成绩优异，是老师的好帮手。在夏张小学的两年中担任中队长与大队长，同学、老师都夸赞她学习工作都很用心。

1993 年 9 月，她升入白马镇初中。当时惠燕先生的英语老师付森田老师给予了她很大的鼓励。初一下学期，她准备参加县里组织的英语演讲比赛。她积极准备：先是写演讲稿，然后在付老师的指导下反复修改，最后还要练习发音，一遍又一遍地背稿，一遍又一遍地练习。功夫不负有心人，通过惠燕先生的刻苦准备和付老师的谆谆教导，她在这次比赛中荣获二等奖。惠燕先生回忆往事时说："这激发了我对英语学习的兴趣，坚定了对学习的自信心。付老师十分认真负责，对我今天成为一名优秀的老师有很大关系。"

青年时期：坚持与回报

在之后的几年，惠燕先生以全年级第三的成绩考入县重点高中浦江中学，又在 1999 年考入浙江大学的教育系，于 2006 年攻读了这个系的硕士学位。

2008 年 3 月，惠燕先生的孩子才 7 个月，她却毅然决然地报考国家二级心理咨询师。可是这时的她不仅要照顾孩子，还要忙着工作。在只有两个月的备考时间内，她白天上班，晚上备考……

如此繁重的工作与学习把她累垮了，她得了肺炎，在医院挂了两周的盐水。但是努力终究会有回报。那年 5 月，在众多报考人中，惠燕先生不负众望，成为一匹黑马，顺利通过了考试！"坚持就是胜利，再难的硬骨头都得啃下来！"这是一位 20 多岁的青年鼓励自己的话。

而立之年：奋斗与成功

2018 年下半年，在爱人与孩子的鼓励下，惠燕先生开始备考浙江大学的教育学博士。考博之路也不是一帆风顺的。英语成了她考博路上最大的绊脚石。她白天正常上班，晚上回来补习英语。她在听力方面的欠缺比较大，在寒假时她每天听英语听力的时间可以达到惊人的 6 个小时！她的儿子在那个时候感叹道："每次我要睡觉的时候都能看到书房那里透出的光亮，那一定是妈妈在认真学习！"在笔试考试中，她成功过线。在面试时，面试官曾说过："我们浙大就是需要像你这样的人才！"最后她如愿顺利考上了博士，并在 2019 年 9 月正式入学。

直到现在，母亲还在为她的博士毕业论文而刻苦钻研。不惑之年的她信奉"学无止境"。她继续发扬着坚持不懈、永不言弃的精神，不断挑战自己、突破自己！

【传主心语】

通过本次传记写作和孩子的采访，我感受到了孩子对完成本次传记写作的用心、用情和张老师在语文教学中的匠心独运。孩子能较好地运用张老师教授传记写作的要领和方法，主动提问和搜集信息，最后完成这篇传记。作为一个母亲和传记的主人公，我的内心是欣慰和喜悦的。感谢这篇小传能成文，感谢张老师将写作与身教相结合的育人实践。身教有两层含义，其一是用传记写作、成文、成集，不仅学习和丰富了传记文学体裁的写作经验，也用匠心为孩子们展示了视觉化呈现传记写作成果的图鉴；其二是传记写作记录了人一生发展中的重要事件和转折点，更是一种生命态度和哲学观的再现。言传不如身教，在本次传记写作中尽现对生命的执着、不放弃，学习、成长，永远在路上！

（卢王漠妈妈）

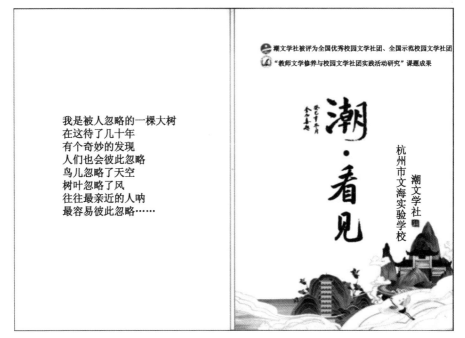

【专家评课】

张老师的"学写传记"教学案例设计合理，课堂教学效果良好，可以给教学以有益启示。

1. **创设真实、适切的情境任务**。学生在阅读了传记单元之后，对传记有了感性的认知，学写传记，符合学情。前面也已完成新闻采访的学习，运用采访提纲的形式去采访亲人，学以致用。可以说，张老师设计的学习任务情境是真实的、有意义的，贴合学生实际，易于操作。这一教学案例启示我们，写作源于生活的需求，是用来解决问题的，因而需要创设情境。只有真实的情境，才能激发学生言说的欲望，让他们感受到写作的真正价值。写作任务要关注学生的认知经验和生活经验，否则，缺失情境或者情境与学生的经验不匹配，学生没有自己的感悟和思考，难免会迎合教师和文题的旨意，说大话、套话。

2. **注重写作知识的自我建构**。这个课例中有一个生成评价量表的环节非常出彩。让学生归纳传记的写作特点，既回顾了前面的阅读教学，强化了对传记特点的理解，又为接下去的写作做了知识的准备。可谓承上启下，自然巧妙。传统的写作课堂多以教师传授写作技法为主，且不论这种技法本身是否科学，是否能够操作，这种单向度的靠知识讲解为主的方式并不能有效地为学生吸收，难以内化为写作能力。在合作讨论中填写评价要素表，可以完善知识，使模糊的知识显性化、结构化，值得赞赏。

3. **开展丰富多样的语文实践活动**。从这个课例来看，学生的主体意识非常强，既有阅读单元的知识梳理总结，又有自主的采访活动、写作活动，还有对他人文章的评点和对自己习作的修改，最后还有对整个学习活动的总结反思。在丰富的语文实践活动中，学生的听说读写能力得到了提升。应该说，这个案例体现了设计者的课程意识，追求的是教学的综合效应。

写作从来不仅仅是一种技能训练，而是跟阅读吸收有关，跟思想情感、审美文化、价值立场密切相关的主体活动，具有综合性和整体性。在采访亲人、写作传记的过程中，学生加深了与亲人之间的交流与情感，能够更加热爱自己的家族和亲人，真切感受祖辈、父母辈创业、学习的经历，从而培养积极健康的价值观，传承美好的家风。这就超越了单纯的知识学习和能力训练，实现了语文学习"立德树人"的课程总目标。

评点：金瑞奇，杭州市基础教育研究室中学语文教研员，杭州师范大学讲席教授，杭州市优秀教育工作者，杭州市上城区作家协会副主席。发表文学作品近百篇，发表学术论文 20 余篇，主编有《中国古代诗歌鉴赏》《杭州乡土语文》等。

第二节 "学写故事"课堂实录

【教学目标】

1. 从自己的生活经历中选择有趣的事例，完整地叙述故事。

2. 通过设置冲突、设置悬念等方法，使情节更加曲折，增加故事的趣味性。

3. 借助"想象人物的生活细节"导思单想象故事中的人物形象，丰富细节描写，创造真实而立体的人物形象。

【教学创意】

思维进阶：设置冲突法 运用"想象人物的生活细节"导思单细化人物

【教学思路】

写有趣的话——扩展完整故事——设置故事冲突——融入人物细节

第一课时

一、导入

师：同学们好！今天我们开展"学写故事"的写作活动。请读这句话——

（屏幕显示，学生朗读）

> 生命中真正重要的不是你遭遇了什么，而是你记住了哪些事，又是如何铭记的。
>
> ——马尔克斯《百年孤独》

师：我们每个人都有自己的故事。把自己经历过的故事说出来、写下来，就是最好的铭记方式。什么是故事？故事首先是一个过程，简单说，这个过程就是"谁做了什么事"。我们这次写作，就是讲好自己的故事。讲故事既要遵循章法，又要千姿百态，它是规则与灵感的融合。相信自己，凡是动笔写起来的同学，都是作家。

二、写有趣的三句话

师：回想一下自己的生活经历，选出三件你觉得有趣的事情，写下来。要简短、明确、具体。句式很简单：我在什么地方干什么。

（学生思考，写话，3分钟）

师：请同学们交流分享一下。可以同桌、前后桌都看一下。

（学生交流）

师：好。从你读的事件中选一件你认为最有趣的事情，说给大家听。可以是同学写的，也可以是你写的。

生1：我写的最有趣的事情是，我在新西兰雪天踢足球，跟在草地上踢足球截然不同……

师：是呀，我们平时是在校园里操场上、草坪上踢足球，你写的是在国外新西兰，并且是在雪地上踢足球，体验一定很特别。这是陌生化的环境让我们感到有趣。（教师板书：陌生化环境）

生2：我写的最有趣的事是，我在黑龙江滑雪，一开始非常怕，结果一路上未有失误，玩得挺开心。

师：这是你内心的波动。（教师板书：心理的曲折变化）开始时心里很恐惧，到后来玩得很爽。挺有趣的。

生3：我在大明山滑雪，站起来就摔，控制不了平衡……我感到最有趣。

师：很惊险，很刺激。对不对？（教师板书：惊险刺激）你们玩过山车、闯鬼屋也有这样的感受吧？

生4：我在临平山远望塔身由玻璃制成的东来阁，误以为它尚未完工……

师：其实呢？

生4：一开始，远望东来阁像未完工的烂尾楼，后来走近发现，东来阁外形像塔，主体塔身大多由玻璃制成，塔檐是银灰色的，在阳光照耀下变成了白色，远远望去，好似镂空一般，给人一种错觉，阁楼只有塔架没有塔身。

师：你感到很奇怪，就想一探究竟，对吧？这件事情有趣在探秘，探寻好奇的事物和现象。（教师板书：探寻奇妙）

生5：我在公交车站等B1路车，结果一不小心上了B2路，让我哭笑不得、抓狂，赶快下车返回……

师：这也算得上一场小误会。你等车，正好来了一班车，便误以为 B2 路是 B1 路，上演了一出匆匆上车又匆匆下车的闹剧。（教师板书：误会与巧合）好的，我们来小结一下，什么样的事例让人感到有趣呢？请看板书，请读一遍。

生：（齐读）陌生化环境、心理的曲折变化、惊险刺激、探寻奇妙、误会与巧合……

师：写好故事要选"有料"的事例，自己感到新颖有趣，写成故事或许就会引人入胜。

三、扩展为一个完整的故事

师：刚才同学们的交流唤醒了自己有趣味的生活经历，接下来请大家继续回忆，或者自由联想：事件的情形是怎样的？请你把它的来龙去脉写清楚，写完整。把刚才你写的最有意思的一句话扩展为一个完整的故事。

（屏幕显示）

自由写作要求：

1. 时间：10 分钟，不停笔，不中断，一直写下去。
2. 语言简明，结构完整，有头有尾。
3. 把原句中的"我"替换为你想塑造的人物形象。

师：老师的要求是：第一，10 分钟的自由写作，想到什么写什么，这只是打草稿，不要考虑情节、主题、人物等要素。只管一直往下写，不要停笔。第二，写故事一定要有头有尾，完整地叙述一件事。第三，将句子中的"我"替换为你想塑造的人物形象，既保留有你的生活经历的影子，又可以想象创作，展开故事情节，这多么有趣啊！请将手中的笔动起来，老师想听到你们奋笔疾书的沙沙声。

（学生安静地自由写作）

师：好，我们来展示两位同学的作品。请你来吧。

生 6：吴宇是一位公务员，平时坐公交车上下班。有一天，工作了一天的吴宇在公交车站等车，他等的车是 B1。迎面开来一辆 B2，吴宇想都没想，直接上了车。当公交车开过几站，他才意识到坐错了车。他想：是先下车原路返回，再坐 B1 回去，还是开启导航，从最近的路回去呢？

师：这是个上错车的故事。故事主人公吴宇下班了，要回家，途中上错了车，这是故事的开端。结果如何呢？可以继续往下想。

生7：陈光在台上一本正经地说着相声，大家也正专心致志地听着。突然，陈光眼神一怔，本来口若悬河、滔滔不绝的他，在那一瞬间，开始变得磕磕巴巴，仿佛不知所云。他忘词了。伴随着时间一分一秒的流逝，陈光的语速越来越慢；仔细观察，甚至可以看见他头上的涔涔汗水。这时，一个熟悉的身影闪出，救星来了！台上的陈光长出一口气，擦了擦额头上的汗，一把拉过那人。台下的人们也变得十分兴奋，开始热烈鼓掌。

师：这个故事情节完整。讲陈光说相声，忽然卡壳忘词了，很尴尬，一个身影的出现让他"化险为夷"，全场兴奋，表演继续。故事本身有头有尾，结构完整。至于"一个熟悉的身影"是谁，他是怎么解救陈光的，这是个悬念。让我们拭目以待！

师：好的。现在请小组之间也互相欣赏一下，感受伙伴写的故事的大致情形。（学生小组间阅读）好，这个环节的写作，让真实的经历自由生长，一个完整的故事情节已呈现在我们眼前。通过替换人物，使故事既有"我"的影子，又含有新鲜的创造乐趣。这是故事的第一稿。

四、设置故事冲突

师：读故事、听故事讲究个趣味，写故事更要追求写出故事味。

（屏幕显示）

> 故事写作三要素：冲突（愿望+障碍）、行动、结果
> 故事写作六环节：愿望——障碍——努力——挫败——转弯——结果（成/败）
> 也可以这样表达：目标+障碍1+努力1+障碍2+努力2+……+结果

师：有写作理论指出，故事写作的三要素是：冲突、行动、结果。冲突包括愿望与障碍。也有人提出这样的故事写作六大环节：愿望——障碍——努力——挫败——转弯——结果（成/败）。"愿望"就是指故事中的人物想干什么，人物的愿望可能来自内心的憧憬、榜样的激发或者神秘的力量。"障碍"就是指人物遇到的难题，如对手的挑战、心理的考验、自然的危机等。《愚公移山》这个故事，主人公愚公的愿望是铲除大山，"指通豫南，达于汉阴"，而遇到的障碍是

山高、自己年龄大、路途遥远、劳力少、工具简单，更甚者，还有别人的嘲笑，等等。"愿望"与"障碍"形成多重冲突。而就在这多重冲突中，表现出故事的波澜与鲜明的人物形象。"聚室而谋"与愚公智叟对话的情节，延展了情节，增加了波折，引人入胜，增强了故事的可读性。愚公率子孙挖山，就是"行动"，"结果"感动天地，移山成功。这是带有浪漫色彩的故事。现实中，行动了，不见得取得成功。"挫败"，再努力，实现人生的"转弯"，最终成功。这就是故事的一波三折。当然，也有经过多次拼搏、斗争没有成功的故事，"结果"是走向失败，这就是悲剧。好的故事，核心要素是"冲突"。有了冲突，故事就会变得曲折生动，故事充满曲折感是吸引读者的一大法宝。下面老师展示刚才同学们写的一个故事，故事很完整，但曲折性还不够，没有冲突，请帮他设置冲突。

（展台展示）

> 张明寒假里随父母一起来大明山滑雪。他从未见过这么多的雪，因此他很兴奋。他穿上雪板，没走几步路就脚下抹油似的差点摔倒。他又慢慢滑到雪坡上，深吸一口气，便半蹲着身子滑了下去，结果没控制好方向，撞在了正整理雪板的张晨身上。他们四目相对，尴尬地笑了。

（学生思考）

师：请交流，表达想法。

生8：可以运用对比的手法，先写张明想象中大明山的雪景，后写第一次到大明山看到的雪，超出想象，富有冲击力，形成强烈的对比，心情由愉快到兴奋，用内心的波澜造成心理上的曲折变化。

师：好，是个很好的思路。继续。

生9：我想增添一些雪道上高高低低的障碍，把那种惊险刺激的味道表现出来，或兴奋或紧张。一会儿平滑一会儿跨越陡坡，这是设置"障碍"。

师：既有心理的曲折变化，也有雪场地形的障碍。地形险要，怎么滑？这就形成了冲突。

生10：他写的是"撞在了正整理雪板的张晨身上"。可以想象，也把张晨的雪板撞脱落了，不能滑了。张明赶快道歉，两人相互帮助，想办法整理好雪板，克服了障碍，又继续滑起来。

师："相撞"是个不小的冲突，而后通过"行动"，也就是互相帮助，开心地滑起来，就是"结果"。冲突让故事兴味盎然啊。——还有同学要表达，谢谢！

生 11：脚下很滑，张明心情紧张，来到雪坡上要往下快速滑更紧张。此时张明最大的障碍是恐惧。像《走一步，再走一步》那样，在爸爸的鼓励下，他克服了恐慌心理，掌握好身体的平衡，勇敢地滑了下去，战胜了自我。笔墨渲染恐惧心理，用冲突表现张明的性格，也挺好。

师：好！谢谢几位富有才华的故事家。同学们开动脑筋，设计了多重冲突，让故事多次呈现"意外"与"惊险"，要么推动情节发展，要么让故事情节陡转，总之，让故事显得离奇，富有波澜，充满趣味，这就是设计"冲突"给故事带来的魅力。

五、布置作业

师：今天的作业是，通过适当的联想和想象，给自己的故事第一稿设置冲突，也可以运用以前学过的设置悬念、伏笔、出人意料的结尾等叙述技巧，使情节更加曲折，增加一些波澜。完成后，请备注"故事第二稿"。在第二稿文末注明，你塑造的人物的愿望、障碍、行动、结果各是什么，如果遇到两次障碍，各是什么。像拉清单似的，自己简单提炼一下。好，今天的作文课就上到这里。下课！同学们再见！

生：（齐）老师再见！

第二课时

一、分享故事第二稿之冲突

师：同学们好！我浏览了一下大家写的故事，整体上很好，能够通过联想与想象设置冲突，让故事一波三折，富有趣味。还有的同学在叙述故事方面，运用了设置悬念、埋下伏笔、倒叙插叙等写作技巧，还有的结尾出人意料又在情理之中，都增强了故事的可读性。也有的同学设置了一次障碍，冲突不太明显；还有的同学情节单薄。小组阅读的时候可以互相提建议。阅读后，老师请同学从设置冲突这个角度分享一下收获。

（学生阅读作文）

生 1：于睿阳的这篇作文，故事的三要素齐全，在设置故事情节上，出现了多重障碍，又出现奇迹，得到解决，最后相声的表演才取得成功。人物方面，少而精。场景比较新奇，在讲台上说相声，也有多次的变化。在设置冲突上，作者主要设置了两次冲突，分别是陈光的忘词与一只橘猫的突然出现。"突然"一词频繁出现。这两个冲突合情合理，建立于适当的联想和想象上，使全文更加曲折、富有波澜，推动了故事的发展，很大程度上吸引了读者的阅读兴趣。并且通过冲突可以让读者感受到陈光、吴伟的人物形象。

生2：我读的是刘芷涵写的故事。故事开头交代了人物才华的身份以及当时的场景，主要描写了主人公才华想要在篮球场打球，因多种原因，最后和朋友打起了雪仗的故事。在设置冲突方面，作者设置了两次：一是下雪天，走路都困难的情况下，怎么打篮球呢？于是，才华借助铲雪工具，扫除了篮球场的积雪障碍。二是没有篮球，而以雪球代篮球，生动地描绘了一幅冬日雪中玩乐的图画。结尾出人意料，增加了故事趣味性。但可以在故事中，再添加一点联想、想象的成分，可以使故事中的人物形象更丰满。

生3：这是韩睿晨同学写的故事。开头描写环境和人们的活动，交代了故事发生的地点。之后制造了两次冲突：第一次是王成一行人出游开电动船时，船突然没电了，但王成找到了解决办法——拨打救援号码。第二次是他们拨通电话之后，王成不知道确切地点，救援船无法到达。最后，又有一群人开电动船过来，告诉他们这里的位置，他们终于脱险。故事脉络清晰，结构紧凑。两次冲突推进了故事的发展，使全文更加曲折、富有波澜。

师：谢谢这三位同学的阅读分享。他们的阅读能力很强，发言的水平很高，很好地运用了上节课学过的故事写作知识。老师做一下小结，请做笔记。

（屏幕显示）

> 冲突的设置要合情合理。
> 冲突越强烈，越能够凸显人物性格。
> 事件本身没有冲突，可以写心理的曲折变化。

师：冲突的设置要合情合理。如韩睿晨写的故事，第一次冲突有存在的可能，第二次冲突就值得讨论。我记得他的这篇文章，写的是和姑姑、表妹去一个景点玩，开电动船。景点不大，打了电话，救援人员应该能够很快找到地方来解救他们。另外，刘芷涵的以雪球代篮球的情节设置是否合理？可以去思考。冲突越强烈，越能够凸显人物性格。如蒲松龄的《狼》，狼越贪婪越狡诈，就越能突出屠户的机智勇敢。故事的张力越大，越能增强扣人心弦的艺术效果。写好了冲突，就写好了故事。有的事件本身很平常，很顺畅，没有冲突，怎么办呢？表面上一帆风顺的事情，内心并不是一帆风顺的。寻找内心的"曲折点"，以细腻的笔触表现人物微妙的心理起伏变化，也可以增加故事的波澜。

二、想象人物的生活细节

师：我们构想好精彩的故事情节后，还要追求故事中的人物要有血有肉，形象丰满。人物即故事，人物推动情节发展。人物的愿望引发故事，人物遇到障碍，而后努力突围，就能深刻表现人物的性格。要想写出令人信服的故事，最佳的方法是把人物的细节写真实。我们初学写故事，出现的问题是注重了故事情节的跌宕起伏，却忽视了人物形象的立体丰满。相当一部分同学都存在这一现象，人物形象扁平，只有人物的名字、骨架，给人的印象不鲜活，不真实。怎样让故事中的人物成为活泼泼、活生生的"人"呢？请拿出老师课前发给大家的人物形象导思单。

（屏幕显示）

"想象人物的生活细节"导思单

1. 对你创造的人物从头到脚进行外表描述。（发型？戴眼镜吗？面部？服饰？几个纽扣？穿衣最喜欢哪种款式？背包？鞋子多大号？）

2. 你创造的人物最早的童年记忆是什么？曾在哪里上学？哪一门功课最棒/不好？童年最大的快乐是什么？

3. 你创造的人物有什么重要的人际关系？为什么重要？（他/她的父母是做什么的？伴侣？好友？孩子叫什么名字……）他/她经常与谁通电话？

4. 你创造的人物是做什么的？如果可以有另一份工作，他/她会做什么？

5. 你创造的人物最害怕的是什么？他/她的对手是谁？对手最想要得到什么？

6. 你创造的人物想要干什么？为什么这个人物要做他/她正在做的事？

7. 你创造的人物心目中的英雄是谁？他/她喜欢读哪一本书？

8. 你创造的人物喜欢猫吗？还是狗？还是鹦鹉？喜欢摇滚、歌剧还是爵士乐？

---

9. 你创造的人物最喜欢吃什么美食？喜欢喝酒/饮料吗？哪类酒/什么味道的饮料？

10. 你创造的人物书桌（办公桌）上经常放些什么？衣兜里装些什么？卧室（客厅）墙壁上张贴/悬挂着什么？他/她的抽屉里都有什么？

11. 你创造的人物过去/现在/未来（梦想）最浪漫的经历是什么？

12. 你创造的人物喜欢的运动项目有哪些？他/她喜欢的运动服装是什么款式、什么颜色的？

……

也可以问问你创造的人物其他方面你想知道的事情！

师：请同学们浏览一下这12个问题。（稍停）请你至少选择8个问题回答，目的是深入走进你创造的人物形象。请在导思单上随时记下想象的瞬间妙思。字数不限，尽可能往细处想。选答的问题越多，对人物的感受越细腻真切。注意：一定要动笔记下来，不管用到用不到。好，开始美妙的构思与想象吧！慢慢地，你的人物会"站立"在你的面前！

（学生思考，动笔）

三、将人物细节融入故事中

师：同学们学习时很投入，都在与故事中的人物对话，想象了他/她的生活细节，此时故事中的人物是否变得非常真实亲切了？好，再看看导思单，看哪些细节可以融入或者镶嵌到故事中。可以用不经意的细节表现人物，也可以反复写能够揭示这个人物性格的细小物品、服饰、神态、话语等，增强人物形象的表现力。请思考。

师：好。现在的任务是，请根据"想象人物的生活细节"导思单，把人物的细节元素巧妙融入故事第二稿中，完成故事的第三稿。直接在第二稿上用不同颜色的笔修改即可。

（学生写作，15分钟）

师：下面请同学展示作文，说说你添加了哪些人物的细节，有什么表达作用。谁来？（一生举手）谢谢！

（学生用实物展台展示作文。后附《今天有点忙》）

生4：在第三稿中，我增添了以下细节：一是吴宇身着深蓝色西装的细节，写了四次，表达一种郑重其事，他也渴望休闲的生活，开头写西装也为参加西方古典音乐会做铺垫。再一个，增添的音乐会的票，开头起伏笔作用，大家看，"吴宇又拿出了那张票……"推动了情节的发展，最后是"掏出票找到自己的座位"，照应前文。我还给人物加上了一个习惯性的动作"推了推眼镜，轻叹一声"，反复写这个细节，蕴含着人物"真麻烦""无奈"的情感。我还给次要人物王成加了"翘着二郎腿"的细节，表现他的悠闲自在、享受生活，与吴宇形成对比。

师：他很用心地添加了多处细节。这些细节增强了吴宇这个人物的表现力，他穿西服呀，他爱音乐，他戴着眼镜，让人物生活化了。更值得大家借鉴的是细节的反复手法，凸显了人物形象。谢谢！继续交流。

（学生用实物展台展示作文）

生5：请大家先快速看一下我这篇作文。（稍停）我在第三稿中，增加了阮沅（故事中人物）本来不喜欢背包却帮母亲背包的细节，为下文在岔路口替父母着想而作出选择进行铺垫。我还把人物设定为一名热爱古建筑的初中生，这样才有了她登高探个究竟的动力，使人物的愿望更合乎情理。我还增添了阮沅说话时喜欢把手插在兜里、喜欢听流行音乐的细节，使人物非常鲜活。她活泼开朗，容易沟通，也让读者喜欢这个人物。

师：谢谢你的分享！你看，细细去想象，就能多角度、多层次地感受到你创造的人物。修改后的作文，人物形象明显变得生动、真实、立体了。谢谢大家勤于思考。老师很自豪，人物细节导思单给你们的作文带来神奇的魔力啊。它至少为我们丰富人物形象提供了新的视角，让我们深入到人物的真实生活和内心世界，希望大家在今后写人的作文中多多运用。

四、分享写故事的体会

师：通过两节课的学习，我们从生活经历中的一个"种子想法"写起，编织一个完整的故事，设计故事冲突，丰富人物形象，完成了故事写作之旅。请你谈一谈这次创作过程中的收获，你是怎样创作出一篇故事的。把感触最深的学习体会与大家分享一下，也是对自己的学习做个整理。请发言。

生6：这次学写故事，让我了解了一个故事的前世今生。一开始张老师让我们写三句有趣的话，我立马想到了自己坐错公交车的经历。再把主人公改成一个虚构的人物——吴宇。之后进行拓展，完成了第一稿。之后着重练习设置冲突，我设计了三个冲突，完成了第二稿，故事已经很有趣了。接着，张老师又让我们丰富人物形象的细节，使"人物"变成"人"，我把更加丰满的人物写入第三稿。这次练习使我了解了创作一篇故事的过程，受益匪浅。

生7：这次写故事从三个事例开始，到最后完成一篇文章，经过了多次修改润色，也是一个学习过程的证明。我们平时听的故事，有各种各样的，但是到我们自己动手去写，那又是另外一种体验，完全没有想象的那么简单。这个故事里面情节并不都是真实的，有很多是自己虚构的，但是这个想象的内容也要符合你整个文章的走向和内容，而不是天马行空地胡写，大多数的灵感和细节还是要到我们的生活里面去找的。

生8：这次我对于故事写作的方法与技巧也有了很多了解，积累了经验。尤其是通过人物细节导思单，从人物的衣着、生活喜好、日常用品等多角度来丰富人物形象，写活人物，让我收获颇丰。在写作中，我也充分感受到了故事创作的美妙与迷人。故事源于生活，即使是生活中的微小事物，也值得我们去发现、思考与创作。

师：谢谢三位同学的分享！同学们说得真好。回首看，最初你们无意识地写下了那三句话，就是故事的"种子"，我们小心呵护灵感，精心培育"种子"，它就慢慢发芽了，成长了。学写故事，是一次美好的文学之旅。课后我们准备编写一册作文集《种子故事》，让咱们的故事拥有更多的读者。它会激励我们热爱生活，热爱文学，做一个会讲故事的人。谢谢大家，你们学得很努力。下课！

生：（齐）老师再见！

【学生佳作】

今天有点忙

吴泓毅

身着深蓝色西装的吴宇取下耳机，放下手机，推了推眼镜，轻叹一声。他把包里的票拿出来看了看，在公交车 B2 的车厢里坐立不安。他不禁埋怨自己：往日上下班等 B1 时从来不会坐错车，唉，今天忙得晕头转向。难得的大事，自己可是穿了西装的，可不能把美好的一天毁了。

他想：是先下车原路返回，再坐 B1 回去？还是开启导航，从最近的路回去呢？他略加思索，想到下一班 B1 不知道要等多久，就近下车吧。打开手机，开启了导航，了解了回家的路。他需要先坐 389，再转 386。吴宇松了一口气，开始等车。389 来了，他上了车，心想：总算可以回家了。他下了车，等着 386。

突然，吴宇的手机响了。"小吴啊，我有一份文件落在办公室里了……家里有点事，正忙着……你现在有没有空啊？有空的话赶到我办公室把它拍照发给我。"吴宇满脸犯愁。这个李科长，仗着自己是领导就让我们这些下属干这干那，等我当上了大领导……唉，可人家是领导，为了自己一个小小公务员的前途，还是得回办公室。他轻叹一口气，推了一下眼镜，低声道："科长，当然行了。我马上回办公室，把文件给您发过去。"电话那头："很好很好，那我等着你的消息。"吴宇挂了电话，后悔没有选择第一种方案，如果是第一种方案，说不定在 B1 来之前就能接到科长的电话。吴宇又骂了几声，准备坐公交车回单位。

吴宇又拿出了那张票，心想：今天六点钟还有一场西方古典音乐会呢，自己可是穿了最喜欢的深蓝色西装，好不容易放松一下，可不能放王成的鸽子。他看了看表，已经五点半了，坐公交车肯定赶不上了，只能坐出租车。他推了推眼镜，轻叹一声，拦了一辆出租车到了单位。吴宇急忙跑上楼，闯进科长办公室，翻了翻抽屉，找到文件，拍了照，把文件发了过去。他急忙下楼，搭上了一辆出租车，前往音乐会现场。一路上，吴宇不停催着司机开快点，开快点。

终于，吴宇卡点到了音乐厅，他掏出票找到自己的座位，理了理深蓝色西装，坐了下来。王成翘着二郎腿，调侃道："哟，好快的曹操啊！还好，没辜负我。整天忙啥呀？今晚两个饭局我都推掉了。"吴宇叹了口气，说："哥们儿，今天确实有点忙，不说了，关机，欣赏音乐。""好，古典音乐让人沉静。"

美好的时光很快逝去。吴宇和王成走出音乐厅。吴宇打开手机，显示着李科长的未接电话。吴宇拨打回去，李科长怒吼："文件发错了！"吴宇轻叹一口气，推了推眼镜……

【专家评课】

"学写故事"是初中学生最基本最重要的写作活动。这方面的课例也颇多见于期刊和网络。张老师的这一课堂实录，在同类课例中自有特点，值得细加体会。

1. **简约高效，思路清晰**。写作教学的低效是普遍存在的，但张老师在有限的学习时间里，让学生经历"写一句有趣的话——扩展成完整故事——设置故事冲突——融入人物细节"四个环节，写出一个有料、有趣、有血肉的故事。所以如此，与其清晰的教学/学习过程设计是分不开的，从一句话到一个完整的故事，再对故事做两次润色——设置冲突、融入细节，环环相扣，步步为营。张老师善谋教学的全局，由此可见。

2. **以生为本，重视学生经验的融入**。写作教学最忌简单的"我讲你写"，以为告知学生写作技法，学生便能运用自如。张老师也有"讲"，但其所"讲"，都在于唤起学生的经验、知识、体悟。比如以马尔克斯"铭记"的句子引入后，即提出"回想一下自己的生活经历，选出三件你觉得有趣的事情"的任务，最快切入经验。第三环节，为让学生了解故事写作六环节，就引导学生回顾《愚公移山》。两堂课之所以如此流畅，很大原因在于张老师深得学情，不玩高深，贴近学生，注重激发并始终维持学生愉悦的写作情绪。

3. **巧用支架，演绎与归纳结合**。两堂课使用了很多支架，比如句式表达支架"我在什么地方干什么"，选择"有料"故事素材的支架，设置故事冲突的支架，"想象人物的生活细节"导思单，等等。粗而言之，实录中的"屏幕显示"大都具有支架特征，助力学生联想、行文、交流、评价、修改。更值得称道的是，有些支架是演绎运用的，如故事写作六环节；有的则是归纳的，如选材支架之陌生化环境、心理的曲折变化、惊险刺激、探寻奇妙、误会与巧合是在师生对话中提炼、板书和总结形成的。

4. **写作新知识的引入**。这是一个开放的时代，中小学教师有很多条件与机会接触国际、国内写作学新知识，并运用于写作教学。本实录中，故事写作三要素等是新知识的显性运用，不赘述。有一处隐性运用极为巧妙。将一句有趣的话扩展为一个完整的故事，张老师提示了三条自由写作要求，第三条为"把原句中的'我'替换为你想塑造的人物形象"。其中运用"陌生化"手段，以达到写作者（我）、真实经历（故事素材）的间离效果，为学生的联想与想象、自省与拓展提供机会，是十分巧妙的。

写作教学传统而年轻。年轻，是因为有许多"张老师"们，不断注入新理念、新知识，不断开拓新路径、开发新方法。借此机会，致敬每一位写作教学的探索者。

评点：林荣凑，杭州市余杭区教育局教研室教研员，中学高级，浙江省优秀教师，著编及参编课程与教师专业发展类著作 20 多本，代表作有《高中语文学习活动的设计与实施》《论述文写作 16 课》《基于标准的语文教学》等。

第三节 "美读美写，段式学用"课堂实录

【教学目标】

1. 细读《昆明的雨》第 7 段，品析这段话的表达之美，提炼写作范式。

2. 联系自己的生活体验，恰当选材，仿照《昆明的雨》写一段连贯的话，表达自己的生活情趣。

【教学创意】

美读美写 段式学用

【教学思路】

美读，提炼写法之美 美写，表现生活之美

一、美读

师：同学们好！张老师继续给大家上《昆明的雨》，我们这节课是读写结合课。任务很简单，读——

（屏幕显示）

> 课型：读写结合课
> 学习任务：美读美写，段式学用

生：（齐读）

师：对，我们不仅要阅读，而且要学会表达对生活的感受。我们今天第一个活动是美读。上节课大家感受了文章的内容、情感，我们更应该理解作家是怎么来写的。

（屏幕显示）

> 活动一 美读
> 任务：请赏析第 7 段的表达之美。

师：请大家打开书，读第 7 段，"昆明菌子极多"这一段。请美美地读起来，读出情味，读出对昆明雨的喜爱。开始吧。

生：（自由朗读课文）

师：好的，有的同学嘴角上翘，已经沉浸在美美的阅读中了。接下来要分析第 7 段的表达之美。这里写了很多的菌子，大家画出来，思考：作者用怎样的章法把菌子一一写出来了呢？

生：（思考）

师：找同学谈谈自己的看法，请你来。

生：作者专注各个菌的特点，比如说牛肝菌，它是便宜、常见的，味道好；青头菌颜色是浅绿色的；鸡枞是味道鲜浓，无可方比，还讲了一个笑话，说明鸡枞随处可见；运用先抑后扬的手法写了干巴菌；最后写了中看不中吃的鸡油菌。

师：好，请坐。谈得很好。大家关注这些内容。

（屏幕显示）

> 最多，也最便宜的是牛肝菌。
>
> 青头菌比牛肝菌略贵……
>
> 菌中之王是鸡枞，味道鲜浓，无可方比……
>
> 有一种菌子，中吃不中看，叫作干巴菌……
>
> 还有一种菌子，中看不中吃，叫鸡油菌……

师：这叫什么呢？分类来写，分类描述。只写一种事物——菌子，一类一类地来写。大家关注加点字，找到这几类之间的内在联系。不要像有的同学写文海校园里有很多树，柳树、银杏树……一一地罗列。不是这样的，它们之间有着内在的联系，这样写层次感就很分明。我们一起读，"最多，也最便宜的是牛肝菌"，读——

生：（齐读屏幕文字）

师：这一段段落精致。在写几种菌子时，还运用到什么手法呢？请动笔批注表达之美。

生：（思考，旁批）

师：有什么表达之美？请发言。

生 1：我觉得这一段在描写不同的菌子时，详略是不同的，比如描写牛肝菌的时候，文字就很多，描写青头菌的话像是一笔带过的感觉，然后鸡㙡，对它的描写也比较多，对鸡油菌的描写相对来说也比较少。描写的详略是比较得当的。

师：谢谢，详略得当。（向另一学生）你来试一下，看它的表达之美还表现在哪里。

生2：请大家一起看描写干巴菌的这一句话。作者把干巴菌比作一堆半干的牛粪或一个被踩破了的马蜂窝，这里运用了比喻的手法，把我们并不熟悉的干巴菌比作我们比较熟悉的牛粪，这样就形象生动地写出了干巴菌的不中看。后面接着写味道使你张目结舌：这东西这么好吃?! 说明它是中吃不中看。

师：老师再帮你提炼一下，前面你读的句子"颜色深褐带绿"，这是运用了什么表达方式呢？

生：描写。

师：后面写"这东西这么好吃?!"，表达了对它的什么感情？

生：赞美。

师：这叫作叙议结合。好，批注上。叙述一个事物的时候，如果你只叙述，没有议论，好像就不能点睛。

师：谁还想说？这是对大家分析能力的挑战。

生3：这一段采用了"总—分"结构。它前面写了"昆明菌子极多"，后面详细地写各种菌类，围绕着第一句话集中展开，到底有哪几种菌。

师：说得真好。旁批一下，"总—分"结构。他一眼就看出来了。我们一起把总说句读一下。

生：（齐读）昆明菌子极多。雨季逛菜市场，随时可以看到各种菌子。

师：这就是"总—分"结构。话说"雨季"两个字，表面写菌子，暗写的还是昆明的雨，雨量充沛则菌子多，所以接下来写各种各样的菌子，表达了作者对昆明雨的喜爱。还有发现没有？这一段读起来很有味道的地方还有哪里？你来说一下，好不好？

生4：我觉得"炒牛肝菌须多放蒜，否则容易使人晕倒"这句是一种暗示，感觉作者对牛肝菌这类食材的处理很有经验，可以体现出他吃过很多次，表现出作者对当地美食很熟悉。

师：好一位文人食客！谢谢。作家结合自己的生活体验，娓娓道来，写菌子的时候把自己的生活经验融入进去了，便具有了生活的味道。这其实也是穿插生活经历，叫作生动穿插。比如咱们的笑话，也很有趣吧，也能使你的段落增色。好，我们总结一下"生动穿插"：引述一个传说、讲一个笑话、讲一个故事，不仅能使段落内容丰富，而且能增加生活的情味。还有谁要表达？

生5：我是从作者的情感上来讲，这一段都是很白话、口语的感觉，有一种与读者拉家常的感觉，让读者有一种亲切之感。

师：这是他的语言特色，上节课讲了，"淡而有味""质朴中见真情"，字里行间中都流露中汪曾祺对菌子、对昆明的爱，这叫作以情为线、形散神聚。文章有一条线，叫作情线，就是作者对菌子、对昆明雨的喜爱。所以，我们要保证一个段落话题的统一，就要有一条线索。好，把我们的板书读起来，感受这段话表达的美妙。

生：（齐读板书）"总—分"结构、分类分层、夹叙夹议、对比手法、生动穿插、以情为线。

师：乍一看这一段很普通，细细一赏析太美了，所以，美读活动提高了我们阅读欣赏的能力。这是我们八年级同学写的一段话，他是仿照我们刚才的段落来写的。我们一起来读一下吧，"老家的中秋"，读——

（屏幕显示）

> 老家的中秋，总是孩子们分享月饼的时光。芙蓉月饼是最便宜的，也是最常见的。它外表花哨，里面却只有豆沙或砂糖。姐姐最爱的莫过于鲜花饼了，从皮层来看，它再普通不过了，干巴巴的，没有丝毫修饰，形状也不规则，但吃到嘴里，却甜到心里。尤其是玫瑰花的，我和姐姐总是将外面的饼皮仔细地剥开，甜滋滋地挑着玫瑰花馅吃。奶奶在中秋总是会给我们做肉馅月饼。它的外表看起来比鲜花饼还要"丑陋"得"令人发指"，可一吃起来，都能让我们几个美味到流眼泪。而现在的月饼讲究太多，那不叫吃月饼，而是吃所谓的"品位"，而老家的月饼却能吃出个中秋来。

师：太美了，你看这段话，"总—分"结构。开头"老家的中秋，总是孩子们分享月饼的时光"。接下来写芙蓉月饼、鲜花饼、肉馅月饼。整个段落就像写菌子一样是一类一类的，还注意了这几类之间的逻辑层次，先介绍"最便宜的，也是最常见的"，然后是"姐姐最爱的莫过于……"，层次递进，两者的逻辑关系紧密，这表现出小作者的思维。上面是姐姐喜欢的鲜花月饼，下面是奶奶喜欢做的肉馅月饼，更值得欣赏的，它不仅表现出对月饼的喜爱、对家乡的喜爱，还有柔柔的、暖暖的亲情。有人情美、滋味美，相信大家也能写出这样的文字来。

二、美写

师：好，接下来第二个活动干什么呢？

生：美写。

（屏幕显示）

> 活动二　美写
>
> 　　结合自己的生活体验，自由选材，运用所学段式规律写一段话，表达自己的生活情趣。200字左右。

师：聪明。结合生活体验，自由选材，运用我们刚才所学的段式规律来写话。"总—分"结构，分类分层，要凸显出来。写一种事物，把它细细写来，微小的事物中就能表达出深厚的情味。好，请同学们选择使用这些表现手法，不一定全部用完。再来看老师的提示语。

（屏幕显示）

> 　　提示：杭州的雨、家乡的桥、杭州的秋叶、文海之石、文海之树、杭州的美食、妈妈的花、我童年的枪、我喜爱的巧克力……
>
> 　　实践写法："总—分"结构、分类分层、对比手法、夹叙夹议、生动穿插、以情为线。

师：开始进行头脑风暴，选定一物，细细品味，感受它给你的生活带来的滋味美。开始思考。写作时间10分钟，老师要听你沙沙的书写声啦。

生：（安静地写作）

师：时间差不多了，我们交流吧。我找同学读自己写的作品，同桌给他评价。怎么评价呢？看我们这节课学习的内容，重点是"总—分"结构、分类分层、对比手法，包括抑扬也是。如果能用上夹叙夹议、生动穿插、一线串珠，那就更好。谁先来？举手示意我。

生6：我喜欢的老师。我喜欢的老师并不少，数学老师身体瘦弱，让人看了不禁会想：这样的老师能不能管住我们这帮坏学生？数学是几门学科中最难的一门。他已经四五十岁了，且视力也不好，想必思维并不敏捷，水平也高不到哪里去。可谁承想，他教授给我们的数学知识，因为不断强调，以至于我目不转睛，不但不捣乱，成绩也进步飞快。语文老师则不管我犯了多少小错，只要不是特别恶劣，都不会批评我，在父母那儿也为我美言几句，以至于我站在这里讲话，令我十分感激。除了有一次，我的书写实在太潦草了，批评了我几句。科学老师，对我有一种严厉的爱。他始终提醒我该做什么，不该做什么。他经常跟我的父母促膝长谈。因此我的科学成绩进步得十分快。我爱我的所有老师。

生 7：他以学生的角度来写老师，来表达对老师的感激和爱。写作角度细腻，都采取生活中比较琐碎的小事，比如写语文老师、科学老师。语言风格上，他好像在和你对话一样，有汪曾祺的那种感觉，显得特别亲切。

师：写的是学生与老师之间的小事，但是给我们以暖暖的爱，穿插了自己很多的生活经历。这个段落的突出特点就是"总—分"结构、分类分层，章法掌握得特别好。他写的是人物，《昆明的雨》第 7 段讲的是一类事物。继续——

生 8：家乡的美食极丰富。早晨逛街随时可以看到各种美食。最多也最便宜的，是烧饼。一大早就看到卖烧饼的人，推着一个车子，上面放有一个体积约为一立方米的圆炉子，大声吆喝道："快来咯，新出炉的烧饼哩，走过路过千万不要错过！"他的声音铿锵有力，气壮山河，方圆十里都能听到。我儿时最爱吃的烧饼是它的边缘，上面有许多突起，连成一条线，像火苗一样快乐地燃烧着。家乡的美食之王是麻糖，味道酥甜，无可方比。麻糖的外面穿了一件白大衣，上面还有白芝麻点缀。每到冬天，我都会让妈妈买一大箱，当零食吃，沾得我满嘴都是糖。甜甜的味道，甜到我的心里。

生 9：她运用了"总—分"结构，先写了家乡的美食很丰富，然后分点写出了她喜爱吃的烧饼、麻糖，最后写出了她对家乡、对小时候的一种怀念、喜爱。详略得当，详细写了烧饼。

师：表达了家乡的美、滋味的美，其实也有叙议结合，"像火苗一样快乐地燃烧着"，是描述，下面有议论，你看，"味道酥甜，无可方比"。再找一位同学。

生 10：文海之石。文海是拥有石海世界的地方，穿梭在一个个校园间，随处可见。其他中学我不太熟，但文海中学，中央池塘和旁边的两栋教学楼间铺着鹅卵石，加之校园南端由各色各样石子铺成的小路，无不体现出一种自然美。另者，文海石头上还雕刻着许多字，我印象最深的是中学门口的那一块，刻有八字："一朝梦想，百年文海。"我还清晰地记得，经过舍杭轩的那块石头上，镌刻着金黄色的"文海读书"四字隶书，跨立在钱塘江畔，冬日里大雪覆盖，伴随着琅琅的读书声，这四字在阳光的照射下格外耀眼。

师：格外耀眼。多美。他的分类分层是按照什么？方位，不同的区域。再来试一下，最后一位。

生11：我喜欢的巧克力。我最喜欢的零食莫过于巧克力了。最便宜的自然是脆香米，它内部有脆花生米，价格与苹果差不了多少。更常见的是士力架，它外脆里酥，实乃运动的能量之源，有个广告词是"横扫饥饿，做回自己"，写的就是士力架。略贵一些的是德芙，它外表十分好看，表面光滑无比，口感绵润细滑，香味沁人心脾。有一个好看又好吃的巧克力叫好时，乍一看，它花里胡哨，形状奇特，但是一入口，便会得到一声惊叹："真香！"

师：这就是语言学用，抑扬笔法，对比手法。非常好。感谢大家的努力，都写得很好。

只描写一种事物就运用那么多的笔法，"总—分"结构，分类分层，生动穿插，抑扬笔法，多么美！刚才我们大家练习的就是高难度的汪曾祺的笔法。细细写一物，从不同的角度来描述，表达生活的情趣。这是我们这节课的收获。再来读一下。美读美写——

生：（齐读）美读美写、段式学用。"总—分"结构、分类分层、夹叙夹议、对比手法、生动穿插、一线串珠。

师：大家学得很努力，写作也很精彩。谢谢大家，下课！

【学生佳作】

昆明的米线
徐子力

昆明的米线吃法亦是很多的，不过叫法与别处的不同，桂林就管它叫"粉"。传统的过桥米线是必点的，一大碗鸡汤冒着热气，旁边用小碟子盛起来的食材更是令人垂涎三尺，将它们和米线一起放进汤中去，满满的。米线白白滑滑，一不小心就会从筷子上"窜"下去，溅起一串汤汁。菊花过桥米线也是特色，光看米线汤上飘着的几撮菊花瓣，就别有一番韵味。嗦汤的时候，一大口下去，还有些菊花儿的香，别提多有味儿了。除此之外，番茄味儿的是"番茄党"

的福音。米线汤是橙红色，酸甜酸甜的，吃米线的时候，白色的米线上也沾上好看的番茄色。我每次都吃番茄味儿的，总觉得它有一种特别的力量吸引着我，令我不能舍弃。

儿时的烟花
张天琪

过春节，我最喜欢的，必定是烟花。最常见的叫"闪光炮"，通常是一个长筒，一点火，就可以飞得很高，"砰"一声在天中炸出鲜亮的花，它能够次第开出好几朵花。可惜的是，一桶只能炸出一种颜色。这种烟花太震耳，小时候我害怕，所以没亲自放过。还有一种和"闪光炮"差不多，叫"窜天猴"，不过声音小了不少，只听"吱——"的一声，它便拖着一条金色的尾巴，直上云霄。较优雅的，孩子们喜欢把它称为"小花样"，它不会飞上天，声音也不大，有的燃起来，可以自己在地上打转转，像陀螺一样，还环绕一圈光环呢！还有的"小花样"像一个花盆，燃起来像小树一样开花，大的有大半个人高。我小时候放过，但就是不信它没有声音，刚一点上火就跑到三姥爷身后捂紧耳朵，可没想到，它只不过是静静地放出金色的火星，自顾自地燃烧罢了，丝毫不理睬受惊的我。有一种叫"仙女棒"的烟花，我最喜欢了。小小的一根，细细长长，可以拿在手里，看它一点点慢慢地燃烧，捧着一团亮黄色火球，好像能驱散冬日的寒冷，我的心整个都被它温暖了。

【专家评课】

这节课体现出以下亮点：

1. **板块清晰，活动充分**。一读一写，一品析一动笔。因为板块简洁，所以学生能够进行长时间的、深入的学习活动。品析，练笔，每个板块都有适宜的时间长度，做到了集体训练，活动充分。"美读"，提炼表现手法；"美写"，运用表现手法。以两个板块来整合学习内容、形成教学流程、结构课堂教学，显现出清晰有序的板块式教学思路。美读美写活动形式的变化，既呈现出教学节奏的变化，又表现出自读课文以学生自主学习为主的鲜明特点。

2. **选点深入，读写结合**。精选课文的第 7 段，品析其表达之美，提炼出"总—分"结构、分类分层、抑扬对比、生动穿插、夹叙夹议、以情为线等表现手法，教师及时点示、归纳写作规律，同时关注到了丰厚文学知识的渗透与点拨。这是教师充分利用课文、对课文"披沙拣金"的发现。阅读基础上的"写"是为了加深对这一段式的理解。读和写是互助的，读是为了写，写是为了读，"美读"与"美写"两个板块逐层推进，水乳交融。

3. **创新活动，手法高雅。**《昆明的雨》这一课，大多数老师的教学方法是，品析语言，感受作者的语言风格，体会文章的情味。这节课聚焦精致的一段话，以点带面，段式学用，既训练读的能力，又训练写的能力，可谓课型与活动的创新。这还是一节审美教学的课，学生品析淡而有味的语言，发现精美的表达规律，进而写作以表达自己高雅的生活情趣。因为写，课堂得以安静，学生得以沉思；因为读，课堂境界美好，洋溢诗意氛围。

4. **精选资料，助教助学。**本节课指向于段式学用，为了"写"，教师提供了丰富的资料，除了课本上的，还有同龄学生的微写作。同龄孩子的作文作为范文，贴近学生生活实际，学生的生活经验很容易被唤醒。这些资料给予学生的，是语言表达规律的样例，深化了学生对这一段式的感受，增加了教学厚度。动笔之前的话题提示、写法运用的要求，有助于指导学生自学，促进了读写的转化。

还需指出，当一位学生谈到作者很会"吃"的时候，教师可以顺势带出作者对"吃"的研究。作家曾自嘲他是个"吃货"，这样的内容顺势插入，或许更有情味一些。一位学生朗读，一位学生评说，对教师的评价语言提出了很高的要求。教师要针对朗读者和评价者两个方面，以简洁准确的语言与学生及时对话。

课型的创新，学习活动的创新，这些都给我们带来考验与挑战，需要我们有更为厚实的学术背景。

评点：余映潮，语文特级教师，全国中语会学术委员，全国中语会名师教研中心主任，教育部"国培计划"首批培训专家，湖北省荆州市教科院原中学语文教研员。

第四节 "'一材多用'中考作文指导"课堂实录

【教学目标】

1. 训练思维的敏锐度和选材时的变通能力。

2. 训练多角度地运用材料的能力，提高中考作文水平。

【教学创意】

"一材多用" 活用材料

【教学思路】

一材多标题、一材多立意、一材多运用

一、一材多标题

师：今天，老师和大家一起探讨一下中考作文复习，一起来感受和体验"一材多用"。请大家把书翻到《孤独之旅》。请同学们给课文另拟一个标题，写在课题的旁边。

（学生阅读课文，拟写标题。2分钟。）

师：请你来说说看。

生1：我拟的标题是"孤独成长"。因为这篇小说主要描述的是杜小康的成长经历，他的成长是在孤独的前提下慢慢学会的。

师：在孤独中慢慢成长，由孤独到适应再到坚强地长大了。（将话筒递给另一位同学）。

生2：我拟的标题是"阳光总在风雨后"。因为这篇文章描述杜小康在暴风雨后觉得自己坚强了、长大了。

师：很富有诗意的标题。一个人经历了挫折，才能长大。谢谢你。

生3：我拟的标题是"风雨中成长"。因为所谓"孤独之旅"就是杜小康从幼稚到成熟的心路之旅。

师：这个标题很简洁，就是一个少年的成长故事。（面向另一学生）请你试一下。

生4：我拟的标题是"于孤独中成长"。我认为孤独是贯穿了整篇文章的线索，成长是这篇文章主要表达的主题，就把这两个结合在一起。

师：好，谢谢。谁还想说？

生5：我拟的标题是"成长需要代价"。因为杜小康面对了暴风雨，并且付出了代价，他才能成长，才能蜕变。

师：好的，成长是需要付出代价的。这是对人生的思考。老师也拟了几个标题，读——

（屏幕显示）

跟着父亲去放鸭	陌生的天空
前方是什么样子	这才是真正的芦荡
面对暴风雨	紧紧地挨着父亲
明年春天	鸭们长大了
哭了，但并不悲哀	从未见过天空这样蓝

（学生齐读）

师：这是老师从课文中提取的关键词和短语，都能来揭示这个故事的内涵，有的含蓄抒情，有的富有诗意，有的揭示故事内容。"跟着父亲去放鸭"，这是典型的事件；"前方是什么样子"，在求索，吸引读者；"面对暴风雨"，就是面对挫折、面对困难如何行走，暴风雨是文学作品中常见的意象；"鸭们长大了"是有象征意味的。你看，一件事情，我们可以用这些标题写成文章。读——

（屏幕显示）

> 这个训练活动启示我们：
> 运用同一材料可以写出多篇"奇妙多姿"的作文来。

二、一材多立意

师：同一则材料，可以用不同的语言形式写出表达不同主题的作文。我们来看这样的一件事，"去年暑假"，读——

（屏幕显示）

> 去年暑假，我们全家一起去爬黄山。父亲陪我一起爬天都峰，面对陡峭的山峰，身材肥胖、向来懒惰的父亲坚持要陪我。在爬山途中，我信心减退时，父亲鼓舞我前进。我到达山顶，父亲自己也扭动肥胖的身子，咬牙坚持着，最终以恒心与毅力陪伴我爬到了山顶，让我对父亲有了新的认识。

（学生齐读）

师：一件事之所以能写出不同的文章，是因为它蕴含了丰富的内涵，具有多义性。爬黄山这一件事，我们可以从不同角度思考它的多重意义，可以寻找很多话题。这件事，适合写哪些话题的作文呢？这就是立意。把你想到的关键词或者短语写在讲义的旁边，每个同学至少写三个词或短语，来训练自己的发散思维。

（学生思考，动笔）

师：有的同学都写了五个关键词了，了不起。可以表达了吗？

生6：我觉得可以拟一个"心之所向"。从这件事情中，我们可以感受到一种坚持不懈的力量，虽然他的父亲很胖，但是依旧爬上了山顶，表现出恒心和毅力。作文结尾可以是：以后不管遇到什么艰难困苦，都可以以这件事激励自己前行的步伐。风雨之后见彩虹，不坚持无以成胜利。

师：做事要坚持。（面向另一个学生）谈谈你的理解。

生7：我觉得这是用来表现成长的话题。因为作者爬山时产生了想要放弃的想法，但是他身材肥胖的父亲却在自己没放弃的情况下，还带着孩子爬上了山。作者从父亲的身上学到了坚持的精神，激励自己成长。

师：多好，不仅是儿子成长，父亲也成长了。

生8：我认为可以从父亲的鼓舞以及陪伴这个角度来思考。因为作者原来有些困惑，不相信自己，但在父亲的鼓舞和陪伴下爬上了山。标题可以是"陪伴"。

师：陪伴是最长情的告白。坚持、成长、陪伴，互相激励鼓舞，走向远方。继续。

生9：我觉得可以从父爱的角度思考。父亲身材肥胖，又向来懒惰，但因为儿子咬着牙也爬上山了。

师：这是一段亲情的故事，伟大的父爱啊，为了儿子而吃力地攀登。积极举手，谢谢。

生10：我觉得可以从共进的力量来思考。父亲在鼓舞"我"前进的同时，

"我"前进的动力也在带动着父亲前进。

师：父子共同成长，双方共进。

生11：我觉得还有一个话题是"走一步，再走一步"。因为爬上黄山并不是一下子就爬上去的，需要一个过程。

师：多有诗意的标题。不是一蹴而就的，而是慢慢地战胜困难的过程。

生12：我觉得可以从指导、教育的角度思考。因为当"我"心生退却的想法时，父亲却给"我"坚定的意志，给"我"指导。

师：身体力行，激励儿子，是一个教导有方的老爸。你来说。

生13：我觉得是"鼓舞"这个话题。这座山非常难爬，看似不可能。"我"很难，父亲更难，但父亲却为了"我"默默地爬，像是将"我"顶上去一样。

师：他的分析很有深度。亲情、坚持的话题，一看就看出来了。而父亲身材肥胖，为什么要这样做呢？这是深沉的父爱，是隐秘的感情，大爱无言啊。好的，读起来吧。"亲情"，读——

（屏幕显示）

亲情	坚持	毅力	面对困难	陪伴	鼓舞
发现	力量	信心	理解	改变	一直向上走
感动	深沉的爱				

（学生齐读）

师：大部分话题，我们都谈到了。比如"发现"，这时候懂得了、理解了父爱——为什么陪"我"爬山，我们才认识到一个真正的父亲。还有"改变"，刚才谁写到了？

生14：父亲原来是一个懒惰的人，作者让他做什么事情，他都是"急什么，再等一会儿"，但当作者独立去爬黄山时，父亲就克服了自己的懒惰，陪他爬上了黄山。所以我觉得这就是父亲的一个改变。

师：嗯，父亲受儿子的影响改变了自己，这也是有的。有些爸爸妈妈原本是不读书的，但看到你在写作业，他也就在那里读书。这是你在引导老爸老妈。好的，一个材料有多个话题、多个立意去写，我们就开发利用它。但是这些立意有浅有深，我们要观察一下，要避凡脱俗。人家写坚持、亲情，我可能就绕开不写，要新颖一点。

（屏幕显示）

师：PPT 是昨天晚上老师备的课。刚才我还想到几个话题。"魅力"，表现父亲的魅力。另外，"多彩青春"，爬山表现自己砥砺前行，父亲用他的魅力感召着我，都是富有活力的，可以用"多彩青春"。好的，老师大致做了一个梳理，从立意的浅层、中层、深层来看。

师：深沉的爱，读懂父爱。发现一个人。儿子可以改变老爸。父子都是向上的生命。我们不是学过《散步》吗？"生命"，把主题引向高远深刻。我们就可以写出有深度的文章。读起来——

（屏幕显示）

> 这个训练活动启示我们：
> 一则作文素材，可以从多个角度立意。

师：刚才那件事，是我们班邢天宇同学随笔上写的一件事，我让他把事件进行了概括。感谢天宇同学给大家带来广阔的思维。（学生鼓掌）

三、一材多运用

师：中考前学习很紧张，我们特别犯愁的问题是看到作文题，我写什么呢？其实你看一看、翻一翻我们平时的随笔，包括平时考过的作文卷，拿出来作为素材，都可以用的。我们要巧妙地变通一下，活学活用。好，我们"一材多用"进行第三个活动。你看，刚才爬黄山的那件事，可否用于下面的作文题呢？

（屏幕显示）

> 思考：上述材料可否运用于下面的作文题呢？该怎样灵活运用呢？
> 1. 请以《慢慢地，我懂了》为题目，写一篇文章。
> 2. 请以《陪伴，让岁月多了一份_____》为题目，写一篇文章。

师：该怎么灵活运用呢？"慢慢地，我懂了"——原来他的题目是"一个大写的'F'"。"陪伴，让岁月多了一份_____"。一个命题，一个半命题。想一想。我想是可以运用上的。怎样把以前作文中用过的素材调整、润色、加工，让它适应我们新的考试内容呢？

（屏幕显示）

"一材多运用"的技法

（一）改动文章的标题

（二）改点题句

运用抒情、议论来凸显点题句。

（三）调整详略

1. 根据标题、立意确定详略。

2. 原文详处与文章无关者则删，原文略处与文章紧密者则丰。

师：请看屏幕。第一，标题要改一改。第二，注意点题句。原来是"大写的'F'"，开头结尾都予以突出，起笔是抑笔，后面是升华照应，赋予"F"新的含义。那我们写这两个题目的时候，开头和结尾可能就要换一换了，点题句要变一变。第三，更重要的是，因为我们改变了标题、改变了立意，所以写作的重心应该调整。原来详写的内容我们此时可能略写，原来略写的内容我们现在要铺展、放大、渲染。比如《孤独之旅》，我们刚才列了很多，最好的标题还是《孤独之旅》，描写孤独的心境、心路历程，是文章的重点。接下来，请你任选一道题，写一个提纲，写到学案上。根据标题、立意确定详略，来突出你表达的重点。开头结尾要写好，主体部分就把你要详写的那个片段概述一下。你想到什么手法、表达技巧，也可以加个括号补充批注上。提纲列好，你写起作文来就会得心应手。争取8分钟完成。

（生动笔写作，师巡视辅导）

师：好，我们互相启发一下。看看别人的，再揣摩一下自己的作品。看大屏幕，介绍一下自己的思路和重点。（教师将一位学生的作品投影到屏幕）《慢慢地，我懂了》，请本文的作者来说一下。

生15：我以《慢慢地，我懂了》为题目。抓住"懂""慢慢地"这几个关键词，重点突出父亲的改变。他之前给"我"的印象是怎样的，之后我们一起去爬天都峰，这期间从对父亲的细节描写——神态、语言、动作各个方面，表现出父亲的改变以及"我"对父亲的理解。

师：好的，请坐。"懂"的内涵也很多，有改变、坚持、父爱。请你来介绍一下。

生16：开头，大致写了一下老爸的形象，然后描写天都峰的险峻，也是为了塑造老爸的形象，形成对比。登峰的过程是要详细写的，稍微往老爸的方向侧重点，因为这篇文章就是刻画他这样的人物。景色也可以略写。这个结尾保留了原文的两句话，我自己加了两句话。"烟火气"就是像人烟，有那种人情味的，这种"烟火气"也代表着人情味，一种温情，就是父子之情的感觉，有着一丝温暖。

师：好，谢谢。为了突出这一丝温情，应该把写作的重点放到父子深情上，互相勉励，把爸爸的爱凸显出来。"突出艰难"，要思考一下"转笔"，愈艰难，爱愈深。我们再来看邢天宇同学的。这是他的素材，现在换了一个题目，需要新思维了。请说一说。

生17：题目"慢慢地，我懂了"，"慢慢地"说明有一个改变的过程，就是说"我"之前是不懂的，但是经过这样的事情，"我"懂了。所以我仍然采用了原来文章中欲扬先抑的手法，先用一种相对灵动风趣的语言写"我"的父亲比较懒、身材比较肥胖这些特点，再详写"我"为什么懂了这个关键的过程。我觉得在爬山的过程中，父亲给"我"的鼓励以及父亲的坚持，这些都是要突出的。包括再到后面，"我"对父亲这种不善表达的、深沉的爱有了新的理解。

师：嗯，你看他的详写部分就确定好了——父亲克服肥胖和懒惰而鼓舞了"我"。"我"对父亲有了新的认识，原来"F"是"fat"，是胖，现在却依然爬上了山峰，是对"我"的鼓励。这就让"我"理解了那深沉的父爱。所以，理解万岁。扣题结尾，"慢慢地，我懂了，我那从不表露爱的父亲，却一直在身边陪伴着我。无论山多高路多长，身边总有一个用恒心、用爱默默守护我的父亲"。你看，情感升华了。这就是一个材料，可以灵活运用它来完成新的考题。一起读起来。

（屏幕显示）

> 这个训练活动启示我们：
>
> "一材多用"，让我们从容面对不同的作文命题；
>
> 活用巧用原作材料，可以提高考场作文的速度，增添作文的色彩。

师：这节课，我们进行了三个活动，读起来——

（屏幕显示）

> 课堂小结：
> 一材多标题
> 一材多立意
> 一材多运用

师：最后还要告诉大家，并非所有的作文题目都可以用这个材料，它不是万能的，所以我们还要多多积累写作素材。手头的资料越丰富，运用的范围越广，围绕立意取舍的余地越大，我们的作文会写得越来越好。今天我们的主题就是学会"一材多用"，培养我们思维的敏捷度和变通运用的能力，让我们的思维更加广阔。大家的表现很好，下课！

【学生佳作】

一个大写的"F"

邢天宇

我一直很喜欢用一个英文字母来称呼我爸爸，那就是"F"。倒不是因为"父亲"的英文单词是Father，而是另一个"F"开头的单词很形象地形容了我爸爸——"Fat"。

似乎除了我以外，别人都说老爸还谈不上那么胖，但在我看来，老爸永远像一个小写的"d"，肚子总会挺出来那么一截，于是我给他起了个十分亲切的绰号，叫"肥"。

随着一天天的观察，我发现叫他"肥"还不如叫"懒"呢。让他帮我做点事，他总会说"再等一会儿吧""急什么呀"，这真的很让人讨厌。我从来都认为，他一定是没有恒心和毅力去完成一件事，哪怕那是只有一点点难度的事情。

去年一个假期，爸妈带我去黄山。天都峰是黄山最雄伟险峻的山峰，从山脚抬头看去，一条几乎垂直的山路通往山顶。我下定决心要征服这座险峰。爸爸说陪我一起上。我十分怀疑他到时候是否真会和我一起爬山。走到索道和登山道的岔路口时，我再次满脸怀疑地问老爸："你还是算了吧，到时候困在半山腰下不来可就完了。"可他仍要跟我上。

235

开始爬天都峰了。这台阶陡的程度，比我想象中更厉害。三阶台阶，好像就会升高一米多，还直直通往山顶，一点都不间断。我紧紧抓住铁链，每爬几步，就喘气抬头，高高的山顶看上去总是那样遥不可及，再看看眼前与视线相平的台阶，我之前的勃勃雄心减退了一分。

"继续！加油！往上爬!"

我回头，看见爸爸站在下面几级台阶的地方，手扒在台阶上抬头看着我，汗从他额头上源源不断地流下来，身上穿的衣服已经湿透了，手明显紧绷着，似乎还在轻微地颤抖。看了我一会儿，爸爸举起右手，朝山顶的方向坚定地一指，我点点头，转过身再次进发。

我终于爬到了山顶，转头发现爸爸已经落后我五十多级台阶。我向他挥挥手，他看见我，向我竖起了大拇指，我笑了。父亲继续往上爬，身体偏胖的他，无法竖直向上爬，每登一层，他就要向一边扭一下身子，下一步再倒向另一边，这样一来一去，气喘吁吁。终于，老爸也攀上了峰顶。

放眼黄山，犹如一片绿树丛林，奇峰峻美。站在天都峰顶，我感到天际就在眼前。

经过六个小时徒步，我们回到了旅馆。我问爸爸是怎样坚持下来的。他回答说，如果不是陪我，他也不会去爬山；如果不是我在上边，他也不会想到会爬上如此陡峭的天都峰。

我笑了，他也笑了。这天都峰，成了我们父子的纪念。

回来以后，我仍然喜欢称他为"F"，可这"F"却又多了一层新的含义。

【专家评课】

这节课体现了执教者张占营老师对写作教学和中考复习指导的认识，较好地达到了设计的教学目标。整堂课体现出以下特点：

1. **立足实际，切近需求**。临近中考，学生的学习自然十分紧张。我们对于语文教学的美好设想，在中考面前不得不按下暂停键，真正关注学生的现实需求。这就是我们常说的学情。张老师这节课就是立足于学生的实际情况，切近学生的实际需求，以"捡拾"的思维策略，引导学生举一反三。此时不是让米缸更充盈、让菜篮子更丰满的时候，而是将现有的米、现有的菜变着花样做出饭菜的时候。在这个意义上，指导学生在作文中"一材多用"，充分体现了张老师的教学智慧。

2.　**思路清晰，教学顺畅**。张老师这节课将"一材多用"分解为三个操作技巧：一材多标题，一材多立意，一材多运用。通过分解，将"一材多用"的智慧变成了可以转化为学生写作能力的三个抓手。有了抓手，学生就可以攀缘而上。三个抓手，又自然形成三个教学板块，一个板块一个板块地推进，所以整堂课如行云流水般顺畅。

3.　**互动良好，效果真实**。中考复习阶段，一般的教师和学生往往都没有了耐心，尤其是教师上课更心急，哪容得学生"浪费时间"？但这堂课，张老师十分沉稳、从容，虽然是"捡拾"过去的知识，但仍然让学生思考、分享、交流——这是语文教学本来的姿态，无论什么时候课堂都是"学堂"，学生是课堂的主人。张老师这堂课，师生互动充分，气氛融洽，学生是在真学习、真思考，当然收获也是真实的。

当然，如果在"一"字上再多下点深入思考的功夫，教学也会更加深入。本节课三个板块的"一"，不在同一个层面，不是同一个含义，放在一起，难以形成学科知识逻辑的呼应关系，学生语文能力的增长逻辑也就难以呼应。如果从学生作文的实际问题入手，比如不会一材多立意，或不会一材多运用，然后引导学生"多"起来，领悟"多"的规律和方法，就会比知道一材可以"多"更有意义。

教学思考具有累积效应，正所谓"操千曲而后晓声，观千剑而后晓器"。希望将来听到张老师更多、更有深度的好课！

评点：李华平，四川师范大学教授，"正道语文"首倡者，全国语文学习专委会副理事长，教育部国培专家，国家级教学成果评审专家，国家级教学名师评审专家，教育部语文教师培训课程指导标准研制组核心成员。

第四章
写作教学随笔

本章辑录了在写作教学实践中的几篇随笔，有对教学创意的溯源，有对写作课堂的追问，有对评讲作文的新探，有对写作之美的认识……在感性认知与理性思索碰撞下诞生的教学随笔，具体探索基于学生立场的作文教学应该如何开展。写作是综合性、实践性很强的学习，写作学习中教育价值具有整体性、多元性。它启迪我们，写作指导要注重过程，要抓住每个活动过程的教育时机，使学生的思维得到拓展，思想得到升华，情感得到熏陶，审美得到提升，以写作教学落实"立德树人"的育人目标。

第一节　学生表达不细腻，怎么办

学生平时的作文，存在叙述多描写少的现象，只知简单地叙事，缺少丰富的有血有肉的表达，所以很有必要加强这方面的训练。

《心声》是当代女作家黄蓓佳的作品。小说写一位与万卡有着相似命运的小男孩，很想在语文公开课上朗读课文《万卡》，却遭到老师拒绝的故事，揭示了社会生活和义务教育中普遍存在的一些令人深思的问题。小说以其深沉的思想内涵、凄楚的人物形象、纤丽的情节叙述和令人伤感的语言表达，感染着读者。小说也被选入《中国新文艺大系 1976—1982 儿童文学集》。

这是统编教材之前的一篇自读课文，至今仍有教学价值。它的语言通俗易懂，很贴近学生的生活，学生很乐于去读这篇文章。我指导学生自主阅读这篇小说，让学生对小说的人物、情节与环境有一个相对深入的把握。这是实施教学的第一步，感受文本，弄懂这篇文章写了什么。

第二步，我引导学生学习作者黄蓓佳极为细腻的表达技巧。

这个教学创意，出于三种思考：1. 此文语言极为生动，尤其是语言描写、动作描写、神态描写、心理活动描写，还有一些联想和想象、修辞手法等运用语言的技巧，都值得让学生去揣摩、学习。2. 学习表达技巧的过程，也是对小说人物形象深入理解、欣赏的过程，正所谓抓住语言去理解文本，才能凸显语文课的语文味。3. 学生平时的作文，只知简单地叙事，缺少丰富的有血有肉的表达，很有必要加强这方面的训练——叙事+描写，使作文摆脱枯燥，增添灵气。

在具体落实第二步时，我采用了以下三个环节。

一、教师改编课文片段

我选取课文的第三部分进行了改编，如下：

①第二天放学后，程老师让那指定的六个同学留下来，各人把自己的一段课文反复读了几遍。她因为要备课，先到办公室去了，说一会儿再来"过关"。

②京京刚走出教室，就听到了读书声。他又折回去，在教室外面听。

③赵小桢读的是第二段。她平常的声音很好听。但是只要一读书，不像穷孩子万卡。

④不是这样的。京京听着，在心里说，万卡不是个娇滴滴的小姑娘，不该有这种撒娇的腔调。

⑤赵小桢还在往下念。

⑥京京叫出来："不是这样的！"

⑦屋里的朗读声停了，六个人都吃惊地望着他。

⑧赵小桢问："你说什么？"

⑨京京有点儿发窘："读得不对。"

⑩"什么？"赵小桢说，"你又不是老师，怎么知道我读得不对？"

⑪京京嘟囔着："不对。"

⑫赵小桢说："老师不让你读，你就说人家不对。得了吧！"

⑬京京气得要命。

⑭他委屈地离开教室。

这样的改编提炼了原文的主要情节，删去了一些很细腻生动的描写，并对有些叙述语言做了小小的改动，看上去大体就是叙事。我把这个改稿打印好。

二、学生想象细节，添加改稿

我提醒学生先把手头的《心声》文稿放起来，先不看，让自己沉醉于想象与构思中。接着，分发打印好的改稿。

教师提出要求：结合小说的原意，丰富人物形象和故事情节。可以回忆小说的原文添加文字，也可以结合自己的生活经历和体验添加文字。用添加符号在改稿上直接添加。

学生读改编的稿子，静静地思考，在适当的地方补充了一些细节描写。

学生交流了添加、补充的文字。我做了一些整理：

第1自然段：第二天放学后，程老师让那指定的六个同学留下来，各人把自己的一段课文反复读了几遍。她因为要备课，先到办公室去了，说一会儿再来"过关"。京京翻开课本，一页一页地翻着，书本的一角被他抿了又抿。京京呆呆地坐着，眼里划过一丝惆怅。"放学了！"京京被胖胖的赵小桢的声音惊醒，像丢了魂一般，背起书包……

第2自然段：京京刚走出教室，就听到了读书声。他心里想：他们几个真幸运，能被老师选中。我如果能像他们一样该多好啊！他又折回去，在教室外面听。他把书包放在窗台上，踮起脚尖，托着下巴，仔细地听着。

第4自然段：不是这样的。京京听着，在心里说，万卡不是个娇滴滴的小姑娘，不该有这种撒娇的腔调。京京睁着大大的眼睛看着赵小桢，她没有让自己进入角色啊！

第5自然段：赵小桢还在自我陶醉地往下念。

第6自然段：京京猛地直起身来，头一下撞在了打开的窗子上，他捂着头大声地叫出来："不是这样的！"

第7自然段：屋里的朗读声停了，六个人都吃惊地望着他。李京京心里怦怦地跳，小脸也红了，牙齿紧紧地咬着嘴唇。

第8自然段：赵小桢瞪着眼睛，上下打量着李京京问："你说什么？"

第8自然段：赵小桢问："你说什么？连选都没有选上，牛，牛什么牛？"

第9自然段：京京有点儿发窘："读得不对。"京京有点害怕，他的手紧紧地抓着衣角。此时的脑海是一片空白，因为他只想着那篇课文——《万卡》。

第10自然段："什么？"赵小桢狠狠地把手拍在桌子上，又指着京京说，"你又不是老师，怎么知道我读得不对？"

第13自然段：京京气得要命。泪水在眼眶里打转。他心里很难受，压根儿就不是妒忌别人。赵小桢和其他同学都笑起来了。

第14自然段：他委屈地离开教室。走出了教室好远，又来到小树林里。从书包里拿出讲义读了起来，又想起了慈祥的爷爷和儿时的伙伴，他多么想回到他们身边啊！

第14自然段：他委屈地离开教室。但他却很不服气，走了几步停下来。"自己错了吗？"外面的树叶被风吹得沙沙作响，不知是替他惋惜还是嘲笑他。

仅选摘以上文字，从中可以看出学生不断迸射的思维火花、表达的灵动和才气。

三、对照课文，揣摩原文描写之细腻

我把所选语段的原文展示出来，让学生与原作对比。同学们兴致勃勃地把改稿和自己添加的内容认真对照。对照原文时，指导学生思考：原文是怎么写的，为什么要这样写。

学生展开小组讨论。

在此基础上，教师根据课堂生成的情况，从以下几个方面给予精要的评析，指导学生如何更为细腻地表达。

1. **运用多种人物描写的方法**。专注地去想那个场景中的那个人会怎么样。长时间地去看去想一个事物，你就会发现它的美。他会说些什么话，做些什么动作，流露出什么表情，他心里在想些什么。有了这些"艺术的真实"描写，人物的一言一行就会展现在读者面前，形象丰满，内容充实。

2. **运用场景烘托、渲染的方法**。同学们在写人叙事时，不要单单地写人叙事，要关注这个人在一个什么环境下生存，这件事发生时的情景是怎样的。有了周围环境的点缀，一个活生生的人物形象就站立起来了。如文中"屋里的同学全都哄笑了起来""走出好远，他还听见赵小桢银铃儿似的笑声"，学生补充的"外面的树叶被风吹得沙沙作响，不知是替他惋惜还是嘲笑他"就属于场景描写。场景描写是为刻画人物服务的。运用环境烘托人物，人物就有了立体感。

3. **运用摘录引用的方法**。如原文第 31 自然段"亲爱的爷爷康司坦丁·玛卡里奇……我没爹没娘，只剩下您一个人是我的亲人了！"这是赵小桢读、李京京听的内容。读的什么听的什么呢？有时候写出来，就使故事情节更为细腻了。再比如，写老师绘声绘色地读课文，你就可以写一写老师朗读的文字；写爸爸给你讲故事，你就可以写一写爸爸讲的故事的内容；写你哼着歌儿去上学，你就可以写一写你哼的歌词……此之谓摘录引用法。

4. **运用想象拓展情节的方法**。如学生在改稿的第 1 自然段后面，补充了这样的情节："京京翻开课本，一页一页地翻着，书本的一角被他捏了又捏。京京呆呆地坐着，眼里划过一丝惆怅。'放学了！'京京被胖胖的赵小桢的声音惊醒，像丢了魂一般，背起书包……"

这里的补充，符合课文原意，是在原来叙事的基础上再细细地写接下来的

事，把看似无情节之处加以补充构想，一步一步细细地写，还原生活的真实。

5. **运用巧妙的修辞方法**。如原文："京京刚走出教室，琅琅的读书声就从背后追了上来。"改文是："京京刚走出教室，就听到了读书声。"一比较就可以看出，原文运用拟人的修辞方法，细腻传神地表达出读书声对李京京的超强吸引力。再如原文中的反复修辞，三次写到"不是这样的"，突出了李京京倔强的个性；两次写到"奶声奶气的"，突出了赵小桢朗读的腔调。修辞手法的运用，不仅使行文内容更为细腻，更主要的是抒发情感更为强烈。

6. **运用多样的叙述方式**。比如改稿的第6自然段："京京叫出来：'不是这样的！'"原文是："'不是这样的！'京京终于叫出来。"比较一下看，原文把说话的内容写在说话人的前面，突出强调李京京此时内心激动的程度，情绪控制不住了。改文就没有这样的表达效果。由此看，选择合适的叙述方式，也会使人物形象更为细腻传神。

7. **运用恰当的标点符号**。如改文第10自然段的"什么？"用的是一个问号，原文用的是一个感叹号，并且加上了一个语气词"呀"。"什么呀！"传达出赵小桢不屑一顾的语气，活画出一种鄙夷的神态。

最后，指导学生用思维导图的形式建构细腻表达的方法。

要表达得细腻，就要想得细一些，做一个有心人，做一个细心人。要做到细想，方法只是一个方面，还要依赖丰厚的阅读积淀、丰富的生活体验和较为深刻的情感体验。

课后，我问学生听课感受。他们说，以前没有品味到语言的美，读书走马观花，一对比就有了较深的感受，对人物形象以及文章的写作技巧都有很深入的理解，对自己以后写作文很有好处，知道了怎么样表达得更细腻。

这是一节扎扎实实的语言学用课，是根据学情活用教学资源的一个范例，也是以读促写、读写结合的一个典型课例。

【专家品读】

课如其人，占营老师这节课如同他的人一样，有温度、高度和厚度。

有温度，因为占营老师的选题切准了孩子们的任督二脉。的确，不少孩子进了初中，即便是进入初三，仍然存在着描写不细腻的毛病。占营老师以"描写不细腻怎么办"为题专门开设了一次专题训练，所教的正是孩子们必须而又欠缺的，可谓是孩子们写作上的知心人。此之谓"有温度"。

有高度，是因为占营老师在教学时，不是生硬地讲解技法，然后让孩子们运用技法去作文，而是设置了一个情境：为老师改写后的《心声》片段添枝加叶。这样的设计，让孩子们写作时有了积极的内驱力，在学习描写细腻的方法时有了一个抓手。当孩子们改写完成后，占营老师并没有直接点评孩子们的习作，仍然是把课堂交给孩子：他让孩子们把《心声》片段原文与自己的习作进行对比，并且思考原文是怎样写的，为什么要这样写。因为让孩子们亲历了写作，深刻体察了文本，所以孩子们在进行此时的对比、思考时就格外投入。在孩子们思考、交流的基础上，占营老师才梳理出了描写细腻的方法。我们看到，整个教学过程中，占营老师一直用他的妙手引导着孩子们去体验，去感悟，去发现。这样的教学设计，正体现了占营老师"在写作中教写作"的教学理念，可谓有高度。

有厚度，因为占营老师的课堂丰美。这节课教的是写作，但占营老师引入了课外阅读材料，带领孩子们在阅读中探究写作技法，在写作中深入阅读，再通过写作表达对文本的理解，最后梳理总结写作技法。占营老师带着孩子们在文本中来来回回，读出了真诚，促进了孩子心灵的成长；结合文本写写评评，写得生动鲜活，提升了写作能力。这样的课堂，学生的收获是厚实的。

同为一线教师，我非常佩服占营老师在教学上不断进取的精神：不断提升自己的理论修养，不断精进自己的教学艺术，不断凝练自己的学术成果。孩子们有这样的老师，幸甚至哉！

品读：梁吴芬，广东省深圳市龙华区第三实验学校教师，正高级教师，特级教师。

第二节 让"毕业赠言"真实发生

以积极的心态迎接新课程的洗礼，努力转变教学观念，让讲堂变为学堂，凸显自主、合作、探究的学习方式。

　　课改工作进行到七、八年级时，我教的是九年级。我就以"老教材"配"新理念"，开启了教学生涯中第一次综合性学习活动。

　　针对九年级的写作活动——毕业赠言，我先认真阅读教材，精心设计了教案。同时，让学生搜集赠文、赠语、赠诗和古人赠别的方式，为上好活动写作课做准备。

　　这节课，我拟定了如下教学目标：

　　1. 了解毕业赠言的三种体式及赠言内容。

　　2. 学写毕业赠言，努力做到有针对性、得体、情辞恳切。

　　3. 培养同学们有感染力的说话能力和认真倾听的良好习惯。

　　4. 培养同学们的合作精神和创新意识以及热爱母校、尊重师友的美好感情。

　　课始，谈话导入活动："同学们，我们正面临着毕业，不久将离开母校和三年朝夕相处的同学们。在分别之际，总要说几句安慰、鼓励、祝愿的话。今天我们来学习写毕业赠言。"

　　我出示投影，进入活动的第一板块"开发宝藏"。投影上出示：

> ①赠言有哪些体式？
> ②赠言的内容包括什么？
> ③写赠言应注意什么？

　　我让学生仔细阅读文本，从中筛选信息，边读边画，获取知识。通过学生讨论、师生交流，共同解决了三个问题。之后，让学生朗读搜集到的赠文、赠语、赠诗，加深理解。

　　李培根同学朗读了李白的《赠汪伦》："李白乘舟将欲行，忽闻岸上踏歌声。桃花潭水深千尺，不及汪伦送我情。"

　　张彬同学朗读了杜牧《赠别二首》中的句子："蜡烛有心不惜别，替人垂泪到天明。"这两句，学生没学过，是张彬同学课外阅读时搜集到的，我让学生鼓掌鼓励他。

　　刘莹莹同学朗读了孟浩然的《望洞庭湖赠张丞相》："八月湖水平，涵虚混太清。气蒸云梦泽，波撼岳阳城。欲济无舟楫，端居耻圣明。坐观垂钓者，徒有羡鱼情。"读得抑扬顿挫，很有感情，大家也都鼓掌表扬她。

　　学生搜集到的大都是赠诗，于是我启发："哪位同学搜集到赠文了？请给大家读一读。"

张付民同学说："我搜集到的是咱们这一册课本上的《送东阳马生序》……"

话未说完，大伙都笑了，很可能因为是"这一册课本上"的。我微笑着鼓励他："不错！不错！通过寻找学过的课文，把我们需要的东西汇集起来，这也是搜集呀！"

"还有其他赠文吗？"我问。

学生没有回答，想来没有搜集到其他赠文。我干脆把我事先搜集到的《送董邵南游河北序》拿出来，读给大家听。

"赠语，大家搜集到了吗？"此时，很多同学举起手来。

"鲁迅先生在日本学医，回国时，藤野先生在照片上写道'惜别'。"张聪说。

"孔子年轻的时候向老子学习礼仪，学成后老子曾以'君子盛德，容貌若愚'之言相赠，劝孔子切勿'好议人'，勿'发人之恶'。"胡亚东同学回答。

我拿出一本红色封面的毕业纪念册："下面，我给大家读我中师毕业时老师、同学给我的赠语。"同学们热情高涨，为我鼓掌。

"这是我的班主任李国银老师写的：占营同学，社会犹如一条船，愿你乘风破浪，一路豪歌，走向成功的彼岸！"

"这是我的同学潘龙海写的：占营同学，难忘语文课上你深情的朗读，难忘自习课上你手把手教我练大字，难忘早操时你带队出发的豪迈，难忘你与我促膝长谈的微笑，你将激励我走好下一段路！别了！亲爱的同学。珍重！"

我深情地朗读，显然打动了学生，他们听得很投入。

我顺势引导："咱们快毕业了，也给要好的同学写一段赠别的话吧！"学生激情澎湃，跃跃欲试。

此时进入活动的第二板块"激扬文字"。

我指导学生：写毕业赠言，可不拘一格，可以引用古人的相关诗句，可以是自己即兴吟出的情真意切的抒怀文字。一般说来，篇幅不宜过长。还要注意赠言的针对性、得体、情辞恳切，倡导新颖、创新，有鼓励性，催人奋进。我给学生配上音乐《高山流水》，学生练写赠言，我巡视辅导。

写好后，小组交流，互读赠言。

第三板块：敞开心扉。

在小组互读赠言的基础上，每小组推荐一名同学在班内展示。教师点评，肯定优点，激励学生，不足之处则委婉指出。

刘亚茹同学读："写给刘元元同学。朋友，我想送给你一片阳光。分别之际，我想大声告诉你，我有一个绿色的梦，你也有个绿色的梦，让我们并肩同行。难忘一年来的辛酸苦辣，互帮互助。在彼此各奔前方时，我祝你一帆风顺，人生一路阳光。你的朋友：刘亚茹。"

韩帅读："我的同学宋志辉，咱们认识两年了，咱们是同桌，但感情比同桌还深，咱好比是兄弟。因为友谊是从内心散发出来的，好像是花香飘入泥谷中，让人感觉是那么清新。现在我们处在人生的第一个十字路口，不管能否考上重点高中，我们都不要气馁，因为失败是成功之母。乐观自信才能走好人生之路。你的同学：韩帅。"

朱培培同学读："写给秀秀。鲁迅先生曾说：'地上本没有路，走的人多了，也便成了路。'我相信经过努力，我们都会成功，都有一个美好的明天。不因一次失利而难过，不为一次失败而气恼。愿一生快乐，万事如意！你的同学：朱培培。"

朱艳颖同学读："写给朱培培。缘，让我和你相识在桂花烂漫的九月；梦，又让我和你分别在烈日吐炎的六月。朋友，在与你相伴的三个春去秋来的日子里，友情让我加倍珍惜，是你让我惨淡的日子变得很精彩，是你让我发现了生活的美丽，是你让我原来骄傲的心得以让虚心驾驭，让我追寻与你共同走过的脚印。愿你在绮丽的人生跑道上，所有的美好伴随着你，向辉煌的中考冲刺！你的同学：朱艳颖。"

......

同学们精彩的赠言赢得了阵阵掌声。

情到深处花自开。我播放歌曲《朋友的心》，营造氛围，让学生欣赏，感悟友情的真挚、纯洁、深厚。有的学生还不由自主地哼唱了起来。

我想，本次活动还有个目的是培养友情。我积极创设情境，让写作与学生的真实生活相遇。让学生互相赠言，并把赠言赠给对方，而对方要有礼貌地接受，并珍藏起来。我特别安排了这样一个活动，赠言人和受言人，一个赠予、一个接受，引导学生举止大方、文明礼貌地接受赠言。两人握手或拥抱，使活动达到高潮。指导学生认真阅读，小心珍藏朋友的赠言，这是尊重对方的一种良好行为。

这节课结束时，我满怀深情地朗读《给三五班全体同学的赠言》，朗读后把赠言送给班长。

【教后反思】

这是一节综合性学习中的写作教学课，它是对知识授受的传统语文教学的挑战。我对这节课所付出的努力，还是值得品味的。

首先，学生参与学习的积极性提高了，学习兴趣浓厚了。学生不再一味地按老师的"金科玉律"去上课，而是有了一定的活动空间。搜集资料——探究赠言知识——创作赠言——互相赠言，都突出了学生在综合性学习中的主体地位。如搜集赠诗、赠文、赠语，学生从小学课本找到中学课本，从课内找到课外，视野变得宽阔，边搜集边整理分类，学生平时认为散点式的知识，通过综合性学习得到提炼、概括。学生读着自己搜集整理好的材料，自然而然生出一种成就感。这是探究性学习给学生带来的喜悦。再如，我让学生站到讲台上互相赠言，一是表示庄重，二是锻炼学生的胆量，三是有意识地改变课堂空间结构，让学生站讲台，老师在下面。但出乎意料的是，学生健步走上讲台，很有礼貌地赠送、接受赠言，还微笑着握手，有的还拥抱，学习气氛达到高潮。我当时就想，这一拥抱将会在同学们脑海中定格为永恒的记忆。同时我还想，老师要积极为学生营造环境，让学生无拘无束地表现自我、展示风度。要知道，"现场风度"是一个人为人处世的素质。

其次，这次综合性学习过程显现了听、说、读、写能力的整体发展过程。听——小组交流，班内展示，欣赏歌曲都要"听"；说——探究赠言的知识要说出来；读——读赠言、读文本，搜集资料也要读；写——练写赠言。综合性学习有效地把听、说、读、写语文能力整合在一起，它既为听、说、读、写创造了情境，又提供了有意义的话题，把语文与生活联系了起来。这节写作课，听、说、读、写没有明确的分工，是有机融合在一起进行的。我认为，只有在这种综合性的语文实践中学习语文，才是符合语文教育规律的做法。

最后，能够对课本的设计进行改造、变通、拓展和完善。课本中的写作活动内容单一，不能把它和课文中的选文一样放在课堂按部就班地进行教学，否则，就会背离了语文综合性学习的本质特点。这次综合性学习，丰富了文本，对文本有了相当的突破。学生搜集赠言，探究送别文化、欣赏歌曲、互相赠言，这都是教材设计中所没有的，但我指导学生做了，彰显了综合性学习具有开放性的特点，有意识地引导学生面向生活、面向实践。它给我教学的启示是：老师要转变语文课程观，要拓宽语文课程的视野，培养识别语文课程资源的敏锐的眼力，培养开发语文学习资源的能力，特别是要调动学生留意并关注身边可利用的学习资源。

这次写作课教学实践，有喜有忧。沉思下来，也有很多需要改进的地方。

首先，教师的地位和作用问题。教师选定话题后，应当让学生更多地占据"活动中心"，突出自主性，让学生去设计、组织，教师做好指导与辅导工作。其次，要关注综合性学习整个过程的教育价值。综合性学习中教育价值具有整体性、多元性，教育价值在活动过程中生成新的教育价值。要注重过程，每个活动过程都要抓住教育时机，用好课程资源，及时对教学目标进行调整，着眼于人的和谐发展和全面发展，注重教育目标的生成性。在一定意义上，过程即目标。这节课的第一板块"开发宝藏"要加强培养学生探究问题的能力，第二板块"激扬文字"要加强培养学生的听、说能力和现场风度。若能让学生在活动中探究中国送别文化，就更能培养学生对祖国优秀传统文化的再认识，会更好。

【专家品读】

和占营老师共事多年，感佩他对教学的坚毅追求和敢于创新。近读他的教学随笔《让"毕业赠言"真实发生》，再次使我看到了他的写作课堂的精气神之所在，这值得广大教师细细品味。

上一节课，对于所有老师都不是问题，但是要真正把一节课上好，最起码有几点要素不能缺少。一是课的形式要恰当，二是课的内涵要精准，三是课的受众要接纳，四是课的效果要深远，就是我们常说的形神兼备。在这节课上，占营老师做到了。

赠言可文、可语、可诗，形式因学生对文字的感知不同而可变化万端，学生写起来就会发挥所长，自由奔放。赠言对象明确，重在传情，学生写起来就会因人而异，风情万千。授课教师站在学生的角度，采取自主、合作、探究的方式，从"三界"（眼界、境界、世界）出发，触景生情，自己能达到高度自主完成，这一步体现出学生的眼界。自己达不到那个高度，就可以和同学合作，在老师帮助下互相启发创造出一个境界，提升赠言质量。在搜集、启发的基础上，融入自己的情感进行创作，进入自我的情感世界，赠言也就有了真正的灵魂，就会影响到受赠之人的人生，达到赠言真正的目的。

占营的课恰恰是如此阶梯状设置升华的。细细分析课例：第一步，课内外的文学家是如何写赠言的，这一步强调学生所看到的，就是眼界。第二步，教师出示自身案例，就是创造了一个境界，让学生受到启发。第三步，赠言是传情的，写给不同的人情感就会不同，让学生进入自己的世界进行创作，达到学习目的。

这节课从课型实际出发，不拘泥于过往经验；从学生出发，让学生成为课堂真正的主人；从情感出发，展现课堂浓郁的情感氛围，凸显出较好的课堂效果。细细品来，余味悠远，值得广大教师学习。

品读：张振军，河南省商丘市梁园区基础教育教学研究室中学语文教研员，中小学高级教师。河南省语文十大年度人物，河南语文 30 年最具语文教育情怀卓越人物。

第三节　让学生自己评讲作文吧

今天上作文评讲课。评讲作文《手》。因为是前天写的作文，我还没有来得及批改。怎么评讲呢？脑海里，忽然闪出 6 个字：读作文，评作文。

我先组织学生读作文，读其他同学的作文。我让课代表把作文本按上交的顺序发下去，不按姓名，发到谁的作文就读谁的作文。

读作文的要求：

1. 认真阅读，勾画出作文中细节描写的语句，并作批注。
2. 体会作者字里行间流露出的真挚的感情。
3. 把错别字、病句修改一下。
4. 阅读速度快的同学，可以阅读前后桌、同桌手里的作文，增加阅读面。

我的开场白很精练，学生拿到作文后，便静心阅读起来，偶尔还与同桌自由交流，学习兴趣高涨。

大约 15 分钟后，我在黑板上写下了以下文字：

我读的是××同学的作文，这篇作文写了（表现了）……。我读到的美句是"……"，它美在……。

我提醒学生读过作文后用上面的句式交流。这个句式包括三个方面的内容：先交代一下你读的是谁的作文，再总说一下这篇作文的主要内容，重点围绕这次作文训练的要求说一说你读到的关于细节描写的语句，品析一下它美在何处，这是重点说的内容。

"好了，请同学们准备一下，等会儿咱们交流一下。"同学们开始认真地准备起来。

三分钟后，我让学生开始评讲所读作文的美点。

以下是几位同学的发言：

孙冉：当我读到刘叶同学写的《手》这篇文章时，让我深深地愧疚起来。文章主要讲述的是父亲的辛劳，让作者为之颤动，要用优异的成绩来回报父母。文中"父亲的手有点灰褐色也有点发黄，指甲盖很短的手指里面有白色的东西"。平日里作者留心观察细节，体现出对爸爸的爱，感情细腻。

张影：我读的是潘琰君的《手》，这篇作文写"我"不想上学，妈妈来到学校与"我"交谈。"我"的沉默，使得妈妈一巴掌打在"我"脸上，"我"哭了。虽然妈妈给予"我"爱的方式是严厉的，但其爱意的浓度是毫无改变的。我读到的美句是："不上学能干吗去啊！说了一个小时左右，还是被妈妈牵着手赶到学校。"它美在"牵"和"赶"两个字，表现出妈妈把希望寄托在我身上，爱得深切。

宋茹梦：当我读到张雨同学的《我父亲的那双手》时，我很感动。文中写到她的爸爸给她扎头发洗头发。主要写了洗头发。她的爸爸怕张雨的头发掉落而洗得很小心。爸爸扎的头发虽然不能与妈妈扎的相比，但张雨很开心。一句"我不会让父亲的那双手感到寂寞"流露出她对爸爸的爱。母爱伟大，父爱也同样伟大。

孟静：我读的是李光辉同学的作文《奶奶的那双手》。这篇作文运用大量的细节描写，具体写出奶奶的勤劳及对全家人的爱。我读到的美句是："奶奶在缝衣服时，戴上老花镜，左手拿着衣服，右手捏住针，在补丁处一针一针地缝着。每次针掉在地上时，她总是要捏四五下，才能将针拾起来。"细节描写写出奶奶缝衣服时的认真，虽然眼睛不好，但仍然替家人缝衣服，我仿佛看到一位老人拿着针在灯光下补衣服的情景，感人至深啊！

王亚丽：大家好！我读的是魏戈同学的《妈妈的手》这篇文章。文中写到，自己记忆中妈妈的手是润滑的、贴心的，而现在的手虽是贴心的，但已变得粗糙了。运用了对比的手法，写出了妈妈的日益操劳和岁月沧桑。我读到的美句是："我一回到家弄得满身是土，妈妈就会用她那双有力的手拍我身上的土，并且会打来一盆水，把我的两只小手都放进去，用她的大手轻揉我的小手。"这句话运用了细节描写，"轻揉"二字非常生动，妈妈怕弄疼了我的手，只是轻揉着把我的手洗干净。在挂吊针之前，妈妈总是先用她的手抓着我的手，放在手心上，然后合上，搓搓我的手，并且她总是会说："手太凉，一会儿不好扎针，揉一会儿手就热了。"运用动作描写和语言描写，写出了妈妈的细心。

刘叶：我读的是吴君建同学的《断指》，首先这篇文章的题目就震撼人心。为了生计，父亲把电锯买了回来，由于不懂该如何操作，一根手指消失了。"木头正往前推着，只见一个木条飞了起来，打在爸爸的手上，我爸爸的手就像脱了缰的野马不受控制，被电锯夺走了。一截手指没有了，只见血止不住地往外流。"细节描写很好，还有最后他说要保护他的爸爸，让我十分感动。

大家的发言热情高涨，持续了20多分钟，孩子们动情地交流，越讲越感人，越评越深入，可谓披文入情。其间，穿插了我与学生的对话、我对学生发言所做的点评。

通过几个学生的"创作后记"，我看到了这次作文评讲课的收获。现摘录几位同学的"创作后记"如下：

刘伟斌：写这篇作文时啊，心里蛮急的，根本不知道该向哪个方向下手，于是便凑了这些字来充数。听了别人的作文，特别是读了丁成龙的作文，震撼哪！艺术来源于生活却高于生活。别人的作文感情真切却十分自然，语言平凡却有独到之美，我心中太羞愧了，得努力了。

张影：今天听了老师说的叶圣陶爷爷的一句话"作文如做人"，写作要抒真情。以前总是对写作有一个感觉：烦啊！又得编了。现在不同了。作文是真实情感的流露，虽然没有华丽的外衣，但真实是最终的目的。希望我往"真"的方面发展。对于我写的《手》这篇作文，过于笼统，过于穿凿，没有真心投入，而是东拼西凑。老师强调"细微之处见精神"。张老师的授课思维，让我佩服，让我收获了很多写作知识。

赵星：我写这篇作文的灵感来自老师为我们读的那篇范文《父亲那双寂寞的手》，我的父亲也是如此。父亲的手为了养家糊口变得那么粗糙，使我感到心疼。我很爱我的父亲，感谢同学对我的作文的评价，让我再次理解了父爱。

吴敏：看过你对我的批注后，我很是吃惊，也虚心接受；你这么认真地帮我揪出每一处错误，让我知道了自己的不足。这每一个缺点就像一个松弛的树皮，你把它揪下来，我就会用更漂亮的、更完美的补上，所以这棵树就会更加漂亮，所以谢谢你。

【教后反思】

一、突出学生主体地位的作文课，学生会更喜欢。这节课以学生读作文、评作文为主，绝大部分时间都是学生在活动，在静静地读作文，在认真地发言。激发起学生浓厚的学习兴趣，这应该是课上得最成功的标准了。课堂上凸显了学生的主体地位，让学生用更多的时间去接触语言，实践语言。

二、评讲作文的主角发生了很大的变化。原来一说评讲作文，都知道那是语文老师的事。评讲前，老师忙得不亦乐乎，找寻评讲点。今天的课，由学生评讲。学生是学习的主人，在这节课上得到最充分的体现，学生的才智得到了尽情发挥。伙伴之间的交流，促进了学习的内化与转化，课堂显得很民主，很走心。

三、教师的指导要明确、到位。什么时间学生该做什么，教师要提出明确的要求。如开课的时候，我让学生认真读作文，注意文中精彩的细节描写等，接下来要围绕精彩的细节描写和真挚的感情这两个方面来点评。这就是"要求明确"。还要进一步指导学生在作文本上做一做旁批，把理解感悟的东西化为文字，和大家交流，这就是"指导到位"。学生读作文时，我看着学生做的批注；学生交流时，我不时地和他们对话，提升学生对文字的赏析水平。学生的发言才能紧紧扣住老师的要求。

四、环节的安排要有秩序。评讲作文的目的就是通过交流达到提高写作水平的目的。怎么样交流好？我做了充分的铺垫。一是读作文，做好批注，这是点评的基础和前提；二是根据老师提供的句式点评，这是点评的抓手，或者说思路。教学程序的科学安排，一定会带来科学的"效益"。良好的写作教学，需要科学的指导程序。

五、彰显了读者意识。我说："你的作文拥有了读者，才拥有了价值。"在同学之间的交流中，思维得到扩展，思想得到碰撞，情感得到熏陶。自己的作文被大家在班级中交流，激发了写作者的激情。因为每个人的内心深处都有一种渴望，希望得到别人的赏识，正处于成长期的青少年更是如此。学生自己写的文字被大家所认可，有了自己的读者，就会进一步激发创作的热情，从而喜爱上作文。

六、培养了学生一定的鉴赏能力。点评一篇作文、一个段落、一句话好在哪儿，其实就是在培养学生的语感和品析能力。通过学生的点评，我们可以看得出，学生能够积累、运用一定的语文术语进行鉴赏，都能够抓住语言进行点评。学生通过交流，自己悟得了一些写作知识，在写作理念上确实有了很大的提高。

七、学生自己给自己上了一节生动的体验亲情课。可以说，这节课，每个学生的发言都是在传递温暖的亲情。作者的亲情被读者所领会，读者又把这种亲情传达给全班同学。每一位同学的发言都激荡起深藏在全班同学内心深处的那份亲情。这节作文评讲课，处处流淌着爱的暖流。

愿学生继续喜欢我上的作文课。

【专家品读】

学生互评作文不是新鲜事儿，但张老师能把它做到实处，落到细处，点到深处。"实"体现在学生互评时老师给出切实可行的支架：写了什么＋美在何处。别小看这一互评支架，这让所有同学都明白了互评的方向和重点，避免了以往作文互评中极易出现的空泛评价。"细"体现在教师有心记录学生的点评，这既是教师课后及时反思的良好习惯，更是对学生课堂表现的认可和激励，有助于激发学生参与课堂学习的热情。"深"体现在学生的评语里。学生善于发现和肯定同伴在写作上的优点，更难能可贵的是，在与同伴习作的对比中主动反思自己在写作上的不足，为自己课后的修改提升做好了准备，培养了学生的认知能力。如果说互评是一个学生评一篇作文，其他学生的"创作后记"则将互评的效应延伸到了课后，让一次寻常的作文互评评到了学生心灵的深处。

作为读者，我对于这节课还有两个疑惑：互评的目的应该是为了修改提升，但本节课中，教师只让学生评"美在何处"，不让学生关注同伴作文的不足，这与以往的优秀作文展评有何区别呢？也许老师认为，学生在互评时就会发现自己作文的不足，但不是所有的学生都有这种自我反思能力的。二是教师在学生互评前和互评后还需要做些什么？因为学生的写作水平参差不齐，也许有些同学发现不了同伴作文中的"美"。这就需要教师在学生互评之后对所有作文进行批阅，充分发挥教师在写作教学中的专业指导作用。

品读：张英飞，原保俶塔实验学校语文教研组长，正高级教师，获浙江省第 10 批特级教师和浙江省第 22 届"春蚕奖"。

第四节　写作之美：作者与读者的情语

早上起来，翻阅三年前参编的一本同步作文指导书，读到自己学生的作文，一种亲切感、怀旧感油然而生。一张张可爱笑脸、一个个青春身影，一如朦胧的诗意，遥远的声音。

轻轻翻阅，当年一字字、一行行审读、修改的情形历历在目，我依然怦然心动。不知当年的作者，我的学生，他们现在读到这些文字时会有怎样的感受？开学后，他们马上要升入高三了。"以文会友"，以此为话题，师生聊一聊，一者重温师生情，二者听听大家此时读到自己作品的感受，岂不是一桩文人雅事？于是我把编入书中的作文拍照，一一发给我的"小朋友"。

朱一诺同学第一个给我回复，她是我的语文课代表。她一向很认真，我只是让她谈谈读到往日文字时的感想，她却写了一篇小文。

浅谈写作对语文学习的影响

在整个初中阶段，我一直对语文学科饱含热爱。一方面是来源于我亲爱的语文老师，另一方面是我对写作的兴趣。

至今仍记忆犹新，在写作辅导课上，张老师带给我们一句巴金先生的名言："只有写，才会写！"的确，实践出真知啊！除了广泛阅读经典，体味品鉴名家，我们自己拿起笔，静下心来，细细琢磨出一篇习作更为重要，更能掌握遣词造句的技巧，更能带来收获与惊喜。

时隔多年，再次看到八年级时的习作《窗外》，还是能感受到从心底涌上的涓涓暖流。仿佛能看到那个青涩的模样在窗户上伏案写作，还能回想起家乡陈旧却鲜明的所有细节，耳边还能听到亲人的低语叮嘱和潮起潮落的节奏。我曾发过一条微博说，颜色和墨水都是有温度的。现在想来确实如此，这些以往积攒的点滴墨痕突然重现时，依然能够带给我感动和回忆的力量。这就是文字的生命力啊！无论你记录时的心境如何，笔触如何，光阴荏苒之后再回看，那些汉字糅合着你的情感仍在熠熠闪光，历久弥新，也将继续给予你鼓励，以写作的魅力打动你。

写作，与其说完成一项任务，不如说是给自己一个机会认真地把珍惜的事物留存在纸页上，同时也把思想感情印刻在浓厚的笔墨里。写作的意义非凡，最显著的当然是提升语文学习水平，但在我看来，更吸引人的是它背后隐藏着的等待着每一位笔者去摸索的秘密。

若是某一刻，你也能从写作中体会到触动心灵的传导，那你的文字自然能够升华凝练，跃然纸上。

读了以上文字，我欣喜地看到朱一诺同学对语言文字、对写作的热爱。"颜色和墨水都是有温度的"，一诺在用心、用情写作。是呀，曾经的美好流于笔端，似水年华，永远流淌，就像一江春水，给我们以生命的力量。

第二位发来的是胡昊同学。我9：13微信发去信息。他爸说孩子在上课，下课就让他写。一直以来，家长都支持我的工作，今天依然如此。果然，11：32胡昊就发来了《重读三年前文章有感》。

今天是2020年8月23日，距我写《牢记历史，勿忘国耻》一文已经过去了970天，三年前在文海度过的那个南京大屠杀纪念日活动仍历历在目，而到下一个纪念日的时候，我也成年了。时光荏苒，岁月如梭，两年多来因为各种学业上的压力我没有回文海看过，不知道恩师们都过得如何。

在我人生的17年里，初中的生活是最充实、最有收获的，我遇到了最好的朋友和世界上最好的老师，其中最让我每每想起的就是张老师。张老师上课时生动的讲课，抑扬顿挫的读书声，模仿文中各种人物的语气来朗诵，都让我记忆犹新。还有课下布置的其他丰富阅读量的作业，让我成了班上的国学小能手。这也是我现在虽然上语文课时有时会走神，但成绩还不错的原因，因为初中的底子还在。

哈哈，好像跑题了，还是来谈谈《牢记历史，勿忘国耻》这篇文章。写这篇文章时的那本作文本我还保存着。其实这篇文章的文笔水平和我现在的水平差不多，我的文章（除了议论文）在初中时就已经成型，语言比较平实，引用比较多，有时也能抒情。但现在我已经很少写这种文章了，高中都是写议论文，比较深的感触是议论文比较难写，没法一蹴而就，要构思，而这种新闻稿或者散文只需片刻的构思便能提笔，行云流水，一蹴而就，而且写完自我感觉良好，十分舒服。反之，议论文写完是没底的，心里发慌，生怕跑题或用错了例子。

看到这篇文章，引发我多写写随笔、多写写能抒发自己感情的文章的冲动。有时候写文章并不一定是应付作业，更多的可能是感情的宣泄，不带目的，只是对身边一些人、一些事或是对人生的思考。

还有就是写完文章后要多修改，就像画画，第一遍写完就像画了个大概的轮廓，后面的每一遍修改都是润色和描边。我写的考场作文往往都太糙，有很多用词或描述不当的地方，只有修改过后才能有良好的阅读体验。

最后想对张老师说：您永远是我心中最好的老师，我真的很想您，等高考考完一定来看您！

读到胡昊同学的手写文稿，很亲切。当初指导小胡同学新闻写作，对于我，对于他，都是挑战。统编教材写作，凸显文体意识，细化写作知识，注重情境任务，我翻阅了大量资料作为支架提供给孩子们。胡昊同学认真写作，具有较强的新闻写作意识。第一次写新闻稿，就被我看中。好！

班长项潘莹同学12：19发来了她的"重读感言"：

写这篇文章的时候，我上初中二年级，一晃四年过去了，我也即将成为一名高三生，但我依然怀念着在文海的那段时光。我爱文海的一草一木，一花一树，它们都曾经是我的避风港，抑或是亲密挚友，分享我的喜怒哀乐，陪我一同走过这三年。

每逢初春，文海两树樱花便会发芽抽枝，悄悄地开出满树繁花。它们比人们更早地察觉到了春的到来，在这个温柔的地方，温柔地盛开。

"烂漫岂无意，为君占年华。"于是我写下了这篇文章，带着对文海温润的情感。

回溯那片时间海，我翻看着那时所写的文字，虽然文笔稚嫩，但字字句句都浸润着我最真实的爱。我从不吝啬在文章中表达自己的情感，也不喜欢在框架中写作。我认为写作是一件自由的事，不应受到任何限制，每位作者在创作的时候，都是自己的王。心无旁骛，细致地去体悟生活，才能写出能让他人共情的好文章。

项潘莹同学的写作是自由的性灵派，文字清新潇洒，细腻温婉，自成风格。读了上面的文字，我感受到她对母校的热爱，对写作独到深刻的见解。我曾推荐她的一篇文章《双线结构　意蕴悠长》发表在《语文报·中考版》的《我的智慧经》专栏，也是对她写作的肯定与褒奖。

下午，陈罗毅发来了他重读初中发表的作文的感想：

高三的我看到自己初中写过的文章，曾经在格物小道上漫步的情景又在眼前浮现。写作的好处之一便是它定格了时间，多年之后那些被淡忘的美好在书页重启的时候一一被记起。在经历了几年的成长之后，再回过头看自己过去看世界的角度，才能发现自己的变化。那些自己挖空心思的遣词造句也被保留下来，在不断的积累和改进中慢慢进步，写作水平慢慢得到提升，而这种提升往往是再次阅读曾经的文章后突然发现的。

一句"那些自己挖空心思的遣词造句也被保留下来"，让我想到"为伊消得人憔悴"。罗毅苦苦经营文字之专注，令师者叹服，若继续发展，便"捻断一根须"了。这里是对写作、对文学的热爱。还记得吗？一身古装，豪迈高昂吟诵《岳阳楼记》的情景，六艺楼精美的舞台上，挺拔着你的身姿。定格了时间，让我们突然发现青葱岁月的美好。

亲爱的作者，感谢你们当初记下美好的文字；亲爱的读者，感谢你们分享美好的写作心语。再次翻阅这本书，细细品味孩子们笔端流淌的文字，让你、我、他，收获许多。

就此戛然，因为青春韶华总是让人期待的，那就留下余味吧。

【专家品读】

某次教研活动，一位青年教师上汇报课失败了，这本来没什么，教学原本就是遗憾的艺术。但问题在于，课后反思时，他一再强调预习没做好，借班的学生不配合，时间仓促准备不够……总之理由一大堆。最后点评专家出场，肯定之余说："其实啊，不是你的课还没准备好，而是你这个人还没准备好。"

这是多年前的事情，但这句话依然记得，也深以为然——对语文老师尤其如此。假如你语文教不好，作文教学高耗低效，很可能不是教学方法问题，而是人格魅力上，或者你这个人很无趣的问题。

孩子爱上一门学业，有许多都是从爱上这个老师开始的。

和张占营老师也算是老熟人。七八年前，我们组织"长三角语文教学艺术展"邀他登台献艺，就有过不少接触，知道他作文教学很有效，语文教学成绩斐然，也知道这背后，其实是由于他有教育情怀，他的敬业、专业，有教无类，和蔼可亲，和教师独特的心灵光辉。张老师受学生爱戴和欢迎，也更多源于此。已经毕业的胡昊同学，在回忆初中生涯时说，和张老师在一起"是最充实、最有收获的，我遇到了最好的朋友和世界上最好的老师"。还有朱一诺同学，她在《浅谈写作对语文学习的影响》一文中，谈到了自己之所以语文进步较快，主要是因为她"热爱"自己的语文老师。

现在的青少年，都有矜持的特点。当下的教育界，有多少学生在毕业之后，还能发自内心地说"热爱"自己老师、说自己的老师是"世界上最好的朋友"？

当然，做一名优秀的语文教师，光有"菩萨心肠"还不够，你还得对语文教学有精深的理解，有一定的教育理论基础，有娴熟高效的教学方法等。"没有金刚钻，别揽瓷器活"这句话在语文教学上体现得尤其明显。比如在写作辅导课上，学生问及写作技巧，张老师对巴金"只有写，才会写"这样的金句信手拈来，体现了他的知识积累和教学的机敏。对统编教材写作课的"凸显文体意识，细化写作知识，注重情境任务"的精准把握，体现了他关注学术前沿信息和教改要求；张老师的积累资料为学生提供作文支架，更是一种有效的教学策略。还有，张老师也深谙马斯洛的"成就理论"——人在做一件事情时能够乐此不疲，就要让他有成就感。张老师不但教学生作文，还想方设法让学生的作文发表（项潘莹同学的《双线结构　意蕴悠长》发表在《语文报·中考版》），对学生写作积极性而言，还有比这更大的鼓励吗？

最后还要说的是，窃以为在所有的学科教学中，语文是最难教的。别的学科，老师要教的东西都明明白白写在教材上，你让学生接受、消化了就是。但语文要学的东西大半不在课本上，老师要借了教材来演绎、融化、互动，让学生在这过程中心智得以成长，审美素养得以提升。在这方面，不但考验老师的见识、学养和生活历练，还要体现教师的表现才华和情感丰富程度——我们说的"心有猛虎，细嗅蔷薇"是其谓也。张占营老师在这些方面都有不俗的功底和成绩，所以这里特别提醒，青年教师如果想在自己的专业上有所进步，就要多向张老师这样的专家型教师学习。

品读：任为新，杭州师范大学教授，杭师大语文教育研究所副所长，浙江省教育厅"名师名校长工程"语文学科导师。

第五章
教师下水作文

　　语文教育家叶圣陶非常强调教师自身写作经验的作用，号召老师写"下水作文"。他说："自己动手写，最能体会到写文章的甘苦。自己的真切的体会跟语文教学结合起来，讲解就会更透彻，指导就会更恰当。"他认为，凡是有关作文的事，老师实践越多，经验越丰富，用自己逐渐积累的创作经验指导学生，给学生的切实帮助就越大。本章列举四篇下水文，阐述其在写作指导中的四大功能：激活学生的生活体验，转化关键的写作知识，示范破解写作难点，涵养向善向美人格。

第一节　激活学生的生活体验:《立夏到了》

教师写下水作文,对学生写作能力的养成,往往胜过站在"岸上"的千言万语。潘新和教授指出:"一个语文老师应该让学生读到他自己的生命之作,而不是只让他的学生读别人的作品。语文教师的最有影响力的形象,需由他的生命创造物——作品——来显示。"

教师的下水文,可以发挥引擎的作用,春风化雨地以教师鲜活的写作体验去激活学生鲜活的写作体验,从而唤起学生的言语生命意识,感受到写作的快乐与幸福。学生有了表现的内驱力,就有话可说,有东西可写了。让学生喜欢写作,热爱表达,是写作指导的第一大事。

【下水作文】

立夏到了
张占营

立夏到了,我便想起了母亲。

每到立夏的前天晚上,母亲就会用温开水泡好春节特意留着的、干邦邦的白面馒头。立夏黎明,当大地还在酣睡的时候,母亲就为我们一家做立夏馍了。母亲会早早地唤醒我们吃,说吃了立夏馍,身体壮壮的,需在太阳未出来的时候吃。小时候的我们,那个贪吃相啊,大口大口地吞吃,哪怕热得烫着了小嘴儿,也只是在嘴里嘘几下热气就又咽下去了。白面馒头,打上几个鸡蛋、放些韭菜丁,那种新鲜香味,至今记得。

长大后,参加了工作,我们不在一起住的时候,母亲也常常给我留着立夏馍,让腿有点疼的老父亲给我送去。母亲不会骑自行车,也不会骑三轮车。

而如今,母亲啊,娘啊,你是否煎好了立夏馍等着你的儿子呢?娘啊,我是看到您了,眼泪在您的眼角打转,一滴一滴落在了那褪了颜色的蓝围裙上。娘,不要难过。您一难过,我又怎么能安心工作呢?

母亲,您一直是支持我的,您一直是为我而自豪的。

您吃苦受累，供我读书。只要见我在写作业，您从不指使我干这干那。考上了师范，您特意为我买了两身布料，请田庄的裁缝师为我做新衣服。参加工作后，您也常常为十里八村的人夸我的课讲得好而高兴。尤其是在学校里当了个"小领导"后，我常为不能回家看您而愧疚，您总是平静地说："回来干啥？家里又没有什么事！你那么忙。"不管您怎么宽慰，我都承认，我离母亲是越来越远了。

不是吗？我已经从中原大地来到了水乡江南。我内心不安：你啊，你是不是太自私了呢？面对人生的选择，总有各种解释。尽管有各种解释，我的内心还是难以平静。尽管我难以平静，母亲，只能是母亲，深深地理解了我，支持了我。

2012年，我离开了生我养我的故土，离开了日夜牵挂我的亲人，来到杭州。这就是我教育人生的第二阵地吧！

记得我们全家刚到杭州下沙，把所带家什刚放到租住的房子里，母亲便打来电话："你们到没有？一到那儿，怎么吃饭呢？好好照顾好自己的身体……"

没有等我回报一路平安，母亲先打来了。我猜想，母亲正扳着手指头，在算着他的儿子哪个时候到了哪儿。

"我们到了。您放心。没事。"我故作轻松，其实眼含泪水。

"刚才，我们校长还打来电话，安排办公室的老师给我们接风嘞。您放心吧。"

我知道，此时一个儿子能做的，是稍稍抚平她那颗隐隐悲伤的心，以及无尽绵长的牵挂。

过了几天，母亲又打来电话："孩子都安排好了吗？适应吗？你们吃饭怎么样？"

"孩子还好。领导都给安排好了。一开始，孩子闹着回老家，想她的小伙伴……现在玩得可开心了！吃饭，还吃得惯。"

"那就好！那就好！"似乎看到远方的母亲在颔首微笑。

又过了几天，母亲又打来电话，问："你在那儿累不累？菜贵不贵？"

"菜稍微贵一点儿。累不着，轻车熟路的。您放心吧。"

母亲的话，就是那么简单，却常常又是那么深奥！陪着我的朝晖夕阴，和风细雨。

放寒假了，我就像一个七八岁的孩童急着回家，打开大门，大叫一声：

"娘!"

搬个小板凳,我和母亲对坐,在有燕巢的房檐下,阳光暖暖的。

我从美丽的西湖说到浩荡的钱塘江,第一次到孙权故里参加党员教师"清风之旅"活动,第一次观看了钱塘江大潮,第一次在杭州大剧院看了国家京剧院演出的程派名剧《锁麟囊》……

母亲没说什么,只是听,就像听她喜欢的豫剧,马金凤的《花打朝》,毛爱莲的《火焚绣楼》。

陪着母亲聊天,多么幸福啊!

母亲不时地抓一把炒熟的花生塞给我。我一丝儿不推脱,剥着,嚼着。

"人家对你好就好!我就放心!"母亲很轻松地拍打了一下上衣,"我给你们做酥肉去!"

母亲走向厨房的脚步,不像以前那么利索了。吃了一辈子的苦、作了一辈子难的娘啊!

出门在外的人,总感觉在家的时间极短极短,短得像一根火柴,刚刚擦着火,忽而又熄灭了。

人生有两种珍惜:一是靠自己辛辛苦苦挣来的;二是原来拥有后来失去的。掂量人生世事,大概如此吧!

懂得珍惜的我,在寒假结束即将返杭的时候,小心地向母亲道别。

唉!母亲把我送了很远很远,将至村口,我挽着她,她牵着我的女儿。母亲的泪又流下来。"照顾好自己……把孩子照顾好……别太累了……"

我和妻子走了很远。再回首,母亲依然站在那里。我们挥手,示意让她回去。她也向我们挥手。我两行热泪看着母亲的背影,远去,变小,一片空白……唯有妻子与我的抽泣,女儿发红的眼睛。

2013年的立夏,我在杭州,吃不到母亲煎的立夏馍了。母亲煎立夏馍时,手劲还那么大吗?动作还那么协调吗?她煎了立夏馍,自己舍得多吃一点吗?

我泪水盈眶,不能自已。

2013 年 5 月 5 日立夏

【创作笔谈】

这是一篇以"节气"为话题的下水作文。写这篇作文时,是我到杭州任教的第一个立夏日。那天,是星期天,我去学校批改作业。看到办公桌上日历显示的"立夏"，就想到了母亲在这一天要做立夏馍。批改作业时，眼前总是浮现母亲的音容笑貌。作业改不下去了，于是就写下这篇小文。初到杭城的孤寂，有谁知啊？诉诸笔端，或许母亲能够听到儿子的心声。

文章以"立夏到了"为情感触发点，展开了对往事的回忆，穿插了丰富的内容。母亲做立夏馍的情景，历历在目；在故乡时，参加了工作，整天忙这忙那，也很少去看看母亲，但母亲理解我，从没有责怪我……越想越不是滋味。眼前又闪现寒假回家我与母亲拉家常的一幕，幸福的时光总是短暂的，匆匆地回来，又匆匆地离别，送别的场景勾起我的，不只是思念母亲，还有很多很多。母亲一天天年老了，儿子又在外面，这……我情不自已。整篇文章，真情流露，无所掩饰，一气呵成，我感觉是这样。

当然，这篇文章也受了学过不久的林海音《爸爸的花儿落了》影响，通过反复穿插、时空交错的表现手法来推动情节；也受了朱自清《背影》的影响，捕捉生活小事写母亲，用质朴的语言记录儿子一颗真挚的心、一份深沉的情。

我写作时，使用的还是统编教材之前的人教社教科书，七年级下册第二单元写作的内容为"选择恰当的抒情方式"，期中考试的作文考查了这个写作训练点。讲评时，我把《立夏到了》作为范文读。我读得动情，同学们的眼圈也红了。

后来，这篇文章登上了学校的报刊，感动了很多同事，因为他们也来自全国各地，和我一样，都是外地人，遂引发了共鸣。现在网上也可以搜到这篇小文，也感动了很多学生家长。后来，回老家，我也把这份校报送到老父亲手里，因为母亲不识字。

再后来，我把这篇散文的示范功能进行了多角度的提炼：开篇点题，首尾呼应，对比手法，虚实结合，以小见大，夹叙夹议，特写镜头，细节描写，直抒胸臆，间接抒情，"三"的思维，反复穿插，联想想象，语言描写，动作描写，以情为线，反常手法……

但最重要的示范是：做人要有感恩的心，为文要有真挚的情。

【读者心语】

张占营老师的《立夏到了》，是一篇就"节气"话题而写的下水作文。立夏为二十四节气之一，学生都不陌生。按照传统的认知，立夏是夏天的开始。立夏之后，阳气升腾，万物开始蓬勃成长。但是，这个话题，对于生活阅历并不丰富的少年来说，似乎并不容易下笔。它不像"清明""大雪"那样，一提到便会让人萌生出丰富的情愫和多彩的故事，它熟悉又陌生，让人有些茫然。而张老师的这篇下水文，似乎给了学生们一双慧眼，给了学生们一把开启写作大门的钥匙。因为，它激活了他们的生活体验，让他们有话可说，有东西可写。

张老师的这篇作文，从吃"立夏馍"这一民间习俗写起。立夏这天，在北方有吃鸡蛋的习俗，在南方则有所谓的"吃三鲜"，而吃"立夏馍"则是河南等中原地区的习惯。立夏之后，随着气温逐渐炎热，小孩子们容易食欲减退，往往有四肢无力之感。吃"立夏馍"，体现了长辈对孩子的关爱，也是对他们身体健康的美好祝愿。文章由这种并不常见的习俗写起，给人一种陌生感，也勾起了读者的阅读兴趣。但是，就习俗写习俗当然是不够的，张老师给学生们作出的一个榜样，是由节气到习俗，再由习俗写到亲情和母爱。

这样就给了孩子们一个启发，要在写作文时有东西可写，还是要调动起自己的生活经历和情感体验，写身边的人，写身边的事。张老师的这篇作文，就写了母亲对我的关爱，对我的牵挂；也写了我对母亲的依恋，对母亲的思念。这样的文字，既能够让学生们产生感情的共振共鸣，又能够激发他们回忆起跟自己亲人在一起的点点滴滴。

那么，写亲情如何才能避免平淡如水甚至流水账，如何才能打动别人呢？张老师的这篇下水文，或许能够给学生们一些启发。首先，作者的情感应该浓烈而真挚，应该像火山爆发之前的沉淀一样，积淀了浓厚的情感。穿插在文中那一声声"娘"的呼唤，淳朴而真挚，打动人心。作者因为工作，常年不能依偎着娘，所有的牵挂，都深埋在这一声呼唤里了。其次，叙事性的文章要让情感落到实处，就不得不借助细节。母亲对我的爱，都浓缩在做立夏馍时那娴熟的动作、电话里那一声声的叮咛和送我离家时那小小的身影里了。而我对母亲孩童般的依恋，则体现在"我"放假之后，搬着小板凳，和母亲的对坐之中；体现在"我""一丝儿不推脱"地接过母亲递过来的花生，"剥着，嚼着"这样不起眼的细节之中。

当我们读到结尾处，远在异乡的"我"因为不能吃到母亲做的"立夏馍"，想起母亲，默默在心里问着："母亲煎立夏馍时，手劲还那么大吗？动作还那么协调吗？她煎了立夏馍，自己舍得多吃一点吗？"这样的细节，朴素而动人，让读者不禁泪目。

写作实践中，教师的下水作文确实能够起到培养学生写作兴趣、激发学生写作热情的作用。教师如能写好下水作文，让学生听了、看了，既是垂范，又是激励。他们的亲自"下水"，对学生写作能力的养成，往往胜过站在"岸上"的千言万语。而对于老师来说，一次"下水"，一次亲身体验，也能够教学相长，让他们跟学生们贴得更近的同时，也能够让他们自己从生活的细沙中提炼出闪光的金子，提升自己的写作能力，体会到写作的无穷乐趣。

如果有一个能够提笔写作的语文老师，学生们是幸运的，也是幸福的。如果一位语文老师擅长写作下水作文并持之以恒地坚持下去，他的语文教学，也会焕发出异样的生机并充满同行们所体会不到的趣味。从这个意义上说，张老师和他的学生们，都是幸福的。

读者：程相崧，山东省金乡一中教师，中国作协会员，山东省作协签约作家，小说集《金鱼》荣获第五届叶圣陶教师文学奖。

第二节 转化关键的写作知识：《春之树》

教师"下水"，是一种形象的说法。好比学游泳，熟识水性的教练跳下水去，游给学的人看。下水作文就是学习范例，就是学习支架，主要是让学生，尤其是中下水平的学生模仿着写。教师引导学生转化下水文中关键的写作知识，即做到选材之美、布局之美、细节之美、线索之美、创意之美的策略。下水作文的指导价值体现在：教师将范例中精要的写作知识提炼出来，以显性化的知识进行实操性指导，以破解写作的难点。笔者的《春之树》这篇下水作文，着眼于结构布局，启迪学生运用"三"的思维显现章法特色。

【下水作文】

春 之 树

张占营

热爱春天的文人雅士常常写到灿烂怒放的桃花，粉白如雪的梨花，盘旋呢喃的燕子，嗡鸣飞舞的蜜蜂，金灿灿的油菜花，绿茸茸的小草……

我爱春天，独爱春天的树木。

经历了寒冬的磨砺，首先绽放生命、作为春的使者的要数柳树了。春风轻轻地吹着，像母亲吻醒了她的宝贝，柳树开始舒展泛青，吐出绿丝，钻出了嫩芽。就是这朝气蓬勃的新芽不知激励了多少人勇往直前、奋力攀登。

柔嫩翠绿的柳条诱惑着可爱的小男孩。小男孩折断一枝，轻轻捏捏，慢慢地旋转柳条，很自如地抽掉里面的硬白枝条，掐了手指长的一段柳条皮儿，乐呵呵地吹起柳笛来，咿呀咿呀的。再编个绿柳圈戴在头上，别提多潇洒！

柳叶渐渐长大，已是"碧玉妆成一树高，万条垂下绿丝绦"。此时的柳树就像妩媚清秀的少女，温柔文雅，纤细的柳条含羞似的轻掠一下水面，便随风荡去……坐在柳树下享受闲情的人，观赏着大自然馈赠人类的美丽画卷。

在春天，老榆树对我来说，可谓"友情深厚"。你看，一串串、一簇簇的榆钱儿，粉粉曦曦的，十分鲜嫩，"眼福"就仿佛让人尝到清爽可口了。小时候的我，便像猴子爬杆一样，哧溜溜，身子一缩一伸地爬上榆树去捋榆钱儿，即使蹭破点肚皮也不在乎。爬到树上，先捋一把捂到嘴里，解解馋，越嚼越甜。不等咽下，又填一嘴。塞得鼓鼓的，嚼着、品味着自然的清香……然后才找个"安全"的树杈，骑在上面，不慌不忙地捋起榆钱儿来。

捋下来榆钱儿，我便闹着母亲快点做榆钱儿馍。母亲先用水淘淘榆钱儿，再掺和一些面粉，拌匀，做成菜窝窝。我自觉地帮母亲烧锅，使火焰旺起来，馍早点熟。母亲一掀锅，我便准备好筷子去插榆钱儿馍，因为刚出锅的榆钱儿馍又热又黏。我挑着菜馍，蘸点蒜汁，品尝着连城里大酒店也难找的"佳肴"，美极了。

榆钱儿开了，没多久，刺槐花也开了。

刺槐树是农村极普通的一种树，城市里很少见，或许因为它带刺吧。但这遮掩不住它独特的美，正因为这，它才成了农家小院一处美丽的风景。

刺槐花一簇簇的，白白的，一朵一朵花有序地排列在花梗的两边，嫩青的花苞不怎么显眼。望着老院东屋门北边这棵刺槐树，我不由得想起："忽如一夜春风来，千树万树梨花开。"一串串的槐花点缀着这棵刺槐树。她比梨花耐看，比雪花清香。一阵风吹过，满院子的清香。

天真活泼的小姑娘用红头绳系住两串刺槐花，套在耳朵上，一边一个，一走一摆，像白玉耳坠。小姑娘自得其乐的高兴劲儿，显得更可爱了。

春天快过去了，惜春的我遂执笔铺卷，留下对春之树的纪念。

1999 年 4 月 10 日

【创作笔谈】

1999 年初，华中师范大学、《语文教学与研究》杂志社举办了第三届全国语文教师"四项全能"大赛，《春之树》是我参赛的下水作文。我用"三"的思维来布局，是受了课文的影响，如高尔基《海燕》中的三个场景、《皇帝的新装》中的三次看新衣、《故乡》中的三个故乡印象等。

我写《春之树》，颇有点像朱自清写《春》，都是给学生看、让学生用来学习写作的，语言浅显，但结构极其精致。全文分三部分，"总—分—总"结构。主体部分进行"三"的描述：柳树、榆树、槐树。这三种树在我的故乡河南商丘很常见，儿时的记忆中它们都与我密切关联。因而，我就通过描写三类树来写景抒情，表达对家乡的爱、对母亲的爱、对童年生活的怀念。"三"的思维有利于内容的铺展，能够较好地解决没内容可写、作文字数少的问题。后来多次作为范文让学生读，学生慢慢也都学会用这种方法铺展内容，写够了字数，短文变长文。

我并没有简单地重复，除了所写春天的树木各不相同外，美在表现手法的变化。写柳树，通过男孩的吹柳笛、编柳圈，语调灵动雅致，突出表现童趣。写榆树，引出榆钱，引出我捋榆钱、母亲做榆钱馍，语调亲切温馨，突出表现母子情长。写槐树，细描槐花的洁白、耐看、清香，语调清新质朴，突出表现乡村的质朴与活力。这样的手法运用，启迪学生"三"的思维是从不同的角度将有关内容或细节反复三次。下水作文，不仅发挥参考示例的作用，还要起到解释的作用，引导学生领悟背后的逻辑结构和表达目的，以便学生迁移运用，活学活用。

我还会给学生讲，文中的男孩就是我，文中的小姑娘就是我侄女，让学生领悟写作就是表现生活。顺势给学生指点：写景的文章，可略写人物，人景相映，文章才有温度。

【读者心语】

本文作为教师的下水作文，具有较强的示范性。

首先，选材具有典型性与丰富性。作者选取温柔文雅的柳树、"友情深厚"的老榆树、美丽独特的刺槐树这三种具有典型特征的春之树，将春之树的美丽画卷一一铺开在读者面前，让人有身临其境之感。

其次，"三"的结构段式，行文严谨又不失灵动。首段宕开一笔，抒写文人雅士之爱春，紧接着采用"总—分—总"的形式，以"引出事物——描写事物——抒发情感"的结构展开，以时间为序，结构井然。这也是写景抒情散文常用的构思方法。

再者，语言具有诗意美。大量雅词的运用，使文章具有音韵之美，文雅古典。开篇选用如"灿烂怒放""粉白如雪"等四字词语，读来语言凝练，富有文化内涵；"金灿灿""绿茸茸"等叠词，读来赏心悦目，朗朗上口；同时，引用诗词名句，显露不凡文采；用词颇有神韵，一字传神，化静为动，如文中"吻"字，生动地写出春风轻柔温和的特点，"吐""钻"表现柳树泛青吐芽时的情态，为春天增添了生命活力；巧用修辞，形象生动，如比喻、拟人的修辞手法，将柳树比作含羞少女般温柔文雅，春之树的柔情跃然纸上。

最后，情感是散文的灵魂，全文不言情字，却处处饱含深情，字里行间流露出作者对春之树的喜爱之情以及对家乡、对母亲的热爱之情，对童年的怀念之情。小男孩乐呵呵地吹柳笛，"我"迫不及待地品尝榆钱馍，小姑娘自得其乐地套上刺槐花，每一幅画面，都洋溢着春天里的人儿对春之树抱有最大的热情。

总之，本文立意高远、选材精当、结构严谨、语言优美，是一篇写景抒情的好范文。

读者：覃慧，张占营名师工作室成员，曾获浙江省"少年文学之星"园丁奖。

第三节　示范破解写作难点：《真幸运，我做了你的老师》

教师的写作基于对生活的强烈热爱、独特体验和细微观察，唯此方可发现美、创造美。现实中，很多学生缺乏发现生活细节的眼睛，也就很难做到平凡之中见深意。从学生心理上讲，自己老师的作品比教材上名家的作品读起来更亲切。因此，教师如果贴近学生而写，善于利用师生生活中的细节来写作下水文，对于具体指导学生进行细节描写大有裨益。教师的下水文，或许会让学生明白一个朴素的真理：捕捉到的生活细节，都可以成为作文的"好料"。笔者所写下水文《真幸运，我做了你的老师》，对于破解缺乏生活细节这一难题起到了示范作用。

【下水作文】

真幸运，我做了你的老师
张占营

茫茫人海，人与人的相遇，真是一段尘缘。

假如按照"大循环"的制度，我去教七年级的话，我就不能与你相遇；假如我还在河南教书、不在杭州文海教书的话，你我也不能相遇；假如你不是2016届10班的学生，你我也未必相识；假如你随你爸妈在萧山读初中，你我也不会相遇……

一切假如都不是。我们就在2015年9月杭州文海九年级（10）班相遇了，这真是幸运！

你，坐在教室靠后，倒数第二排吧，认认真真地听讲，会时不时地拿着书和卷子到办公室与我讨论问题。我开始渐渐关注你：挺努力的！我的脑海总是浮现你从办公室走出时的样子，总是一蹦三跳，和一米七五的你搭配，有点滑稽。阳光心态的你，成了我的开心果。

大约11月份吧，你的胳膊不幸受伤了，伤得不轻，骨折了，是右胳膊。你先是在家休息，后来不甘心在家，毅然走进教室，哪怕只听课不写作业也好。我为你的坚强和志气而欣慰。没过几天，你竟然左手写字，不叫你写作业，你偏要写。我在微信群里展示你的作业，特意写了"杜宇峰同学用左手写的作业"几个字。发布信息的那一刻，我感到幸福和幸运，遇上了一个如此有志气的学生。

记得吗？第一学期期末语文考试，你考了102分。你拿着卷子，卷子在你手中翻飞，在办公室门前，你得意地说："张老师，我的语文考了102分哎，我上初中后，终于出现三位数了。"看着你深凹的小酒窝，我说："继续加油！""嘿嘿！"声音有点悠长，你蹦跳着飞入教室。我知道，这是你努力的结果。不努力，自己怎么成长？后来你的作文发表在《语文周报》上，你还写道："我与语文共自豪。"文章的发表，也是你努力的结果。上天青睐上进的青年，你就是其中一个。我为有一个拼搏进取的你而欣慰，真幸运，我做了你的语文老师。

有时候，叫你"小峰"，那是我们师生无比亲热的阶段了。一次，我的肩膀疼痛，甚至拿笔、按键盘都困难。看到你走进了办公室，我说："小峰，给我按一按肩膀吧。"你听话地给我按，先按右边，又按左边，然后两个肩膀都按。开始很轻，仿佛怕按疼我。我说："小伙子，使劲捏，越用力越好。"尽管如此，你依然是循序渐进式地按："这样行吗？"手劲慢慢大起来。"这样行吗？"

你帮我按摩后，顿时好多了。"谢谢你，小峰。"你总是很开心。此时我就想，有这样的儿子多好！每天帮我按按肩膀。事情正如我愿。你常常来给我按肩膀，有时一边按，一边跟我聊天；有时一边按，一边与我探讨问题；有时你一边按，贴着我的耳畔说些悄悄话；我呢，一边批改作业（尽管有时笔在跳青春舞），一边享受你给我带来的快乐……"真幸运，张老师遇到一个好学生！"办公室的孙老师羡慕得不得了。

是呀，两个男人的刚与柔全在这里。我听得到你的呼吸，弱弱的；你懂得我的心声，深深的。要不，那次我给你几颗枣子吃，你怎么回敬我一个桃子呢！傻小子，高情商。不知为什么，我总是喜欢把一些大道理讲给你听；正如你总是喜欢把你高兴的事讲给我听。当然，也有忧伤的事。

难忘中考的第一天，数学考试后。尽管我的语文已经考过，作为老师，我还是心系着同学们的其他科目。到教室看了同学们，转身回办公室，见到了你。只见你，坐在那个黄色的小板凳上，面朝东，流下眼泪。身边也有孙老师。一会儿，教你的刘老师、张夫坚老师也来了。慢慢地，我知道，你是因为数学做得慢、没来得及检查，怕考不好而流泪。我等你情绪稳定了，轻轻拍着你的肩膀，对你说："说不定，你一检查，把对的改错呢！你做得慢，肯定正确率高。我给你说过，一切都会过去的，目前只有往前看，好好准备下一场考试。相信自己！"

我总是感觉，人有时候很神奇。不知道为什么，你看了看我，我看了看你。你回教室复习去了。社会思品考试的时候，我还悄悄地跟着你，嘱咐你，心情放松，好好考。临近考场的一瞬，你朝楼道口看了一下，瞧见了我。我给你挥挥手。

中考过后，就是毕业。骊歌回荡的夏季，总有些惆伤。"张老师……"你似乎有很多话，但都没有说，只是傻傻地拥抱着我。又帅又高的小峰啊，你欺负张老师个儿矮？一切，我懂得。

初三，一段师生缘，成为一帧照片，珍存在你我的心田。你我相遇，只一年。落红飘零，翠柳青青；柔条眸顾，目送依依。

真幸运，我做了你的老师，遇到了你这个青春阳光、坚毅拼搏、重情重义的学生。更幸运的是，因为有你，提升了我作为一名语文老师的幸福感，我才如此贴近学生的心灵，彼此听到了花开的声音。

2016 年 12 月 27 日

【创作笔谈】

记得一次考试，以《真幸运，我做了你的_____》为题作文，半命题作文。是我命的考题。自己命的题，肯定对这个题目也感兴趣，于是就冒出来自己写一写的想法。学生写，我也写，心里想着，要突出一个"情"字。评讲作文时，效果很好。

文中的杜宇峰同学是 2016 届学生，我教他只有九年级一年的时间。我写作此文时，他已经毕业了。文章是写给我中途接班的八年级孩子的，为了让学生感受到，我手写我心，我手写我情。我在用一颗真诚的心写作，不是瞎编乱造。热爱生活，就需要关注生活中的凡人、小事，发现别人看不到的美。反过来，只有对生活观察细致，才可以说你是一个热爱生活的人。杭州的第一朵荷花开了，能够成为杭州电视台《都市报道》的头条新闻，足以表现杭州人是多么热爱生活。同样，写作要善于捕捉细节，深入细节，以表现你对这个人物的爱，描写越细，你对他爱得越深。同时，也让读者从细节中读出一个鲜活的、立体的、血肉丰满的人。汪曾祺先生最善于写平凡小事中的深情了。

我写这篇下水文，则是抓住了诸多细节来表现小杜同学。当时他的座位呀，一蹦三跳地进出办公室呀，我送他枣子、他回赠我桃子呀，星星点点的事流入笔端，永驻为真情。所以，老师要把学生的点点滴滴记在心里，这不只是教师下水作文的活素材，更是促进学生的人格成长。当我的笔尖流淌着这些文字时，师生之间的往事又湿润了我的眼眶。

写人，一定要写事。写事表现人，以事抒发情。我精选了三件事来写：右胳膊受伤，用左手写作业；给我按摩肩膀；中考时我鼓励他。每一件事，我都是用情来写的。这篇下水文，可以启迪学生：文章的生命在于真实，真实表现为细腻与丰满，真情铸文文味浓，生活是写作的源泉。

这篇文章语言很朴素，没有华美辞藻，但我用情写作，让班级学生感受到站在眼前的张老师和他笔下的作品是一样的。稼禾尽观，灯火可亲。

教师下水写学生，学生考场写老师。师生互动，情感交流。考后的作文评讲，暖意融融。写作的魅力可感可见：文学浸润人生，涵养人格；文学启迪心智，呼唤人性；文学超越现实，走向高雅。

【读者心语】

读您这段文字时，我想起汪国真先生的诗："当我走向你的时候，我原想收获一缕春风，你却给了我整个春天。"

遇见您，是我们的中考之年。当时我们九年级（10）班的语文成绩不太理想，您是来陪伴我们备战中考的。因为久仰您的大名，在紧张的九月，同学们心里暖暖的，力量倍增。第一堂课，我们是在您的笑容中度过的，同学们都在赞叹听您的课是一种享受，您对课文一词一句地赏析，整版整版地板书，一节课下来我们的语文书上都是笔记。赏析古诗时，您会绘声绘色地带领我们一起走进那个画面。虽然您衣着朴素、语言朴实，但在不知不觉中，您早已成为同学们心目中的顶级"男神"。在您陪伴的日子里，您帮助每一个同学，不放弃任何一个人，中考那年的时光，您的笑容、您的耐心、您对我们的关怀和倾心付出，我历历在目、记忆犹新。教好书、育好人，不断学习、勇攀学术高峰，您用行动印证了教育的高度。多么幸福，您是我的老师；多么幸运，让我们遇见了您！

时隔多年，讶于您对我记忆的深刻，感于您对我关怀备至。细节是深深的爱。文章记录的事情虽然平凡微小，却也代表着您在简单细微处所给予我源源不断的温暖、欢喜和力量。于我而言，那年那月，每一件事，都是人生路上抹不去的珍贵印迹。

我也曾感慨，人与人之间的相遇真是美好而神奇，尽管您为师，而我为生，却也能够在某些时刻听着彼此起伏的呼吸，将两颗心靠在一起。那种目光的相遇，灵魂的交流，精神的引领，曾经给了我莫大的温暖和力量。而多少人因为您的一句话、一个眼神而爱上您的课，多少人甚至因为您的一句话而改变了自己的人生。何其有幸，也让我，做了您的学生。

如今，每到假期，我总想去拜访您，听听您的声音，聆听您的教诲和指导，而您总是倾囊相授，并把您出版的书籍、您喜欢的书籍送给我，您依然像当年那样对我关怀备至，对我谆谆教诲，和我分享您的教育生活和学术成果，给我以鼓舞和力量。遇见您，是我一生的幸运！您，永远站在我的人生里！

读者：杜宇峰，浙江师范大学数学与计算机科学学院，曾获 2020—2021 学年浙江省政府奖学金，2021 年浙江省大学生高等数学竞赛数学类一等奖。

第四节　涵养向善向美人格：《你是人间的四月天》

素养导向下的初中写作教学，尤为注重文学写作。这与语文学科素养"审美鉴赏与创造""文化理解与传承"紧密关联。文学写作最重要的功能是唤醒灵魂。教师要积极营造文学氛围、创设文学情境来养成和培育学生的文学情怀，把"言语生命动力学"语文教学理念落实到写作实践中。"立德、立功、立言、立美"是一个人行走的最好姿态。语文教师能够写诗歌，写散文，写小说，是给予学生的最有影响力的形象。笔者创作的《你是人间的四月天》，引导学生在仿写中创新，呼应了新时代写作教学的文学审美需求，是"立美语文"的生动例证。

【下水作文】

你是人间的四月天
——致亲爱的女儿
张占营

我说你是人间的四月天，
柔和春风唤醒梨花，素雅
在桃花飘零中，你摇曳如诗的心海。

我说你是四月的露珠，
洒在小草上，晶莹
更绿，更亮，你是跳动的空灵。

我说你是四月的小燕子，
斜风细雨中，羽翼舒展，
自由，飘逸，与柳枝齐舞。

我说你是四月的布谷鸟，
阵阵鸣唱，洒向蓝天，响彻流云，

幸福在甜蜜的梦里。

你是一汪一汪的清泉，是月牙
在闪闪的星空中，照亮
——你是芬芳，是恬静，是清秀，是希望
你是人间的四月天。

2019 年 9 月 7 日

【创作笔谈】

初中写作教学，对诗歌写作教学一直拒之门外。个中原因，是与应试写作有关，一般情况下，中考高考作文是不考诗歌的：文体不限，诗歌除外。"诗歌除外"的问题，作文命题专家会摆出各种理由，我也认为如此这般也有它存在的理由吧。但作为有良知、有责任感的语文教师，不能不教孩子们诗歌写作。初中少年，风华正茂，正是多情敏感的花季，教师牵线让孩子们与诗歌约会，来一场花前月下的细语轻吟，应当是写作教学的高雅境界。

我才疏学浅，不常写诗。为了激励学生写诗，为了表达对女儿的一片深情，自己也尝试写诗，不怕鸟鸣刺耳，不怕花开凋谢。我细细研读林徽因的《你是人间的四月天》，品味这首诗的建筑美、音乐美、意象美、色彩美，探索跨行营造的奇妙空间阻隔。然后精心选择意象，用意象传达情感。初中生初学写诗，往往是很少运用意象，而意象之间又缺少整体感、丰富性。我精准把握学情，做了此方面的指导与强化。教师的下水文起到了营造诗意氛围、示范引领、激发思维的作用。我认为，初中生写点诗歌，是为了激发、培养他们对诗歌、对文学的兴趣，留住他们的童心和想象力，这是最重要的。老师都开始写诗了，学生也学着写一写：诗意氛围自然生成。

这篇下水文的创意是，我将诗人林徽因诗歌的副标题"一句爱的赞颂"改为"致亲爱的女儿"。从交际语境学来看，意在引导学生确定一个读者对象，为一个所爱的人写诗。这样，学生进入写作情境，写诗的热情慢慢高涨，想象力慢慢飞扬，开始诗意地倾诉心语。

写诗起步指导，仿写很重要。师生均以林徽因诗作的表现形式为载体，但内容是新颖的、鲜活的，我认为这是形式与实质的统一，既符合初中生的年龄特点，也符合审美教育的规律。我还指导过学生以新的内容创作古诗，也是写作教学的一道亮景。现摘抄两首：

西　湖　行

金知鱼

荷花开遍戏蜻蜓，碧水连天似镜明。

杨柳低首飘绒絮，别有一番好风景。

满　江　红

胡　昊

巍峨五岳，山顶月有人长啸。看鞘中宝剑染血，恩仇多少。七星龙渊破九霄，含光无形纷争少。算此生不负是男儿，头颅好。荆轲墓，咸阳道。聂政死，尸骸暴。叹黄河九曲，余情环绕。魂魄化成精卫鸟，血花溅作红心草。看从今一担好河山，英雄造。

展出诗作时，孩子们兴致勃勃地诵读，诗意盎然地品赏。我经常提醒自己：要尊重孩子热爱读诗、热爱写诗的天性啊！

【读者心语】

我当时最大的一个问题就是，写诗，空有情感，却没有把意象作为载体来进行表达，就好比空中楼阁，虚浮。张老师的这首诗，便承载着许多意象，但也不是一味地堆砌。意象与意象之间有着共同的特点，那便是纯净与跳动感。借助这些意象，也喻示张老师女儿的活泼灵动、天真烂漫的形象，饱含着一位父亲对女儿的怜爱与自豪之情。但它又不似马致远的"枯藤老树昏鸦"那般列锦，而是用陌生化语言进行细致的描写。这样写的好处，其一可以令读者更容易展开联想——万花飘曳，露珠跳动，燕柳齐舞等；其二，相比于列锦，可以更自由地表达浓厚的爱意。全诗长短句结合，语言也贴近内容的特点，那便是跳动与空灵，十分具有节奏感，具体表现为形容词作伴随的状语单列出来。张老师的女儿正值豆蔻年华，那便是人生的初春之时——四月之天，而梨花、桃花、露珠、燕子等意象，极具春天的典型性。这么多典型意象的多次譬喻，便可以进行整合与放大，化作四月之春。

读者：邵铄，2018届杭州市文海实验学校学生，现就读于杭州医学院。热爱读书，喜欢写诗。

下编　写作学习方法指导

第一章
主题作文指导

　　主题就是作文的思想内容，最能够体现文章的写作价值。初中生写作，主题要明确深刻。主题明确，即中心突出，观点鲜明；主题深刻，即发人之未发，意蕴丰厚，指向本质。生活是五彩缤纷的，其内涵也是丰富多彩的。生活的多样性，生发出事理的多义性。即便同一个大的主题，切入的角度不同，表现的思想情感、人生哲理也是各异的。本章从家国情怀、品味文化、体验真情、领悟真谛、反思生活、自我发现、青春阅读等七个方面探讨初中生常见的写作主题，结合具体例文阐述大主题下的子主题，让学生开阔写作视野，拓展写作思路，感悟人事情理。

第一节　家国情怀——歌咏赤子初心

家是最小国，国是千万家。家国情怀，是一种崇高的情怀。

"家国情怀"类作文题在近年的中考试卷中高频出现，如 2021 年北京市以"共和国勋章"获得者、"杂交水稻之父"袁隆平说的一句话为材料，并以《做一粒＿＿＿＿＿的种子》为题作文。2021 年福建省是根据材料写一篇演讲稿，用于"奋斗百年路，启航新征程"校园主题演讲比赛。2021 年湖南怀化以《担起这份责任》为题作文。

关心祖国的命运，为之奋斗为之牺牲；赞美祖国的山河，为之描画为之歌咏；热爱祖国的语言文字、历史文化，为之沉醉为之感动……这些都是爱国情怀的表现。我们应从小事做起，秉持家国情怀的赤子之心，砥砺拼搏，修身养性，练就本领为国效力，化家国情怀为行动，叠加成国家的进步，汇聚成中华民族伟大复兴的力量。

【文题展示】

阅读下面的文字，按要求作文。

天下之本在国，国之本在家，家之本在身。——《孟子》

安得广厦千万间，大庇天下寒士俱欢颜，风雨不动安如山。——杜甫

先天下之忧而忧，后天下之乐而乐。——范仲淹

请根据上述文字的内容及含意，选好角度，确定立意，写一篇文章。

要求：①除诗歌外，文体自选，600 字左右；②感情真挚，不得抄袭；③文中不得出现真实的人名、校名、地名。

【审题关键】

材料作文首先要读懂材料。第一则材料以顶真的修辞从宏观、中观、微观三个维度凸显"本"之重要，进一步厘清"国""家""身"三者之间层层递进的内在联系；第二则材料强调心忧天下"寒士"，突出古仁人为他人着想、心系他人的宽阔胸襟；第三则材料中则侧重指向内心，指向自我，"我"应当在天下人

忧之前自己先忧，天下人乐之后自己再乐。三则材料中均有一个共同词语"天下"。"天下"，在此语境中是"国家"的意思。通过上述分析，我们至少可以从上述三个角度分别进行立意，或者把三者完美融合，表达一个鲜明的主题。

在选材方面，建议同学们贴近生活，力求选取真实、鲜活的身边事情，以小见大，由微知著，由浅入深，凸显自然升华，不要空洞地讲大道理。在文体确定方面，可以写散文、小说等文学体裁的作文，突出情感、细节或叙事技巧、深刻主题；也可以写以说理为主的议论文，或夹叙夹议。不论选择何种文体，都要有较强的文体意识，避免不伦不类。

【思路点拨】

确定记叙类文体。家国情怀，不只是心中的愁思或满腔热忱，还应从小事做起，修身养性，练就本领来为国效力，化家国情怀为行动。以"家国情怀"为抒情线索，结合生活经历，表现情感波澜。构思情况如下：

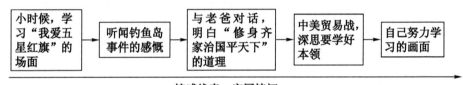

情感线索：家国情怀

确定议论性文体。确定论点"国家的发展与个人的发展是相互促进的"。根据中心论点，可围绕"提出问题——分析问题——解决问题"的思路，选取论据，布局谋篇。可以大致按照以下思路布局：

引出论题：以"从来治国者，宁不忘渔樵"引出

论述论点
- 1. 国家推动个人发展
  - 道理：国富民才安
  - 举例：精准扶贫
- 2. 个人促进国家发展
  - 道理："天下兴亡，匹夫有责"
  - 举例：周恩来为中华崛起而读书，钱学森苦等五年终回祖国

得出结论：心系天下，才有国家，立人立家，实现中国梦

【范文引路】

除夕遇年虎　百年话巨变

徐子力

当窗外的蜡梅花纵情开放时，新年便迈着轻快的步伐走近了。

家家户户忙着办年货、买年花、贴春联……外婆戴着老花镜，用巧手剪了一对小老虎窗花贴在窗户上，更增添了过年喜庆的气氛。

除夕团圆夜，溢满整屋的年夜饭菜香味还未散去，一家人欢声笑语地围坐在电视机前看春晚。外婆道："你太外公可喜欢春晚了。要是他还在，再来杭州过年，跟我们一起看春晚就好咯。"

太外公也来过杭州？我充满疑惑地歪头看看外婆，再盯着窗花上憨态可掬的小老虎。剪纸线条灵动，小虎活灵活现。突然，小虎动了起来，居然跳到我怀里，抬起头说话了："我是年虎，是专门来陪你过年的哦。"说罢，伸出粉嫩嫩的舌头舔了舔我的脸，痒痒的。

"嗯……"外婆正想着，怀里的年虎说："我带你去看看吧！"霎时我只觉自己腾空而起，落在一朵软绵绵的云上。向下看，一座古城内大量的难民在向城外涌去，大批日军手里的长枪都上了刺刀。"这是 1937 年，南京。"年虎说。原来这正是 1938 年春节前一个多月，日军制造了惨绝人寰的南京大屠杀。外婆曾经跟我讲过，太外公就是这次屠杀的幸存者，当时才十多岁的他，历经磨难一路往南才逃到了昆明。我果真看到人群中有一个男孩，随着人潮向前奔跑。

耳边风声渐渐地大了，我发现云下的古城大街小巷都挂上了灯笼，尽管如此，却掩不住萧条和凄凉。年虎告诉我，此处是杭州，太外公逃难途中停歇在此恰逢春节。我看到那个男孩孤独地坐在台阶上，仰头望着夜空，或许他的眼中有泪吧！"坐到三更尽，归仍万里赊"，在这本该家人团聚的时候，他却是"旅馆谁相问，寒灯独可亲"。乱世之中，人如草芥，国家遭遇不幸，个人必受其难。

当我再次从云上俯身望去，却只有一片滩涂沙地。"这是下沙，你从小长大的地方。"年虎打了一个响指，我看见在这片荒芜的滩涂上，人们围垦拓荒，楼房拔地而起。一排红色的居民楼映入眼帘，这是我小时候住的地方。那时的我总盼着春节早点来到，因为年货一年比一年丰盛，新衣一年比一年漂亮。

妈妈曾对我说过，她和爸爸从小在和平的环境下学习，才能考到杭州求学，毕业后享受到改革开放好政策，才有了这个温馨的家。

我一兴奋差点从云上栽下去，幸亏年虎叼住了我的衣角："别急嘛，还没结束呢！"我继续趴在云上，领略金沙湖畔我的新家日新月异的变化，欣赏钱塘新区高楼林立、灯光璀璨的美景，更感受到疫情防控下杭城的繁华祥和，年味依旧。可谓"天地风霜尽，乾坤气象和"。这与先前看见的国破家亡景象大不相同，让我更加体会到个人、家族和国家命运紧紧相连的含义。

此时外婆的喃喃，将我从云上拉回现实："要是你太外公在该多好啊，都过上好日子喽！"

我向窗外望去，吉祥的灯笼照亮团圆的家，窗花上的小老虎在红光中依旧对着我微笑。这年虎是外婆对太外公的思念，更是对虎年新春的祝福。

年味浓得很温暖，生活美得很杭州。

【写法点评】

作者以外婆的年虎剪纸为思绪触发点，展开丰富的联想和想象，以镜头画面的形式展现出旧中国民不聊生的悲惨场景和新中国改革开放的新面貌，以及新时代人民美好生活的新图景，今昔对比，凸显出"个人、家族和国家命运紧紧相连"的主题。作者把宏大的爱国主题浓缩在小家的除夕夜，以小见大，富有浓浓的生活气息，富有浓浓的杭州年味，富有浓浓的爱国情怀。文章叙事视角独特，爱国情感贯穿全文，真实生动。是啊！随着时代的更替，家族的命运也在不断变迁，但亘古不变的，是人们对春节质朴的期许——阖家幸福，国泰民康！

【新题演练】

题目	写作提示
请将"××，这里有我的_____"补充完整，构成你的题目，写一篇文章。不限文体（诗歌除外）。要求：①"××"，是与自己的成长密切关联的一个地名，请将作文题目补充完整；②作文内容积极向上；③字数在600~800之间；④不要出现所在学校的校名或师生姓名	这是一道半命题作文。"××"点明地点，它承载着将要写的人、事、景、物。要把"××"与"我"联系起来，"我"依存于"××"，"××"哺育、培养了我，是"我"的生命摇篮。横线上可以填实物，如"小屋""乐园"；也可以填虚拟事物，如"青春""心湖"。可叙事，可抒情，可描写，可议论。如"乌镇，这里有我的童年""杭州，这里有我的心湖""北京，这里有我的歌声"。这些富有诗意的题目，都可以把自我与某地结合，画面幽雅，扣人心扉，表现在此地"我"的成长（喜怒哀乐），表达对此地的永远怀念，"××"给予"我"的人生的深远影响

（续表）

题目	写作提示
2022 年中国成功举行世界瞩目的北京冬奥会；2022 年，神舟十四号、神舟十五号发射升空，将会全面建成自己国家的太空站；2022 年党的二十大将胜利召开。2022 年，对于你也是特殊的一年。美好的时光里，也许有让你铭记在心的人、事、物、景，或温暖你的心扉，或鼓舞你的斗志，或启迪你的心灵…… 请从《你好·2022》《2022·再出发》两个题目中，任选一题写作。 要求： ①立意自定，选择自己熟悉的人、事、物、景作文，表达自己的真情实感； ②文体自选（诗歌除外），不少于 600 字	这篇作文，在审题时要关注"提示语"所提供的时代背景，要把国家大背景与个人处于"2022"这个时间节点的小背景结合起来，将宏大的主题通过微小的故事表现出来，以小见大，鲜活丰满，灵动多姿。《你好·2022》以问候的形式与 2022 展开对话，可以用书信体、日记体、演讲体写作，立足 2022，运用多种表达方式，生动叙述自己的所行所思，把自己的理想与行动和祖国的美好明天结合起来，表达对未来的憧憬与向往。《2022·再出发》，要仔细揣摩三个关键词："2022"这个时间节点对自己学习、生活乃至人生的意义；"再"字，意味以前曾经出发，这里"再"出发，是坚持不懈，还是反思之后的"重整旗鼓"；"出发"一词富有诗意，"出发"是探索科学，"出发"是心智成长，"出发"是参加志愿活动，"出发"是做好中考冲刺……选材应当是很宽广的。自己的出发是为了自己更好的明天，自己的明天是为了给祖国的美好明天添砖加瓦，二者自然统一，浑然一体

第二节　品味文化——享受文化滋润

中华文化丰厚博大，汲取民族文化智慧，吸收人类优秀文化，关心当代文化生活，促进自身精神成长，是提升我们思想文化素养的重要内容，也是促进文化理解和文化审美的关键能力。

"品味文化"类作文题在近年的中考试卷中高频出现，如 2021 年甘肃武威以《每逢佳节》为题作文，2021 年重庆市 B 卷以《礼》为题作文，2021 年四川遂宁则引用习近平总书记在 2021 年春节团拜会上的讲话内容"在中华文化里，牛是勤劳、奉献、奋进、力量的象征"，以"牛"为话题作文。

作为初中生，我们要多多感受祖国的优秀传统文化，了解文化名人的故事，探访地域文化，体验民俗文化，涉猎建筑园林文化等，提高自身的文化品位。

【文题展示 1】

（2018·浙江嘉兴）"语文教材文言文比例飙升"成为当下网络热议的话题，许多即将升入初中的学弟学妹听说后，感到紧张担忧。请你围绕自己感受最深的一点学习体会写一篇小作文，向他们介绍学好文言文的方法和经验。

要求：①内容具体，条理清楚，结构完整；②使用恰当的说明方法；③字数在 150~200 之间。

【范文引路】

⊙学写法：内容具体，条理清楚，结构完整，说明方法恰当。

1. 学弟学妹们，虽然语文教材文言文比例飙升，但只要你掌握了学习方法，就不用再为此担忧。我觉得最重要的方法是"多读多背"。第一，多读注释。比如《愚公移山》，看起来篇幅很长，但大部分难字难词，课下注释都会标注。第二，多读课文。"书读百遍，其义自见"，反复朗读，对文言文的内容就会了然于心，对文章的思想情感就会深入领会。第三，多背课文。通过背诵，丰富语感，加强积累。诵读经典，是美好的文化之旅呢！

（张朦丹）

2. 学弟学妹们：

你们好！

我觉得文言文学习中的问题主要是文言词汇积累量少。所以，首先要注重课内文言词汇的积累。课上要学会结合上下文理解文言词语的意思，课后分类整理在笔记本上，如一词多义、通假字、古今异义等，早读时多读多记。其次要注重课外文言词汇的积累。课外阅读文言文，遇到不理解的词句要及时标注，勤于借助古汉语词典来解决，做好批注。日积月累，你就会掌握丰富的文言词汇。

希望我的经验对你们的学习有所帮助！

（韩岱霖）

【写法点评】

这两篇微作文都能够根据题目要求，向学弟学妹们介绍学好文言文的方法和经验，主题集中，内容明确。两篇文章针对文言文学习方法，介绍了多读多背、积累文言词汇等学习方法，切实可行；均使用了分类别、举例子的说明方法，条理清晰，层次分明，表达具体。值得指出的是，范文 1 的作者具有较强的读者意识，"只要你掌握了学习方法，就不用再为此担忧"，说明能够根据情境进行作文。范文 2 的作者运用书信体，娓娓交流文言文学习的经验，结尾句"希望我的经验对你们的学习有所帮助"，委婉谦虚，非常得体。

【文题展示2】

（2018·浙江绍兴）轨道交通建设是绍兴的重大民生工程之一。为了树立品牌标识，打造轨道交通"名片"，绍兴市轨道交通建设指挥部公开征集了"绍兴轨道交通"标志。现在邀请同学们一起来评选下面入围的三幅作品，你觉得哪一幅最好？参考小贴士说明理由。（110 字左右）

作品一　　　　作品二　　　　作品三

小贴士：标志是一种具有象征意义和文化内涵的视觉符号，具有识别、象征、审美的功能，常用文字（汉字、字母）、图形等元素来设计。

我选作品＿＿▲＿＿，理由：＿＿＿▲＿＿＿

【范文引路】

⊙学写法：由整体到局部，由总到分；由图形到内涵，虚实结合。

1. 我选作品一。理由：这个标志造型美观，两条等距离的曲线寓意"轨道"，彰显"轨道交通"标志特征；"绍"字首字母 S 的形状，绵延悠长，彰显绍兴的历史文化悠久；上下半圆形状代表"石拱桥"，中间的水滴、弯曲的河道，体现绍兴水乡、桥乡的地域特色；轨道两端向外延伸，象征着绍兴未来活力无限。

（张露冉）

2. 我选作品二。理由：从整体看，用红色勾勒出"绍"字，白色空格似一个"兴"字；红白鲜明，似一枚古朴的印章，蕴含了城市的文化内涵。从线条看，多用直线进行构图，完美呈现出轨道纵横交错的恢宏景象，象征绍兴"轨道交通"事业的飞速发展。

（陈姿蓥）

3. 我选作品三。理由：作品运用了汉字和图形的元素来设计，具有识别、象征、审美的功能。首先，整体构图是"绍兴"的"兴"字，有地域特色。其次，作品中有道路和轨道的元素，象征轨道交通的四通八达和方便快捷。再次，作品线条流畅，极富美感。

（沈睿）

【写法点评】

这道作文题，解读"绍兴轨道交通"的标志，应主要运用说明的表达方式。这类微写作，首先要按照由整体到局部的顺序写作，呈现"总—分"结构。对于三幅作品，都要着眼于整体观察，抓住其主要特征，如作品一的"S"形，作品二的"绍"字，作品三的"兴"字，都是非常突出明显的。当然也要观察局部细节的构图，如作品一中的"拱形桥"图案。其次要按照由图形到内涵的顺序写，由实及虚，由浅入深。标志是一种具有象征意义和文化内涵的视觉符号，在说明了显性的图形之后，还要揭示其内在的识别、象征、审美功能，这是重点，也是难点。

【文题展示3】

（2018·江西省）班级拟开展"说教养"主题演讲活动，请参考下列材料，结合自己的认识，写一篇不超过200字的演讲稿。

材料一：教养是指一般文化和品德的修养。有教养的人必具有良好的外在行为和美好的道德品质。要完善个人修养，首先要致力于读书求学，提高自身的认知水平。

材料二：待人要谦虚，礼仪要得体，遇困境不气馁，获大奖不骄傲。（傅雷）良好的教养不仅来自家庭和学校，而且可以得之于自身。（利哈乔夫）

材料三：周总理每次外出视察工作，离开当地时总是与身边服务人员一一握手道谢。李鸿章出使俄国，在公开场合随地吐了一口痰，被外国记者大加渲染，颜面尽失。

【范文引路】

⊙学写法：选用材料，凸显主题，注重语体色彩。

1. 同学们，今天我和大家谈谈"教养"。

周恩来总理每次在视察工作结束后，总是与身边的服务人员一一握手道谢；

而李鸿章外出访俄时，在公共场合随地吐痰，被外国记者大加渲染，颜面尽失。他们留给我们的印象为什么大相径庭呢？原因就是"教养"。

教养是什么？它指的是一个人具有的良好的外在行为与美好的道德品质。它是一个人的安身立命之本。拥有教养的人，令人尊敬；丧失教养的人，受人唾弃。

同学们，让我们做一个有教养的人吧。

（徐可一）

2. 今天，我演讲的题目是《做一个有教养的人》。

大家都懂得拥有教养的意义。那么，身为学生的我们，该如何成为一个有教养的人呢？

自古以来，家庭与学校就是提高教养必不可少的渠道，我们要听从父母和老师的教诲。但良好的教养更得之于自身。首先，我们要致力于读书求学，提高自身的文化素养。其次，我们在为人处世方面也要像傅雷先生说的那样："待人要谦虚，礼仪要得体，遇困境不气馁，获大奖不骄傲。"

愿我们都成为真正有教养的人！

谢谢大家！

（赖超然）

【写法点评】

这两篇微作文都能够根据题目要求，围绕自己所演讲的内容有目的地选用所给材料，使演讲增强了针对性，内容具体充实。范文1主要参考了材料三和材料一，范文2主要参考了材料一和材料二。两篇简短演讲稿主题鲜明，范文1主要谈"什么是教养"，范文2主要谈"该如何成为一个有教养的人"，角度虽不同，但都是围绕一个主题展开的。此外，题目明确要求写"演讲稿"，两位作者都充分关注到了演讲稿的语体色彩，比如口语化，注意听众对象，拉近了与听众的距离；表达思路清晰，都运用"总—分—总"结构；通过讲故事、对比手法、设问句、感叹句等，增强了演讲的感染力。

【新题演练】

◇ 中国人文化自信的千年渊源，与古诗密不可分。古诗通过丰富的意象表达了中国人的情趣与志向。请从古诗常见意象中任选一个，如"梅""菊""月""舟"等，恰当引用诗句，阐释其丰富的文化内涵。要求：语言生动，条理清晰，150~200 字。

◇ 我国的书信文化史源远流长。我们熟知的《与朱元思书》《答谢中书书》《傅雷家书》等，都是古今书信中的名篇。然而，在互联网数字时代，人们大多通过手机微信、电子邮箱来交流信息，极少有人再动笔书写纸质书信了。请你以"纸质书信的未来"为主题，发表你的观点。150 字左右。

◇ （2021·广西北部湾）文以载道，文以化人。文化是什么？文化是生活，如贴对联、穿旗袍；文化是技艺，如打油茶、烧泥陶；文化是建筑，如骑楼、哈亭；文化是器具，如会鼓、天琴；文化是首诗，如《乡愁》《秋词》；文化是个人，如杜甫、苏轼；文化还是道德素养，民风家教，祖父传之，子孙握之。文化在身边，文化在心里，文化无处不在。

请围绕"我与传统文化"这一话题，自拟题目，以物见人，缘人记事，因事生情，写一篇记叙文。

要求：①拟好标题并填写在答题卡指定的位置，不得抄袭、套作，不少于600 字；②行文中不出现真实的校名、人名。

第三节 体验真情——触摸人间温暖

初中生提升言语生命意识，就是要表达对生活、对人生、对世界的真实感受。通过写作感悟真情，是对美好生活经历的再体验，是对诗意人生境界的再提升。

"体验真情"类作文题在近年的全国中考试卷中高频出现，意在让大家拿起笔回忆生活中的点点滴滴，表达对亲人、对老师、对朋友及对社会上帮助你的人的感激之情。滴水之恩，当涌泉相报。"爱""孝""感恩"一直是中国传统文化的重要组成部分，也是社会主义核心价值观的重要内容。真情是一个情感细腻的人一生品味的"心灵龙井茶"。

【文题展示】

（2018·湖北黄冈）一路阳光一路情

要求：①结合个人生活经历，选取真实的生活片段，写一篇700 字左右的记叙文；或根据自己的所思所感，写一篇600字以上的散文。②写记叙文要求文章叙事清楚，结构完整，内容充实；恰当运用描写、抒情等表达方式，写出真情实感。③写散文要求叙事或抒情线索明朗，感情真挚。

【变式题】

◇ （2021·四川广安）"心中有你，心灵就不会再空虚；心中有你，脸上就不会有泪滴；心中有你，生活就充满了甜蜜；心中有你，生命就拥有了意义……"读着它，会让人充满着温暖，洋溢着喜悦，涌动着感激……

请以《心中有你，让我_____》为题，写一篇文章。请将题目补充完整，诗歌除外，文体不限。

◇ （2020·云南省）请以《肩膀》为题，写一篇文章。要求：①立意自定，文体自选（诗歌除外）；②说真话，抒真情；③不少于600字。

【范文引路】

⊙学写法：以情为线，画面组合，尽显精巧布局。

一路阳光一路情

张占营

有时候，想一想，自己很幸福，人生路上有那么多人关怀我、帮助我。

小学时的诸翠芳老师，教我二、三年级数学和全校的音乐。她经常鼓励我，表扬我。记得小时候，母亲淘洗好了小麦，在我家门口的大路边晾晒。我搬个高一点的方凳写作业。诸老师赶集从我家门口过，看到趴在席子上正在用手摊开麦子的母亲，诸老师下了自行车，很响亮地跟母亲说："占营很用功，很贪学，好好供他上学！"诸老师的话就像一缕阳光温暖了坐在家门口写着作业的我，脸红晕晕的，羞赧地问候："诸老师好！"母亲扑扑掌心粘着的麦粒，站起身，也亮嗓门打招呼："放心吧。诸老师，麻烦您多管着点儿。"母亲的声音与诸老师清脆的车铃声应和着。

诸老师温和善良，就像一位慈祥的奶奶。后来我做老师，或许就是受了她的影响。在启蒙老师中，她是我终生难忘的一位恩师。

在求学生涯中，业展则是我的挚友。我中师时的同学、伙伴，梁园区王楼乡人。我当班长时，他做团支部书记。恰同学少年，我们班级成立"学马列小组"，我和他成为"革命伴侣"。后来，老同学聚会，每每饮酒，业展知道我不善饮酒，叮嘱我不要喝多；而他总是喝多，因为他把我的酒喝了。这个率性的人！一次，他喝多了，抱着一捆倚在墙边的玉米秸秆，大叫大嚷，尽显英豪。寒假暑假回老家，业展常常开车接送我。一件行李一件行李地拿下来，一件行李一件行李地拎上去。看着我进站，看着我检票。临别的挥手和他高大的身影成为永不褪色的照片。每每这个画面呈现，我的心田便涌动一股暖流，人生得一知己足矣。

戊戌中秋之夜，我发微信于他："钱塘江上一轮月，思君送商满秋波。"

他须臾酬和："龙井已入杯中茗，苏堤春晓有你我。又是月上星海夜，遥知故人泪婆娑。"

回首 2012 之秋初到杭州时，人生地不熟的，倍感寂寞冷落。美丽属于杭州，不属于我。而就在这时，喻鑫老弟来了。他是湖南人，教科学。曾在宁波象山工作过一段时间，我们同时进入一所杭州学校。在陌生异乡，"同是天涯沦落人"。那天，也不知在什么路口（因为方向还搞不明白），遇见喻鑫，大胆地问："喻老师，帮我装一下电脑，好吗？""好的。"他让我先回去，问了我的住址。过了约一刻钟，他就骑电动车来了。汗涔涔的他，笑着说："我第一次安装这个。试试看啊。"

他从容地理了理我从老家带来的那些破旧的插盘呀，电线呀，显示器，主机之类。凭着他的理科思维，一件一件慢慢地组装起来。杭州的秋风里，送来喻弟的爽意，我租住的陋室犹如幽兰之馨。我的心境豁然了，宁静了……以后的日子，我们两家如同一家，你来我往，互相照顾，情真意浓。

我的人生路，前半生在故乡商丘，后半生在繁华杭州。很幸运，一路都有贵人相助，一路洒满阳光，一路都充满温情。

我要好好用笔记下他们，用心记住他们。

【写法点评】

我写这篇下水文，主要在结构布局上给学生一点启示，那就是：以情为线，画面组合，尽显精巧布局。

在讲这个话题前，我们还是要花一些精力来审题、立意，因为表现形式是为表现内容服务的。关键词是"阳光"和"情"。重点理解"阳光"，其含义为"温暖""帮助""关怀""赏识"等。"情"包含亲情、友情等。另外，题目中两次出现的"一路"应该引起学生的足够重视，"一路"表现一个人的生活历程，也表示时间漫长。"一路阳光"和"一路情"二者又是紧密联系，水乳交融的。

基于以上审题，我们可以着眼于立意和选材。我回忆起了成长路上给自己带来温暖的人与事，一个个画面涌现出来……最后精致选点，精致组合。选点和组合都要围绕着一个"情"字。

怀着对帮助过自己的人的感恩之情，我开始提炼素材，由"情"牵出"事"，以具体的"事"表达"情"。因为题目中有"一路"二字，因此顺着"一路"想来，以时间和人物为序，慢慢斟酌材料，选取典型事例。

第一个画面，叙写的是上小学时给我影响最大的诸翠芳老师，她的鼓励让我难忘。在叙事中，母亲的形象也得到表现。师生情、母子情都充分表现了出来。

第二个画面，是叙写读中师时的同学。几件小事娓娓道来，"革命伴侣"，替我饮酒，车站接送，中秋赠诗，无不体现满满的温暖。

第三个画面，记叙刚到杭州时结识的同事。变换叙事节奏，详写组装电脑一事，突出异地他乡得到的热心帮助，如一缕阳光温暖着心胸。

中国文学非常讲究"三"的叙事艺术，凸显铺叙、反复、多角度的文学艺术手法，如"三打祝家庄""三顾茅庐""三借芭蕉扇"等。本文通过三幅画面来写三个人的布局也突出了这一章法，显得极其精致。但这三幅画面并不是生硬拼接，而是在叙事中运用过渡句（段）和穿插精当的抒情议论，使它们浸染真情的纹理，自然连缀，圆融一体。这样，"以情为线"的构思，巧妙融合了师生情、母子情、同学情、朋友情，可谓真情醇厚。

如果一篇作文的情感线索能够显现，文章主旨就会更加集中，富有情感冲击力；"画面组合"精巧雅致，层次井然，结构严谨，文面就会更加美观匀称而富有诗意。对于考场作文来讲，前者易于以真情打动阅卷老师；后者利于阅卷老师快速把握行文思路、作文要点。

同学们，请你也来学着用一用"以情为线，画面组合"的写法，让自己的作文真情满满、布局更精巧吧！

【新题演练】

◇ 当代著名散文家林清玄在他的著作《情深，万象皆深》的自序中说："只要情感够深，意境够高，就会知道步履过处，都有美丽的消息，落花虽然飘落了，每一朵都美过、香过、与蜂蝶相会过！"

请将"我与_____的美好相遇"补充完整，并以此为题目，写一篇文章。不限文体（诗歌除外）。

◇ 阅读下面几段话，按要求作文。

"手抓黄土我不放，紧紧儿贴在心窝上。"抒发了诗人贺敬之对革命圣地延安的浓浓炽情。

"哥儿，有画儿的'三哼经'，我给你买来了！"在鲁迅先生笔下，他对阿长的怀念充满了深深的温情。

"我亲爱的，你那花是会开得美的，而且会孕出一个桃儿来的；我还叫你是我的梦的精灵儿，对吗？"作家贾平凹对一棵小桃树饱含寄托，真情洋溢，感人至深……

请以《时光深处的真情》为题，写一篇作文，标题自拟，除诗歌外，文体不限。

第四节 领悟真谛——沐浴思想光芒

初中生要关心社会热点问题，关注学校、本地区和国内外大事，并对社会生活现象进行思考。这样，不仅能够拓宽学习视野，获得鲜活的社会知识，还能够提高自己对社会生活的思考感悟能力，领悟生活真谛，丰富人生智慧，洞察人间事理。在发展学生核心素养背景下，提高思辨能力和审美能力成为当下新时代教育的追求。

【文题展示】

（2020·重庆市 B 卷）阅读下面的材料，自选角度，自拟题目，写一篇作文。

> 一个人看海，
>
> 是一个样子，
>
> 如果和别人一起看海，
>
> 又是另一个样子。

（选自艾斯特哈兹·彼得《赫拉巴尔之书》）

要求：①内容具体，有真情实感；②除诗歌外，文体不限；③不少于 500 字；④凡涉及真实的人名、校名、地名，一律用 A、B、C 等英文大写字母代替；⑤不得抄袭。

【变式题】

（2021·浙江嘉兴、舟山）根据项目要求，任选一个篇章，写一篇作文。

目录	要求
智者乐水篇	结合自己的体验，或叙事或抒情，表达对水文化的理解
源远流长篇	运用议论等表达方式，对水文化的保护和传承提出自己的观点，要有理有据

（2019·安徽省）阅读下面文字，按要求作文。

子曰：知之者不如好之者，好之者不如乐之者。（《论语》）

责任完了，算是人生第一件乐事。（梁启超《最苦与最乐》）

虽然我们的工作条件带给我们许多困难，但是我们仍然觉得很快乐。（艾芙·居里《美丽的颜色》）

你对"乐"有怎样的认识与思考？或者，在学习与生活中，你有哪些关于"乐"的经历和感悟？请结合上述材料，写一篇不少于 600 字的作文。自拟题目，自选文体。

【范文引路】

⊙学写法：议论与思维辨析。

群 与 独
姜玉涵

关于群与独的争辩自古有之。孔子曰："独乐乐不如众乐乐！"庄子说："独与天地精神往来而不敖倪于万物。"儒家乐群，道家善独。匈牙利作家艾斯特哈兹·彼得说："一个人看海，是一个样子，如果和别人一起看海，又是另一个样子。"这句话道出群与独不同的生活方式。群，即群居，是一群人的群落聚集，人类生存的需要。独处，则是一个人的简居生活。在我看来，群，有好坏之分；独，亦有优劣之别。

群居有利于团队协作：一群志同道合的人同舟共济，他们的力量不可抵挡。一个奋勇争先的班级，一支优秀的球队，莫不如此。群居还有利于彼此交流：快乐有人分享，快乐将加倍；悲伤有人分担，悲伤会减半。没有与人交流的思想与生活，是一片没有希望的荒漠。

但凡事过犹不及，极度依赖群体生活，其弊端便会凸显。群体中个人的理性思维常被群体无意识淹没，从而使集体丧失理智，成为极端行为的实施者。历史上种种极端恐怖主义行为就是最好的印证。

因此，群体之外，我们必须有独处的空间。

独处能让灵感之源喷薄而出，思索之旅豁然开朗。汪国真说："追求需要思索，思索需要孤独……当你从寂寞中走来，道路便在你眼前展开。"伟大的发现大都来源于独处一隅，安静思考。试想牛顿如果不是独处苹果树下，而是和小伙伴们嬉闹时看到苹果掉落，万有引力定律也许并未可知。

学会独处也有利于我们更快地成长。一个人独处静思，方能生出智慧，我们必须锻炼独立思考的能力，才能不断成长。

万物皆有两面。虽然独处能产生奇思妙想，但离群索居的生活却是一种病态，倘若思想的缰绳脱离环境的约束，便会导致心灵闭塞与妄自尊大，目中无人与任性而为，极易产生贪婪与罪恶。因此，曾子提倡要"慎独"。

综上所述，群与独看似对立，实则交融。用之得法，则相得益彰；用之不当，则两败俱伤。本着择其善者而从之的原则，有所为有所不为的态度，根据不同的场合选择合适的生活方式，既能享受独自看海的悠然与自得，又能领略众人观海的曼妙与绚烂，方能看到最真实、最广阔的世界。

【写法点评】

议论性文章的写作，关键看立论分析是否深刻，能否透过现象看本质，多角度多层次地分析问题。这是衡量一个学生是否具备独立思考能力和辩证批判能力的重要标尺。这与"课标"中的要求"做到观点明确，有理有据"，倡导培育科学理性精神是一致的。希望此篇中考作文习作的"议论与思维"辨析，能给学生一些启示。

"文题展示"中的材料极具思辨色彩，描述了两种生活方式："一个人看海"与"和别人一起看海"。生活方式不同，所观赏到的景物和观赏风景的心情也是不同的。"是一个样子""又是另一个样子"，追根溯源，乃生活方式不同所致。由此，写作重心应落在"生活方式"上为好。

《群与独》这篇习作，开篇从儒家乐群、道家善独引入论题，极具辩论性，进而引用命题材料中"一个人看海"与"和别人一起看海"的形象描述语句，抽象概括出"群居"与"独处"两种生活方式，进而提出观点：群，有好坏之分；独，亦有优劣之别。主体部分分别论述群居的利弊和独处的利弊。这就见出作者的思想光芒。两个话题，都从正反两个角度深入论证。群居的利处是有利于团队协作，有利于彼此交流，弊端是集体丧失理智。而独处的利处是有利于激发灵感和促进自我成长，弊端是闭塞与妄自尊大。在论述过程中，作者都使用了充分的论据，有事实论据，也有道理论据，论据充分，且紧紧围绕分论点展开论证，论证过程严密。结尾得出结论，思考全面，关注到"群"与"独"二者的彼此关联，"看似对立，实则交融"。那么该怎么做呢？"本着择其善者而从之的原则，有所为有所不为的态度，根据不同的场合选择合适的生活方式"。本文的结构思维导图如下：

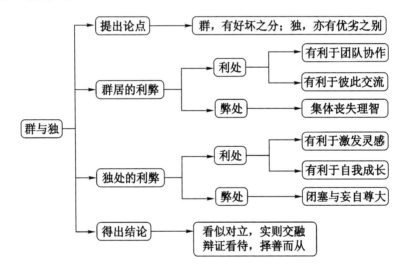

一篇议论性文章，如何做到思维缜密、具有思辨力呢？可从以下几个方面入手。

第一，论点明确，富有深度。看到材料立即立论，往往是"大众俗论"。如上述作文命题，有的同学会选择"群居"或"合作"，有的同学会选择"独处"或"孤独"，只取一端。建议大家此时继续深入思考，透过现象看本质，即从材料中读出关键词，进而分析关键词之间的内在联系，或提出质疑，在怀疑与批判精神的引领下，提炼出独创性论点。如上文，群与独都有利弊，辩证看待，择善而从，则见出论点的深刻。

第二，多角度论证，深入剖析。《群与独》这篇作文，论证角度丰富，既从"群"的角度，又从"独"的角度。在论证二者时，又分别从"利"与"弊"两个角度。即便论证"群"或"独"的"利"，又细分为两个小角度，体现出作者多角度深层次的思维力。初中生写议论文，还常常出现"观点+例子"的毛病。议论文的关键是讲道理，以理服人，所以要对事例进行分析。反之，只是简单地罗列事例，没有分析，读者不理解事中之"理"，就没有说服力。上文引用了汪国真的话之后，就有对这句话的阐释与分析，有力地论证了这一段的观点。

第三，结构严谨，层层递进。为凸显议论文极强的思辨性，宏观上讲，作文结构一般采取层层递进的结构，即"是什么——为什么——怎么样"的结构模式。这三个方面体现了议论文的内在逻辑关系。中观上讲，段落一般也由"分论点+阐述+举例+小结"四部分组成。微观上讲，可以使用设问句层层推进，显示论证思路，也可以使用段首句、总结句、过渡句，彰显结构层次。要重视议论文的逻辑构成，追求严谨的内部关系。

【新题演练】

◇　下面几则材料带给你怎样的理解与感悟，请选择其中一则，写一篇议论性文章。

（1）子曰："君子病无能焉，不病人之不己知也。"（《论语·卫灵公》）

（2）子曰："君子欲讷于言而敏于行。"（《论语·里仁》）

（3）子曰："君子喻于义，小人喻于利。"（《论语·里仁》）

要求：①自选角度，自拟标题；②不少于600字；③不出现真实的校名和师生姓名。

◇　徐荣芳是浙江省湖州市长兴县毛家店村人，做粉皮已有近30个年头。"学习强国"以《用乡间灶头　做原汁原味传统粉皮》为题报道了他的"凡人风采"。报道中有这么一段文字：

厨房里，徐荣芳生火，帮工则舀起一勺雪白的番薯浆，均匀地洒在蒸盘上，做着烫粉皮前的准备。"不能太厚，太厚影响口感；不能太薄，太薄铺晒容易碎。"徐荣芳解释道。

你对徐荣芳的话有怎样的理解与思考？请联系你的经历和体验，自选角度，自拟题目，写一篇议论性文章。

要求：①观点明确，有理有据，论证严密；②不少于600字；③不出现真实的校名和师生姓名。

第五节　反思生活——关注身边小事

　　初中生写作倡导从身边小事写起，写自己最熟悉的事情，写自己最想表达的情感与想法。自然世界、家庭生活、学校生活、社会生活，都与我们息息相关。我们不仅要学会观察生活，还要学会体验生活、反思生活。

　　"反思生活"类作文题在近年的中考试卷中成为热点。如 2021 年浙江丽水中考作文，聚焦初中三年的生活，自选角度，可以记叙经历，可以抒发情感，也可以发表见解，写一篇文章，向班史编委会《生活踏浪》栏目投稿。2020 年浙江宁波以生活中常常遇到的"怎么办"为写作情境，以《自己决定》为题作文。2020 年浙江金华要求以"我们需不需要童话"这个话题，自选角度，写一篇议论性文章。通过写作反思生活，能够训练我们的思维，提高辨别是非的能力，让我们变得更睿智、更理性。

【文题展示】

　　我们慢慢长大，开始关注、思考身边的事情。有些事常常让我们感到纠结，如节日到了，我们该不该给老师同学赠送礼物？面对别人的嘲笑，我们该不该以德报怨？面临毕业，各科作业压得喘不过气来，我们该不该再去花费时间练习写字？……对于这些问题，你肯定有自己独立的思考，生活也因为你的思考变得美丽而丰盈。

　　请以《该不该_____》为题作文。要求：①先在横线上填写合适的词语，把题目补充完整；②除诗歌外，文体不限；③600 字以上；④不得出现真实的人名、校名、地名。

【思路点拨】

题目	半命题作文：该不该_____
审题	读懂提示语，确定好写作对象：能够引起我们深思的身边小事，即平常小事中蕴含大问题的事情
	读懂提示语，把握两个关键词：①"纠结"。纠结的事，要与自己的生活有关，它曾让人举棋不定，或曾引发了不小的反响，或曾给人以深深的感慨。②"独立"。独立的思考基于对事情的关注、思考、感悟、发掘，对"这个"事情有自己比较深刻的认识或比较清晰的看法，有话要说，有话可说
	读懂提示语，深思"该不该"。"该不该"暗示出已有不同的态度或论调，这里有个选择的问题
	明确写作要求：①把题目补充完整。②文体和字数上的要求。根据命题意图，选择说理文或记叙文好些。③不写真实的人名、校名、地名
立意	紧紧围绕选择的"小事"或现象择取表达的视角立意。立意要由横线上所填内容引发出来；立意要在正确合理的前提下求新，要善于从无疑处生疑；立意要深刻，要善于从表象中发掘本质的东西；立意要高，显现中学生对社会生活有责任感和人文关怀
选材	①用头脑风暴法罗列与所写内容有关的信息，然后根据内容之间的内在逻辑，根据表达的中心筛选出自己熟悉、有价值的材料。如"该不该"，因什么事引起的纠结？"该"或"不该"各有什么样的结果？从"该"与"不该"中揭示出什么本质的东西来反映社会生活？…… ②多角度地选材，丰富观察和认识生活的角度，如春节该不该燃放鞭炮，可分别从节日习俗、传统文化、心理感受、环境保护、消防安全等角度选材，可以使我们更加全面立体地认清事情，拓展思维的广度、厚度
布局	基本结构：①先生动叙述一件事，后简要抒情议论，深化点题，适于表达哲思的记叙文。②引——议——联——结，适于一事一议的说理文。 写好几个有分量的段落：开篇段落起蓄势、点题、引题作用；中间段落起转承、过渡、支撑作用；结尾段落起总结归纳、升华情感、深化主旨作用

【范文引路1】

该不该和她理论

王亚勤

太阳疯狂似的把火发泄到大地上。

正午，每个人都懒洋洋地躲在屋里睡觉，扇风扇。爸爸和我却不得不从田里拉了西瓜顶着烈日去市里卖。这一车瓜恐怕要下午五六点钟才能卖完。

西瓜哪有正好是整斤的！卖时算钱总要带个零头，买西瓜的人总想赖掉那几毛钱不给，我们总要和他们磨些嘴皮子。但很多人还是理解我们的，大热天卖个瓜不容易。

下午四点多，天稍微凉快了一点儿。人都从屋里出来透风，买瓜的人自然多了，不消半个小时，瓜基本卖完。

爸爸开车要走，一位穿着浅蓝色裙子、涂脂抹粉的女人抱着孩子叫住了我们。那个女的左挑右选，翻翻扒扒老半天，选中了一个不大不小的西瓜。爸爸要用编织袋子装好给她称，她偏不要，非要用秤钩子钩住称。爸依了她。

末了，她偏要少给5毛钱。

"我们也不容易，大姨，少5毛都少1斤瓜的钱了。"我给她说着好话。

她很生气："啊呀，你这个卖瓜的忒认死理，哪差了那三毛五毛了？算了，算了！"

"大姨，不行啊，要是两毛三毛就算了……再说我都饿半天了……"我不想松嘴。

"给你给你！"她噘着嘴，磨磨唧唧地从兜里掏出钱，一张一张地点了点钱，在她孩子的屁股下蹭了一下，撂到车里。

我真想冲上去教训她。爸一把拉住我，把钱捡了起来。我瞪了她一眼。

我该不该和她理论？我忿忿不平地想着，尽管爸爸开着车走出了很远很远。

这个不讲理的女人！不教训她，她会更霸道！只欺负乡下人，恁逞能。我咽不下这口气。

爸爸对我说："咱是庄稼人，要养家糊口，就得忍着……孩子啊，你要好好学习，将来……别像我，种个地没出息……"爸爸长吁了一口气。

是呀，我就是一根草，但我要努力生长，不希望枯死。

人生总要面对许多困境，能改变自己的唯一办法，就是让自己足够强大起来。

【写法点评】

作者选取亲身经历的"卖西瓜"这件事来写，但小事中蕴含着复杂的人性问题。农民的辛劳、忍耐，一些城里人的庸俗、冷漠，鲜明的人物性格折射出人物生存的社会环境。"该不该与她理论"的深入思考，是对未来生活与人生的反思。构建和谐社会，倡导文明新风，仍然是个"逗号"。文中的自然环境描写以及个性化的人物语言、动作描写值得细细品味。

【范文引路2】

该不该再练字

陈　振

自从语文老师的学习活动"七大改造"实施以来，练字便"正大光明"地成为一项语文作业。

同学们对这项规定也不太理解，会写字就行，不必写工整。再说，毕业班的学生了，作业还做不完呢，再练字纯属浪费时间。多数同学将此当成了一种负担，敷衍了事。

而我的看法是：毕业班也应该好好练字！

汉字是世界四大古文字中唯一流传至今并被亿万人所使用的文字，是中华文化的一种具体表现形式。我们身为中华儿女，应该热爱和尊重我国的传统文化，并将其发扬光大。这是作为祖国的未来应担负的责任。写好笔下的每一个汉字便是爱国的一种体现。我们也许无法为祖国做多大贡献，但我们内心可以珍藏对汉字的一份挚爱。练字这件看起来很小的事情往往能够彰显一个人的品质。

字是用来干什么的？字是用来记录语言，用来交流和沟通彼此思想的工具。字作为一种特殊的媒介，在增进人们的了解和交流方面起着十分重要的作用。读书上的字，学知识；读信上的字，了解朋友的近况……设想一下，如果字写不好，潦潦草草，"龙飞凤舞"，压根儿没有一个人能看懂，那不也就等于一纸空文吗？起不到交流的作用。

写好汉字对凸显自己的人格魅力也有重要的作用。所谓"文如其人""字是门面"，充分说明了你的书写蕴含着你的内在涵养，你写的字是人际交往中的第一张名片，有助于你更好地与他人沟通交流。

从实际来看，练好字也有益于我们在中考作文中占据优势。清清爽爽的字体可以给阅卷老师以工整、美观的视觉冲击，留下良好印象，那么作文分绝对不会吃亏，有的作文或许还会因字写得好而出彩。

综上所述，应该好好练字。只有不断练字，才能让你写的字更美观，让你写的字更能代表你的清秀、飘逸、伟岸、方正……

【写法点评】

这是一篇说理文。作者从大家热议的"该不该再练字"中引出论题，展开论证，清晰地阐明了自己的立场。亮点之一：从身边小事选取写作素材，道人所未道，选材新颖。亮点之二：多角度地思考"练字"的重要性。作者条理清楚地从四个方面加以论述，说理充分，以理服人。能够抓住现象看本质，从"练字"的小事中思考背后隐含的大问题，很难得。亮点之三：布局严谨，结构完整。

【真题演练】

◇ （2022·浙江温州）根据要求作文。

这一追问，或引发人们审视固有观念，或触发人们探寻真相，或促使人类探索未知，或……

请围绕"一定是这样吗?"这一追问，进行写作。

你可以叙述事件，可以进行文学创作，可以发表观点展开论述，可以说明某一现象或事理，还可以……

要求：①自拟题目，自选文体；②不少于600字；③不得套写、抄袭，不得透露个人信息。

◇ （2022·四川宜宾）阅读下面的材料，按要求写作。

初中毕业前的最后一堂音乐课，我们很有艺术气质的音乐老师建议同学们用思辨的句式给自己的成长写一句歌词。

同学甲写道：欢乐与忧伤都是青春季节动听的音符。

同学乙写道：向往与困惑都是成长乐章里有价值的诗行。

而我写下了这样的答案……

请结合材料启示写一篇文章。

要求：自拟题目，自定立意，选定文体，不少于600字。注意不出现真实地名、人名。

第六节　自我发现——回眸成长足迹

在成长过程中，每个人都会有欢笑，有感动，当然也会有泪水，有沉思……这些都是人生必不可少的体验，一点一滴都是生命中宝贵的财富。在 2021 年的中考试卷中，天津市以"欣赏他人、欣赏自己"为话题作文，四川成都以《写给_____（三年前/两月后）的自己》为题作文，重庆市 B 卷则是写一封自荐信，浙江温州以"成长"为话题作文，甘肃武威以《我也了不起》为题作文，山东枣庄以《做一个阳光男（女）孩》为题作文……这些题目，意在引导当代青少年学会"自我发现"，做一个身心两健、善于思考、拼搏进取的新时代少年。

【思路点拨】

写作"自我发现"主题类作文，要想创新，可以思考以下几点：

1. 选材要新颖，紧贴自我，富有生活气息。头脑风暴，以下都是入文素材：我的学习生活、课余生活、家庭生活，我与老师、同学、爸妈、朋友等之间的故事，我的喜怒哀乐、春夏秋冬、我喜欢的图书、我喜欢的格言、我喜欢的歌谣，我的兴趣、我的特长、我的理想等。突出我的个性、突出青春色彩。

2. 立意要高远，凸显"自我发现"的感悟、事理、哲思。要用深刻的"发现"彰显作文的厚度与深度。所以，作文不仅要叙事、描写，还要抒情、议论，运用多种表达方式与读者分享你的人生体验、生活感悟。可以卒章显志，直抒胸臆，也可以留有余味，引人深思。由"小我"切入，写及"大我"乃至"我的世界"。

3. 表达技巧方面，可以考虑运用书信体、日记体，进行内心独白式的写作。语言格调要轻松活泼。适当运用环境烘托、对比映衬、反复穿插、一线串珠、插叙倒叙、借物喻人、画面组合、细节描写等表达技巧。

【范文引路】

<h2 style="text-align:center">我就是一颗会发芽的种子</h2>

冯　朵

你藏在微微湿润的土壤中，空气穿过那极小的缝隙挤身进来，湿润却又带着丝丝凉意。周围绚丽夺目的色彩与你的平淡格格不入。

你仿佛是颗不会发芽的种子。

在杭四中模拟考试，我走进操场，就见到一排花中间有一个空缺。"定是颗种子没发芽！"旁边同学嘲笑道。我站在那凝视了一会儿，咬了咬嘴唇，走了。体育中考迫在眉睫，可是一向体育很弱的我，就像那颗不会发芽的种子，始终低着头。

三月，说是春天，毕竟还是有点冷的。三月份的第十八天，便是体育中考。我们静静地走进杭四中，踏着小石板路，蜿蜒曲折的小路两旁是茂密的楠林，沾着一点露水。在阳光的折射下，我们仿佛成了一个缩影，映在一滴滴水珠中。青树翠蔓，蒙络摇缀，我融入了这片翠绿中。

小路的尽头便是检录处。

我擦了擦手心里的汗，吸了口气走了进去。最后一项是800米。红色的跑道映入眼帘，却刺着我的双目，曾经嗓子火烧火燎地疼、双腿发软的可怕景象浮现在脑海中。

我双腿发软，站在起跑线上。哨音落下，我冲了出去，凉凉的风立马扑在我脸上，微微湿润的空气中混杂着泥土的清香，我深呼吸了一口气，加快了步伐。又是一个弯道。嗓子跟预想的一样疼，双腿像灌了铅一样沉重。身体不断地告诉我停下，头脑晕乎乎的。围墙外，是老师响亮的"加油"，我心头一震，像是在滴血。我握紧拳头，咬紧牙关。身体更嚣张地诉说着痛苦。啊！前面就是终点线。

坐在草坪上，贪婪地吮吸着氧气，眼前是一排排惬意的绿色。体育满分确实让我欣慰了不少。我抬起头，突然想到了模考时看到的空缺，现在想找，找不到了。那颗种子，那颗蕴藏了许久的生命的种子，在这三月的阳光里，破土而出了吧？

那颗种子仿佛是我，在获得了充足的阳光、水分和温度后，一旦拥有了拼搏的勇气，便会发芽，破土，承受阳光，汲取青春成长的力量。

是的，我就是一颗会发芽的种子。

扣题点：勇气　自信　成长

【写法点评】

作者以体育模考和体育中考为素材，贴近自我，贴近生活，情感真实。文章突出运用了对比和象征的手法。前后两次考试，既有心理活动的对比，也有景物渲染的对比，凸显主旨。"种子"作为线索，贯穿考试的始末，象征着低沉的"我"一旦振作便会"发芽"，创造辉煌，既形象又含蓄。

【多维素材】

1. 写法借鉴

我　说　我

迟子建

我生来是个丑小鸭，因为生于冰天雪地的北极村，因此不惧寒冷。小时候喜欢犟嘴，挨过母亲的打。挨打时，咬紧牙关不哭，以示坚强。气得母亲骂我："让你学刘胡兰哪？"

我幼时淘气，爱往山里钻，爱往草滩钻，捉蝴蝶和蝈蝈，捅马蜂窝，钓小鱼，采山货，摘野花，贪吃贪玩。那时曾有一些问题令我想不明白：树木吃什么东西能生长？树木为什么不像人屙出肮脏的屎尿来？鱼为什么能在水里游？鸟儿为什么能在天空中飞？野花如何开出姹紫嫣红的色彩？如今看来，这些问题我仍旧没想明白，可见是童心未泯，长进不大。

……

大自然亲切的触摸使我渐渐对文字有了兴趣。我写作的动力往往来自它们给我的感动。比如满月之夜的月光照着山林，你站在户外，看着远山蓝幽幽的剪影，感受着如丝绸般光滑涌动的月光，内心会有一种湿漉漉的感觉，这时候你就特别想用文字去表达这种情感。我爱飞雪，爱细雨，爱红霞漫卷的黄昏，爱冰封的河流，爱漫漫长冬的温存炉火。直到如今，大自然给了我意外的感动后，我仍会怦然心动，文思泉涌。

运用点拨：

同学们在写"我"这类作文时，可以借鉴作者生动活泼、幽默诙谐的笔调，写出充满童趣、富有个性的"我"。要凸显"我"的个性，就要善于抓住"我"

的特征，如选文中作者的倔强、淘气、爱猜想、爱自然。贴近自我的选材、运用短句叙事、运用排比抒情等，都值得同学们借鉴学习。

2. 多维解读

轻 与 重

我何尝不知道，在人类的悲欢离合中，我的故事极其普通。然而，我不能不对自己的故事倾注更多的悲欢。对于我来说，我的爱情波折要比罗密欧更加惊心动魄，我的苦难要比俄狄浦斯更加催人泪下，原因很简单，因为我不是罗密欧，不是俄狄浦斯，而是我自己。事实上，如果人人看轻一己的悲欢，世上就不会有罗密欧和俄狄浦斯了。

我终归是我自己。当我自以为跳出了我自己时，仍然是这个我在跳。我无法不成为我的一切行为的主体，我是世界的一切关系的中心。当然，同时我也知道每个人都有他的自我，我不会狂妄到要充当世界和他人的中心。

（节选自周国平《自我二重奏》）

运用点拨：

（1）体现自身价值。在茫茫宇宙中，我们是沧海一粟；在人类的悲欢离合中，个人的悲欢微不足道。然而，正是一己的悲欢，才演绎了人类的悲喜剧。深入体察内心，真诚感受生活，体验属于自己的喜怒哀乐，"我"就是世界。没有第二个人能够与"我"感同身受，就像世上没有两片相同的叶子一样。

（2）尊重自我，尊重他人。"我"不是罗密欧，也不是俄狄浦斯，而是"我"自己。"我"独享"我"丰富的情感世界，"我"是一切行为的主体，所以要尊重自我。既然如此，"我"也知道每个人都有他的自我，我们不要去侵扰他人的生活与意志，这就要尊重他人。

（3）认识自我。不要以他人的悲欢影响自己的悲欢，细细体察自己的悲欢，认识"我"独有的情感；拨去曼妙羽纱下的"我"，依然要能够清醒地感受"内我"的心灵的跳动。"我"终归是"我"。

3.　一材多用

冒牌的宇宙

〔葡萄牙〕　费尔南多·佩索阿

我开始明白我自己。我不存在。

我是我想成为的那个人和别人把我塑造成的那个人之间的裂缝。

或半个裂缝，因为还有生活……

这就是我。没有了。

关灯，闭户，把走廊里的拖鞋声隔绝。

让我一个人待在屋里，和我自己巨大的平静待在一起。

这是一个冒牌的宇宙。

运用点拨：

一材多用：真我、孤独、存在、自己的世界等。

【真题演练】

（2021·浙江温州）根据要求写作。

成长道路上总会遇到许多问题，有的是个人的困难和烦恼，有的是我们这代人共同的难题。有些我们已经找到解决之法，有些我们仍在努力探寻中……

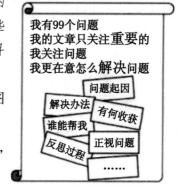

这段话引发了你怎样的联想与思考？参考图示，自拟题目，自选文体，进行写作。

要求：①不少于 600 字；②不得套写、抄袭，不得透露个人信息。

写作助手：你可以叙述解决问题的过程，表达感悟；也可以用书信的方式向某人寻求帮助……

你可以写一篇演讲稿，向同学发表你的观点和看法；也可以进行文学创作，表达你的认识和思考……

第七节　青春阅读——重温翰墨书香

读书，是一种有修养的生活雅事，是一种最美好的生命状态。

阅读丰富人生，阅读滋养心灵。习近平总书记曾指出："把读书学习当成一种生活态度。""多读书，好读书，读好书，读整本的书"也成为我们读书的新常态。近年来，以"读"为关键字的中考作文命题愈来愈成为高频主题。2021年的中考作文，四川遂宁以《重读_____这部书》为题作文，云南昆明以《生活中的自读课》为题作文，甘肃兰州以《向往那些有书的日子》为题作文，湖北黄石以《趣读》为题作文等。2019年四川南充以《我的青春阅读》为题作文，2018年黑龙江绥化以《捧起墨香，与书相约》为题作文等。"读"字让心慢慢静下来，并且像扇面一样打开：读什么？读名著，读自然，读社会，读人生。为何而读？以读益智，以读修身，以读增才。"读"中有人：书中的"他"令我牵肠挂肚，书中的"他"伴我成长……"读"中有事：寻觅好书的经历，被评为阅读达人的荣光……"读"中有理："不读诗无以言"的道理，"电子阅读好还是纸质阅读好"的思辨……有了以上多角度的思考，结合自己的阅读积累和生活体验，来选材、立意吧。

【名家示范】

孤灯小卷

包利民

大学时读的书就多起来，中外名著开始大量阅读。可是在夜里，我依然喜欢拿一本薄薄的书，并不一定是名著，总之是在夜色里能入我心的。宿舍里到时间就停电，起初我都是拿个小手电，用被子蒙头盖脸，在被窝里看书。后来我就觉得没有感觉，而且很难受，再好的书也读不进去。于是在一个夏夜里，熄灯很久之后，我偷偷溜出宿舍楼，拿着一本书。最后看到宿舍后面的路边有一盏路灯，对面是女生宿舍，灯下是一个台阶，我就坐在那里。

（节选自《一人一书一孤灯》）

借鉴：选材贴近自我，鲜活真切，如拿小手电在被窝里看书。用字传神，"偷偷溜出宿舍楼"的"溜"生动表现了读书的痴迷。"一盏路灯""一个台阶"似一幅剪影，充满诗情画意。

【反向素材】

快餐文化

快餐文化，比喻追求速成、通俗、短期流行，不注重深厚积累和内在价值的文化思潮和文化现象。如今社会的节奏加快，随着网络的进一步发展，快餐文化进入了疯狂的时代，这慢慢演变成为一种时尚，冲击传统文化。所谓快餐，只突显"快"，但是缺乏营养。文化快餐同样存在此类缺陷，既缺乏内涵，也不可能体现和代表主流。处于现代快节奏社会里，快餐文化在部分满足了人们追求精神文化需求的同时，也带来了负面影响。

运用：通过手机、微信等网络空间浏览碎片化信息已成为大众的时尚追求和阅读现实。它可以从反面来论证读书"要耐得寂寞""贵在心静""唯有所思方有所得"等观点。

【素材集锦】

以书为援　抗击疫情

新冠肺炎疫情暴发后，多位茅盾文学奖作家、鲁迅文学奖作家以及出版界文学工作者响应国家号召，以书为援，抗击疫情，为全国人民鼓劲。他们包括周大新、刘醒龙、鲁敏、安意如、葛亮、高洪雷、江觉迟、阿乙等。作家携手人民文学出版社、作家出版社等文化单位，积极履行社会责任，将自己的经典作品授权发布于学习强国、微博和微信公众号，在抗击疫情期间供读者免费阅读，为共同渡过难关贡献力量。

适用：力量、爱心、责任等。

运用：本素材可作为论据来论证"社会责任""阅读的力量"等观点，也可围绕"阅读给我战胜疫情的力量和信心"来叙事。

生存还是毁灭

习近平总书记在一次演讲中说："我不到 16 岁就从北京来到了中国陕北的一

个小村子当农民，在那里度过了七年青春时光。那个年代，我想方设法寻找莎士比亚的作品，读了《仲夏夜之梦》《威尼斯商人》《罗密欧与朱丽叶》《哈姆雷特》《奥赛罗》《李尔王》《麦克白》等剧本。莎士比亚笔下跌宕起伏的情节、栩栩如生的人物、如泣如诉的情感，都深深吸引着我。年轻的我，在当年陕北贫瘠的黄土地上，不断思考着'生存还是毁灭'的问题，最后我立下为祖国、为人民奉献自己的信念。"

适用：青春、理想、成长等。

运用：本素材可作为事实论据，论述"读书陪伴青春""读书成就人生""阅读唤醒理想""读书点燃信念"等观点。写记叙文，可模仿习总书记讲故事的结构：读了哪些书——书中哪些人物影响着自己——怎样激励自己成长。

书是读不尽的，就算读尽也是无用，许多书都没有一读的价值。你多读一本没有价值的书，便丧失可读一本有价值的书的时间和精力。所以你须慎加选择。走进一个图书馆，你尽管看见千卷万卷的纸本子，其中真正能够称为"书"的恐怕还难上十卷百卷。你与其读千卷万卷的诗集，不如读一部《国风》或《古诗十九首》，你与其读千卷万卷谈希腊哲学的书籍，不如读一部柏拉图的《理想国》。

适用：选择、阅读经典等。

运用：写议论文可作道理论据，论述"读书要慎加选择""阅读要读经典原著"等观点。写记叙文，选一句"你与其读……不如读一部……"作为题记，饱含哲理，增添文卷气息。

【真题演练】

◇ （2021·湖南张家界）今年五四青年节前夕，某网站发布的视频《我不想做这样的人》引起了广大网友热议：我们到底要成为怎样的人？十五六岁的你思考过这个问题吗？

生活中，我们阅读过的经典好书，接触过的有趣灵魂，聆听到的智慧话语，或许都会给你启迪。请你以《我想成为这样的人》为题写一篇文章。

要求：①自选文体（诗歌除外）；②内容具体充实，不少于600字；③书写规范、工整，卷面整洁；④不得抄袭；⑤文中不得出现真实的姓名、校名、地名。

◇ （2021·甘肃兰州）读书是丰富的，是快乐的：有知识探索的快乐，有思想进步的快乐，有生活趣味的快乐。这样的快乐，是读书人代代相传的精神享受。

　　班级计划举行读书会，围绕上述材料中的三个关键词"知识探索""思想进步""生活趣味"展开讨论。你对哪个关键词感触最深？结合你的感受和思考写一篇发言稿。

　　要求：①自拟题目，自定立意；②不得抄袭、套作；③字数不少于 600 字；④文中不得出现真实的地名、校名、人名。

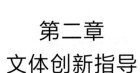

第二章
文体创新指导

文体创新是创意写作的重要内容。新颖的表现形式好比建筑物的外观造型，给人以强烈的视觉冲击。根据内容需要，恰当选择有表现力的文体进行写作，会给读者带来新鲜的阅读感受，彰显写作个性，体现创意表达。本章从五个方面进行文体创新的指导：用书信的形式流淌心间柔情、用日记的形式真实地表达、用童话故事的形式阐释生活哲理、用演讲稿的形式入情入理地表达、用读后感的形式谈人生感悟。

第一节　用书信的形式流淌心间柔情

　　书信，是最真挚诚恳的情感交流方式。统编语文教材中推荐的《傅雷家书》《给青年的十二封信》等都是书信体作品。此外，统编教材还安排了很多书信练习，如《海底两万里》"专题探究"中的写作："请你根据作品内容，以最后返回陆地的法国生物学者阿龙纳斯的身份，给一个亲密的朋友写一封信，向他介绍尼摩船长其人。"引导学生带入角色，进入交际情境，实现写作内容的转化。再如《傅雷家书》"专题探究"中的写作："假设你可以与傅雷就这一话题进行交流，试着写一封信，表达你对他的观点的理解或你对这个话题的看法。"近年来，全国各地中考注重交际语境写作，凸显写作的生活交际功能，培育考生的言语生命意识。如 2021 年重庆市、四川成都中考和 2020 年海南省、湖南湘潭中考就考查了书信写作。因此，书信写作应当引起我们的重视。需要指出的是，有的考题没有指明要求书信写作，而是"文体不限"，如果你恰当选用了书信体写作，就可以使你的作文新颖别致。

【写作格式】

　　小贝给张老师写信询问书信的规范格式，以下是张老师的回信：

小贝同学：

　　你好！

　　你的来信提到，你特别喜欢写书信体作文，觉得这类作文能让自己很快找到倾诉对象，让自己有话说，可以与自己最亲爱的人进行心灵对话。这一点很好。

　　书信一般由称谓、问候语、正文、祝颂语、署名、日期构成。在首行顶格的位置写称谓，第二行开头空两格写问候语，再另起一行空两格写正文，正文后另起一行空两格写祝颂语，最后两行靠右写写信人的姓名，姓名正下方写明写信日期。问候语和祝颂语可以不写，其他几项一般都要写。

　　祝颂语为"此致""敬礼"时，正文后另起一行空两格写"此致"，下一行顶格写"敬礼"。署名最能见写信人的文化修养，如鲁迅《致母亲》："男树叩上，广平及海婴同叩"。男，表明自己是收信人的儿子；树，指鲁迅自己；叩上，在结尾向母亲叩礼。

最后祝你学习进步，身体健康。

张占营

2022 年 5 月 20 日

【写作点津】

书信写作的基本要求：熟练掌握书信格式。但书信作品的质量最终还是取决于正文实质性的内容。要让自己的书信质量提高一个档次，就要从以下四个方面努力：

1. 与人说话要有一颗真诚的心，说实实在在的话，追求自然、朴实、亲切，不要做作、说套话空话。要根据与收信人关系的不同，灵活运用不同风格的语言。

2. 要写得清楚明白、条理清晰，不能信马由缰、不着边际。一件事一件事地讲，一层意思一层意思地说。写信依然要讲究文脉。

3. 语言要追求质朴自然和生动典雅。书信最忌大白话，如网聊式的干瘪语言。看起来如行云流水，实则东拉西扯、枯燥啰唆。高品位的书信，如傅雷的《傅雷家书》、苏霍姆林斯基的《致女儿的信》、朱自清给 S 君的信，都是非常讲究文采的。

4. 书信内容广泛，题材多样。书信可以记人、记事、状物、写景、引古论今、抒发情感等。多样的选材，使书信内容厚实、大气、新鲜。

此外，要讲究文面的美观整洁。这是对收信人的尊重，也是自己高雅情趣和文化修养的一种体现。

【名家示范】

最动人的温情往往是一种错觉[①]

毕飞宇

亲爱的孩子：（称谓：首行顶格）

你一直讨厌我抽烟，我也十分渴望戒烟，可是，我一直都没有做到，很惭愧。今天就给你讲讲我抽烟的事，或许对你有所帮助。（空两格写正文）

我 19 岁的那一年，开始了我的大学生涯。

我们宿舍里有 8 个同班同学，其中有两个是"瘾君子"。他们有一个习惯，掏出香烟的时候总喜欢"打一圈"，也就是每个人都送一支。这是中国人在交际上的一个坏习惯，吸烟的人不"打一圈"就不足以证明他们的慷慨。我呢，那时候刚刚开始我的集体生活，其实还很脆弱。我完全可以勇敢地谢绝，但是，考虑到日后的人际，我犯了一个错，我接受了。这是一个糟糕的开始，许多糟糕的开始都是由不敢坚持做自己造成的。

我抽烟怎么就上瘾了呢？这是我下面要对你说的。

因为校内禁烟，白天不能抽，我的香烟并不能随身携带。放在哪里呢？放在枕头边上。一天，你爷爷，来扬州开会，在会议的间隙来看我。当你的爷爷坐在我的床沿和我聊天的时候，我突然发现了我枕边的香烟。藏起来已经来不及了。以我对你爷爷的了解，他一定是看见了，但是，他什么都没有说。你知道的，你爷爷也吸烟，但这并不意味着他会赞成他的儿子去吸烟。他会如何处理我吸烟这件事呢？我如坐针毡，很怕，其实在等。

十几分钟就这样过去了，我很焦躁。十几分钟之后，你爷爷掏出了香烟，抽出来一根，在犹豫。最终，他并没有把香烟送到嘴边去，而是放在了桌面上，就在我的面前，一半在桌子上，一半是悬空的。孩子，我特别希望你注意这个细节。后来爸爸就把香烟拿起来了，是你爷爷亲手帮你爸爸点上的。

现在，我想把我当时的心理感受尽可能准确地告诉你，在你爷爷帮你爸爸点烟的时候，你爸爸差点就哭了。你爸爸认定了这个场景是一个感人的仪式——他是一个真正的男人了，他男人的身份彻底被确认了。

事实上，这是一个误判。

我们先说别的，作为你的爸爸，我批评过你，但是，不知道你注意到没有，爸爸几乎没有在外人的面前批评过你。你有你的尊严，爸爸没有权利在你的伙伴面前剥夺它。同样，你爷爷再不赞成我抽烟，考虑到当时的特殊环境，他也不可能当着那么多的同学呵斥他的儿子。我希望你能懂得这一点，做了父亲的男人就是这样，在公共环境里，如何和自己的儿子相处，他的举动和他真实的想法其实有出入，甚至很矛盾。做父亲的总是维护自己的儿子，但这并不意味着儿子的举动就一定恰当。

我想清清楚楚地告诉你，父爱就是父爱，母爱就是母爱，无论它们多么宝贵，它们都不足以构成人生的逻辑依据。

我最想和你交流的部分其实就在这里，是我真实的心情。我说过，在你爷爷帮爸爸点烟的时候，你爸爸差一点就哭了。那个瞬间的确是动人的，我终生难忘。就一般的情形而言，人们时常有一个误判，认定了感人的场景里就一定存在着价值观上的正当性。生活不是这样的，孩子，不是。人都有情感，尤其在亲人之间，有时候，最动人的温情往往会带来一种错觉：我们一起做了最正确的事情。你爸爸把你爷爷的点烟当作了他的成人礼，这其实是爸爸的一厢情愿。如果你爷爷知道爸爸当时的内心活动，他不会那么做的，绝对不会。一个男孩到底有没有长成为一个男人，一支香烟无论怎样也承载不起。是爸爸夸张了。夸张所造成的后果是这样的：爸爸到现在也没能戒掉他的香烟。

孩子，爸爸最享受的事情就是和你交流。囿于当年的特殊环境，你爷爷和爸爸交流得不算很好，你和爸爸的环境比当年好太多了，我们可以交流得更加充分，不是吗？

附带告诉你，爸爸一定会给你一个具备清晰表达能力的成人礼。

祝你快乐！（正文后空两格写祝颂语）

飞宇（居右写写信人姓名）
2014 年 5 月 26 日于香港（姓名下方写时间）

注：①题目为编者所加。书信内容略有改动。

【写法借鉴】

书信的语言要亲切、自然、真诚、委婉。这封书信以朋友式的口吻与儿子交流，辞情恳切，感人肺腑。"今天就给你讲讲我抽烟的事，或许对你有所帮助。""我最想和你交流的部分其实就在这里，是我真实的心情。"这些语句让每一个读者都能感受到一个父亲与儿子交流时的谦和与平等、真诚与宽容，不是家长式的说教，而是娓娓道来，很委婉地自然流露，让儿子有所思、有所悟。

这封信值得我们学习的主要是借事说理。《伤仲永》《送东阳马生序（节选）》就运用了这种写法。作家毕飞宇写这封信是想告诉儿子"父爱就是父爱，母爱就是母爱，无论它们多么宝贵，它们都不足以构成人生的逻辑依据"的人生道理。这样的借事说理，化深奥为浅显，化抽象为具体，现身说法式的交流给儿子以人生的启迪和生活的智慧，字里行间流露出深深的父爱。

【范文引路】

把微笑带给自己

卓艺贝

亲爱的你：

　　你好！

　　窗外正在下着雨，我执笔给你写信，心情很是复杂。

　　现在的你正在备战中考吧，正在奋斗着，为那一个结果而努力着。是不是也很迷茫，很困惑，也害怕，因为未知而恐惧？成绩忽上忽下让你很是担心，付出的结果有时又让人失望。现在的你，一定有过不想再疲惫下去而萌生放弃的念头。

　　亲爱的你，别再愁眉不展，微笑吧。

　　知道你很疲惫，每天忙碌不堪又不知道到底学了些什么，觉得自己明明已经很努力但还是不尽如人意，下课了也没了放松的心情，最多是倒头补觉。但是，亲爱的你，是否有在疲惫不堪的时候尝试微笑呢？上扬嘴角，划出一个温暖的弧度，把微笑带给自己。

　　不必强调微笑的力量，想必你也明了，给自己个微笑，温暖胜过多少句鼓励。

　　每天早晨，你顶着蓬乱的头发，带着你惺忪的睡眼，走到镜子前，看着镜子里最真实的自己，然后，给自己一个微笑，一个明媚的清晨。

　　每个夜晚，坐在桌前，你奋笔疾书，埋头于题海之中。你会因为纠结于一道题而烦躁不安，也会因为解出了一道难题而充满自豪之情。请你抬头，看看镜中的自己，微笑，告诉自己别着急，告诉自己"我很好"。

　　每个有阳光的午后，给自己一个微笑，看这个世界有多明亮多美好，看那蔷薇开得绚丽，看自己充满自信大步向前。

　　每个下雨的日子，给自己一个微笑，相信雨后总会有彩虹，相信自己努力就会发光。

　　奋斗的路上磕磕绊绊，布满荆棘，我们挥舞着宝剑想要斩出自己的一片天地。小小少年的满腔热血是那样动人可爱。因为心中的希望，所以哪怕疲惫也要奋勇向前。

只是，亲爱的你，不要忘记微笑。

记得，把微笑带给自己。

把微笑带给自己，带给自己力量，带给自己希望，带给自己奋斗的勇气，带给自己前行的动力。把微笑带给自己，告诉自己不放弃不气馁，告诉自己前方会是美好的。

镜子里的你

2022 年 5 月 22 日

【借鉴点评】

这是一篇出彩的考场作文。用书信体形式进行自我对话，角度独特；文采飞扬，富有诗情画意，有景有情，有事有理，有虚有实，文笔娴熟；小巧的段落，给人以飘洒灵动之感，正如自己的阳光心绪、微笑脸庞，给人以鼓舞，激励人进步；文章前后迷茫困惑与自信奋斗的对比，文章"每个有阳光的午后，给自己一个微笑""每个下雨的日子，给自己一个微笑"的铺排，也大大凸显了主旨。

【微文写作】

（2014·北京市）校学生会准备出一期《献给母校》专刊。主编邀请你以一个初三毕业生的名义为《感恩》栏目写一段话，向在三年的学习生活中帮助和关爱过你的人表示感谢。请你从班主任、任课老师、校医、保安、图书管理员中任选一个，表达感谢的心意。

要求：①将你选定的对象填写在答题卡的横线上；②内容要真实具体，语言要准确得体；③字数在 150~200 之间；④不要出现所在学校的校名或师生姓名。

【写法解析】

此题是让考生写一封感谢信。首先从给定的五种身份中选定一个，选取初中三年的事情，叙事要真实具体，内容要紧紧围绕"感恩""感谢"来写。自己的身份定位是"一个初三毕业生"。注意字数要求。

【写作范例】

示例 1：敬爱的班主任林老师，三年转瞬即逝，您也如父母一样关怀了我们三年。还记得那次在医院，我哭成了泪人，您在一旁安慰着我；还记得您在操场边和我们讲您考高中的故事，让我心里放下了一块石头，对未来充满了信心；还记得体育中考时，您为我加油，我拿到满分后冲出考场热烈拥抱您的情景……三年发生了太多的故事，有我们的吵闹，我们的任性，我们从懵懂的小学生将要成为高中生，离别之际的千言万语都凝聚为一声"谢谢"！

示例2：张老师，刚进入初中，我对语文学习不怎么感兴趣，屡考屡败，而您却没有放弃我。还记得八年级期中考试惨败，您把我叫到办公室，抽出我的试卷。分数触目惊心，名次不堪入目，而您却没有责怪我，而是一道题一道题细细地分析，并给我指出提升的方法。从您的语气中，我听到了殷切的期望。自那以后，我暗下决心，成绩不断提升。三年何其长，三年何其短！感谢您的谆谆教诲，才有了我的蜕变！

示例3：亲爱的保安叔叔，您好！还记得那天的大雨吗？我到保安室避雨，每当我有想跨出一步的念头时，豆大的雨点就会把我逼回来。您透过玻璃窗朝我笑了笑，然后递给我一把伞，带着一丝方言味，说道："明早还我就行。"也许您已忘记了这件事，因为您对每一个同学都是这般和蔼可亲，以笑面对。感谢您三年来给予我的笑脸，这张太阳般爽朗的笑脸将珍藏在我毕业纪念册的首页，愿它永远青春灿烂！

【真题演练】

◇ （2021·重庆市A卷）学校发现，学生进入青春期后，和父母之间存在沟通障碍，亲子关系紧张。为了架起父母和孩子之间沟通的桥梁，学校设立了"心之桥"信箱。小渝和他的妈妈分别来信，诉说各自的苦恼。

小渝觉得妈妈不理解自己，对自己的学习要求过高，看不到自己的努力。还偷看自己的手机，甚至不准自己坚持参加兴趣活动……

小渝妈妈则认为孩子不懂事，临近中考却没有紧迫感，花大量时间在自己的兴趣爱好上，一回家，就拿上手机进入房间，关上房门，不与自己沟通交流……

请你选择来信中的某些内容，结合自己的生活经验，以"心之桥"的名义写一封回信，帮助小渝和妈妈彼此增进理解。你可以给小渝回信，也可以给小渝的妈妈回信，回信日期为6月12日。

◇ （2021·四川成都）

三年前的你，刚刚掀开初中的帷幕，带着稚嫩，怀着憧憬……

两月后的你，挥别熟稔无比的师友，将要开启新的人生航程……

如果时空可以穿梭，面对"三年前的你"或"两月后的你"，此刻"坐在考场的你"会说些什么呢？请在两个"自己"中任选一个作为写信的对象，结合三年来的初中生活，给自己写一封信。

　　请先将题目"写给_____（三年前/两月后）的自己"补充完整，然后作文。

　　要求：①要有真情实感；②自定立意，明确文体（诗歌除外）；③不少于600字；④不得抄袭、套作；⑤不得出现真实的人名、校名和地名，署名一律用"小语"。

第二节　用日记的形式真实地表达

　　初中生写作，可以尝试用日记的形式表达，让写作文体更为新颖，形式更为灵动，给读者以情感冲击。日记就是一日的旅行。日记写作使一个人发现自我，发现哪些是该放弃的，哪些是该得到尊敬和热爱的。如果你想从事写作，最好的方法莫过于开始写日记。美国作家苏珊·M. 蒂贝尔吉安在《一年通往作家路》中说："当你以这种方式写作时，你就开启了自己的内在世界。你让一些可见的事物引领你进入了那不可见的世界。你成为两个世界之间的桥梁。这既是为你自己搭建的桥梁，借以发现更深的自己；也是为你周围的其他人搭建的桥梁，借以发现你们共同拥有的人性。"日记的写作目的只是满足作者自身生活体验表达和情感宣泄的需要，在日记中可以痛快淋漓、毫不掩饰地书写自己的内心真实世界。但一些名家日记一旦公开，就具有了欣赏、借鉴、讨论、考证的价值，如《竺可桢日记》《巴金日记摘录》等，都可以为初中生的日记体写作提供参考。

　　【写作格式】

　　一则日记，通常由书端和正文两个部分组成。

　　书端写在第一行中间。要写上年、月、日和星期几，还要写上当天的天气情况，如阴、晴、雨、雪等。有人为了今后更好地回忆"这一天"的故事，还在书端最后写上地点。

　　正文从第二行空两格开始写，转行要顶格。正文根据需要设置段落，每段的开头均要空两格。

　　这里要特别指出以下两点：

　　1. "日记体"作文，既可以是单篇日记，也可以选取几则日记连缀而成。

后者适用于时空跨越较大的写作内容。几则日记由一条线索贯穿，共同围绕一个主题，呈现出"众星捧月"式结构或"冰糖葫芦"式结构。

2. 日记体作文要有标题。平时写日记时比较随意，很少有人写标题。但是，考场上的日记体作文，必须写标题。

【写作点津】

选用日记这一文体形式作文，除了格式之外，还应注意以下四个方面的问题：

1. 思想有深度。日记可以记事，可以写人，可以状物，可以写景。关键是要有对所记内容的深入思考。深思，才能促进精神的成长。通过记日记捕捉生命的火花、人生的意义和生活的感悟，提升自己的思辨力，彰显作文的思想深度。

2. 感情要真实。日记是作者心境的自然流露，喜怒哀乐，皆可入文。日记是"外我"对"内我"的心灵追问，它注重自我反省，注重自我解剖。或独乐，陶醉生活；或独愁，尽情宣泄。一句话，作者要靠真实的感情，打动读者。

3. 选材求精致。写日记并不是要把一天中发生的事情都如数家珍地写下来，而是要精选典型事例或特写镜头，突出细节，有力度地表现主题。组合时，一定要注意几则日记之间的内在联系，或并列结构，或层层递进，主线统一。切忌将关联不大的几则日记生硬地拼凑在一起。

4. 语言显个性。你或许擅长娓娓叙事，或许精于细节描写，或许乐于抒情议论；你的语言风格或许是豪放的，或许是温婉的，或许是质朴的，或许是诙谐的。总之，文字要表现自己的性情。文如其人，读你的日记，要让读者感受到富有个性的你。

【范文分析】

给自己的世界一片晴朗

江　宸

①2016 年 1 月 29 日　星期五　阴雨绵绵

九年级第一学期的最后一天。期末考试成绩令我生不起一点寒假将至的愉快，再想到还没满分的体育，心为这沉重的乌云而变得烦躁。

旁批

①书端有年月日、星期、天气，比较规范。

老师和以往一样啰唆着，体育中考非常重要，在寒假期间体育锻炼也不能放松。②我真的听不进去，两眼望着窗外，穿过绵绵的细雨，穿过街道上喧嚣的鸣笛声，穿过浓密的乌云，只为寻找阳光，才发现——我的世界，阴雨绵绵。

②三个"穿过"运用神态描写和想象的手法，表达烦躁的心情。

2016 年 3 月 17 日　星期四　狂风暴雨

从醉生梦死的寒假结束，到现在，开学一个月了。我愈来愈感到中考来临的节奏了。紧张。急促。一切来得猝不及防，又理所当然。

今天在上体育课时，③忽地狂风骤起，暴雨大作。没过脚踝的水和从方塘清渠中溢出的雨成为一大奇观。

③环境描写既烘托紧张的初三生活，又推动了情节的发展。

我和同学奔向体育馆，继续训练。④没有往日的嬉戏打闹，伸手向前抓，只能感受到令人窒息的压力。压得离满分线还差 3 分的我不能喘气。奋力地在体育馆中向前跑。听着窗外轰鸣的雷声，不顾双脚巨大的疲惫，向前跑，只为中考跑出一次好成绩。

④夸张的手法，突出了"我"面临的压力。

我的世界，狂风暴雨。

2016 年 3 月 29 日　星期二　⑤阳光灿烂

今天体育中考。三年备战，三项考试，三个瞬间决定三个成绩。

⑤联系前两则，可知"天气"也烘托了人物心情，别具匠心。

杭四中考场。

心中默念：1，2，3！双腿猛地一发力，身体在空中向前冲去！双脚落在了满分线的瞬间，机器屏幕漠然赫然显示出满分。跳远满分！

⑥弯腰，将实心球从地上拿起，两只大拇指紧紧按住实心球的中心，手做拱形包围着实心球，弯腰，握球，预摆，发力，一套动作流畅地展现出来，实心球在空中腾飞，飞向未知……落地的瞬间，机器屏幕又一次显示出满分。实心球满分！

⑥以下三段，长短句交替使用的动作描写，表达了作者既紧张又激动的复杂心理。

最后的 1000 米，离天堂最后的屏障，可谓天堂地狱

327

一线之间。调整着呼吸，在起跑枪声响起的那一刻，屏住呼吸，一切抛之脑后，只管跑。时间渐渐流逝，脚步慢慢沉重，喉咙也发烧，但是前面还有许多人啊。那就超吧，把所有人都超过！从同校的学生边超过时才真的知道——这是没有硝烟的战场。

我奋力拼搏，咆哮着，双脚飞快地交错。还剩 100米！冲刺！跨越终点！漂亮！

⑦<u>今天，我给自己的世界一片晴朗。</u>

<u>是自己的汗水给的，是不服输的自信给的。</u>

我的世界，阳光灿烂。

⑦点题，揭示生活的内涵，彰显思想的深度。

简评： 这篇考场作文，运用日记体的形式，连缀三则日记，追忆了参加体育中考的过程，情感波澜跌宕，对比手法、细节描写、反复点题等技法运用自如。三则日记的末段，紧扣段落内容，彰显作文思路，层层推进，真实地表现了一位中考考生昂扬进取的心路历程，颇具匠心。

【文题演练】

◇ （2022·山西省）以《回首那刚刚过去的时光》为题，写一篇日记，诉说你的心语。

◇ 阅读下面的文字，按要求作文。

"快点洗澡！"

"快点做你的作业！"

"快点穿上大衣！"

"写慢一点，要不然你会涂改得乱七八糟！"

"如果你慢一点，你会少一些差错！"

（选自《写给孩子的哲学启蒙书》）

读了上面的文字，你产生了怎样的联想和思考？请写一篇 600~800 字的日记体作文，可以记叙事件，可以抒发感受，也可以发表见解……

第三节 用童话故事的形式阐释生活哲理

童话是儿童文学的一种。在一些词典中，童话被定义为对冒险经历的叙述，包含不可思议的力量和生命。每一个童话故事都是人类现实的一种反射，这种现实在我们的生命中不断重演。统编教材非常关注创意写作，专门安排有"学写故事"的专题训练（见本书中编第三章第二节）。本节从童话的角度来谈故事写作。中考考场作文，运用童话体创作，虚构生动的童话故事，化抽象为形象，阐释生活的哲理，不仅能让读者感受到有趣、活泼、高雅的文学风格，也彰显出考生丰富的想象力和新颖别致的文学才思。2021年山东德州中考作文题目《眺望》、2021年湖北荆州中考作文题目《我想有一件这样的校服》，都可以选择童话体进行创作。

【童话知识】

童话通过丰富的想象、幻想、夸张和象征来塑造艺术形象，反映现实生活，对儿童进行情趣的陶冶和思想的启迪。童话语言通俗生动，故事情节往往离奇曲折、引人入胜，人物形象个性鲜明、丰满新奇。童话往往采用拟人的方法，举凡鸟兽虫鱼、花草树木、江海日月，整个大自然以及家具、玩具都可赋予生命，注入思想情感，使它们人格化。

童话和寓言是两种相近的文体，其主要区别是：①寓言故事简短；童话故事完整、曲折、生动，对故事和人物形象要求较高；②寓言多讽喻或教训（有的开头或结尾直接点出）；童话寓教于乐，具有趣味性、可读性、启迪性，教训意味不那么强。

【写作点津】

选用童话这一文体形式作文，应注意突出以下四个方面的特色：

1. 主题要反映现实生活。童话虽然具有浓厚的幻想色彩，但不能胡编乱造，故事要取材于现实生活。童话就是通过艺术虚构的故事，"亮"出一个闪光的普世的道理。学生要多观察生活现象，挖掘现实生活中所蕴含的哲理，让读者去思索社会和人生，从而受到教育或启迪。

2. 想象要丰富新奇。（1）用拟人化的手法彰显作品的形象：赋予"物"以人类的思想情感、语言、行动。注意保留"物"的属性，确保形象的合理性。（2）用夸张的手法表现深刻的思想。运用魔法变形（扩大夸张与缩小夸张）的技法表现人物性格，表达作者情感。（3）用想象丰富作品的内容。诸如借助梦境、幻觉、猜想等手段增添细节，补充情节。

3. 反复叙事是童话创作核心的语言策略。反复叙事具有连贯故事、推动故事、深化主题、增添节奏之美的作用。通过反复叙事，人物的言语、行为、心理，故事情节，故事主题都得到充分体现。反复叙事符合童话的体式要求。如《皇帝的新装》，用不同人物的出场来推动情节发展，既表现出童话中人物的统一性，又体现出童话中人物的丰富性。所以，以童话这一文体写作时，要注意在反复中有变化。

4. 主人公要个性鲜明。童话写作可以进行艺术夸张和虚构，用组合的方式增强人物的鲜明个性。组合，也叫"移花接木"，即把两个或两个以上的人拼凑在一起，形成新的人物形象。让"这个人"具有典型性，即集中表现"他"的性格特征，凸显"这一个"，达到深刻表现主题的目的。著名童话作家洪汛涛说："童话的生活镜，则是凹凸形的，如同孩子们喜欢的那种哈哈镜，照出来的人和物，都是变形走样的。"童话中的人物形象是夸张的，变形的，有时候还有讽刺的意味。

【写作模板】

浏览《故事图模板》，并用这个故事图模板来构思自己的童话。

故事图模板	
重要人物	
场景（包括故事发生的时间、地点）	
故事的问题（你的人物遇到的难题）	
主要事件（你的人物试图怎样解决问题）	
解决办法（问题是怎样解决的）	

（摘自杭州师范大学申宣成教授学术报告）

【范本分析】

每一次旅程都是那么美好

许群映

①火车到站了。旅客们下了车。火车静静地凝视着远方，自从来到了车站，就每天重复着同样的工作，同样的路每天要行驶无数次。他多想去别的地方看看，他渴望看到这个世界的更多精彩。

于是，他对铁轨说："朋友，你可不可以换条线路走，我真的厌烦了。"

②铁轨耐心地道："跟着我走，你可以到达远方，一个全新的世界，最重要的是不会迷路。"

"一个全新的世界？呵呵，谁信？——跟着你走，我倒错过更多美景。"火车撇了撇嘴，③"世界那么大，我想去看看。"他抬起头望向远方，眼神里充满了对自由的向往。

④这天午夜，铁轨渐渐进入了梦乡。火车悄悄地离开了那道铁轨，往别的方向行驶了。深沉的夜空透露着似有似无的光，像平静的深海不起半点波澜，清冷得没有一丝温存。

火车自由了！

在月光的照耀下，他看到了清澈的小溪，郁郁葱葱的树林，巍峨雄伟的高山，他不禁感慨世界的美好。⑤临近黎明，火车才意识到应该回去了，可一路上分叉的轨道太多了，只顾着欣赏沿途的美景，他迷失了回去的路。他这才意识到铁轨先生说的话，跟着铁轨走不会迷

旁批

①开篇主人公"火车"就出场，交代了故事发生的原因。

②暗扣作文材料，用拟人化手法，点出"铁轨"的性格。

③语言、动作、神态描写，呼应第1段，表现火车对自由的向往。

④以下三段故事情节的发展，丰富地表现了"火车"的艺术形象。

⑤迷路，使情节有曲折之美；"跟着铁轨走不会迷路"，点出主题。

路。他悲伤地哭了起来。

⑥这时候，丛林里飞出一只**萤火虫**，闪烁着幽暗的光芒。火车认出这是铁轨的好朋友。

"铁轨让我来找你的。他早料到你会迷路，跟我走吧！"

火车不禁潸然泪下。他随着萤火虫回到了那座车站。

"对不起，铁轨，我不该不听你的劝告，只考虑自己的感受，最后……不是你……我……"他又开始流泪了。

⑦铁轨笑了笑，说："向往自由当然是好事，但要守住基本的规矩，不能迷失自我，太贪玩。用心做好自己的事业，你会感受到无穷的乐趣。——好了，看完世界了，可以继续工作了吗？"

"没问题！"火车爽快地答应了。

从那以后，火车与铁轨一如既往地在那条路上行驶着，他渐渐地发现这条老路上还有那么多新奇的动物，新奇的植物。⑧在这条平凡的老路上，他发现了一个全新的世界。火车不再感到乏味与孤独，他觉得每一次旅程都是那么美好，每次的出发都是一个新的开始！

⑥"萤火虫"作用美妙，想象奇特，意境奇美。

⑦运用语言描写，自然道出生活的哲理，给读者以人生的启迪。

⑧"平凡"中蕴含"全新"，饱含哲思；警句结尾，突出主题，扣合标题。

简评： 这是 2016 年浙江绍兴中考作文，作者运用童话体来讲述故事，阐述生活中的道理，形式新颖，表达美妙，具有很美的文学情趣。"守住基本的规矩，不能迷失自我""用心做好自己的事业，你会感受到无穷的乐趣"，这些生活哲理非常深刻，作者通过有趣的童话故事来揭示其内涵，化抽象为形象，可谓寓教于乐，构思精巧。作文运用拟人化手法，大胆想象，情节跌宕，形象典型，立意深远，凸显现实意义，极富创意。

【范文引路】

手捧向日葵花

章芝煜

我第一次见她，是在一个盛夏。她穿着一袭白裙，一头金色的长发垂在腰间，深邃的眼眸，迷人的笑容，手里还捧着一朵朝气蓬勃的向日葵花。我不禁痴呆了。

"你是天使吗？"她微微笑了笑。

"为什么会在人间？"

"我的翅膀不能飞了，所以就留在了人间。"

我相信了，不知道为什么这么无理由地信任她，也许是因为她天使般的容貌吧。我和她成了好朋友。是的，第一个好朋友。

"我双腿残疾，没人愿意和我做朋友。"

"没关系，你还有我。不要灰心，做自己就好。"

她很开朗。她总是笑着面对每一个人。那笑容，是那般倾国倾城，春光灿烂。我呢，总是一脸沮丧，把所有心事都埋在心里，不愿意和他人倾诉。我看着她在人前的真诚、热情、阳光，再想想如此黑暗、自卑的我，便觉得我不配与她成为朋友。我心底一次次质疑我和她的友谊。

"为什么不相信自己呢？如果你自己都不愿意相信自己，那叫别人怎么相信你呢？"

而后，她语重心长地说："我希望你成为手捧葵花的人。"

"为什么？"

"因为手捧葵花，不管你有多么沮丧，都会有阳光照耀着你。"

几天后，她走了。她化作一道白光，离开了人间，退出了我的世界。我觉得心痛，眼泪不受控制地流下来。临走前，她笑着对我说："我是一个做错了事的天使，被上帝责罚来守护这片向日葵，现在惩罚结束了，所以我要回去了。"

我接替了她的工作，守护着这片向日葵，也学着像她一样面对生活。

几年后，又是一个盛夏。一个女孩站在向日葵花中，手捧一朵向日葵花，笑着，天使般的笑容。只是，那个女孩不再是她，而换成了我。

突然，我看到一个白色的身影缓缓向我走来，手捧一朵向日葵花。那一刻，我笑了，她也笑了，那笑容让世间的一切都充满了力量。

【借鉴点评】

这篇作文表现出诸多亮点：（1）文体之新。此文选用童话这一充满趣味、极富童真的文体来写，是考场中罕见的一颗珍珠。（2）意境之美。作者运用幻想手法，虚构出守护向日葵的天使形象，让人物置身于"大片的向日葵花"的场景中，诗意盎然。（3）手法之妙。反复写"手捧向日葵花"，突出人物形象；虚实相生、伏笔照应、悬念映衬的手法也极为美妙。（4）主题之深。有趣的童话故事背后是深远的生活哲理：把自信的阳光洒给每一个人，让自己成为一个自信的人，生活是多么美好啊！

【文题演练】

（2021·海南省改编）"世界"可以是个人的"小世界"，也可以是家庭、学校、社会，还可以是整个地球，乃至整个宇宙。袁隆平用"一粒种子"改变了世界，如果你心中也有这样"一粒种子"，你所改变的世界是什么样的？请发挥想象，以《我有一粒种子》为题，写一篇童话故事。

要求：①书写工整，卷面整洁；②不少于 600 字；③不得泄露个人相关信息，凡涉及真实地名、校名、人名，请用××代替。

第四节　用演讲稿的形式入情入理地表达

演讲能力是未来人才的必备能力，我们在工作和学习中会经常用到。在公共场合，有的人说话旁征博引，幽默风趣，魅力四射，能牢牢地抓住听众的注意力；有的人观点鲜明，思路清晰，鼓舞人心，能够深深地感染听众：这就是演讲水平的体现。演讲水平的发挥，还要凭借高水平的演讲稿。初中生撰写演讲稿是语文课程和未来生活的要求。近几年的中考作文试题中，也多次考查演讲稿的写作，如 2021 年浙江金华、2021 年福建省、2022 年湖北荆州、2022 年浙江宁波中考作文等。在考场作文没有明确规定文体的情况下，如果作文题目适于选择演讲稿这一文体，你不妨就去试试，你的作文或许会在海量考场作文中脱颖而出，给你带来意外的惊喜。

【写作格式】

演讲稿属于议论文范畴，要符合议论文的一般要求。但演讲稿又是为适应演讲特殊需要而产生的实用文体，它具有针对性、条理性、通俗性、鼓动性。

演讲稿的格式包括题目、开场白、主体部分和结尾部分。

开场白，常用"敬爱的老师，亲爱的同学们，我今天演讲的题目是……"等开启。

主体部分，通常采用议论文的结构"提出问题——分析问题——解决问题"。开头通过引用名言、小故事、生活现象引出自己的观点，再选取典型事例、名言警句阐述、论证观点，最后得出结论。

结尾部分，常用"谢谢大家"或号召语作结。

【写作点津】

选用演讲稿这一文体形式作文，除了格式之外，还应注意以下四个方面的问题：

1. 观点要鲜明。演讲者发表演讲是为了将自己的观点告诉听众，并取得听众的认同，所以观点一定要鲜明。作文时，我们应首先根据题目所给话题或材料提炼出自己的观点。写演讲稿时，一般开宗明义提出演讲的话题和观点，接下来围绕观点有针对性地摆事实、讲道理，有说服力地阐述自己的观点，最后要明确演讲的总结语，给人留下深刻的印象，让听众把握演讲的重心所在。

2. 内容要有针对性。演讲一般都针对特定的听众（师生、家长等）和特定的场合（学校、社区等），进行有特定内容的演讲（"保护环境，绿色出行""冬奥梦，我的梦"等），演讲者要针对听众的身份、心理、需求以及演讲的场合发表演讲，穿插让听众感兴趣的人或事，贴近他们的生活实际，拉近与听众的距离，引发他们的共鸣。一句话，写演讲稿要有听众意识。

3. 语言要口语化。语言要通俗易懂，要"上口""入耳"，可多用短促有力的短句，给人以酣畅淋漓之感；适当使用比喻、拟人等手法，使演讲生动形象；适当运用反问、设问句，与听众互动，引发他们的思考，增强演讲的感染力和说服力；还可运用幽默风趣的语言，使演讲的气氛轻松和谐。

4. 情感要激越充沛。写演讲稿，在表达上要注意感情色彩，把说理和抒情结合起来。既要有冷静的分析，又要有热情的鼓动。可以运用激昂沸腾的呼告、整齐铿锵的排比、反复渲染的特写，使听众的思想为之震动，精神为之感奋。尤其是结尾，要形成一个亮点和高潮。

【写作程序支架】

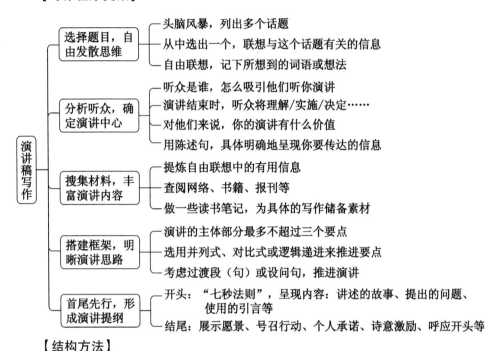

【结构方法】

演讲稿各部分	方法	效果
开头	问候致谢法	拉近与听众的距离
	开门见山法	直奔正题，让听众快速抓住重点
	迂回带入法	列举一系列引发共鸣的事实、数据，或讲一个新奇的小故事，引起听众的兴趣，然后话锋一转，进入演讲主题
	要点提问法	以设问引发听众的关注，沟通演讲者和听众之间的感情
	出人意料法	结合现场情况，突然提出问题，用出人意料的问题迅速引起听众的好奇，使其对后面的演讲内容充满期待
主体	开讲点题法	简洁明了，让听众迅速把握演讲者的观点
	自问自答法	自问自答，有利于强调每一部分的观点。而几个内部联系紧密的问题组成问题链，环环相扣，使主题更加明确
	采用序数词	用"首先""其次""然后"或者"第一""第二""第三"等，强化演讲的层次感
	语句反复法	为了突出、强调某一层意思，反复"讲"某一句话，给听众留下深刻的印象

（续表）

演讲稿各部分	方法	效果
结尾	重申观点	总结演讲，突出观点，加深印象
	提出号召	鼓舞人心，明确方向，增强感染力和鼓动性
	幽默调侃	有效调动演讲者与听众的情绪，拉近与听众的距离，具有启发性

【范本分析】

嗨，邻居，你好!

齐若羽

①亲爱的同学：

你们好！演讲前，我先问大家几个问题：②"你认识你的邻居吗?""你会对从你身边走过的邻居微笑吗?""你有多久没有跟邻居打招呼了?""你有多久没有跟邻居聊天了?"

③有资料显示，有 40.6% 的人不熟悉自己的邻居，有 12.7% 的人不认识自己的邻居，有 26% 的人不会与邻居交谈。这是何等冷漠的世界！

④在我读书不远的小区，父母租了一间公寓。有一天，妈妈给邻居送去一袋新采摘的杨梅。邻居莫名其妙地开门，问："有什么事吗?"妈妈说明来意，直到妈妈离开，邻居都一脸茫然，有些意外。这说明冷漠已经成为邻居关系的主流。

⑤日本在 2010 年制作了一部纪录片《孤独死》，讲的是日本 3 万多老人，得不到邻居的关注而孤独死去的故事。在我国，空巢老人越来越多，他们已经缺少了家人的照顾，如果

旁批

①称呼，拉近演讲者与听众的距离。

②四个问句引入演讲话题，增强了针对性。

③引用数据资料理性分析，继而抒情议论，承上启下，入情入理。

④⑤两段多角度、深入地论述邻居间冷漠的事实以及它导致的严重社会问题。

337

邻居之间再冷冰冰的，他们不也会孤独死去吗？

⑥同学们，听了以上这些，你们或许感受到当下可怕的邻居关系了。然而，"远亲不如近邻"，邻居相处本就是一种缘分。让我们都来营建和谐、美好的邻居关系吧！

我父亲常说，过去没有手机没有电脑的时代，邻里相处是多么频繁，多么纯朴。⑦今天我送你几个茄子，明天你送我一袋番茄。见了面，递根香烟，闲聊几句："你家娃读书怎样？""你家今年收成咋样？"如果赶上同时吃晚饭，那么就一起凑几个菜热闹热闹，李家大叔往张家小子嘴里填个花生豆，张家大伯给李家姑娘夹个蘑菇菜。你看，这是多么好的邻居关系，其乐融融！谁家里造房子了，红白喜事了，邻居都会早早地过来忙东忙西，当成自家的事。上了年纪的爷爷奶奶，出门就能找到玩伴，一起晒晒太阳，家长里短唠唠嗑，从不寂寞。⑧同学们，以上我说这些，只是想表达：良好健康的邻居关系可以提高生活质量，让我们惬意、幸福地生活。

除了像过去一样，通过日常交流建立邻居关系，另有调查数据表明，有57.8%的人认为举办社区活动可以增进邻居关系。⑨同在一个小区的邻居，可以相约健身，相约旅游，大人孩子共同参加"最美小区""书香小区"等活动。常常积极参加社区活动，增加交流的机会，可以让同一个小区的邻居们产生归属感，在和谐的气氛中消除工作及生活带来的压力，增添生活的情趣。

⑥一个话题演讲结束，用呼告语简单作总结，另起一层，引起了听众的注意。

⑦语言口语化，轻松活泼，描画了温馨的邻居关系。

⑧再次使用呼告作小结，让听者充分明白自己的表达内容。

⑨提出具体可行措施，增强演讲的实际效果。

同学们，让我们从小事做起，来改善邻居关系吧！⑩看见邻居需要帮助，请不要迟疑，伸出你温暖的双手吧；小区有活动，也请积极参与，展现"你为邻居、邻居为你"的热情吧！在进入楼道时拔下耳机、收起手机，准备着遇见邻居时，微笑着跟他们打个招呼吧——"嗨，邻居，你好！"

⑩排比句式，增强了演讲的表现力；描写生活小细节，增强了演讲的感染力；结尾的问候语扣题，给人以亲切感。

简评：这篇作文，作者运用演讲体表达观点，形式新颖。首先，观点鲜明。作者准确把握了材料内容进行立意，论述冷漠的邻居关系及通过加强日常交往、举办社区活动来增进邻居关系的观点。其次，演讲思路缜密，条理清晰。先引用调查数据谈当前邻居关系，继而分析其社会危害，重点阐释了如何构建良好、文明、和谐的邻居关系，最后发出倡议。最后，多次运用呼告，来吸引听众的注意力，点明核心内容，有很强的针对性和听众意识。

【范文引路】

红星闪闪，点亮万家灯火

韩睿晨

亲爱的老师们、同学们：

大家上午好！我演讲的题目是《红星闪闪，点亮万家灯火》。

"珍珠""彩虹""海燕""鹦鹉"，很多人都会被这些绚丽可爱的名字所迷惑，实际上它们都是侵袭过我国的台风。每次台风从东部登陆，都会威胁浙江人民的生命财产安全。

今年7月，超级台风"烟花"来势汹汹，中心风力高达16级，带来951毫米的降雨。当我们在安全舒适的房间躲风避雨的时候，您可曾想过，在台风中，有一群人，却顶风冒雨，不畏艰险，为我们燃起万家灯火，更为我们编织了一张安全网。这，就是逆风而行的电力人，我的爸爸就是其中一员。

为了抗击"烟花"的袭击，省电力公司立即启动台风应急机制，以爸爸为首的党员抢险突击队严阵以待。7月26日，随着台风中心的不断逼近，平稳的电网逐渐躁动起来，导杆断线，开关跳闸，抢修电话，此起彼伏。灾情就是命令，时间就是生命！突击队分秒必争，迎难而上，一连抢修了 20 多个小时。

风雨中，城市道路一片狼藉，瓢泼大雨下个不停，路面上的积水一下子就没过了膝盖。抢修队员依然奋战在风雨之中。抢修铃声响个不停，爸爸心急如焚。道路不通，他就踏着淤泥前进；视线模糊，他就打着手电照明；抢修物资无法进入，他就用肩扛，用手抬。

突然，一阵大风吹过，爸爸一脚踩进了窨井中，弄得满身都是泥，同事们把爸爸搀扶起来，让他赶紧休息，可他却忍着剧痛，强装镇定地说："别管我，抢修第一！"

我跟着妈妈匆匆赶到医院，看到爸爸躺在病床上，脸色苍白，右脚裹着厚厚的石膏，眼泪一下子夺眶而出。爸爸故作轻松地说："没事儿，小伤！"说着，还拍拍受伤的腿，以示安慰。看着爸爸强忍疼痛的模样，我再也忍不住了，失声痛哭起来……爸爸曾说："基层党员应该牢记责任与担当，用实际行动践行初心和使命。"

他就是这样一个人，坚韧不拔，无私奉献，把工作看得比生命还重要。

一名党员，一颗红星。像爸爸一样奋斗在各条战线上的共产党员还有很多很多……"全国脱贫攻坚楷模"黄文秀、治沙英雄石光银、"燃灯校长"张桂梅……他们用生命和执着撑起了百年大党的铮铮脊梁，铺下了民族振兴的块块基石。祖国的星空正是拥有了千千万万个像他们这样的红星，才汇集成璀璨的星河，闪耀在世界的东方。红星闪闪放光彩，红心灿灿暖胸怀。

习近平爷爷说："不忘初心，牢记使命不是一阵子的事，而是一辈子的事。"我一定要接过爸爸的火炬，听习爷爷的话，听党的话；努力学习，争做一名新时代闪闪发光的小红星，用自己的青春之光照亮千家万户！

【借鉴点评】

这是一篇情文并茂的演讲稿。主旨鲜明，思路清晰，情感充沛，极具感染力。演讲伊始，渲染"烟花"侵袭浙江来势汹汹的紧张氛围，接着引出电力人忘我工作的事迹，进而摄取"爸爸"突击抢险的特写镜头，真实感人，以小见大，由个体见群体，演讲主题升华，歌颂了牢记责任与担当的千千万万共产党人的高贵品质。文章选取典型事例，捕捉生动的细节打动听众。语言上，或排比，增强气势；或短句，铿锵有力。画面的描述，极有现场感。最后，表达决心，情感豪迈，澎湃激昂，使演讲达到高潮。

【真题演练】

（2021·江苏南京）根据要求写作文。

毕业前夕，班委会决定去牵手共建班级——某小学三年级（2）班开展联谊活动。你的任务是从邓稼先、袁隆平、钟南山、郎平四位英雄中选一位，把他（她）的故事讲给小学生们听。为了讲好故事，请你写一篇演讲稿。

要求：①不少于600字；②不得出现作者真实的校名、人名等相关信息。

第五节　用读后感的形式谈人生感悟

《义务教育语文课程标准（2022年版）》设有"整本书阅读"拓展性学习任务群，提出"借助多种方式分享阅读心得，交流研讨阅读中的问题……提高整体认知能力，丰富精神世界"的要求，统编教材在《名著导读》中的"专题探究"，设计了相关的"写作内容"，以写促读，促进对名著的深度学习，加深对名著的深入理解。如《昆虫记》中的写作内容："观察你喜欢的小动物，学习法布尔的写作技巧，进行仿写"，意在引导学生通过仿写内化该部名著"行文活泼，语言诙谐""兼有理趣和情趣"的特点，深入理解科普作品的艺术趣味。《儒林外史》设计的写作任务："写一篇小论文，谈谈你对《儒林外史》讽刺艺术的体会"，凸显了该部名著"讽刺艺术"的特色。因此，写作读后感是初中生必备的写作能力。

【写作格式】

读后感的基本章法：引、议、联、结。

引，就是简介原作，引述要点；

议，就是提出"感点"，进行议论；

联，就是联系实际，深谈体会；

结，就是总结"感点"，回扣原作。

以上四步，实际上就是中国古代文论中的"起——承——转——合"，文章从原作开始（起），引出"感点"（承），然后结合实际对"感点"进行论证（转），最后，"感点"与原作融合，成为一篇完整的文章（合）。

【写作点津】

选用读后感这一文体形式作文，除掌握基本结构布局外，还应注意以下三个方面的问题：

1. 引述内容。写读后感，不能脱离原文。作文时，可以先概述作品的大致内容，让它作为后面写"感点"的引感物。注意：此部分一定要写得简明准确，否则会本末倒置，成了"读后抄"。

2. 写好"感点"。读后感的灵魂就是"感点"，它必须来自自己的切身感受，这样才能写得深刻。写作的视点可以指向作品中的人物形象、故事情节、反映的社会现实、艺术手法等，写作内容极其宽广。但写作时，忌泛泛而谈，最好选取一点，谈深"感点"。

3. 联系实际。只围绕作品本身谈作品，就不能以更宽阔的视野观照其实际价值。要想把读后感写深刻，写透彻，必须深入思考，或引用典型事例，或联系本人的实际谈感受。只有把作品中的人、事与当下现实联系起来，才能够引起读者共鸣。

【范文引路】

建党百年，"红岩"犹存
——读《红岩》有感
于睿阳

"齐晓轩仍然双手叉腰，张开两腿挺立在鲜血染遍的红岩上，一动也不动。"这一场景，深深地烙在我的脑海中，挥之不去。我的手轻轻抚摸着这本书，心中却汹涌澎湃，带着敬畏之心走进《红岩》，以此来缅怀英烈，同时塑造一个更加积极向上的自己。

《红岩》是一部革命题材的著作，它以生动质朴的言语描绘了解放军进军西南时，重庆的国民党对共产党人的疯狂镇压和迫害，而共产党人领导下的地下党机智英勇地进行反抗。书中展现了共产党人信念坚定、百折不挠、视死如归的革命精神，让我为之动容，流下热泪，升起对革命前辈的钦佩和敬仰之情。

在读书的过程中，我也经常思考，为何这本书会取名"红岩"呢？随着阅读的深入，我渐渐悟出：《红岩》的"红"，象征共产主义精神，象征这群拥有坚定的共产主义信念的革命者。而"岩"，则体现出他们大义凛然、临危不惧、宁死不屈的优秀品质。如江姐惨遭酷刑，甚至手指被插入竹签后，仍然不肯说出党的机密的坚毅；如许云峰面临处决时，将生死置之度外，坚信革命必胜的信心。也如所有共产党员们愿意用自己的生命做抗争，为民族复兴，为伟大的社会主义革命献身的精神。而最让我难忘的，就是小萝卜头在与成岗诀别时，送了他一幅色彩鲜明的水彩画：顶上是一片浓浓的蓝天，下边是金黄的山，翠绿的森林，山头上露出半个太阳，放射着耀眼的红光，这幅画被取名为"黎明"。就连小小的萝卜头，也有乐观精神。这些就是红岩的含义，是"红岩"精神。古语有云："上下同欲者胜。"当时的中国共产党，正是拥有这样一群有"红岩"精神的人，为今后革命的胜利奠定了基础。

建党百年，"红岩"犹存。2020年初，突如其来的疫情，使人们的正常生活接近停摆，大家尽量足不出户，为自己做好防护。然而，感染的病人们亟待救治。于是，一群白衣天使逆行而上，奔赴抗疫前线。医护人员疲惫的身影，脸颊上被勒出的伤痕，让国人为之心痛。钟南山院士深夜在餐车上劳累的面孔永远定格在我的记忆中。他已经为抗击疫情奔波了不知多少个日夜，但年过八旬的他从来没有抱怨，因为他知道，作为一名老党员应坚守初心，帮助千千万万的人民战胜疫情，摆脱病痛。钟南山和白衣天使们，就如同《红岩》中那群共产党人一样，不惧个人安危，一心为国，他们是这个时代的"红岩"人！

作为一名新时代的少年，我为我们中华民族的"红岩"精神而骄傲，我也看到了这种精神在我们这一代少年中延续。在东京奥运会中，年仅14岁的跳水运动员全红婵，五个动作三跳满分，书写了新的少年传奇。在敬佩这位同龄人的同时，我了解到全红婵家境贫寒，当她知道跳水可以为国争光时，她就暗下决心，一定要跳出个名堂。"惊天一跳"背后有太多的坚持和付出。她的教练曾说："别说她是什么'天才少女'，事实上，她是体训队里最刻苦的一个，每天都坚持练习400多跳。"从她的身上，我也看到了"红岩"精神烁烁闪光。每天400多跳，训练的不仅仅是能力，还有她的毅力，那种自强不息、为祖国荣誉而拼搏的精神。

建党百年，留存的不仅是《红岩》著作，还有"红岩"精神所孕育出来的中华儿女。"少年强，则国强"，我辈少年生活在革命先烈为我们铸造的幸福年代里，我们也有义务传承"红岩"精神，将之化作奋斗的源泉，把国家的繁荣发展作为己任，"为中华崛起而读书"。

【借鉴点评】

这篇作文，不仅较为娴熟地运用了"引——议——联——结"的章法技巧，还表现出以下诸多亮点：开篇聚焦特写场景，吸引读者；分享名著主要内容时，先概说再分说，思路清晰，重点叙述小萝卜头的故事，叩开同龄少年的心扉，激荡人心；选取新颖的现实生活素材融入《红岩》主题中，赋予"红岩"精神当下的时代意义，唱响了"建党百年，'红岩'精神永存"的主旋律。作者边读边思的感受贯穿全文，形成行文线索。作者以一个少年的视角，品读小萝卜头的故事，走进全红婵的生活，紧密关联，感受真实，感悟深刻，启迪读者。

【读后感写作评价量表】

维度	评价指标	评价等级（在☆上涂色）	修改建议
"感点"	要真切、集中、新颖、深刻，不能脱离原著	☆☆☆	
主标题	吸引读者，概括内容，体现"感点"	☆☆☆	
引	开门见山，点明主题，引出"感点"，激发读者阅读兴趣（略）	☆☆☆	
议	围绕"感点"，适当引用原文、事例，阐述阅读感受。说理有据，逻辑严密（较详）	☆☆☆	
联	联系自己的阅读积累、生活体验，多角度多层次印证、深化阅读感受（详）	☆☆☆	
结	总结全文，首尾呼应，强化"感点"（略）	☆☆☆	

【新题演练】

阅读下面的文字，按要求作文。

有人说，读书是一阵春雨唤醒一朵花，是一阵风唤醒一片云，是一颗心灵唤醒另一颗心灵。鲁迅的《朝花夕拾》让我们感受到温情与童趣，也有对人情世故的洞察。奥斯特洛夫斯基的《钢铁是怎样炼成的》让我们感受到那个带有传奇色彩的时代疾风暴雨的气息，以及书中崇高的英雄主义和理想主义的光芒……阅读经典名作，总能给我们带来心灵的滋润和人生的启迪。

在阅读中外名著时，你有哪些切身感受和人生感悟呢？请写一篇600～800字的读后感。

要求：①题目自拟；②立意自定；③文中不得出现你所在学校的校名，以及教职工、同学和本人的真实姓名。

第三章
写作技法指导

　　写作技法，反映了写作的一般表达规律，是前人写作实践经验的结晶，也是语言建构与运用的精髓。初中生学习写作，要认真汲取作家的写作技巧，为我所用，在反复运用中灵巧变通，以求创新。先入格再出格，是一个人学习技艺而有所进步的普遍规律。在上编的第五章里，已谈到以小见大、欲扬先抑、虚实相生、一线串珠等四种写作技法，本章不再赘述。本章重点指导以下七种写作技法：标题亮度、题材新颖、开篇峥嵘、精巧布局、行文速度、首尾相顾、锤炼语言。

第一节　标题亮度：新颖奇妙　照亮眉宇

标题是一篇文章的眼睛，眼睛是心灵的窗户，所以对于半命题作文或自拟题目作文来说，通过阅读标题，读者即可大致感受到作文水平的高下。本节所谈的标题亮度，就是让标题吸引读者的眼球，给人眼前一亮、别有一番意味的感觉；力求标题新颖、独特、生动，为文章增色，达到未读文章而已知文章主旨和意趣的效果。拟好标题是初中生写作的一个重要本领。

【技法点拨】

从考场作文角度来讲，作文标题更讲究一个"亮"字，以博得阅卷老师的青睐，提升作文分值。点"亮"标题，可以采用以下几种方式：

1. 修辞法。如《土地的誓言》，运用拟人手法表达作者对故土的深深眷恋之情，具有强烈的爱国色彩。再如《一滴水经过丽江》，作者化身为一滴水，构思新颖，视角独特，具有奇幻的想象。有一篇考场作文《花儿告诉我》，也极有意味，可以引发读者遐想。

2. 引用法。如《驿路梨花》化用诗句"驿路梨花处处开"来命题，饱含诗意，又有浓郁的抒情色彩。作文《报以琼瑶》，标题则是化用了《诗经》中"投我以木桃，报之以琼瑶"的经典名句，极富文化内涵。

3. 反常法。如《伟大的悲剧》，悲剧常常给人的心灵带来巨大的伤痛，何以"伟大"？再如《落叶也精彩》，"自古逢秋悲寂寥"，落叶给人以凄凉萧条之感，它又如何"精彩"？从情感的落差造成反常，不可谓不新颖。

4. 悬念法。如《被压扁的沙子》，沙子被压扁会是什么样的？《照亮心灵的第一缕阳光》，这第一缕阳光是什么呢？莱·巴尔莱塔的《喂自己影子吃饭的人》，怎么喂自己的影子？自己的影子怎么会吃饭？这个神秘的人是谁？这些都会引起读者的好奇心理，引发阅读期待。

5. 时尚法。如《首届诺贝尔奖颁发》，在当时就是时尚新闻，强烈地吸引读者眼球。再如学生作文《道路千万条，真诚第一条》的标题，则仿用《流浪地球》中的"道路千万条，安全第一条，行车不规范，亲人两行泪"的网络流行语。

6. 符号法。如作文标题《沐浴在 honour》《在 1 和 2 之间》《暖 = 3 亲情+n 友情+6 师生情》等，简洁明了，形式活泼，耐人寻味，富有创意。

【文题呈现】

电影《岁月神偷》开场时这样说道："在幻变的生命里，岁月，原来是最大的小偷……"岁月是世界上最神出鬼没和神秘莫测的小偷，偷走记忆所以重蹈覆辙，偷走纯真所以世故圆滑，偷走尊严所以奴颜婢膝……最终它偷走自己曾慷慨赋予世人的馈赠，所以年光老去，韶华不再。

当然，也有岁月偷不走的，坚定执着的信念，刻骨铭心的诺言，纯洁真挚的情感……

请以《被岁月偷走的_____》或《岁月偷不走的_____》为题写一篇文章。

要求：①将题目补充完整；②文体不限（诗歌除外）；③600～800 字；④文中不得出现真实的地名、校名、人名。

【范文引路】

岁月偷不走的芦苇荡

方彬权

"蒹葭苍苍，白露为霜。"在老家的后面是一条大河，大河的对岸是一望无际的田野，田野边上是一望无际的芦苇。"苇之罩兮，施于大河，其絮飘飘。"

我很少回老家，一年回那么一次，差不多都是在过年之时，又因为靠北方，所以每次回去，都有一种莫名的苍凉。沿途高大挺拔的树上，零星点点的枯叶在风中飞舞，时不时还有鸟巢在上面，只是没有鸟儿了。

而带给我惊喜的，是那片芦苇。我曾见许多小说中都有类似的地方，名之曰"芦苇荡"，我觉得挺好，便也这样叫。这片芦苇总是挺直腰，虽然枯黄，也结满苇絮，却没有像狗尾巴草一样垂着头。它总是诞生生机的地方——印象中我不知从里面掏出了多少鸟蛋。记得奶奶曾经教过我，清晨，拿根竹竿，向芦苇丛中探去，运气好可以见到水鸟飞起，然后记住地方，过个两刻钟再来，就可以看见还温热的鸟蛋。因为水鸟受到惊吓会将鸟蛋丢进水里，等人走了再捡上来。早上鸟是要吃食的，鸟一飞走，我就捡了个便宜。

芦苇荡中有一棵大树，应该是杨树吧。它比其他树都高，都挺拔。我喜欢爬到上面去看村子中的炊烟，闻风中的饭菜香，看风拂芦苇。这棵树总是很晚才落叶。奶奶说，它是这片芦苇荡的守护者。记得我曾经在树上发现鸟巢，上面有蛋，但我没拿。本来抱有拿着下来的心思，又恐怕蛋会掉下去，毕竟离地有十米左右。但回来奶奶说，树上有蛋说明树喜欢跟我玩，我听了很高兴。现在想想，倒真有那么几分巧合。

芦苇荡一直都在那儿，似乎是一个村庄的守护者。大雁回来，总是在那里休息。

我不知道芦苇荡为什么会在那里，也不知道芦苇荡有什么用，只是每年回来，芦苇荡都在那里，地盘似乎越来越大，一代一代的芦苇凋零，一代一代的芦苇繁茂，伴着日月，伴着奶奶，伴着我。

"苇之覃兮，施于田野，其絮蓁蓁。"覃兮，覃兮，岁月夺不走，也偷不走。

【借鉴点评】

视点 1：标题新颖，画面亮丽——大河、田野、芦苇、苇絮、鸟巢、鸟蛋、杨树、炊烟……这些意象构成了乡村芦荡图。"岁月偷不走的芦苇荡"这个标题，一下子让读者捕捉到作文的主要内容是"芦苇荡"，"芦苇荡"是一个具体而生动的场景，不由得让人想起"蒹葭苍苍，白露为霜"的美好意境。芦苇荡中有什么故事呢？由此激发了读者的阅读兴趣。比起"岁月偷不走的友谊""岁月偷不走的感情"等标题，"岁月偷不走的芦苇荡"这个标题更显得生动，唯美，饱含诗意。

视点 2：凸显芦荡，托物亮怀——整篇作文紧紧扣住"芦苇荡"来写，芦苇荡的自然环境、芦苇荡中捡鸟蛋的趣事、芦苇荡对村庄的守护等，线索集中，结构明晰，章法灵动而又工稳圆融。作者赋予"芦苇荡"以象征意义，寓情于景，含蓄地表达了对故乡、对亲人的思念以及对美好童年的怀念。首尾化用《诗经》中的诗句，"苇之覃兮，施于大河，其絮飘飘""苇之覃兮，施于田野，其絮蓁蓁"，增添了浓郁的诗意氛围，紧承标题中的"芦苇荡"，情景交融，景美了几分，情深了几许。

【技法演练】

◎文题展示

（2019·浙江绍兴）苏格兰阿伯丁的马歇尔学院大门上镌刻着三句话：

"他们说。"

"他们说什么？"

"让他们说去吧。"

以上材料引发了你哪些联想与思考？请你写一篇文章，可讲述经历，可抒发情感，可阐述观点……

要求：①自选角度立意，题目自拟；②文体自选，诗歌不少于 16 行；③不少于 600 字；④不出现真实的校名、人名等。

◎写作导引

1. 亮出关键，抓牢材料。材料作文，虽说是"自选角度立意，题目自拟"，但是对于在阅读材料基础上的写作，应紧紧抓住材料中的关键词拟定作文的题目。材料中的三句话，三次出现"他们说"，所以最好抓住"他们说"来拟题。只要题目中出现"他们说"这个关键短语，已经让作文出彩一半了。如《听"他们说"》《从"他们说"说起》《我看"他们说"》等。

2. 亮明观点，彰显主旨。考场作文是在有限时间内写的短篇文章，应追求结构精致，主题集中。加之中考还具有选拔功能，更应当重视作文标题的"显山露水"，不宜"朦胧恍惚"。如上述作文考题，可以拟题《听"说"是学问，也是境界》《理智地听"他们说"》等，凸显主旨，观点明了。

3. 亮出事理，引发思辨。人活在世上，每个人都是一种客观的存在。出现"他们说"，是再正常不过的事。"他们说什么"，不仅要考虑说的内容，还要思考为什么而说。"让他们说去吧。"改变心境的在我们自己。厘清三者之间的关系，引发深度思考，可以拟题《"他们说什么"的背后》《"他们说"重要还是"我思"重要》《面对"他们说"应有三种姿态》等，新颖、深刻，具有启发性。

第二节　题材新颖：避开俗材　眼光独到

新颖的题材是作文的生命。从读者的心理角度看，如果读到的东西是早已知道的，那就显得俗套，索然无味。这就要求作者写出值得大家看的、能使读者感到新奇的东西。新颖的题材来自两个方面：一是事物本身的新奇感，如遥远的风景、陌生的民俗、奇巧的手工制作、国家的重大活动等；二是事物本身平凡但内在意味不平凡。我们要修炼自己观察事物、发掘新意味的能力，以独到的眼光写出人无我有、人有我新的作文来。

【片段引路】

◎片段一

九年级以后，您开始出差，少有回来。我有时在想，我从小就少有时间和您在一起，先是您当军人保家卫国，后又是从商长年在外，我是不是比别人少收获了那么一份父爱？尤其在九年级之后，在沉重的学业之下，家庭之中总少了那么一个人的影子。这一点点的缺憾，在新冠肺炎疫情期间似乎像是拿放大镜放大了一样，渐渐充斥着我的心头，我也越发地焦躁不安，渴求心灵上的慰藉。

（摘自习作《时间所给予我的》）

点评：这是作者的一段心理表白，采用第二人称，以与老爸对话的口吻叙述往事，叙事形式新颖独特，也易于打动读者；字里行间流露出一个孩子在特殊时期对父爱的呼唤。疫情期间孩子居家学习的心理问题，成为全社会关注的一大热点，而作者的这封家书正好反映了这一问题，富有时代生活气息。

◎片段二

12岁，我升入了初中，学校里有了晚自习。每次放学，我得去公交站坐公交车回家。那天已经快8点了，来到车站，站台上却没几个人。一问才知道，原来刚走了一班车，我出来太晚，错过了。

于是我坐到冰凉的座位上，刺骨的寒风钻进我的衣领……我开始写作业。

等了十多分钟，车还是没来，可我的腿都冻僵了，手也快握不住笔。站台上空无一人，本来还在的几个人也坐其他车走了。路上也没有多少车辆，人们应该都回家休息了吧，我心里想着，身体越发地寒冷。路灯一闪一闪，树叶沙沙作响。我缩在站台下的椅子上，抱紧了手中的作业，写着。

（摘自习作《抱抱曾经的自己》）

点评：作者贴近自我选材，选取亲身经历的一次晚自习后在站台等车的事例来写，在孤独冷寂的环境中写着作业，表现出自己战胜孤独、变得坚强的过程。这是大多数同学不曾有的经历，而作者用细腻的笔触描写了自己独特的感受，给人以全新的体验。

【技法点拨】

考场作文中，如何才能避开俗套的材料做到题材新颖呢？我们应注意以下三个方面：

1. 紧跟时代步伐，富有生活气息。中学生思维活跃，乐于接受新事物。应抓住这一心理特征，多观察社会现象，多关注时政新闻，多思考当下生活，与时俱进。用跳动的心灵、敏锐的眼光感受新时代的新事物，这样笔下才会涌现富有生活气息的鲜活的人、事、景、物，让读者感受到新时代中的新人物、新事件、新气息、新思潮。

2. 贴近自我实际，挖掘细节意味。世界上没有相同的两片树叶，世界上每个人的生活都是独一无二的。要善于发现、挖掘属于自己的经历、体验、感受，把那些富有个性特征的东西表现出来，写人之所未写。运用细节描写，就可以把特定背景、特定场景、特定人物描写得真切动人，会让看似传统的题材（如表现父爱、母爱）面目一新。运用细节描写，就是表现"独特的我"。

3. 大胆展开想象，视角独特新颖。想象的人物和故事往往是新奇美妙的，想象也是富有个性色彩的，不会与他人苟同。可以用穿越古今、科学幻想等方法来编织故事、塑造人物。新颖的视角，也会使题材"翻新"，如《一滴水经过丽江》以"一滴水"的视角记述了丽江的山水景物、人情风貌，《我的叔叔于勒》以孩子的视角表现出对成人社会的批判，构思新颖，视角独特。

【技法演练】

◎文题展示一

（2020·浙江杭州模拟）别人身上好看的衣服，穿在自己身上却并不好看；我推荐的好书，在别人那里却得不到认可。生活中我们总会遇到这样的情况，好的东西对他人并不总是有益，坏的事情对他人也并不一定总是有害。

对于这样的差异，你是怎么看的？你可以叙述发生在自己身边的故事，也可以结合自己的阅读或生活积累，发表自己的观点等，写一篇600~800字的文章。

要求：①题目自拟；②除诗歌以外，文体不限；③文中不要出现本人的姓名、校名。

◎思维导图

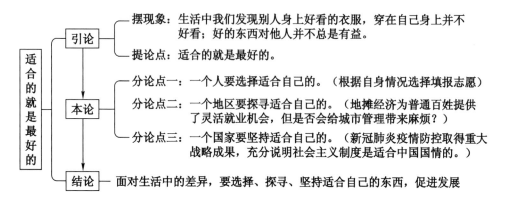

◎文题展示二

（2019·江苏苏州）古今、春夏、朝夕间……太阳无时不有；山巅、海边、家院里……太阳无处不在；青春的心灵看太阳，看到光明、温暖，看到亮丽、生机，看到奉献看到爱……

请以《我在_____看太阳》为题，写一篇文章。

要求：①将题目补充完整；②除诗歌、剧本以外，文体不限；③不少于600字；④文中不要出现（或暗示）本人的姓名、校名。

◎思维导图

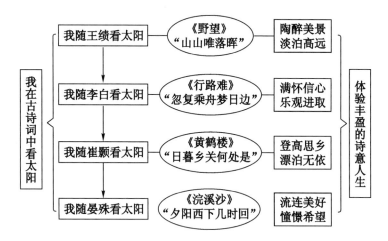

◎佳作平台

我在母亲眼中看太阳
何劲安

寒冷的冬天，即使太阳离我们最远，其灿烂的阳光也能突破万千障碍洒入我的窗内，温暖整个书房。

窗外，寒风不住地嘶吼着，树枝肆意地摇摆着。

疫情当前，停课不停学。我正在书桌前埋头苦学，钉钉上"叮叮"的消息声打断了我的思考，是老师布置的作业，需打印完成。家里没有打印机，真犯愁。我不耐烦地走出房间，准备出门打印。但此时，母亲已经穿好了鞋，戴好了口罩，站在门口了。"儿子，你安心在家学习，我去帮你打印。"话音刚落，母亲便走出家门，轻轻关上了门。等我回到书房，望向楼下，洒满阳光的母亲的背影已很远很远了。

时间一点点过去。太阳越来越低。窗外的风声越来越大，吹得窗框都开始晃动起来。我才想起，母亲还没回来，我望向窗外，俯视着脉脉斜晖中的马路。突然，我好像意识到了什么。楼下的打印店今天关门了，而最近的打印店还在两公里外，母亲没有开车，需要走半个多小时啊。窗外是那样寒冷，年轻的小伙儿都难以忍受被这刺骨的冷风吹那么久，更何况母亲呢。我不断望向窗外的马路、街道……渴望在茫茫人群中找到母亲的身影，但只看见地上的影子一点一点变长。

太阳即将落下山去。我对着太阳默默祈祷，希望母亲不会有事。太阳则用最火红的阳光向我回应，仿佛答应了我的请求。就在这时，敲门声响起，我飞奔出去开门。看着母亲，我不禁流下眼泪，抱住了母亲。那一刻，在母亲眼中，我看见了太阳，最耀眼、最温暖的太阳。太阳照耀了大地，温暖了世界，却燃烧着自己。

"慈母手中线，游子身上衣。"愿天下所有儿女都能看见母亲眼中的太阳。

【借鉴点评】

这篇作文选材新颖，以疫情期间居家上网课为背景，富有鲜活的时代气息；在题材的处理上，以小见大，通过妈妈跑很远的路为"我"打印作业的独特经历表现母子深情；更为新奇的是，写妈妈回来后"我"拥抱妈妈的那一刻——看到妈妈眼中的太阳，新颖别致，意蕴丰富。

第三节　开篇峥嵘：下笔不凡　吸引眼球

开篇峥嵘，即文章起笔卓越不凡。每位作者都孜孜追求"凤头"，这是表达的需要，也是充分考虑读者心理、具有读者意识的表现。尤其是考场作文，作为阅卷老师来讲，首先读到的就是文章的开头。在老师密集、短时评阅作文的背景下，一个新颖、靓丽的开头定会让老师眼前一亮，驱逐阅卷审美疲劳，产生较强的心理刺激，吸引老师读完全文，给予好评。这就是王鼎钧先生所说的"读者反应的强弱＝文章的起落"。可见，考场作文开篇极为重要。吸引阅卷老师眼球的开篇方式，有开门见山直接入题式、进行倒叙设置悬念式、引用诗文润染书卷式、生动描写渲染氛围式、奇句突起爆竹骤响式等。总之，开篇讲究新颖、简洁、优美。

【技法点拨】

技法一：开门见山，直接入题

"开门见山"，就是直截了当入题，扣住文章的标题或标题中的关键词，点明文章的主要内容。这种开篇方法干脆利落，不枝不蔓，直入主题，鲜明清晰，是考场作文首选的开篇方法。开门见山的方式有：

1. 直接说事

我冒了严寒，回到相隔二千余里，别了二十余年的故乡去。

（鲁迅《故乡》）

2. 直接写人

他生就一副多毛的脸庞，植被多于空地，浓密的胡髭使人难以看清他的内心世界。长髯覆盖了两颊，遮住了嘴唇，遮住了皱似树皮的黝黑脸膛，一根根迎风飘动，颇有长者风度。……

（茨威格《列夫·托尔斯泰》）

3. 直接抒情

白杨树实在是不平凡的，我赞美白杨树！

（茅盾《白杨礼赞》）

4. 直接写物

父亲的朋友送给我们两缸莲花，一缸是红的，一缸是白的，都摆在院子里。

（冰心《荷叶·母亲》）

5. 直入论题

良好的教养不仅来自家庭和学校，而且可以得之于自身。

（利哈乔夫《论教养》）

6. 直入主题

我喜欢雨，无论什么季节的雨，我都喜欢。她给我的形象和记忆，永远是美的。

（刘湛秋《雨的四季》）

技法二：进行倒叙，设置悬念

作文以倒叙开头，其目的是设置悬念，激发读者的兴趣，同时增加文章的曲折，显示布局之美，达到引人入胜的效果。因此，这种开篇方法在中考作文中为广大考生和阅卷老师所喜爱。倒叙开头的角度有：

1. 先写出一个悬而未决的问题

挂钟不慌不忙，有节奏地走着，"滴答，滴答……"都快4点了，妈怎么还没回来？

（佚名《担心》）

2. 先安排一个引发描述的场景

我不由得停住了脚步。

（宗璞《紫藤萝瀑布》）

3. 先交代一个起线索作用的物件

我要去度假，主任让我再带一双眼睛去。

（刘慈欣《带上她的眼睛》）

4. 先截取一个精彩的事件片段

冷月无声，江水空流。我于江边饮水，于林边嚼草，对月嘶鸣。主人抚摸着我的脑袋长叹一声，说："马儿，我想家了……"我只能舔舔她的手，聊表慰藉。

（王一帆《关山万里，战马嘶啼》）

技法三：引用诗文，润染书卷

引用诗文妙语、名言警句开头，既能激发读者的想象和兴趣，又能提高文章

355

的品位，既能暗扣主题，又给人以审美的回味，是一种很经典雅致、富有文卷气息的开头方法。引用诗文开头的角度有：

1. 引用诗歌

时间伯伯，

你是最伟大的旅行家，

你从不犹豫你的脚步，

你走过历史的每一个时代。

《时间的脚印》开篇引用高士其的诗歌《时间伯伯》，带出时间的话题，灵动活泼，书香袭人。

2. 引用名言

"学者先要会疑。"——程颐

"在可以而不疑者，不曾学；学则须疑。"——张载

（顾颉刚《怀疑与学问》）

文章在开头借助程颐和张载的名言提出本文观点，开门见山，观点明确；引用名言本身也是一个证明论点的论据，增强了论点的说服力。

3. 引用妙语

青春因磨砺而出彩，人生因奋斗而升华。——题记

（佚名《无奋斗，不青春》）

作文开头，以自己锤炼的妙语警句起笔，饱含哲理；以题记表达主题，形式活泼；对偶的修辞手法，给人以句式整齐的美感。

4. 引用故事

孔子有一天突然很高兴地对他的学生说："予欲无言。"子贡就接着问他："子如不言，则小子何述焉？"孔子说："天何言哉？四时行焉，百物生焉。天何言哉？"

（朱光潜《无言之美》）

开篇引经用典，故事出自《论语·阳货》，不但放射出经典的光芒，也让读者感受到作者深厚的文化底蕴。

技法四：生动描写，入情入境

以生动描写开头，引领读者进入文学的芳草地，给人以场景之美、景物之美、情境之美，它能够让读者开篇即感受到作者非凡的语言功底及优美文字所描

绘的诗画世界。生动描写的角度有：

1. 描写场面

她站在十米高台的前沿，沉静自若，风度优雅，白云似在她的头顶飘浮，飞鸟掠过她的身旁。这是达卡多拉游泳场的八千名观众一齐翘首而望、屏息敛声的一刹那。

（夏浩然、樊云芳《"飞天"凌空——跳水姑娘吕伟夺魁记》）

开篇定格跳水姑娘吕伟跳水前的场景细致描写，用词优雅，聚焦八千名观众翘首而望的特写镜头，渲染达卡多拉游泳场激动人心的氛围，扣人心弦。

2. 描写景物

山，好大的山啊！起伏的青山一座挨一座，延伸到远方，消失在迷茫的暮色中。

（彭荆风《驿路梨花》）

开篇写起伏连绵的"青山"，写迷茫的"暮色"，交代这是一个发生在大山里的故事；"好大"的山，暗示行人很难走出这座山，为下文主人公遇到困难、得到帮助埋下伏笔。

3. 描写人物

鲁迅先生的笑声是明朗的，是从心里的欢喜。若有人说了什么可笑的话，鲁迅先生笑得连烟卷都拿不住了，常常是笑得咳嗽起来。

（萧红《回忆鲁迅先生》）

开篇就抓住人物的特点来写，突出鲁迅先生的"笑"，反复写"笑"，给人留下深刻的印象。明朗的笑声，表现了人物爽朗的性格和率直的性情。

技法五：奇句突起，峻峭起笔

奇峰突起，出人意料，新奇峻拔，给读者以心理的冲击和心灵的震撼，从而使读者留下深刻的印记。奇句突起开头的角度有：

1. 奇特镜头，设置伏笔

一个钟头之前就感闻到这隐隐闷雷，初不在意，只当是百里之外天公浇地。雷总不停，才渐渐生疑，懒懒问了一句。首领也只懒懒说是怒江，要过溜索了。……不由捏紧了心，准备一睹气贯滇西的那江，却不料转出山口，依然是闷闷的雷。……

（阿城《溜索》）

2. 奇特语言，吸引读者

这几天，大家晓得，在昆明出现了历史上最卑劣最无耻的事情！李先生究竟犯了什么罪，竟遭此毒手？他只不过用笔写写文章，用嘴说说话，而他所写的，所说的，都无非是一个没有失掉良心的中国人的话！

（闻一多《最后一次讲演》）

3. 奇特心理，精要入题

父亲总觉得我们家的台阶低。

（李森祥《台阶》）

【真题呈现】

（2020·新疆维吾尔自治区）阅读下面的文字，按要求作文。

最熟悉的莫过是日日走过的路，最渴望的常常是他乡陌生的路，最难忘的永远是苦苦奋斗的人生……

日日走过的路，最平淡，最熟悉，长大后却最思念，最难忘。有时候，我们一生的光荣都已经蕴藏在这条路……

请以《放学路上》为题，写一篇以记叙为主的文章。

要求：①文中不能出现真实的地名、校名和人名；②不少于600字；③字迹工整，书写规范，汉字正确。

【范文引路】

放学路上

卓 延

天空，像是泼上了墨水似的，灰蒙蒙的。雨，像是一根根的细针，密密斜织着。风，似乎也是斜斜的，瑟瑟的。

走在放学回家的路上，偶尔遇到几个同班同学，也只是匆匆而过罢了。不知为什么，一股伤感在心底涌起。我的心绪慢慢穿过心灵的时空，回到了从前。

初一初二放学时，我总是会和同学们一起走，一路上追追打打。他们进了小卖部买吃的，我就站在门口等他们，看着他们满载而归，我不免也会有一些小嫉妒。当然，有时候同学们也会给我带一些，冲我一笑，把东西塞到我手中："这是给你的。"我也报以一笑："谢谢啦！"

一路上，我们谈天说地，不亦乐乎。问几声成绩，说几个笑话，讲几个故事。有时候，我们也会谈起放学路上的景色。"秋天到了，你们看，树叶都有些泛黄了，怪不得今天这么冷！""你们知道吗？我们小区的树上挂了个马蜂窝，巨大无比，吓死人了！""我猜这些树打了农药，结的果子都不是原生态的。"在大人眼里，我们的话题或许很无聊，但是那时的我们却聊得非常尽兴。这是世上最快乐的时光。

思绪在淅沥的雨声中又被拉了回来，我细看眼前的几棵香樟树，感觉它们都没变，不知道是不是因为我以前没有细致地观察过。小卖部里的同学却少了那几个熟悉的身影，少了那些熟悉的欢笑声。——我和他们都上初三了。

小树还是原来的小树，小路还是原来的小路，唯一不同的是，人群中，已然不是那几张熟悉的面孔，取而代之的是一个个陌生的脸庞。大家都撑着伞，行色匆匆，脚下的步伐快了几分。我猜，那几个老同学此时已经坐上了他们老爸老妈的车回家了……或许比我早做了一道题，两道题……

放学路上，很多同学有说有笑。在茫茫人海中，我一时竟不知该何去何从，该如何面对这份孤独。难道我和同学们的友谊列车真的要到站了吗？可我不想。

雨，越下越大。在这条放学路上，我寻找着从前的友谊。雨雾蒙蒙，我打着伞，向前走着，走着……

【借鉴点评】

开篇以景物描写起笔，写天，描雨，绘风，渲染迷蒙、凄凉的氛围，烘托出作者内心深处的彷徨与孤独。开篇写景生动形象，融情于景，既定下了全文的感情基调，又彰显出作者不凡的描写功底，令读者不由得欣赏下去。此外，反复写雨，情感真实，贴近自我，也是本文的亮点。

第四节　精巧布局：详略得当　凸凹有致

"布局"呈现出作文的结构。精巧的布局不仅给读者以层次之美、文面之美，而且可以表现材料组合的匠心和作文立意的高远。在写作过程中，怎样才能避免呆板粗糙的结构，让作文布局更为精巧、体现出精致的结构之美呢？

【技法点拨】

技法一：凸显主体——放大细节亮重点

◎失误文段

我的妈妈

在我的心中，妈妈不是一个特别出众的人，但她的言行却改变了我的一生。

妈妈智商不是特别高，但却十分"精明"。每次她买东西，一趟逛下来，能省许多钱，不像老爸，花钱大手大脚的。

妈妈虽然很"精明"，但是她对家人一点儿也不吝啬。每一次有好吃的，她总会第一时间与家人共享。每一次干家务，她会毫不犹豫地接受。我想要买什么，她总会给我买。

妈妈每周都会为我烧上一锅好菜。她会一大早到老远的地方买螃蟹，好多次都被夹。虽然这盘菜不是很贵，但我却感受得到那是天下最幸福的美味！

每天放学，我会打电话给父母，她总会早早地等在电话旁，询问我要什么用品，尽管那只是短短的一两分钟。

最让我愧疚的是周五放学时，她总会早早地等在那儿，而我总会迟半个小时……

妈妈还教育我做人不能违背良心，但有时又要机灵一些，不然会受欺负。她的言行改变了我的一生……

◎技法提炼

文章讲究详略得当的布局，把主体部分凸显出来，才能够有力地表现人物、抒发情感、揭示主旨。上文在主体布局上结构单一，繁杂呆板，给人以面面俱到、"点"而不深的感觉。提升的方法是选择妈妈的一两件事，写深写透，放大细节，塑造鲜明的人物形象，让读者眼前一亮，深受感动。

◎提升文段

作者修改时，把文中的两件事放大，用生动的细节表现了妈妈节俭而富有爱心的形象。

说起妈妈，我就会想起几个字——精明而勤俭。一日三餐，家里的开支，她都会记得清清楚楚，该买的不该买的心中有数。她从不怕耗时间，在一件较贵的东西上和店家谈判几个回合。遇到强硬的人，她就假装不买，直到店家让步了。

走出店铺后，妈妈总会戴着一副神秘而满意的笑，拍着我的肩膀，说："儿子，看见了吧，这就是过日子！店家的报价比现在高出几百块。"我明白，妈妈的"斤斤计较"就是节俭，没有这一点，我们的生活哪能过得那么好啊。妈妈教给我，花钱不能大手大脚的。

妈妈看似"小气"，却富有爱心。那是一个下午，我们刚购物回来，风大得很，像海浪一波一波地卷过来。破旧的屋篷下，一位残疾老奶奶，瘫在地上，布满皱纹的脸映衬着地上的一张皱巴巴的纸和盛着几个硬币的破碗，躲避着无情的风雨。

"妈妈，这样的江湖骗子我见多了。"我不屑道。

妈妈从购物袋里拿出两个刚买的透着热气的面包戳了戳我，指了指街角的老奶奶。我明白她的意思，便拿着两个面包轻轻放了过去。令我惊讶的是，老奶奶再三感谢我。虽然我再三强调这没什么，但她的感激让我无地自容。我错了，如果是江湖骗子，绝不会是这样的。

妈妈的爱心给寒风中的老奶奶树起了一道温暖的屏障，也温暖了我。妈妈教给我，人要有悲悯情怀。

技法二：紧抓线索—— 一线串珠聚主旨

◎失误文段

我最喜爱的一部书

母亲从外面抱来一部书，一共七本。母亲说，这是一部不错的书，让我抽空读读。我瞥了一眼，大概是像史书一类的书吧，八成也是很枯燥的，我也懒得去动那部书。

初　读

有一天晚上，我翻来覆去睡不着，就从床上爬起来。想要做些事情，却想不出干什么。我环顾房间四周，第二次瞥到了那部书——《明朝那些事儿》。读读书吧，我心里想，就拿起了第一本书。嗨，书的第一页是朱元璋的介绍表，竟跟介绍当今明星一样，而且写作的手法也很现代化，写出来的每一篇都很幽默，不仅能让我很快地理解历史故事，也给我增添了阅读的愉悦感。那天晚上一直到东方吐白，我才睡觉。

常 读

我几乎不再打电脑游戏了，也不再看电视了，当我如饥似渴地读这部书时，就完全被故事情节吸引住了。临危不惧的于谦，性格耿直的海瑞，积极进取的万历皇帝，令人恨之入骨的阉党党羽，顽强奋斗的东林党人，幻想成为盖世英雄的明武宗……这些人都深深地刻在我的脑海里，当年明月带我走进了大明王朝。故事的每一个情节都波澜壮阔，每一个情节都引人入胜，当年明月用极丰富的人物心理描写和环境描写，使我真的置身百万雄师之中，真的伴随皇帝批阅奏折，饮食起居。

复 读

我第一次读完这部书，只用了两个月，有 200 万字呢。以后的岁月，我又回过头反复地读。每读一回，都能感受到当年明月一个废字不多写，句句都是精华。他把每一个人物的心理活动逼真地描写出来，好像我就在那时那地，仿佛我就是一马当先的大将军。《明朝那些事儿》一次次把我带入大明王朝，一回回让我如痴如醉。

深夜，母亲从外面进来了，看见了熟睡的"书虫"和那床头柜上摆放整齐的七本书，微微笑了笑，把灯关掉，出去了。"咔嚓"一声关门声，假寐的我立马睁开了炯黠的眼，抽出一本书又继续苦读。

◎技法提炼

这篇作文依照"初读""常读""复读"三个板块进行布局，层次清晰。如果要优化的话，需要进一步突出标题中的"最喜爱"三个字，以突出主旨。建议采用反复穿插的策略，在每部分的结尾写一句点明主题的语句，使整篇作文不仅有形式上的反复，也有内容上的连贯（层层递进）。点题，点题，再点题，一线串珠，结构严密。这样的布局可谓匠心独运。

◎提升文段

在"初读"部分最后，添加："从那以后，我爱上了《明朝那些事儿》。"

在"常读"部分最后，添加："我深深爱上了《明朝那些事儿》。"

在"复读"部分最后，添加："这部书是我读过的最好的一部书，我愿一直读着这部不朽之作。"

在文章结尾，添加："《明朝那些事儿》，我最喜爱的一部书！"

技法三：巧妙结尾——收拢笔势显力量

◎失误文段

生命的智慧

沙漠中，干燥的空气令人窒息。沙漠中的每个动物，都为生存努力，坚持。

夜幕降临，躲藏已久的小蜥蜴终于出来了。它爬上山坡，一动不动。夜晚来临，给空气中带来了一丝的湿润，在它的背部液化成一个一个的小水滴。小蜥蜴的背部有一条凹陷的沟槽，小水滴慢慢地积少成多，汇聚到小沟槽中。于是它抬高尾巴，水滴便顺着沟槽流到了它的头部，直至流进它的嘴里。

生命的智慧，让如此小小的生命战胜了环境威胁；更有甚者，让它们在存活之上，还创造了一个更舒适的环境。

记得一次物理课，老师通过老鼠的生活习性为我们讲解了一个知识。

老鼠通常会在一个小土坡边上打两个洞。一个在小丘的正下方，一个是在小丘旁的平地，两洞相互打通。老师问我们：炎炎夏日，老鼠会待在平地下方的洞底，还是会在土丘下方的洞底呢？各种答案纷纷报出。我们疑惑地看着老师。最后，老师解释，当有风经过土丘，土丘上方的流速大，气压小，使洞内空气循环流动起来；夏天，老鼠躲在土丘下方的洞底，也就能吹到风而不觉得热了。老鼠在洞底，利用自己的智慧，吹着凉爽的风，享受着快乐的日子。

我们都为老鼠的智慧而惊叹。自然界的每个生命，都在用它们的智慧求生，征服着大地。

◎技法提炼

古人云："一篇之妙，在乎落句。"一个亮丽的结尾，不单表现在总结全文的功用上，更表现在深化主题、发人深思、升华情感、耐人寻味的审美愉悦上。这是一篇考场作文，草率结尾，使得前文对两类动物智慧的叙述和描写没有了力量。建议在叙述、描写的基础上，增加有力量的结尾：议论，要有深刻认识；抒情，要有真实情感。就此文来讲，一个富有思想张力的结尾，才算为作文真正画上一个圆满的句号。

◎提升文段

此文的结尾可以修改为：

干旱的沙漠中，蜥蜴每晚都能吃饱"喝足"，老鼠拥有天然的"避暑山庄"，不就是因为生命的智慧吗？因为智慧，这大千世界才显得多姿多彩！自然中，处处是智慧：晨曦中，披一抹霞光，聆听鸟儿啾啼；烈日下，觅一处阴凉，感受叶脉的颤动；晚霞中，寻一片嫣红，欣赏叶瑾的酣睡……

生命，何处不智慧！

【技法演练】

◎文题呈现

阅读下面的材料，按要求作文。

如果心中没有一个造房子的梦想，即使拥有天下所有的砖头也没有用；但是如果只有造房子的梦想而没有砖头，梦想也无法实现。

要求：①根据材料寓意，选准角度，自拟题目；②除了诗歌外，文体不限；③600~800字；④文中不得出现真实的人名、校名。

◎布局点拨

写材料作文时，首先要立意。在明确"写什么"的基础上进行布局谋篇。就这道题而言，"梦想"和实现梦想的"砖头"是两个关键词，至少要由这两个大的板块来布局全文。

立意、选材的不同，会给作文布局带来丰富别致的变化。这里，仅提供几种布局示例：

①可以运用日记体写作，分三个时段，以三个主段落来布局：产生梦想——追逐梦想——实现梦想。

②以"事"为线索，以一波三折的情节布局作文：渴望成功——中途遇挫——经受磨砺——取得成功。

③可首尾呼应，使结构严谨；中间以主体事件为线，再多次穿插表现主旨的细节，让主体段落更为厚实、丰满。

◎佳作平台

一颗薄荷糖

余逸凡

"心之所愿，无所不成。"

当初看到这句话时，它就像是那薄荷糖的阵阵清香，一点一点地滋润了我的心房。我无法相信，只是用来品尝的薄荷糖，为我指引了方向，带给我前进的动力。

那是一个初春的下午，天气有些热，我无精打采地去补习。我打算买一些零食在路上边走边吃，便进入了一家便利店。店中也没有什么很好吃的东西。突然，一抹蓝色闪入了我的眼睛，是薄荷糖！想象着薄荷糖在唇齿间融化时带给我的清凉，我果断地取下一条付了钱。

一出便利店，我就打开了包装，拿出一粒，剥开糖纸，将晶莹剔透的薄荷糖放入口中，真清爽！正要把糖纸随手丢入垃圾桶，咦，这糖纸上怎么好像有字？细细一看，"心之所愿，无所不成"这八个字映入了我的眼帘。不知为什么，这八个字仿佛与那颗薄荷糖一样，渗入了我的身体里。

这不正是我所缺失的吗？不管我再怎么努力，再怎么行动，没有了"心之所愿"，还能成得了什么大事呢？我陷入了沉思之中，我心中得有一个梦想，才能突破瓶颈，让自己的成绩达到一个新的高峰！不知不觉，脚下的步子快了许多。

转眼间，春去秋来，我也迎来了初中最重要的一个阶段——九年级。课业负担突然加重了许多，巨大的压力让我有些喘不过气来。记得那一个晚自习，面对着如山的作业，看着四周那些早已做完大半作业的同学们，再想想自己低下的学习效率，我似乎有些泄气。"哎，要么别做吧，随便找个理由搪塞一下，反正老师一定会信的。"我心中想着。正准备放下笔，突然，我想到了春天的那个下午，薄荷糖纸上的"心之所愿，无所不成"。那八个字如利剑一般刺穿了我的心，击溃了我的懒散。是啊，这点小事都无法坚持，谈什么成功呢？于是，我再次拿起笔，奋笔疾书。之前的阴霾，早已散尽了。

之后，我怀着一个梦想，便拥有了前进的方向和动力。每当我感到厌倦或疲乏时，早已融入我心中的薄荷糖提醒着我，而我就会抬起头，坚定地告诉自己："'心之所愿，无所不成。'为了自己的梦想，不要放弃向前的脚步。加油，你一定能行的！"

◎讲解布局

一线串珠：作文紧紧抓住"一颗薄荷糖"铺展开来。开篇写薄荷糖纸上的八个字，继而写薄荷糖的来历，它给自己带来的梦想以及后来给自己带来的不懈动力，篇末写薄荷糖融入心中。一条线索把诸多内容贯串起来，文脉清晰，篇章精巧。

前后呼应：就主体部分而言，作文呈现为两大板块，一是薄荷糖"为我指引了方向"（第3、4、5段），二是薄荷糖"带给我前进的动力"（第6段）。这是在第2段总领句下进行的布局。前有总领，后有分承；前有伏笔，后有呼应。前后勾连，笔笔周密，做到了"胸中有丘壑"。

第五节　行文速度：抓住关键　速拟提纲

平时练笔，我们可以慢慢构思，细细酝酿；考场作文，有时间限制，必须在规定时间内完成作文。有的同学常常感叹："写作文的时间不够！作文还没来得及结尾呢！"怎样提高行文速度呢？这也要讲究科学的学习方法。除了快速调动平时的阅读与生活积累外，快速抓关键、理思路也很重要。理清了思路，思维清晰了，表达也会清晰、有条理。理清思路的方法是：确定中心，整体构思——确定写作顺序（时间顺序、空间顺序、逻辑顺序）——列提纲（动笔写下关键词或画出结构图）。

【技法点拨】

考场上要做到快速作文，在动笔前，要先读懂作文材料或命题，抓住关键信息，围绕作文命题的关键信息迅速行文。一般来讲，我们可以从以下几个角度来进行：

1. 快速抓住关键词句。一篇作文题目呈现在面前，我们首先得阅读提示语（作文导语）、命题（或半命题）、写作要求等。题目中反复出现的词语，或者转折复句中表示转折意思的词语，往往是题目的关键词，要及时圈画。它也是写作的关键内容。快速找到、找准关键点，写作就不会偏题，就奠定了作文成功的根基。

2. 快速捕捉写作素材。写作时应积极调动自己头脑中的"作文素材宝库"，紧盯关键词或题目，浮想联翩，进行头脑风暴，凡是能够与作文架起桥梁的素材，都在草稿纸上记下关键词。然后从中选择最能表现这一主题的素材。素材来源可以是阅读积累中的（教科书+名著阅读+课外读物），可以是平时自己的随笔、日记、考场作文，可以是自己游山玩水、与朋友交往、观看影视中的所见所闻所思等。

3. 快速确定作文体裁。根据自己擅长书写的文体选择、确定作文的文体。中考作文，第一是求稳，不要一味为了创新而冒险。如果一时头脑"短路"，话无从说起，可以尝试书信体、日记体、演讲体、童话体等。这些都是容易打开话匣子的文体，书信和日记带有内心独白，自己对自己谈心说话的味道，让感情自然流淌，于是文思泉涌，自然"下笔如有神"了。

4. 快速拟写作文提纲。磨刀不误砍柴工。拟写提纲时，紧紧围绕关键词、作文的关键点发散开去，积极调取平时积累的结构范式，如对比结构、由景及人、叙议结合、反复穿插等。如写"青春"的作文，就可以选取典型事例或典型场景来写"青春是苦涩的""青春是秘密的""青春是奋斗的""青春是不老的"，一线串珠，快速构思。拟写好提纲，文脉就清晰了，就可以气定神闲、运笔成文了。

【真题呈现】

（2019·浙江湖州）阅读下面的文字，按要求写作。

读者是一个美好的身份。然而，一个人并不是随便读点什么就可以称为读者的。

——周国平

以上文字，引发了你哪些感悟与思考？请自拟题目，写一篇文章，可讲述经历，可阐述观点，也可抒发感想。

要求：①除诗歌外，文体自选；②不少于 600 字；③不得出现含考生个人真实信息的地名、校名、人名等。

【范文引路】

真正的读者

沈　睿

如果说一个人只读过一本书，虽然这本书是一部经典著作，他不能被称为读者；如果一个人一年可以读好多书，但大部分都是网络段子，他也不能被称为读者；如果说一个人读了好多本经典书籍，但他没有从中获得启迪，他还是不能被称为读者。读者是一个极其美好的身份。看来，并不是随便读点什么就可以称为读者的。

那么，怎样才能够成为一名真正的读者呢？

真正的读者要养成读书习惯。一个人若是一时兴起读了几本书，随即又将书本放在一旁，不再理会，那他最多不过是一个读过书的人，却不能称为读者。而一位真正的读者，一天不读书就会寝食难安，坐卧不宁。革命先驱孙中山说过："我一生的嗜好，除了革命之外，就是读书。我一天不读书，就不能够生活。"又如鲁迅先生在南京江南水师学堂读书时，学校奖给他一枚金质奖章。他把奖章卖了，买回几本心爱的书。鲁迅先生是真正热爱读书的，读书已融入他生活当中。真正的读者，书必定时时刻刻在他的心中。

真正的读者要读有所思。这里的思考，可以是提出问题，可以是对书中思想的认同，也可以是对书中思想的批判。科学家伽利略在比萨大学读书期间，对书本中的知识非常好奇，也经常提出一些问题，比如："行星为什么不沿着直线前进？"这说明伽利略对于书本中的知识不是一味接受，而是不断思考、质疑的。北宋哲学家程颢也说过："读书要玩味。"但是，一个人在读书时如果只是盲目地接受，而没有自己的思考，他算不得读者，他只是接受文字的机器而已。所以，真正的读者一定是与书籍不断发生思想碰撞的人。

真正的读者还要追求阅读品位。中华传统文化博大精深，从四书五经到四大名著，哪个不是文学殿堂中的瑰宝？为何总要去读那些意义不大的网络小说呢？若是为了平日里放松一下那倒无妨，但不能把阅读段子当成读书。若是读了无以成学，学了无用，那和没读有什么两样？多读一些有价值的书，让你增长本领；多读一些有品位的书，让你的身心受到熏陶。

"读者"二字，看似简单，实则世间最美好的身份，我们要做一名真正的读者，让书润泽我们的心灵，让书启迪我们的思维。

【借鉴点评】

视点一：关键词凸显立意。作者阅读材料后，发现周国平引言中的"读者"一词出现了两次，于是快速提取关键词"读者"，进而确定论点"要做一名真正的读者"。快速抓住关键词，使作文不会写偏题；扩充关键词进行立意，确定主旨，也就很顺畅地定下了文章的基调和中心。文章中心稳，学生心态便稳，写起来便会从容不迫了。

视点二：围绕中心发散架构。作者在确定了主旨和文体后，进行发散思维，围绕怎样"做一名真正的读者"快速搭建框架。如本文中"真正的读者要养成读书习惯""真正的读者要读有所思""真正的读者追求阅读品位"三个分论点，就是行文支架。一般地，围绕中心从三个角度论述，就可确保论证充分。如下图：

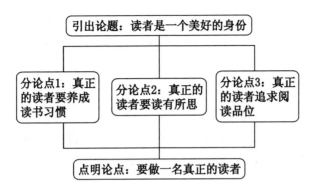

视点三：论据典型而充分。由于平时积累丰富，作者能够较为迅速地搜寻素材来匹配分论点，充实架构，使作文血肉丰满。比如引用孙中山的话、鲁迅的事例来论述"真正的读者要养成读书习惯"，引用伽利略对书本的发问来论述"真正的读者要读有所思"。既有道理论据，又有事实论据。行文中，既有正面论证，又有反面论证，增强了论证的说服力。

第六节　首尾相顾：起承转合　浑然一体

首尾相顾，就是作文"起承转合"中起笔与扣合的有机呼应。它使作文的结构更加完整，给人一种首尾圆合、浑然一体的感觉，使读者产生心理上的美感，更为主要的，是突出、强化中心，深化主题，升华情感。

【技法点拨】

首尾相顾的写作方法，归纳起来看，主要有以下三种：

1. 复现式呼应

文章开头呈现了对人物、景物、场景的描写，或抒发感情、表达观点的语句，或引用了诗句，在结尾重复呈现，或句式相同，或略有不同。开头结尾对同一内容反复强调，使文章的主旨更加突出，同时使文章的首尾结构具有一种回环之美。

2. 递进式呼应

阿来的《一滴水经过丽江》开篇写道："我是一片雪，轻盈地落在了玉龙雪山顶上。"结尾写道："作为一滴水，我终于以水的方式走过了丽江。"先是"一片雪"，后是"一滴水"，"走过了丽江"即是丰厚见闻与情思的旅程，结尾的呼应句更深一层地表达了主题，沉淀读者的思考。

3. 虚实式呼应

文章开头写实，结尾为了深化中心、突出意境、增添诗意，往往进行虚化描述。如《背影》的结尾，在晶莹的泪光中再现父亲的背影；《荔枝蜜》以梦境结尾，梦见自己变为一只蜜蜂。虚实式呼应，增添文章的蕴藉之美，意趣无穷，将文章的情感升华到更高境界。

在了解上述显性的首尾重复语句的呼应写法之外，还应该理解、参悟在行文中叙事、抒情等方面的内在的、隐性的呼应。这种内在文脉上的起承转合的流动，是很见写作功底的。起笔触题，承接叙事、描绘，因为"转笔"震撼心灵后而获得启迪，收合全文。"合"是由"转"而得，转笔的升华，促进了篇末点题，在结构上自然合拢、浑然一体。

【片段示例】

◎片段一

题目:《冬至》	
开头	寒风凛冽，大雪纷飞，又是一年的冬至。
结尾	冬至的寒冷依然没有变。风，冷得刺骨；可心，却不再寒冷。

点评：这篇作文的首尾相顾形式是递进式呼应。作者起笔点出故事发生的时间"冬至"，接下来叙写冬至这天自己因写作业时偷玩游戏，妈妈把手机摔碎的事；转笔写两只大雪鸦在树上把小雪鸦推下，训练其飞翔的情景；作者悟得妈妈磨炼自己的一番苦心后，结尾点题，再次写到"冬至""寒风"，"可心，却不再寒冷"，环境描写表达出深层的含义。

◎片段二

题目：《温暖，就是那么简单》	
开头	"因为刚好遇见你，留下足迹才美丽……" 李玉刚的《刚好遇见你》，回荡在一间病房中。而一个女孩努力忍受来自骨头中的疼痛，禁不住流下了眼泪，煎熬着。那是一个艰难的早晨。
结尾	"因为我刚好遇见你，留下足迹才美丽……"这首歌飘扬在空中，又沁入我的心中。是呀，因为遇见你，我才得到了看似简单却又深深的爱。 温暖，就是那么简单。

点评：这篇作文的首尾相顾形式是复现式呼应。开头引用歌词，结尾引用同样的歌词，对举照应，就像一首音乐，给人以回环往复之美。这篇作文主要写"我"脚部骨折后感受到的温暖，主体部分选取出院后老师到家里问候、返校后同学搀扶着去洗手间、爸爸给自己送饭三件小事来写。歌词反复出现，以爱和温暖充盈心间，深化了主旨。

◎片段三

题目：《故乡味的鹌鹑蛋》	
开头	母亲说，要煮几个鹌鹑蛋给我吃……
结尾	忽而，又愈来愈近……变得清晰：那个小姑娘拿着一串冒着热气的鹌鹑蛋，她笑了笑，吃下一颗，还是好吃，不知道是否还品味到了故乡鹌鹑蛋的滋味……

点评：这篇作文的首尾相顾形式是虚实式呼应。作文由妈妈要煮几个鹌鹑蛋给自己吃开篇，引出对往事的回忆——雪后的松花江桥上，一个青年冒着严寒卖鹌鹑蛋，热情乐观；外公为"我"买鹌鹑蛋吃，外公让"我"吃，"我"让外公先吃。已在江南的"我"只能在梦中回味那美好的过去。前面叙事实写鹌鹑蛋，结尾梦境虚写鹌鹑蛋，升华了意境，深化了主题。

【范文引路】

很远，也很近
章芝煜

我与父亲的距离很远，也很近。

　　小时候，我与父亲亲密无间，在我呱呱落地那年，父亲 25 岁，母亲说他像个毛头小子，喜欢抱着我去邻里到处炫耀："瞧！这是我闺女，可爱不？"

　　在我梳着零零碎碎的童花头那年，父亲 28 岁，风华正茂，喜欢陪我一起玩耍。我们鼻子对鼻子、额头对额头，我把手竖起来放在头上当牛角。他喜欢让我坐在他宽厚的肩膀上带着我奔跑，享受那种刺激的感觉，他像太阳温暖了我的童年。

　　在我会背着小书包过马路独自去上学那年，他 35 岁，健壮依然。那年，他离开故乡去杭州工作，留下我和妈妈，还有一个才开始学说话的妹妹。离别那天，他理了理妈妈被风吹乱的头发，转而对我说："女儿，你长大了，别在家里给妈妈添乱，帮妈妈照顾好妹妹。"我顿了会儿，终于勾住他的手指，哽咽道："我们拉钩。"后来我就将这段光影埋在我的记忆深处。

　　在我扎着马尾独自弹吉他那年，他 38 岁，风华不再，他很少回来，常常为工作在外奔波，我只能在梦里遇到他，在我的印象中他无须负担家里琐事，感觉他一个人在外面挺逍遥自在的，只有一个简单的他。他也只是偶尔回来扮演着一个角色——我的父亲。我后来才明白，为了我们全家人的幸福，他只能一个人在外面品味孤独。

　　后来的后来，他依然在外奔波，我对他的记忆更少了，却依旧怀念他在母亲数落我时习惯把我护在身后的情形，他那胖胖矮矮的身子，让我感到幸福。

　　再后来，对他的记忆又变淡了，在我心底印象最深的，成了我那絮絮叨叨的母亲。

　　现在，我跟着 42 岁的他来杭州读书，可我与他之间的距离却变远了。记得一天，他送我上学时，他习惯性地把一只手张开，向后伸，想拉我的手，可我再也不像儿时那样亲密地挽住，而是熟视无睹，他也当作没看见，默默地把手收了回去。我看着走在我前面的父亲，身子清瘦了，双鬓添了秋色，我禁不住感到心酸，却不知道该怎样与他诉说。

　　我和他看起来是那样近，却也很远。距离只不过一只手而已，却那样遥遥无期……我有些难受，终于主动拉住他的手："爸爸，我和你一起走！"他有些惊讶，转而笑着握紧了我的手："好，一起走！"

　　我和他的距离，又变近了。

【借鉴点评】

这篇作文叙写小作者与爸爸的往事，语言朴实、自然、亲切，感情质朴、真挚、深厚。起笔以"我与父亲的距离很远，也很近"点题，呼应文题。承接首段，继而引出"爸爸与我"的几组镜头。几件事情的叙述，以爸爸的"日渐远行"为明线，以对爸爸的"由亲近到疏远"的感情为暗线，含蓄流淌。转笔是爸爸送"我"上学，"我"在背后看到爸爸"身子清瘦了，双鬓添了秋色"时，主动拉住爸爸的手。结尾"我和他的距离，又变近了"，既是作者情感的变化，也是父女情感的升华。全文首尾相顾，起承转合，浑然一体，结构严谨。

第七节　锤炼语言：生动形象　文采斐然

如果说丰富深刻的思想是一篇文章的灵魂，那么生动形象的语言则是铸魂的载体。

全国各地中考作文评分标准，大都有语言表达"生动""有文采"的要求。由此看来，锤炼语言，让作文亮点闪耀、文采斐然，这是考生应当修炼的功夫。

【技法点拨】

锤炼作文的语言可以从以下几个方面入手：

1. 锤炼精当准确的字词，表现神韵之美

锤炼字词，使平常的字凸显神奇，使陈旧的字颇有新意，正所谓一字生辉、一字传神。动作是内心的外在表现，作文中要注重动词的锤炼，如《孔乙己》中"排出九文大钱"的"排"。锤炼形容词，能够具体表现事物的情态、特征，使表达更为细腻、逼真，如《老王》中"开门看见老王直僵僵地镶嵌在门框里"的"直僵僵"。锤炼副词，可以使表达更为精准深刻。如《邓稼先》中"他只说了一句话：'我不能走'"中的"只"。叠词的恰当运用，可使文章读起来有音韵和谐之美。

2. 运用新颖美妙的修辞，表现文采之美

善于运用多种修辞手法，能够大大增强语言的表现力和感染力。比喻句，增添画面感；拟人句，富有情态美；夸张句，凸显个性；排比句，增强气势；引经用典，则增添文化底蕴。一篇作文出现三五处修辞句，可以彰显考生的个性化语言运用水平和非凡的想象力，给读者以如沐清风、文采飞扬之感。

3. 运用精致多样的句式，表现流畅之美

句式精致而多样，是遣词造句娴熟的表现。短句简洁明快，短促有力；长句表意严密，逻辑性强；整句工稳对称，气势贯通；散句灵动自由，如话家常……根据表达的需要，富有变化地使用不同句式，可使作文变化多姿，异彩纷呈。

4. 运用风趣幽默的语句，表现鲜活之美

读者尤其喜欢充满时代感的新鲜语言，贴近生活实际，富有生活气息，如我校数学节的标语："真有 π 头——数学好看　数学好用　数学好玩　数学好学"。在作文中大词小用或者在庄重场合中辅之调侃的语调，或者偶尔冒出一两句网络潮语，或许会增添语言的青春气息，展现当下初中生的精神风貌。

5. 运用具体生动的描写，表现细节之美

具体生动的描写是记叙文写作常用的表达方式之一。善于运用描写，可以使读者如见其人、如闻其声、如临其境，让人物形象丰富起来，跃然纸上；使描述的事物活灵活现，惟妙惟肖。

【片段示例】

◎片段一

题目：《军训日记》		
锤炼语言	原文	餐前训导仪式后，我们便像饿急了的狼一样，两眼放光，奔向鲜美、肥嫩的美味。嫩嫩的蛋包着鲜香无比的肉馅。一口下去，蛋香吞于喉咙，肉香留于口中。鲜嫩的鸭肉十分入味，一口下去，酱香荡气回肠。紫菜蛋花汤味道滴滴鲜美，紫菜配蛋花，组成了妙不可言的一碗汤。
	改文	餐前训导仪式后，我们便像饿急了的狼一样，两眼放绿光，扑向鲜美、肥嫩的"羊群"。嫩嫩的蛋包着鲜香无比的肉馅。一口下去，蛋香滑于喉咙，肉香留于口中。鲜嫩的鸭肉十分入味，一口下去，酱香荡气回肠。紫菜蛋花汤滴滴鲜美，软软的紫菜配上滑滑的蛋花，组成了"味不可言"的一碗汤。

点评：通过加点词语的对比，可以感受到改文锤炼字词的佳处。把"奔向……美味"改为"扑向……'羊群'"，突出了军训后饥饿难耐急于美餐的情形。"吞"改为"滑"，更能表现蛋的嫩滑柔软的特点。改文加上"软软的""滑滑的"两个叠词，进一步写出紫菜和蛋花的口感。"味不可言"是"妙不可言"

的仿词，新颖别致，更切合作者享受美餐的真切感受。

◎片段二

本人相貌之不俊，可申请非遗也，小眼扁鼻，大嘴薄唇，更甚者，无眉也，故人称"无眉大侠"。相貌不敢恭维，穿衣品位亦低下矣。至于穿衣，吾乃七窍通六窍——一窍不通也。据说吾五行缺金木水火，唯土不缺也，盖此为不懂穿衣之因由也。

点评：这是一篇小传节选。作者选择文言来介绍自己，充满趣味。说自己长得不俊，"可申请非遗"；又自称"无眉大侠"。写自己衣着不太讲究，土里土气，说五行"缺金木水火，唯土不缺也"。语言诙谐幽默，自我调侃，"本人"虽相貌普通、衣着一般，但生动的语言表达给读者留下深刻的印象，彰显出作者洒脱豪放、守拙自乐的鲜明个性。

◎片段三

正当我准备熄灯时，那一幕震撼了我！那树被风吹得弯了起来，都快要折断了，但它却在风雨中坚持着，慢慢地，又直立起来了。它在风雨中挺立着，树枝被吹断了一根，两根，三根……树叶也早已被风吹落了许多。但这棵树依然没有屈服，被吹弯了，又起来，被吹弯了，又起来……

【写作点评】

这个片段运用描写的表达方式铺陈一棵树遭受风吹雨打的情形。对景物的描写绘其状传其神，"在风雨中坚持着"赋予树以人的品质。多角度细写：吹断了树枝，吹落了树叶……"被吹弯了，又起来，被吹弯了，又起来"，运用反复的修辞方法和短促的句式，生动表现了树的"不屈服"精神。

【范文引路】

没菜的菜饼
谢郑裔

小时候的菜饼香甜可口。

"外婆，好了吗？"厨房传来"滋啦滋啦"的声音，没错，那是我能干的外婆在做菜饼的声音。我像一阵旋风般滚入厨房，出来时手上已擒拿来战斗胜利品（"滚入""擒拿"表现小作者贪吃的憨态，对菜饼的喜爱）。菜饼丰满而又诱人，一口咬进爆汁，好像所有的油和菜都被它占有。

外婆总是拿着一个又大又圆的菜饼，比我的大好多，却扁扁的，似乎没有肉。我总是想要吃大个的，每每与外婆抢，外婆都不给，还喜滋滋地大口吃着。外婆好坏呀！

六年级，我从老家被爸爸带到杭州，远离家乡，远离外婆，远离外婆的菜饼……

多年之后，外婆与外公来到杭州的家。外婆还是外婆，只是脸上如刀割般的皱纹使她不如从前笑得开心了。大腿也瘦得像两根竹竿似的，笔直得似乎没有肉（生动形象的比喻和夸张，写出外婆的苍老体弱）。

外婆又做菜饼了，现在我似乎有能力去抢下外婆又大又扁的菜饼。小时候的忍气吞声，现在我就要还了。那饼肯定都是肉，吃起来肯定香。"哎，你干吗！那是我吃的。"外婆大声喊着。我却一溜风地从厨房出来，擒着战利品，脸上透露着无限风光。一咬，我的眼泪噼里啪啦地打在菜饼上，不，应该是饼上，一个没有菜的菜饼（拟声词"噼里啪啦"很生动；"打"字言简意赅，写出感动之深；长短句式交错使用，强化情感，语句流畅）。我早就该料到……又扁又大，里面怎么可能会有肉呢？可是外婆却吃得那么香，好像把所有的快乐都吃进去了（化虚为实，非常形象）。

我硬着头皮吃掉了菜饼，大声说："好——吃。"可我知道，外婆您不坏。

不知怎的，"没菜的菜饼"让我联想到，它在困难时给我以希望。就像小时候想妈妈时，外婆总是用双臂护住我，让我在其翅膀下抽泣，颤抖的身躯，俨然分不清是我还是外婆（以想象之笔进行具体的场景描写，感情浓厚，意蕴丰富）。

不好吃的菜饼是好吃的，好吃的菜饼却失去了它的滋味。

人总是在矛盾之中成长。珍惜眼前，放眼未来，前行的路是纯粹的……

【借鉴点评】

这篇作文以"乡愁"为话题，以小见大，撷取外婆做的菜饼来叙述往事，运用对比的手法，抒发对故乡亲人的眷恋之情，表现少年的成长。本文语言生动形象，魅力四射，文采飞扬。在锤炼字词、运用修辞、精选句式、善用描写等方面都可圈可点，值得品味。结尾句"不好吃的菜饼是好吃的，好吃的菜饼却失去了它的滋味"，耐人寻味，引人深思，朴实无华的文字中见出其深厚的语言才华。

第四章
中考作文指导

　　中考作文质量的提升，需要科学性、针对性的指导。本章首先整体阐述中考作文指导的"五策略"：把握作文题型，明确指导重心；积累作文素材，变通运用材料；指导赋形思维，建构文章图式；多读伙伴作文，借鉴经典技法；归因分析弱点，实现作文升格。结合当前情境任务型作文的新趋势，聚焦该类型作文的指导，凸显"情境"与"任务"要素，积极创设真实生活情境，提高交际语境下综合运用写作知识、探究并解决问题的能力，提升学生的写作素养。最后结合近五年浙江省杭州市中考作文试题，予以具体评析和针对性的指导。

第一节 中考作文复习指导"五策略"

中考作文是语文考试的重中之重，历来受到师生的重视，但从教学实践来看，依然存在走过场、收效小的现象。很多老师认为，写作能力非一朝一夕之功，指导起来感到无从下手，故而存在"蜻蜓点水"的现象。巴金说过："只有写，才会写。"在中考背景下，优秀考场作文一定是学生一次次地刻苦训练与教师科学性、针对性指导的结果。写作是可以指导、可以训练的。那么，如何提升中考作文复习的针对性以确保中考作文训练高效呢？笔者结合自己的教学实践，与语文同人略陈以下五点策略。

一、把握作文题型，明确指导重心

把握命题题型，了解该类题型的命题特点，在当地中考作文题中所占的比例，未来该题型的命题趋势等，以便更好地把握命题方向，做到精准备考，增强针对性。

中考作文指导，要点在"思路点拨"上。"点"到穴位，"拨"到要害，才能真正提升作文质量。

针对各种作文题型，点拨指导的重心如下：

（一）材料作文——审题立意

在审题上，要看清题目"要求"或"注意"；要利用题干引语，触摸写作的方向和内容，并拓展写作思路，调动写作素材；要善于把握题眼、关键词语（尤其是一些修饰语）。准确把握题目的核心内容，一般就不会跑题，还可以在写作时做到详略得当，重点突出；同时，要透过表层挖掘内涵，虚实相生，使作文立意有深度、有思想。

在立意上，可以从以下五个方面给予指导：

1. 化大为小，让立意充实。

2. 化虚为实，使立意具体。

3. 逆向思维，使立意新颖。

4. 正反辩证，使立意严密。

5. 运用对比，使立意鲜明。

（二）命题作文——个性表达

对于命题作文可以从以下三个方面重点指导：

1. 表达方式个性化。写作时，能够根据表达需要选取表达方式，同时选取自己擅长的表达方式，彰显自己的表达个性。

2. 切入角度个性化。可以从物的角度、人（自己或他人）的角度、心灵独白的角度、成年视角或儿童视角、第一人称或第三人称的角度切入。

3. 创新文体。可以采用小小说、童话、剧本、书信体、日记体、演讲词等文体，使作文独辟蹊径，个性斐然。

（三）半命题作文——内容选材

对于半命题作文可以从以下三个方面重点指导：

1. 全面观察生活，呈现材料全貌。"全面"指观察生活的视野，包括家庭生活、校园生活、社区生活、自然风光、中外风情等。

2. 关注自身经历，写出材料中的感受。只有贴近自我选材，突出自己的生活体验和独特感受，方可引起读者的共鸣，给人以真实、接地气、"说实实在在的话"之感。

3. 聚焦时事热点，体现一代青年对社会的关注和思考，表现其美好的人性和责任担当意识，立意高远。

针对上述三种作文题型，要有计划、有侧重地全面指导。践行"练在先，讲在后"的作文指导理念，以学生的作文文本为重要抓手，就学生作文中出现的问题展开讲评。"讲"要突出一个"点"，"练"要落实一个"点"，讲练结合落在实处。这样，在螺旋式反复中纠正病误，优化思路，强化技能，让学生自信地面对各类作文题型，提升应试作文能力。

教师要具有一定的作文命题题型的预测能力。预测，是建立在长期的作文试题追踪和科学地归纳、提炼、总结基础之上的。这样做，旨在以简驭繁，构建全面有效的中考作文指导体系，切实提高中考作文指导的针对性，提高学生中考作文应试能力。

二、积累作文素材，变通运用材料

作文指导，"写什么"向来是个重要问题。可从下面两点进行指导：

（一）利用好生活素材积累本。

中考作文备考时，要准备一个作文素材本，做好平时的积累与整理。内容包括平时的练笔、考场作文、日记、参赛征文、读书笔记、读报摘抄等。作文素材本要分主题积累素材，如《语文报》列出的十大热点主题素材：为人处世、挫折压力、温暖感动、多彩青春、与我同行、道德素养、爱国情怀、哲理思辨、真实心迹、文化魅力。以上可供学生参考分类。

学生在积累素材时，不仅要知道这个素材，更要思考这个素材包含着怎样的意义，说明了什么道理，对人生有什么启发等。进入这一层次的积累，并按照上述分类点出关键词，一旦考场作文需要"调兵遣将"，便可及时为自己打开素材库。

初中生要做生活的有心人。随时、随地记下看到的一景一物，一人一事，一书一语，一缕思绪，养成随时记下自己思维火花的好习惯，日积月累，生活素材积累本就会成为自己的无敌锦囊。

学生还要有积累时新素材的意识。"文章合为时而著，歌诗合为事而作。"一流的文字常来源于生活，并高于生活。身处"互联网+"时代，我们要善于运用资源，获得最鲜活的、丰富的写作素材。贴近当代生活、积累新鲜素材，加之活用、巧用，铺展成文，既展示时代风貌，给人以浓郁的生活气息，又会吸引阅卷老师的兴趣，赞叹文章中展示出的才思与智慧。

（二）学会"一材多用"

积累材料的最终目的是运用。但哪有手中的材料恰好与中考作文题完美匹配的呢？这就要训练学生多角度地运用材料，培养他们多方位、多角度思考的习惯，训练思维的敏锐度和选材时的变通能力。

训练方法有：

1. 利用课文进行"一材多用"训练。做法是：给一篇课文拟出不同的标题，让学生感受到同一件事可以写出那么多篇奇妙多姿的作文来。

2. 利用同一时事素材进行多角度立意训练。做法：搜集整理一则时事素材，贴近学生生活，让学生对之进行评论，产生思维的碰撞，从而懂得可以多角度看待一件事。这样的训练可以增强学生活用、巧用、多用材料的能力，解决考场上不知道写什么的困窘。

3. 将旧作素材改编为适合考场作文的素材。

利用学生旧作中好的题材，加工、润色、调整后推陈出新，运用于考场作文中。

"一材多用"的两条基本策略：一是修改点题句，点出文章的标题。可运用抒情、议论来呈现点题句。二是调整详略，根据标题、立意确定详略，旧作详处与文章无关者则删，旧作略处与文章紧密者则丰。

三、指导赋形思维，建构文章图式

"写什么"的问题解决了，还要解决"怎么写"的问题。有了素材，没有选择、剪裁、布局的技能，依然写不出或写不好作文。面对中考，从结构布局的角度指导怎么写是简便易行的。因为长期的教学实践告诉我们：思想认识的深度、语言的运用等，不是考前有限的时间可以练得的，而文章的结构布局是可以教给学生的。

指导学生结构布局的主要抓手是经典课文。"劳于读书，逸于作文"，强调的就是从范文的学习中体悟作文的技法规律。从学习写作经验的角度讲，阅读优秀的作品，可以使我们懂得怎样写。正如朱熹所说："读得韩文熟，便做出韩文的文字；读得苏文熟，便做出苏文的文字。"

经过长期的阅读积累，学生会在头脑中赋予某种文体一定的语言形式，这种形式就是作文的"布局"。在脑海中赋形越丰富，写起作文来就越是从容不迫，得心应手。

为什么有的学生读了大量的书籍，写作能力还很弱？除了不注意吸收语言材料外，更主要的是不注重对结构布局的研究。阅读是写作的范式，写作是阅读的实践。善于用结构图或思维导图构建一篇文章的形式，就是对文章章法技巧的提炼。概括、提炼、建构文章的思维图式的过程，笔者称之为"赋形思维训练"。著名语文教育家张志公先生说过："只要把握住分析综合这个基本原则，多留心好作品里安排材料的方法，自己写起文章来，就不难根据具体情况去灵活运用了。"这就是提炼语言的表达规律、进行赋形思维训练的意义。

中考作文淡化文体，但不是不要文体。各类文体有各自的章法结构，平时在阅读中要多多积累、多多建构各类文体的章法结构，写作时心中要明确自己写的属于哪一种文体，做到写散文是散文，写小说是小说，写游记是游记，写议论文是议论文。

四、多读伙伴作文，借鉴经典技法

余映潮老师指出："无论在什么学校，作文水平中等以及中下的学生总是大多数的。"进而提出借鉴同龄人的好作文是最有效、见效最快的方法。余老师做了如下分析：名家名著太深太高，取材环境和思想意识距离太远，对于作文"虚弱"的学生来说，很难吸收。同龄人的好文章就"清淡"得多。大家生活体验、阅读视野、认知水平、情感志趣等大体相当，阅读伙伴作文，不仅能够体验、吸收丰富而鲜活的作文素材，更能够产生共鸣，受到启发。笔者就坚持让学生之间进行"美文共赏"活动，互相撰写"阅读心语"。学生交流分享的作用是，学生间相同或相近的经历和感受在交融、碰撞中形成了一个"写作共同体"，互相影响，共同促进。

同为九年级学生，属于同一年龄层次的青少年，为什么有的同学的考场作文受到老师的青睐与好评，有的则不然呢？中考作文，不仅比实力，还要比写作技巧。所谓七分长相，三分打扮，正是此理。应该知道，中考作文与平时练笔在谋篇、布局、笔法等方面还是有区别的。

研读同龄人作文，总结作文的技法，引导学生不仅知其然，更要知其所以然，从而懂得该作文赢取高分的原因。

伙伴共读，可以借鉴以下写作技法：

1. 一波三折。"文似看山不喜平"，这种技法避免了平铺直叙。其特点是张中有弛，波澜起伏。文章一波未平一波又起，跌宕起伏，读起来别有味道。

2. 以"事"说话。通过典型事例表现人物，避免了"假大空"现象，让作文内容鲜活，有血有肉。集中用例、并列用例、正反用例的手法都是值得借鉴的。

3. 抒写真情。写情感类、人性类的文章，最能抓住人心的是细软、真实的情感。平淡写来，丝丝入扣，更能动人心弦。

4. 以小见大。善于采撷生活中的平凡小事来写。世界任何的"大"都是从"小"中来。很多考生所举的事例内容不具体，而以小见大正是解决内容空泛的最好方法。走近生活，拥抱生活，把握生命里的每一次感动，就是好文章。

阅读伙伴作文，以撰写"阅读心语"为平台，还能够促进伙伴之间的沟通与交流，增进伙伴之间的友谊。学生会感到作文有趣，作文就是心灵的自由表达，文字里暖暖的情感和睿智的哲思，会使学生心潮激荡，人格净化，有利于激发他们的文学创造力。

引导学生阅读伙伴的优秀作文，目的是借鉴，用他山之石，攻己之文。但"纸上得来终觉浅，绝知此事要躬行"。懂了的东西不一定会运用。对于悟得的写作技法，要经常演练，才能习得能力。学生一旦拥有了写作技法，考场上就会变得从容自信，写出中考满分作文或许悠然相会于你的妙笔之下。

五、归因分析弱点，实现作文升格

中考前期，时间宝贵，指导策略不是多练多写，而是写一篇文章就要写成一篇高水平的作文。少写新文章，多改旧文章，是提升作文质量的理想途径。当务之急是带领学生一起分析他们并不完美的作文，针对弱点，修改完善，实现升格。

如何分析弱点？教师要引导学生对以前的作文失分进行归因整理，建立作文档案，找出自己的弱点。一定要让学生各自整理各自的作文，因为每个学生的弱点是不同的。有针对性地反思自己的败笔在何处，再揣摩如何想办法弥补这一败笔，要自我审视、反思、体悟，要向他人求教，和老师讨论，这样的深度思维才能让自己觉醒，明白一些写作文的门道。当然，也可以通过学生互评，找出弱点；也可以通过教师写下水文，明晰作文不好写的地方在哪里，有针对性地"补弱"。

让学生树立一种意识：凡是没有达到一类文的考场作文，就要写"升格文"。

指导作文升格，一般包括四个步骤：问题展示、病例诊断、开出药方、修改提升。其核心是病例诊断和开出药方。具体讲，可以从以下几个方面着眼于作文的反思与升格训练：

1. 审视作文是否有思想的力量。有思想深度、能引发读者情感共鸣的文字，才能获得高分。

2. 观察选材是否符合立意。必须选择切题的材料，写作内容是作文的关键要素，其前提是要明白写这篇文章的目的以及此材料要充分地表现这一主题。

3. 中心是否突出，详略是否得当。该详处则详，该略处则略，才能给人以丰满的感觉，不至于给人以"空架子"之感。对于无用材料，要忍痛割爱地删除。

4. 是否出现若干扣题句。开篇要点题，结尾要扣题，中间要有一两处暗扣、暗合、映衬题目或题目中的关键词，点题句显山露水，这样，读者通过快速浏览就可捕捉到作文的行文思路。

5. 可以考虑对作文的局部进行润色点缀。如加入景物描写渲染情感，加入动作描写、心理描写、肖像描写等表现人物性格，运用侧面描写、欲扬先抑等技法增添作文的真实生动感。

6. 原作是否符合文体规范。散文长于抒情，常用手法有写人怀思、托物言志、借景抒情等；叙事类作文要考虑事情的前因后果，由事入理，叙事是重点，道理是精髓；小说要塑造人物形象，讲究故事的抑扬、波澜，引人入胜，结尾富有韵味，出乎意料又在情理之中。

通过升格前后的对比，凸显、强化表达技巧，学生便可悟得作文之妙：原来在这里润色一下、细摹一下，作文就可以提高四五分哪！

第二节　以情境任务型命题为导向，提升学生写作素养

《普通高中语文课程标准（2017 年版）》在"学业水平考试与高考命题建议"中首次提出，"考试、测评题目应以具体的情境为载体，以典型任务为主要内容"。高中考试改革也引导着初中语文测评工作，尤其是近年出现的任务驱动型作文命题，凸显"情境"与"任务"要素。积极创设真实生活情境，着力于考查学生根据生活需要，综合运用语文知识、探究并解决问题的能力，提升了学生的交际语境写作素养。下面以 2020 年浙江省中考作文为例，浅谈如何以任务驱动型作文命题为导向，提升学生的交际语境写作素养。

一、走进真实情境，唤起生活体验

创设情境是情境任务型作文的突出特点。作文命题大多是联系当下社会生活、校园生活、地域文化等创设情境，从而构建起写作学习与真实生活的桥梁，唤起学生已有的生活经验和情感体验，激发他们的写作兴趣。如 2020 年杭州中考作文，设置了这样的情境："你即将升入高一级的学校，希望参加新学校的社团活动，使自己的校园生活丰富多彩。假如学校已有你感兴趣的社团，就申请加

入；假如学校目前还没有符合你兴趣特长的社团，就申请创建一个新社团。"情境本身的内容在于引导学生以积极的学习态度和浓厚的学习兴趣投入高中的学习，加之考生与"新高一学生"身份的高度吻合，使情境极富真实性，驱动学生进入真实的交际语境中——"给新学校负责社团工作的张老师写封信"。

情境任务型作文创设情境，不只是激发兴趣，还驱动着学生深层的写作动机。依凭情境，学生找寻到了属于自己的世界，找寻到了可以与"他""她"倾诉的契机，找寻到了解决生活问题的良策。学生在写作中感到写作的意义，感到写作是有用的，可以为未来发展服务。张志公先生曾说："要考虑学生在日常生活中、进一步学习中、实际工作中需要写些什么，需要具备什么样的写作能力，更加重要的是，应当养成他们什么样的能够适应各种需要的写作能力。"为生活需要而写，是富有价值和趣味的写作。经过情境任务写作，学生的精神得以成长，解决复杂而真实问题的勇气得以增长。从这个角度看，任务驱动型作文促进了学生的自主发展，指向了人的关键能力和必备品格的全面培养。

情境任务型作文的情境，还隐含着丰富的写作要素。正如邓彤老师所讲，情境写作支架是指"具有目标、对象与作者等元素的交际语境，而不是一般的生活场景"。学生要善于发现情境中的"机密"，打开思维之门，进入写作。如 2020 年杭州中考的写作情境里，就包括作者身份（新高一学生）、读者对象（张老师）、写作目的（申请加入感兴趣的社团或申请创建一个新社团）、写作任务（写封申请信）、写作文体（申请信）等交际语境要素。学生在写作情境营造的"场"里，进行直接经验与间接经验的关联与转化，置身新领域，生长新思想，为生活而写。

二、细化目的任务，提升思维品质

王可、张臻、林崇德研究发现：中学生的写作能力归纳为思维能力、文本形成能力和基本文书能力。思维能力的提出，是对仅仅以掌握陈述性知识为核心的写作能力的重大补充。在传统的文章写作中，是以完成一个精致语篇为目的的，它所关注的是作文的思想、结构、语言等写作知识。在任务驱动型写作中，以完成交际任务为目的，它所关注的知识类型相应发生了变化，作者与读者的关系、交际语境、确定和实现交际目的的策略，成为关键性知识。面对真实的情境，要思考为什么写、写什么、怎么写、写给谁、读者对于"我"的所写是否满意、是否达到写作目的、效果如何等一系列问题。因此，在完成任务驱动型写作时，目的任务是核心写作要素，而细化目的任务最能考查学生的高阶思维能力。

如 2020 年浙江温州中考作文：

笔记：指听课、听报告、读书时所做的记录。有摘抄、批注、写提要、写心得、做思维导图等方式。

	写作对象	写作目的	文本类型	参考角度
任务一	班级同学	分享	叙事类	做笔记的经历和感悟/用笔记、读笔记的发现……
任务二	不愿做笔记的某同学	说服	书信	笔记的重要性/做笔记的乐趣/对笔记的辩证思考……
任务三	刚进入初中的弟弟	提供信息	说明类	如何做笔记/如何用笔记/做笔记的误区……

该题以"笔记"为话题，渗透了对"学会学习"素养的培育。题目的表格内，明确标注"任务一""任务二""任务三"；写作目的分别是"分享""说服""提供信息"，这是任务驱动型作文凸显交际目的的特点。特定的任务与特定的写作目的、写作对象、文本类型相匹配，它们共同构成"关联结构层次"，最终指向"写作目的"。

真实的生活情境是复杂的，要达成写作目的，必须进一步明晰目的，细化任务。如"任务一"，围绕"笔记"这一话题与班级同学分享"做笔记那些事"。如何达到较好的"分享"效果呢？那就需要在作文命题条件或要求的范围内进行多维思考，细化解决问题、达成目的的方法。比如，要结合自己做笔记的真实体会来谈，让班级同学感到"我"就是他身边的榜样，富有亲切感，真实鲜活，吸引学生倾听；受众是"班级同学"，写作者要知道平时班级同学是如何做笔记的，要凸显自己做笔记、读笔记的亮点，这样同学才听得投入，学得认真；与同学分享也不能泛泛而谈，要有做笔记的生动故事，或用笔记的细节，这样同学们听后才印象深刻，有所收获，从而改进自己做笔记的方法。这样，一步步细化任务的内涵，一步步明晰达成目的的路径。

情境任务型写作能够驱动学生在具体情境中调取多种问题解决方法，以增强解决问题的针对性和可操作性，形成合于交际目的的写作策略，从而有效地完成任务。

三、关注交际主体，知晓对方立场

情境任务型写作属于典型的交际行为，关注交际主体——写作者和读者，是此类写作应该具备的重要意识。写作者在情境任务下以一种什么身份写作，一定要十分明确，因为只有明了自己站在什么角度、以什么立场说话，才可能与他人发起对话。尤其要关注读者对象，任务是否完成，目的是否达到，要看读者是否认同你所谈的内容。为增强交流的针对性，写作时要十分关注读者对象的年龄、性别、身份、文化、性格、需求、情绪等可能影响交际效果的显性、隐性因素。只有精准分析读者对象，才能确定适宜的写作内容和表达方式。对象不同，交流与沟通的方式自然就不同。

仍以 2020 年浙江温州中考作文为例，三个任务的读者对象都不同。"班级同学"和写作者具有相似的学习经历，年龄大致相同，他们的需求是想获得更好的做笔记方法或增强对笔记的深层认识，交际主体之间讲究平等分享、真诚交流。"不愿做笔记的某同学"和写作者为同学关系，此时的说服既要谦逊有礼，又要有理有力。要深入分析其不愿做笔记的原因，是认识不到位，还是方法的缺失，抑或意志力不强、没兴趣，要了解"这个人"。或许他有想做笔记的念头但又有点毛躁，就需要鼓励和帮助。"刚进入初中的弟弟"，不懂得初中学科学习的方法，还不会做笔记，写作者就要以和蔼亲切的语气、通俗易懂的语言向"弟弟"提供信息，如何做笔记、用笔记等。写作者要知悉"弟弟"的文化背景：他或许压根不知道笔记长什么样子，这时就要以举例子的方法予以说明；他或许认为小学怎么做中学就怎么做，这时就要用对比的方法说明笔记的作用。

再如 2021 年浙江金华中考作文："如果学校将组织校领导、部分家长与学生召开一次座谈会，讨论如何保护学生安全的问题。你将作为学生代表在会上发言，请写一份发言稿，表达自己的看法。"分析此情境任务，就要明白写作的读者对象有"校领导""部分家长""学生"。面对不同的读者对象要说不同的话，增强发言的针对性，即凸显读者意识。

关注交际主体，不仅可以使学生形成有效的交际策略知识，还是健全人格的一个过程。写作时，学生需要站在他人的立场思考问题，揣摩对方的心理，从而选择恰当的语气、称谓、口吻等，更好地在特定的语言环境中自然、真诚地表情达意。在情境任务中，模拟多种角色，获得丰富的生命体验，有利于培养学生的共情能力和积极关注对方的意识，形成融洽的人际关系，树立乐观、阳光的人生态度。

四、规范语体表达，选择言说策略

规范语体表达，就是强调根据实际表达需要，凸显交际意识，在真实的语言环境中做到得体地表达。以往写作往往单纯追求语言优雅、辞藻华丽，甚至抒情泛滥，而在当今《中国学生发展核心素养》发布的背景下，要培养学生面向未来需要的必备品格和关键能力，必须为学生适应终身发展和社会发展需要奠基。情境任务型作文命题引领新方向，切合交际需要，关注真实的语言运用情境，继而切实提高学生的语文核心素养。如 2020 年浙江嘉兴、舟山中考卷"以小舟的名义撰写一封自荐信"，2020 年山西中考卷要求"作为特约撰稿人，给这篇小说写一段赏析性文字"，2020 年浙江绍兴中考卷"准备一份国旗下讲话的讲稿"等，这些作文题都与学生的生活紧密联系，都规定了写作的角度，学生写作时一定要切合文体的要求。

规范语体表达，就是要实现写作目的、任务、读者等特定情境与文体的匹配对接。即所谓"到什么山上唱什么歌，见什么人说什么话"。如 2020 年湖南长沙中考卷，"假设你是辩论赛的主持人""对辩论流程进行介绍"，考查的语体是说明性文字。为了达到参赛选手都能够明白辩论流程的目的，就需要规范的语体表达，选择合宜的言说策略：（1）条理清晰地介绍，一个环节一个环节地讲，这样听众才能清晰流程；（2）信息准确、有效，每个环节的任务是什么，有哪些辩手辩论，进行什么形式的辩论，时长要求等，要说明清楚；（3）语言要简洁、得体，做到重点信息突出，又合乎公众场合的礼仪。这就是辩论流程介绍的基本范式。语体表达的规范，其实质是思维方式的规范。任务驱动型写作关注文体与写作目的的契合度，根据语境要素，选用语言材料，编织文章结构，形成规范的语体。

再如 2021 年浙江嘉兴、舟山中考卷，根据项目活动体验，从"智者乐水""源远流长"两个篇章中任选一篇，或者可以为本书写一个"序言"。阅读这道作文试题的方法支架可知，"智者乐水"篇为记叙类文章的写作，"源远流长"篇为议论类文章的写作，"序言"为说明类文章的写作。具体写什么内容，方法支架的表格中也有思维导引，如选择"智者乐水"篇，可"结合自己的体验，或叙事或抒情，表达对水文化的理解"，其实已经给考生指明了具体的言说策略。需要提醒的是，考生要认真审题，善于借助作文命题中的知识支架、方法支架、程序支架等，确定写作的具体文体，完成任务的具体言说策略。

情境任务型作文注重规范语体表达，并非限制表达方式，而是更加鼓励学生根据需要积极调取言说策略（写作技巧），灵活运用于真实情境中以达到交际目的。例如 2020 年浙江杭州中考卷，假如选择"申请创建一个新社团"的任务来写作，所选择的言说策略并非只是议论说理式地陈述申请的理由，还可以叙述往日你在新社团领域的动人故事，让"张老师"知晓你在此方面已取得一些小成就；还可以描述画面，想象新社团蓬勃发展的生动局面，增进老师的认可度，使申请获得成功。根据生活需要选择多种言说策略，激发创新思维，引导学生"学会学习"，这也正是情境任务型作文愈来愈受到重视的学理背景。

五、运用写作支架，发展写作素养

据 NWP（美国国家写作项目）和 NAEP（美国国家教育进展评估）的研究：学生的写作质量和作文命题质量之间存在很大的关系。其研究指出："如果作文题目能够提供如何架构文章的指导，并提供一个适当的写作支架时，学生的作文会写得更好。"任务驱动型作文在命题时通常拟制写作支架，考生要善于借助支架实现写作目的。写作支架大致有三类：情境支架、知识支架和构思支架。如下面 2020 年浙江宁波中考作文：

阅读下面的文字，按要求写作。

我们常常会遇到这样的情境——

"怎么办？"

……

"自己决定。"

请你以《自己决定》为题写一篇文章，可讲述经历，可阐述观点，也可以进行文学创作。

要求：①自选文体（诗歌除外）；②文章不少于 500 字；③不要出现含有考生信息的人名、校名、地名等。

下面的写作指导供你参考。

记叙类文章写作指导	
要素	提示
起因	遇到什么事
经过	接着发生了什么
结果	作出了什么决定并有所收获

议论类文章写作指导	
要素	提示
观点	观点要明确
论据	可摆事实、可讲道理
论证	可举例论证、对比论证、比喻论证等

文学类文章写作指导	
要素	提示
人物	人物是谁？性格怎样？
环境	故事发生在什么时候？什么地点？背景是什么？
情节	人物的困境是什么？发生了什么冲突？结局是怎样的？

该题首先提供了情境支架，这是平时亲人间、师生间、同学间的简单对话，抑或是自己的内心独白，引发学生的生活体验，激活写作思维。出示题目和要求后，以表格的形式提供写作指导参考，这是知识支架。知识支架分别对学生写作可能涉及的记叙类文章、议论类文章、文学创作类文章进行指导，每类又列出"要素"知识清单和"提示"思维角度，帮助学生分析题目，细化目的和任务。构思支架则是将情境支架、知识支架整合在一起，使学生能够依据写作目的对材料进行"思维结构化"。

长期以来，作文教学过于偏重陈述性知识，导致作文教学效果不佳。情境任务型作文则凸显程序性知识，为学生提供丰富的写作支架，并且让构思可视化。行文运思有了"抓手"，学生可以据此在整个写作过程中调控、评价自己的状态，增强了写作的针对性、指导性和实践性。这样的写作命题，有利于学生主动学习，运用写作知识，将写作知识转化为写作能力，发展写作素养。

总之，情境任务型作文命题，注重在真实世界的情境中设计写作任务，引导学生运用语文知识去面对、解决生活问题，训练学生应对未来的必备品格和关键能力。这类作文命题以写作素养测试为目的，最终指向学生创造力的发展，起到了良好的命题导向作用。

第三节 2018 年浙江省杭州市中考作文指导

一、原题回放

在日常生活中，人们常常会说"麻烦你了""给您添麻烦了"。可能是打扰了人家，这样说是表达歉意；或许是得到了他人的关照和帮助，这样说是出于礼貌，表示谢意。

人与人交往中，看似简单地说了一句话，其实隐含着为人处世的道理。

你是否有麻烦别人或别人麻烦你的经历？讲述你的故事或见闻，分享你的感悟，写一篇 600 至 800 字的文章。

要求：①题目自拟，立意自定；②不得写成诗歌；③不得抄袭、套作；④文中不得出现你所在学校的校名以及教职工、同学和本人的真实姓名。

二、考场点拨

【审题关键】

2018 年浙江杭州中考作文选取了非常接地气的日常生活用语——"麻烦你了""给您添麻烦了"作为材料，加强了作文与生活的紧密联系。审题时，要抓住材料的关键词"麻烦"，进而读懂读透作文提示语的三段话所蕴含的信息。

第 1 段文字中，要读懂"麻烦你了""给您添麻烦了"表达的是两种情感。"麻烦你了"，是当自己劳驾别人或自己做事妨碍了他人，给他人带来不便时，表示歉意；"给您添麻烦了"是他人帮助了自己，很客气地向他人表示谢意。虽是平常话，但表达了人丰富的思想情感。据此可以从两个方面来选材。

第 2 段文字是引发考生思考：①文章要写出人与人的交往，这也蕴含着"学会交流与合作"的核心素养。具体可以细化构思：我与他人的交往，他人与我的交往，他人与他人的交往。他人可以是父母、老师、同学、邻居、街道社区中的人等。②要思考"看似简单地说了一句话"背后隐含的"为人处世的道理"。比如学会尊重、懂得礼貌待人……

第 3 段文字启发考生如何选材（从你是否麻烦别人和别人是否麻烦你两个方面来选材）、可以确定怎样的文体（叙事文——"经历""故事""见闻"，论说文——"见闻""感悟"）。

此外，还要细细地审读"要求"中的四个内容。

【思路导引】

	材料："麻烦你了""给您添麻烦了"
1	横式结构。可用两个片段，一则是自己求助他人时——"麻烦你了"，一则是别人帮助了自己后——"给您添麻烦了"；或者一个片段是别人麻烦"我"，另一个片段是"我"麻烦别人。表现人与人的互相帮助、和谐相处。作文以叙事为主
2	纵式结构。用"麻烦"贯穿全文，可以用"不敢麻烦""麻烦你了""麻烦也快乐"等几个小标题，来推动情节发展，表现自己的成长经历，发现简单的一句"麻烦你了"背后的为人处世的道理，表达对生活的感悟。作文以叙事为主
3	写简单的议论文。按照引出论题——论证论点——总结论点的思路展开。关键是思考几个分论点，比如：（1）可以打开陌生人之间的屏障；（2）在他背后表现的是一个人的谦逊、明礼；（3）在他背后表现的是一个人的友好、善意和感恩；（4）是未来走向社会与人沟通交流的一项技能。找出相应的论据加以分析论述

三、考场佳作

【佳作展示 1】

这是爱，并不麻烦 李柏锟	亮点借鉴
夕阳西下，回过头来，看见的是你慈祥的笑脸。尽管再次回头时，我都会止不住流泪……①	①环境烘托人物"慈祥的笑容"，"止不住流泪"定下抒情基调。开篇简洁。
亦如曾经。	
2011 年冬天，不同往年的刺骨的冷，但只要有你在我身边，我就感到有阵阵暖意在心头绽开来。但寒假终归是结束了，我要回杭州了。"奶奶，我舍……舍不得你！"我流着泪，断断续续地说。<u>你将一件又一件棉衣套在我身上，用宽大的手掌抹去我脸上的泪水，同时嘴上连珠炮似的叮嘱："到杭州那边要记得听爸爸妈妈的话，天冷时要多穿衣，周末记得打电话……"②</u>"行了，麻烦不麻烦？"爷爷粗暴地打断你那永远停不下来的话，只是对于我。	②细节描写，表现奶奶无微不至的关怀，引出下文爷爷"麻烦不麻烦"的话。
所以我知道，这，并不是麻烦。	

（续表）

"嗯。"我应着，跟着你走出家门，这便是离别的时刻。你抱抱我，拍拍我的背，像变戏法似的就从背后变出一块棉花糖，塞到我的嘴中。那味道，真甜③。

亦如现在。④

又是离别的时刻。你不顾父亲的劝阻，将一包又一包的家乡土特产塞到车中，直到塞不下为止，还理直气壮地说："我孙子喜欢吃!"我的喉咙就突然不知为什么塞住了，十分难受。我忍着眼泪，走上前去抱住了你，但始终说不出那句"麻烦你了，谢谢!"⑤

而你却先是一惊，然后放松下来，将身躯压在了我的身上，许久后，突然说："奶奶老了，不能再关心你，要麻烦你了。"⑥这让我十分惊讶，用手拍拍您的背，嘴里说"不会的，不会的……"却发现让我更为惊讶的事情。

奶奶! 曾几何时，你越来越弯的腰已支撑不住你的身躯? 曾几何时，你那宽大的手掌已变得如此无力? 曾几何时，你的脸上爬上如此多的皱纹?⑦

许久。我挺起肩膀，将你撑起，用手抹掉你的眼泪。从口袋里拿出棉花糖，在你惊讶的目光中塞到你的口中⑧。尽管夕阳西下，我希望这份甘甜能留在你的心中。我悄悄对你说那句我早就想对你说的话——

"奶奶，这是爱，并不麻烦!"⑨

③再细写奶奶的"麻烦"，表达祖孙依依惜别之情。写奶奶给我棉花糖，"真甜"，一语双关。

④独句成段，突出"我"和奶奶之间"麻烦"的事很多，爱也很多。呼应上文"亦如曾经"。

⑤神态、动作描写，说不出一句"麻烦你了"，体现出对奶奶的强烈的感谢之情。

⑥奶奶的这句话，使"我"顿悟，"我"应该为奶奶做事了。

⑦排比句，暗示自己给奶奶增添的"麻烦"之多，表达感激之情。

⑧再次写"棉花糖"，是"我"塞给奶奶，美妙的呼应。

⑨点睛之笔，升华主题，揭示"麻烦"的深刻含义。

◎思维导图

爱，并不麻烦

- 开头：夕阳下与奶奶的离别，让我想起奶奶曾经的麻烦举动
- 中间：
  - 曾经：奶奶不停地叮嘱，为我穿上厚厚的衣服，都是对我关爱的表现
  - 现在：离别时，我明白奶奶的麻烦举动，这其实是我在麻烦她。奶奶老了，该是我回报的时候了
- 结尾：夕阳下，我对奶奶说出了那句我们都想说出的话："这是爱，并不麻烦。"

奶奶给我棉花糖
↓
爱，并不麻烦，它很甜
↑
我给奶奶棉花糖

（续表）

◎特色点评

　　这篇考场作文选取生活中作者与奶奶之间互相"麻烦"的经历来写，富有真情实感；以小见大，表现简单平常的一句话背后深厚的情感和哲理。"亦如曾经""亦如现在"，两个时间段，两个事件，用关键词"麻烦"连缀起来，结构严整，思路缜密。文章把"互相麻烦"的事件的内在联系也写出来了。"互相麻烦"就是互相关爱，立意深刻，表现出作者较为深刻的思辨水平。这篇记叙文，叙事是明线，抒情是暗线，两条线索并行推进，又非常精巧地反复嵌入"棉花糖"的描写，以物传情，细节精致。点点滴滴汇聚为"这是爱，并不麻烦"，是一篇上乘的亲情之作。

【佳作展示2】

爷爷常被"借"走的事儿

胡 昊

　　爷爷常被"借"走的事儿，我早已烂熟于心，那是我思念爷爷时父亲讲给我听的。

　　爷爷在老家算是半个百事通，之所以这么说，是因为我爷爷师出无门，只有小学学历，很多事都是自学成才，如家具、电工、木工、修一些坏掉的东西，都是他拿手的绝活。而让我曾一度颇为不解的是，爷爷虽不以此为业，但却颇喜欢置办工具，锛凿斧锯，电钻扳手，胶枪榔头，样样俱全。亲戚和一些邻居，谁家要是东西坏了，或者想锯块木头啥的，都会来找"万能"的爷爷。爷爷不但笑脸相迎，而且一旦遇到有点技术含量的活儿，对方却又是一窍不通，还会连人带工具一块被"借"走。

　　"真不好意思，又给您添麻烦了。"

　　"不麻烦，顺手的事儿。"爷爷爽朗地笑着，随后便大步流星地跟着人家走了。

　　有时候恰巧赶上吃饭，奶奶难免会唠叨两句。爷爷很耐心地对奶奶说："这样做原因有二，一是举手之劳给人帮帮忙，其次便是对咱这些工具的一种保护。另外，咱不要怕麻烦，人家之所以肯来麻烦你，那就说明人家觉得你这人还行。不就是搭会儿工夫的事儿嘛，再说那工具闲着也是闲着，长期不用，弄不好还会生锈呢。"

　　奶奶虽然尚有余怨，但却不再唠叨。而让奶奶以及全家人都彻底折服的是在我父亲 12 岁那年，家里盖房时的"盛况"。

　　修房盖屋和婚丧嫁娶乃乡下人的两件头等大事。那是 20 世纪 80 年代初，还没有什么包工头和建筑队，所以谁家建房盖屋都是靠乡亲们义务来帮忙，东家只需尽其所能地管管饭就行。记得那年村里同时盖屋的有两家，一是我们家，还有一家就是村西头的奎爷。奎爷当时在镇上的供销社工作，整天大背头梳得锃亮，走路老爱仰着头背着手。大概是总觉得自己无求于这些穷乡亲吧，反正他只要一进家，就马上大门紧闭。

　　奎爷不但走南闯北见过大世面，而且还是我们村的首富，所以一不小心跟他家赶在一块盖屋，奶奶甚是发愁。因为同样是帮忙，人家奎爷家喊出的伙食是猪肉白菜炖豆腐加净面的大白馒头，而且还有好酒好烟好茶叶随便享用。而我们家的条件却只能是玉米面的窝头加不见丁点儿荤腥的菠菜汤。烟酒倒也备了，不过只能是旱烟和廉价的散装白酒。

　　出乎奶奶预料的是，那天一大早乡亲们就好像相互约好了似的，呼啦啦地涌进了我家院子，有的怀里还抱着两棵白菜，或者几棵大葱，一把香菜。大家连水都没喝一口，就开始热火朝天地干起来。听他们议论说，那天奎爷家只有两三个人过去，而且还都是他自家的族亲。

　　也正是这件事情之后，爷爷的形象在全家人的面前，一下子就高大起来。变化最大的当属奶奶，再遇爷爷连人带工具一块被"借"走的事情时，不但毫无怨言，而且还会笑脸相送。

　　一个人在世间行走，其实就是生活在相互的麻烦之中，在麻烦之中解决事情，在麻烦与被麻烦中加深感情，体现价值，这就是生活。

　　【特色点评】

　　1. 人物形象鲜明。这篇考场作文运用语言描写、动作描写和正面描写、侧面描写，多角度表现了爷爷的手艺活精湛、待人热情、善良纯朴、不怕麻烦、乐于助人等鲜明特点。本文写出了爷爷和他人之间的关系，对"麻烦"的解读非常独到深刻：不怕"麻烦"，快乐自己（热心助人），同时也是帮助自己。"麻烦"（帮助）是双向的，你助我，我助你，这也符合和谐社会的价值观。

　　2. 对比手法精当。该考生精心设计故事情节，内容丰富曲折。在有人相求时，爷爷与奶奶的态度形成对比，爷爷造房子与奎爷造房子的情形形成对比，爷爷与奎爷在待人接物上形成对比，奶奶对爷爷前后态度也形成对比……多处对比，深化了主旨：人生活在相互的麻烦之中，在麻烦与被麻烦中加深感情。

3. 语言风格明快。作文颇有刘绍棠小说的语言风格，充满乡土气息，生动活泼，简洁明朗。"不就是搭会儿工夫的事儿嘛，再说那工具闲着也是闲着"，朴实的话语，口语化，符合爷爷性格特点，写出爷爷的厚道与热心肠。"呼啦啦地涌进了我家院子，有的怀里还抱着两棵白菜，或者几棵大葱，一把香菜"，拟声词和细节描写，生动形象地写出乡亲邻里以极高的热情回报爷爷，表现乡村"互相麻烦"的淳朴民风。

【佳作展示3】

大胆去麻烦人家

佚　名

"谢谢林兄，麻烦您了。"

挂掉电话，他长出了一口气。脱下西装外套，露出已经被汗水浸湿的衬衫。踱步到窗边，望着窗外即使已过午夜却仍然灯火通明的钱江新城。

这群高楼之间，他经营着自己的一个小公司，虽然有着黄金地带的办公室，但他每天都生活在功成名就与一败涂地的夹缝之间。就在一个礼拜前，他参与了这项大工程。他在这项工程上倾注的不仅仅是全部的财产，更是将自己的未来与这项工程的成败绑定在了一起。

就在今天下班前，他收到了甲方的短信，说报表数据并不精准，要求他立马调整并在第二天将修正稿发过去，否则终止合作。

在仔细检验标书后，他发现了一个他和他的技术人员无法解决的难题。会议室里大家都沉思在了自己的电脑前。

他闭上了双眼，似乎几年前的场景又浮现在脑海中。

那还是他刚毕业的时候，作为一个清华建筑系的高才生，他成立了自己的土建公司。同样是收获了一个项目，在报表无法通过的情况下，他想求助于导师却因夜色已晚而最终没有麻烦老师。第二天当他弄清楚所有问题改动好所有报表再发给施工方时，对方却已经选择了另一家速度更快的公司开展了合作。于是他从一个壮志凌云的创业青年，变成了一家"失业"公司的老总。

那个夜晚酒瓶碰撞的声音似乎还在耳边。

虽然之后几次跌跌撞撞的工程也使他的公司不至于破产而勉强生存，但他总觉得生活缺少了点激情。

睁开眼，他知道自己不能重蹈若干年前的覆辙。

已经午夜12点了。

他从抽屉里翻出了清华建筑系同学录。

"邓兄，好久没联系了……哦哦……不太清楚是吧，还是麻烦你了。"

"老余，睡了没？麻烦有个事情咨询一下。啊……这样啊……行，那我再联系联系他。"

"王总，最近怎样了？最近我那个工程啊，要麻烦你一下……对对，那我去问问小林，谢谢啊……"

无数个"正在通话中"，无数个"不好意思，麻烦你再帮忙问问"……

凌晨4点，同学的同学找到了一个在美国留学的朋友，尽管对方隐隐透露自己很忙，但他还是厚着脸皮请对方帮忙完成了报表，允诺了成功之后丰厚的回报。

当第一缕光洒在了那湿透的衬衫上，他抓住了这次机会。

合同签署仪式上，他西装革履，春风满面。甲方领导握着他的手："感谢，麻烦你了。"

15年后，他作为清华优秀毕业生回到清华大礼堂给学弟学妹们演讲："成功的人需要具备三个品质：第一是大胆，第二是坚持，第三是'脸皮厚'，当你必须要解决问题的时候，无论多晚，请你大胆去麻烦人家。"

【特色点评】

1. 立意新颖。同是写"麻烦"的经历，这篇作文从"勇于麻烦，成就事业"的角度来立意，富有新意。一个人要大胆地去麻烦大家，学会及时求教，及时解决问题，这样才能抓住机遇。文中无数个"不好意思，麻烦你再帮忙问问"，也是主人公不懈追求的写照。

2. 形式新颖。这篇作文以小小说的文体形式，塑造了一个不甘失败、善于求教、敢于"麻烦大家"、锐意进取，最终成功的主人公。文章插叙了往昔因没有麻烦导师而与成功失之交臂的故事，丰富了人物性格，也推动了情节发展。结尾用给学弟学妹演讲的形式点题，颇有新意，启迪人生智慧。

第四节　2019 年浙江省杭州市中考作文指导

一、原题回放

"你总是渴望得到同学的肯定，我觉得，你首先得肯定自己。"

"每个人都希望被肯定，被人肯定能增强信心；换位思考，我们也要学会肯定别人。"

"关键是这种肯定必须是真诚的，因此应留心发现他人的闪光点。"

这几个同学的谈话，引发你怎样的联想和思考？请自选一个角度，写一篇 600~800 字的文章。可以叙写自己的经历和见闻；可以发挥想象，创作故事；也可以对这个话题发表见解。

要求：①题目自拟，文体自选（除诗歌外）；②不得抄袭、套作；③不出现真实的校名和师生姓名。

二、考场点拨

【审题关键】

1. 抓住核心词。在试题所提供的情境中，同学围绕"肯定"展开谈话，六次提及"肯定"。这次作文的核心词就是"肯定"。在此交际情境中，"肯定"就是对事物持确认的或赞成的态度，也指有把握，有信心。中学生处于青春期成长的关键阶段，他们有梦想，求创新，想独立，他们渴得到赞许和认可。这是中学生普遍的心理需求，因此，学生会有话可说。

2. 读懂提示语。首行提示语，表明要相信自己；第二行提示语，表明"被人肯定"的好处，并强调人与人应该互相"肯定"对方；第三行提示语极富思辨性，意在强调不要随意地"肯定"，要真诚地"肯定"，要真正发现别人的闪光点。这三句话，其内在逻辑严谨有序，呈逐步深入、层层递进的关系。首先是"肯定自己"，其次还要"学会肯定别人"，最后强调"肯定"之关键是"必须是真诚的"。考生可以任选一个角度立意。例如相信自己，自信第一，"被肯定"

能够增强信心，学会"肯定"别人，抱团前行，真诚地表示肯定，发现他人的闪光点等。

3. 选好写作素材。"可以叙写自己的经历和见闻"是引导考生写记人叙事类作文，贴近自我生活选材。"可以发挥想象，创作故事"是引导考生创作故事，发挥联想和想象，以真实生活和想象世界为素材进行艺术加工。"也可以对这个话题发表见解"是引导学生写议论文，要根据论点选好论据，兼顾古今中外事例、道理论据、正反论据。

【思路导引】

	材料："肯定"
1	叙写自我成长，展示心路历程。选取自己成长中鲜活、真实的事例。以时间为线索、以物为线索、以情感为线索，运用"起承转合"的结构，表现自己的成长：写自己的梦想与追求——写自己追梦的历程——不被肯定的烦恼——坚持奔跑，砥砺前行——自己得到肯定，坚定信心
2	创作生活故事，表现和谐关系。以生活中的人和事为创作原型，通过典型人物、典型事件表现现实生活中人与人之间应当互相"肯定"、互相欣赏、共同促进的主题。运用对话刻画人物形象，运用伏笔、悬念、对比、陡转、巧合、误会等叙事手法，增添故事的趣味性。当然也可以选择童话、寓言等文学体裁，揭示生活中的道理
3	发表观点见解，论述人情事理。比如，以"被人肯定增强信心"为论点，可以按照引出论点——论证论点——总结论点的思路展开。可依次阐明几个问题："被人肯定"的含义是什么？"被人肯定"有什么好处？生活中"被人肯定增强信心"的事例有哪些？是否"被人肯定"都能够让人增强信心呢？怎样的"被人肯定"才能够"增强信心"？找出相应的论据，运用合适的论证方法进行有力的论证

三、考场佳作

【佳作展示 1】

<div align="center">**肯定他人，就是肯定自己** 沈　睿</div>	
每个人都是渴望被肯定的个体，肯定是每个人的动力源泉。那么肯定来自何处？肯定，来自换位思考，肯定他人，就是肯定自己。 <div align="right">——题记①</div>	亮点借鉴 ①题记开篇，简洁醒目，切中材料关键词，主旨凸显。

自从进入九年级，活泼开朗的我们走向沉稳高冷，于是不良风气也在班级里传播开来：不愿肯定他人，当他人取得成绩，总是淡淡地一笑，以显示自己的清高洒脱。②我的内心深处也渴望得到他人的肯定，但为了不想被当作异类，我也只能随波逐流。 　　一次数学课上，老师让一位同学上黑板解题。这位同学绞尽脑汁，大汗淋漓，结果还是在最后一步算错了，迎接他的是一波波嘲笑。呜呼！可怜的他，垂头丧气地从讲台上走下来。那时的我，和他一样，像热锅上的蚂蚁…… 　　回忆的钥匙打开了那次班会课。一场演讲后，班主任动情地讲了："肯定他人就是肯定自己，要懂得相互欣赏，为同学加油！"我反思了不愿肯定他人的行为，并暗下决心：我要学会肯定他人。③ 　　看着那位羞惭的同学，想到班主任的教诲，我多想去肯定他的努力。<u>话一次次都到了嘴边，但看到同学们怪异的神情，担心他们会嘲笑我，又每次把话咽了下去。</u>④ 　　下课后，我怀着自责走到那位同学的座位前。他瘫坐着，手中握笔，继续推演着。看到我，他瞟了瞟我，声音很轻："我知道你是来嘲笑我的，请回吧。" 　　"不是。我觉得你的解题思路还是非常正确的……"我望着他，满满的肯定的语气。 　　他抬起头，用手撑起趴在桌上的身子，黯淡的眼神仿佛重新焕发光芒，急切地问道："你真的这样觉得吗？" 　　我点了点头。 　　下一节课，老师又让我到黑板上解题。我答对了，但我看到台下同学一个个用拳头托着撑着下巴，一脸漠然；其间夹杂轻蔑的调侃："这下子，还真蒙对了。" 　　突然，那位同学大声说："厉害！"同学们纷纷回过头，用诧异的目光打量着他。而我，用会心的微笑对他表示感谢，他也用友善的微笑回应了我……⑤ 　　在我和那位同学的带动下，越来越多的同学愿意肯定他人，我们越发体会到肯定他人的力量。肯定他人，就是在肯定自己；给予他人前进的动力，亦是给自己动力。⑥	②概写一笔，写"不愿肯定他人"之风，为下文做铺垫。 ③插叙一笔，丰富内容，暗示主题。插叙，避免了平铺直叙。 ④细写一笔，表现心理的矛盾与冲突，符合学生的真实心理活动。内心的斗争，灵魂的拷问，最见人性。 ⑤回应一笔，生动表现"我"也得到别人的肯定。两次"微笑"的神态描写，画面美丽，表现互相肯定给人带来融洽友善的人际关系。 ⑥深化一笔，总结全文。由两人的互相肯定传递至更多人，升华主题。

（续表）

◎思维导图

肯定他人，就是肯定自己

开头：进入九年级后，同学们都变得沉稳高冷，不愿肯定他人

主体内容
①一位同学到黑板上解答一道数学题，计算出现了一点小失误，受到一些同学的嘲笑
②插叙一次班会课，老师教导我们要学会肯定别人，要懂得相互欣赏
③我走到同学身边，鼓足勇气，给予他充分的肯定。同学得到我的肯定后，重拾信心
④一次，我也到黑板上解题，虽然做对了，但没有得到同学们的肯定。突然，那位同学大声说"厉害"，鼓励了我

结尾：肯定他人，就是在肯定自己；给予他人前进的动力，亦是给自己动力

◎特色点评

　　本文主旨突出，标题、题记、结尾，三次点明主题。以"肯定"为线索，先写"我"肯定同学，后写同学肯定"我"，两个小故事连缀为一个大故事，互为因果，深入推进故事情节。作文不只表现"学会肯定他人"这一层面，而是深入一层，反映出互相肯定对营造良好人际交往氛围的作用，立意深刻。

　　本文叙事波澜起伏，给人以跌宕多姿之美。同学计算失误，本应得到安慰，却得到嘲笑，一波也；"我"想向他表示肯定，可囿于"环境压力"未敢表示，心理激烈斗争，二波也；下课后，"我"想表达"肯定"之意，不料，却遭到他莫名的"冷眼"，三波也；"我"肯定他后，同学黯淡的眼神焕发光芒，四波也；面对无人肯定"我"之情形，他的一声"厉害"打破漠然与调侃的局面，给了"我"友善的慰藉和肯定的信心，五波也。

【佳作展示2】

格诺的生活变奏曲

李　曜

　　格诺感觉最近失去了活力。作为一位部门经理，萨拉的丈夫，三个儿子的父亲，他的生活本应过得和美和幸福，可现实却截然不同。手下的员工作出的计划毫无生命力，公司里总是一片死气沉沉；回到家，全职太太萨拉端出毫无新意的菜肴，全家人闹哄哄地吃饭，儿子莱托、吉米、米加的成绩都在下滑。格诺感觉自己快要被这种生活折磨疯了。

　　他去找了一位著名的咨询师安迪。安迪得知情况后，仔细思考了一下说："先生，为了解决您的问题，我们会派人调查您日常的私人生活，希望您能理

解。"格诺同意了。

几天后，安迪看到了格诺日常生活的视频：格诺因为员工糟糕的方案高声批评；格诺不耐烦地回答太太的问题；看到孩子们成绩单的他，恼火得直拍桌子……安迪露出了然于心的表情。他打电话，把自己的方法告诉了格诺，让格诺照做。格诺决定尝试一下。

第二天早晨，格诺整理好衣服，准备像往常一样直接出门上班，他忽然想起了安迪的方法，于是他返身，温柔地拥抱了妻子萨拉，并在萨拉的脸上亲了一下。又说："早安，孩子们！"在妻子和儿子们惊讶的目光中，他离开了家。到了公司，员工们呈上一如既往糟糕的计划，格诺忍住暴跳如雷的冲动："这份计划书真不错，很有想法。但是如果在细节上更加完善，比如实验安排更具体一些，一定会更棒。"接着，格诺走到员工办公室说："最近大家工作都十分辛苦，我今天中午请大家喝杯咖啡，犒劳大家一下，希望下个月继续努力。"死气沉沉的办公室里立刻响起了热烈的掌声和欢呼声。

格诺心情放松地回到了家里，萨拉看上去很美，她化了一个淡妆。可是，端上饭菜后，萨拉的表情却有些尴尬："亲爱的，我不小心把比萨烤煳了。"格诺平静地安慰说："没关系，反正我们还有其他吃的。"在知道了孩子的成绩后，格诺说："不错，有进步，我看到了你们一直都在努力。"

几周过去了，格诺的生活发生了改变：公司越来越有活力，员工们的计划书越来越好，格诺在公司的上级会议里得到了表扬；萨拉开始精心研究菜谱，家人们都胖了好几斤；三个孩子的成绩都在稳步上升。

所有的问题都解决了，格诺高兴极了。他也终于明白了问题的原因。每个人都渴望被肯定，希望得到他人的赞美和赏识。肯定就像滋润灵魂的甘露，让人身心愉悦，精力充沛，激发出最大的能量。我们要学会真诚地肯定别人，一句表扬的话，一个鼓励的眼神，一个温柔的拥抱，可以让生活变得越来越美好。

【特色点评】

1. 情节曲折，起伏有趣。这位考生展开了联想和想象，创编了一个故事。故事开始，主人公格诺失去活力，去寻找咨询师。后来在咨询师的指导下，格诺尝试改变，改变了对待员工、妻子、孩子的做法，懂得了肯定他人的道理，最后迎来了全新的快乐生活。

2. 形象鲜明，细节生动。作文通过人物语言、动作前后的变化，以及神态描写、侧面烘托，多角度地刻画格诺的形象。"看到孩子们成绩单的他，恼火得直拍桌子"，这一细节刻画了格诺的暴躁。"格诺心情放松地回到了家里，萨拉看上去很美，她化了一个淡妆"生动描写了格诺欣赏他人、肯定他人的愉悦心情和产生的效果。

【佳作展示 3】

成功需要肯定自己

张朦丹

受传统文化的影响，当一个人取得成绩时，他往往会说"感谢领导的支持，老师的指导，朋友的帮助"，感谢来感谢去，就是不提及自己的付出与努力，未曾肯定过自己。自己的努力，才是取得成功的重要内因。

肯定自己，会给自己增添信心。大家都知道，伟大的科学家爱因斯坦发表了"相对论"这一伟大理论。然而，在相对论刚发表的那段时间里，有人曾"创造"了一本《百人驳相对论》，网罗了一批所谓名流对爱因斯坦的相对论进行声势浩大的反驳。爱因斯坦说："如果我的理论是错的，一个反驳就够了，一百个零加起来还是零。"他坚定必胜的信念，坚持潜心研究，终于使相对论成为 20 世纪的伟大理论。爱因斯坦的成功就是来自他的执着与定力。他内心强大，充分地肯定自己的研究。这种坚信自己、肯定自己的精神，驱使他走向成功。

肯定自己，需要对自己有准确的认知。1972 年，尼克松参加总统竞选。由于他在第一任期内政绩斐然，所以大多数政治评论家都预测尼克松将以绝对优势获得胜利。尼克松本人对自己的优越条件没有准确的认知和充分的把握，他指派手下的人潜入竞选对手总部的水门饭店，在对手的办公室里安装了窃听器。事发之后，他又连连阻止调查，推卸责任，在选举胜利后不久便被迫辞职。本来稳操胜券的尼克松，对自己缺乏准确的判断，不能够充分地自我肯定而导致惨败。尼克松的故事，从反面论述了只有对自己有准确的认知，才能够肯定自己，走向成功。

肯定自己，是一种自我激励，而非自大自负。东汉著名书法家王羲之，小时候每天刻苦练字，却被卫夫人称作是死字。王羲之对卫夫人的评价没有表现出一点懊丧情绪，仍潜心练字，乐在其中。最终，他的字得到世人的赞赏，写下了名留千古的《兰亭集序》。这印证了苏联学者索洛维契克曾说过的："一个人只要有自信，那他就能成为他希望成为的那样的人。"因此，肯定自己，就是激励自己成为自己所希望的那一类人；肯定自己，就是悦纳自己，成就自我。

同学们，你想成功吗？请你首先肯定自己吧。

【特色点评】

1. 观点鲜明，题旨明确。文章标题即中心论点，作文主体部分的三个分论点紧紧围绕中心论点，从三个角度展开，具体论述肯定自己的好处、肯定自己的条件、肯定自己应避免的误区，结尾再次点明中心论点。

2. 逻辑严密，思路清晰。文章采用"总—分—总"结构，从日常大多数人忽略自己付出的现象写起，引出论题，接着三个分论点按照逻辑联系依次论述，结尾总结全文，体现出论证思路的缜密。

3. 论证有力，方法多样。文章能够进行举例论证，也能够进行引言论证；既有正面论证，也有反面论证。论证方法多样，多角度论述，增强了论证的力度。

第五节　2020年浙江省杭州市中考作文指导

一、原题回放

你即将升入高一级的学校，希望参加新学校的社团活动，使自己的校园生活丰富多彩。假如学校已有你感兴趣的社团，就申请加入；假如学校目前还没有符合你兴趣特长的社团，就申请创建一个新社团。

请从上面申请的内容中任选一项，给新学校负责社团工作的张老师写封信。可以讲述有关你某项爱好或技能的故事，也可以陈述你申请的理由和相关设想。

要求：①统一署名"杭晓舟"，时间"6月26日"；②600~800字；③不出现真实的校名和师生姓名。

二、考场点拨

【审题关键】

1. 审清情境任务。作文题设置的情境是"你即将升入高一级的学校，希望参加新学校的社团活动"。在这种非常贴近我们生活经历的情境中，设置了两个任务：申请加入已有社团，申请创建新社团。读懂作文题中设置情境任务，一则可以让考生迅速进入新高一学生的角色，唤起崭新的学习体验；二则可以调动起自己在初中参与各种社团活动的真实体验，唤醒关于参加社团、创建社团的诸多素材。

2. 明确写作目的。"从上面申请的内容中任选一项，给新学校负责社团工作的张老师写封信"。写这封信的目的是什么？就是提出自己想加入感兴趣的社团的申请，或提出自己想创建一个新社团的申请，最终征得张老师的同意，实现自己的申请愿望。如何让张老师同意你的申请呢？后面两个"可以"给出了写作内容方面的具体提示。要明白，无论是"讲述有关你某项爱好或技能的故事"，还是"陈述你申请的理由和相关设想"，其目的均指向"说服"或者"劝说"张老师，让他（她）同意自己的申请。

3. 选择表达方式。题目已明确告知写作文体是"书信"。除了注意书信的称呼、署名、日期等格式外，更要关注这封信的读者——"新学校负责社团工作的张老师"。张老师是新学校的老师，互不相识，需要通过书信建立联系，让他（她）了解你的爱好或技能的故事，需要语言生动，讲述得富有感染力，以打动他（她）；张老师"负责社团工作"，在社团建设方面较有经验，想要申请成功还需做到说理深刻，以理服人，以富有逻辑、有理有据的陈述理由或设想实现申请目的。建议运用叙述、描写、议论等多种表达方式，根据需要，综合使用，达到交际意图。

【思路导引】

内容：给负责社团工作的张老师的一封信	
写作目的一：申请加入已有社团	1. 叙述自己喜爱的社团对个人的影响。重点叙述自己的兴趣，彰显自己的特长，以生动的故事表达对这个社团的喜爱，以情动人，并用以往此类社团促进自己成长的诸多事实表达自己的意愿，以理服人，让张老师同意你的申请
	2. 抒发加入自己感兴趣的社团的渴望之情。运用叙议结合的手法，在叙述自己参与社团活动经历的基础上，流露对此类社团一贯持久的兴趣，表达自己升入高中后，希望继续在这方面求得发展的愿望，以真情打动老师，表达为社团再添荣光的决心

（续表）

写作目的一： 申请加入已 有社团	3. 陈述加入理由。可以在向张老师叙述自己兴趣特长的基础上，重点陈述加入此社团的理由。同学们可以展现自己的理性思维，思考自己加入社团对自己、对同学、对学校发展的好处；也可以思考自己加入社团对发展特长、促进学业、未来生活的好处……这样多角度、多层次展开说理，讲究逻辑性，增强说服力
写作目的二： 申请创建新 社团	1. 陈述自己对新社团的认识。以自己真实的感受、生动的描述，交流自己的创见与设想，让社团老师了解你对新社团的认识。假如你想创建一个茶社，你就要对茶文化有所了解，你谈得越深入，越能彰显自己在这方面的优势，申请成功的概率就越大
	2. 充分表达创建新社团的理由。创建一个崭新的社团，不仅仅是自己喜欢，更要吸引很多同学参与新社团的活动。这个新社团能够给大家怎样的帮助、哪些方面的益处，促进哪些能力的提高，需要主次分明、有条理地阐述，做到逻辑严密，以理服人
	3. 具体谈谈建设新社团的做法。创建一个新社团，不能够仅仅凭借热情，还要有责任担当，具体怎么做，要深入想一想，写一写。如果你的做法贴合实际，措施得力，方法有效，富有操作性，相信张老师会同意你的申请。这就是把申请落到实处，凭借非凡的创见获得"门票"

三、考场佳作

【佳作展示1】

创建诗歌社致张老师的申请信 沈晓睿	
敬爱的张老师： 　　您好！ 　　我是杭晓舟，作为一名高一新生，我对学校丰富多彩的社团活动心驰神往，并且希望参与其中。<u>而诗歌作为文学的重要部分，深受同学们的青睐，但学校暂时还未创办诗歌社团，所以我申请创建诗歌社，望您批准。</u>①	亮点借鉴 ①开宗明义，简洁明了，点明写作目的和申请内容。

（续表）

古往今来，各个流派的诗人留下了灿若繁星的诗篇。<u>这些诗歌，或如李清照《如梦令》般婉约，或如苏轼《江城子·密州出猎》般豪放，或如陈子昂《登幽州台歌》般悲怆②</u>……风格多样的诗作，都表达了诗人真挚的思想感情，其中深邃的思想感情与美妙的文学手法至今值得我们欣赏借鉴。我了解到，现在高中课本中也选入了各种类型的诗歌，囊括了诗、词、曲和现代诗。<u>创建诗歌社，可以打通课内与课外诗歌的学习，丰富诗歌学习的题材，开阔诗歌学习的视野，加深诗歌学习的体验。③</u>	②排比句，彰显自己在诗歌方面的才华，促进了老师对自己特长的了解。
英国哲学家、文学家培根曾经说过："读诗使人灵秀。"我们从小就受到诗歌的熏陶，诗歌润泽了我们的心灵，让我们的人生充满诗意。朗读李白的《望庐山瀑布》，让我们领略祖国的大好河山；赏读白居易的《卖炭翁》，让我们体会封建社会底层劳动人民的悲惨；而吟诵艾青的《我爱这土地》，则让我们更加热爱祖国和人民……作为高中生，正处于人生观、价值观"定位"的关键时期，<u>创办诗歌社，让诗歌沐浴我们的青春韶华，让众多文学青年濡染真善美的诗意，具有诗人的气质，具有聪慧的才华。④</u>	③结合平日诗歌欣赏的感受和高中学习的现实，提出创建诗歌社团的第一个理由。 ④这一段引用了培根的话，列举诗歌给予人思想的濡染与启迪，阐述了创建诗歌社团的第二个理由。
<u>创建诗歌社，还可以提高同学们创作诗歌的兴趣与能力。</u>我相信，社团的成员在读诗、诵诗的过程中，还会产生写诗的冲动。就像《红楼梦》中的诗社一样，一起创作诗歌，一起修改诗歌，一起品评诗歌……最后，诗歌社出版诗集。那情景，想想都是美妙无穷的。兴趣指引我们走向远方，在洒满阳光的人生旅途中也洒下诗歌的平平仄仄。三年后，十年后……回首高中母校的诗歌社团，那是多么幸福、甜美的回忆啊！⑤	⑤这段话首先提出创建社团的第三个理由，然后展望了创建诗歌社团的美好愿景，以打动读者，增强说服的力量。
张老师，恳请您批准我关于创建诗歌社的申请，让我们在诗歌天地中诗意成长！⑥ 敬祝 身体健康，工作顺利 申请人：杭晓舟 2020年6月26日	⑥独句成段，再次申明写作意图，语言上讲究理性与诗意的交融。

（续表）

◎思维导图

创建诗歌社
致张老师的
申请信

开头：分析当前情况，提出申请目的——申请创建诗歌社

主体内容

①理由一：创建诗歌社，可以打通课内与课外诗歌的学习，丰富诗歌学习的题材，开阔诗歌学习的视野，加深诗歌学习的体验

②理由二：创办诗歌社，让诗歌沐浴我们的青春韶华，让众多文学青年濡染真善美的诗意，具有诗人的气质，具有聪慧的才华

③理由三：创建诗歌社，还可以提高同学们创作诗歌的兴趣与能力

结尾：再次点明申请意愿——恳请您批准我关于创建诗歌社的申请，让我们在诗歌天地中诗意成长

◎特色点评

这篇作文的表达意图非常清晰。作者开门见山指出学校没有诗歌社的现状和自己想创建诗歌社的愿望，写作目的凸显，简明扼要，不绕弯子。接下来用三段陈述三条理由，阐述为什么要创建诗歌社，思路清晰，富有逻辑。其间，引用名人名言、结合自己的诗歌学习体验来增强说服力，还得体地表现出自己的诗歌才华，以此赢得负责社团的张老师的认可。申请信的结尾，回扣开篇，重申观点，结构严谨，表意明确。

作者在表达申请时，既表现出一定的理性思维，如有条不紊地陈述三个观点，语言严谨；又表现出很强的形象思维，如谈第三条理由时展望诗歌社的美好前景，语言生动。能够用议论、描写、抒情等多种表达方式实现写作意图，对于初中考生来说，是很难得的。

【佳作展示2】

申请电子竞技社团致张老师的一封信

应景浩

	亮点借鉴
尊敬的张老师： 　　您好！ 　　我是新高一学生杭晓舟，很荣幸可以在社团活动如此丰富的学校中度过高中三年。但是，有些遗憾的是，我校众多的社团中，没有我所向往的电子竞技社团，因此我向您申请建立一个电子竞技社团。① 　　提到电子竞技，您首先想到的可能是"不务正业""打游戏"这些名词，但"打游戏"与"电子竞技"完全是两个概念。②	①开篇点明写作目的，直接进入关键内容。 ②作者有较强的读者意识，从他人的角度做出合理的猜测，并进行阐释。

（续表）

平时所说的"打游戏"是什么呢？无非就是消遣消遣时光，心情不好时，为了逃避现实，在虚拟的网络世界里给自己找一个精神寄托。打游戏丝毫没有任何竞技的元素，而且把握不好会沉迷于其中，无怪乎家长老师提起游戏就如临大敌。	
所谓"电子竞技"，就是电子游戏比赛达到竞技层面的体育项目。电子竞技运动就是利用电子设备作为运动器械进行的、人与人之间的智力对抗运动。通过运动，可以锻炼和提高参与者的思维能力、反应能力、心眼四肢协调能力和意志力，培养团队精神。电子竞技也是一种职业，和棋艺等非电子游戏比赛类似。③	③以上两段通过对比，说明打游戏与电子竞技的本质区别，重点论述电子竞技从哪些方面促进人的发展。
电子竞技运动有两个基本特征：电子、竞技。	
"电子"是其方式和手段，指这项运动是借助以信息技术为核心的各种软硬件以及由其营造的环境来进行，这类似于传统体育项目中的器材和场地。在电子竞技运动中，"器材"依赖信息技术来实现，这也是电子竞技与传统体育运动的不同之处。	
"竞技"指的是体育的本质特性，即对抗。作为一个体育项目，对抗是最基本的特征。电子竞技运动有多种分类和项目，但核心一定是对抗、比赛。④	④以上三段运用"总—分"结构，诠释了电子竞技的两个特征。
2018年11月，中国战队IG夺得英雄联盟游戏全球总冠军，这是中国战队第一次站在这个领奖台上。在IG夺冠的一瞬间，全国的"90后"沸腾了，他们曾经因为电竞受到父母亲人的冷眼、社会的质疑，他们曾经忍受被韩国战队实力碾压的痛苦。但在此刻，他们证明了自己！他们用实力证明了电子竞技不是坐在电脑前不务正业荒废青春，而是可以为国争光的另一种方式！⑤	⑤列举事实，进一步论证电子竞技是为国争光的另一种形式，委婉告知张老师电子竞技社团可以创建。
张老师，在成立此社团后，我将组织选拔各类游戏高水平的同学加入社团，选出组长进行分组训练，并对成员的学业成绩做出要求，力争让电子竞技社团为我校增添新荣光，成为我校一道新潮风景。⑥	⑥略谈创建社团的设想，有计划有措施，更能够引起老师的重视。
请张老师同意我创建电子竞技社团。⑦	⑦结尾独句成段，重申目的，突出意图。
此致 敬礼	
杭晓舟 2020年6月26日⑧	⑧书信格式，正确、规范。

（续表）

◎特色点评

任务明确，有效表达。这道题给考生提供了一种真实的交际情境，作者抓住其中的一个写信任务，即向负责社团工作的张老师提出创建电子竞技社团的申请。为有效完成任务，作者站在读者张老师的角度，把"打游戏"和"电子竞技"进行对比，打消了张老师的顾虑；进而又从正面具体阐述电子竞技的特征，并引述 IG 夺冠的事实，有理、有据地让张老师重视此社团的创建工作；最后略谈设想，更让张老师相信该生是一个有想法的学生，促进了任务的有效达成。

结构严谨，论证有力。这篇作文以论述说理见长，凸显作者严密的逻辑思维水平。开篇提出申请，结尾再扣申请，首尾圆合，章法谨严。主体部分先讲什么是"电子竞技"，再讲其突出特征，最后谈创建此社团的设想。步步推进，合乎逻辑，思路清晰。既有道理论据，又有事实论据，增强了说服力度。语言形式有力地服务了写信意图。

【佳作展示3】

加入英语社的申请信

徐可一

尊敬的张老师：

您好！

我是高一新生杭晓舟，我给您写信是为了申请加入学校的英语社。

张老师，自从听说咱们学校有英语社团，我就渴望加入，成为其中的一员。毛遂自荐一下，我认为我具备加入英语社的条件。

首先，我对英语有着浓厚的兴趣。都说兴趣是最好的老师，这一点我深有体会，我的英语学习就是靠热爱和兴趣推动的。我从小就热爱英语，一有时间就会听听英文歌、看看国际新闻、刷刷美剧。这些形式看起来是休闲玩乐，但却在无形中增强了我听说英语的能力，真可谓玩中学！暑假里，我坚持每天一集美剧，就能积累 30 多个新词汇哩！如今，我已经在百词斩上坚持打卡 1000 多天。在初中阶段，我的英语成绩一直名列前茅。我希望继续发展我的兴趣，加入英语社，拓展英语学习的平台，提高英语水平。

其次，我阳光，乐观，善于用英语来展示自我。以前，我总是踊跃报名参加学校组织的英语比赛，比如单词拼写大赛、英语唱歌比赛、英语剧表演等。令我自豪的是，2019 年 5 月，我还曾经作为学校的接待员，带领英国一个大学校长参观了我们的校园了呢！哈哈，那感觉真爽，我和英国校长的对话自然、流畅，充满朗朗笑声。我没有想到我的英语口语那么厉害，非自夸也，校长如此赞我也！我想这与我长期喜欢在英语趣配音上模仿美式及英式发音有关。对了，我还坚持与美国笔友每周两封邮件来往，互相了解大洋彼岸的快乐生活。交交朋友，学学英语，很惬意！

最后，我想说，我是社团的一分子，我要为英语社团添光彩。以前，在初中学校，我曾参加过英语演讲比赛，除了流畅的口语表达，还有老练的台风和自信的风度。就在今年寒假前，我曾参加过 21 世纪报英语演讲比赛，并成功入围浙江省总决赛。回想那段学习生活，我每天晚上，尤其喜爱照着镜子，想象着自己就是一名演讲大咖，微笑着模仿演讲家的精彩演讲。以前是这样，今后也是这样。我将和英语社的同学一起，把英语社活动搞得轰轰烈烈，有声有色，让英语社因我的存在而绽放光彩，请张老师相信我，考验我。

以上就是我认为的具备加入英语社的条件。

My love for English will never change. And I believe English club will make my life richer and more colorful. （我对英语的热爱，痴心不改；我相信加入英语社团将会使我的生活变得丰富多彩。）

感谢张老师能够在百忙中阅读我的申请信！我渴望您同意批准我加入英语社。

　　此致

敬礼

您的学生：杭晓舟

2020 年 6 月 26 日

【特色点评】

1. 富有读者意识。作者在写作的时候，深知读者的身份和职务范围——一所新的高中学校的负责社团工作的张老师。整篇文章读下来，我们能够感受到这位考生在与张老师亲切地交流，交流的话题始终围绕"我想加入英语社"这一中心任务，也让阅卷老师感受到了这位学生的真诚态度。

2. 写作意图清晰。作者在认真审题的基础上，选取"申请加入已有社团"的任务来写。如何能够让张老师批准自己加入学校已有的社团呢？那就要充分证明自己符合加入社团的条件，体现出作者较强的逻辑思维。"首先""其次""最后"依次说理，有序有据，娓娓叙述中彰显出作者的英语特长。这样，自然会得到张老师的认可。

3. 语言彰显个性。字里行间流露出一个中学生朝气蓬勃、阳光自信、活泼开朗的气息。"听听英文歌、看看国际新闻、刷刷美剧",多么贴近中学生生活,多么有个性的一位学生。叙述自己带着英国校长参观校园时,"哈哈,那感觉真爽""非自夸也,校长如此赞我也",自豪的神情、幽默的调侃流淌着青春少年的活泼与自信。结尾的英语句子,经典有味,凸显才华,新颖别致,相信一定会给负责社团的张老师留下的深刻印象。

第六节　2021年浙江省杭州市中考作文指导

一、原题回放

阅读下面的文字,按要求写作。

"这次考试我要超常发挥!"

"能正常发挥,就很不错!"

其实不只是考试,生活中很多事情,如跑步、画画、比赛、表演等,人们都希望能正常发挥甚至超常发挥。对此,你有怎样的联想和思考?可讲述经历或见闻,可发表见解,也可进行文学创作。

要求:①题目自拟,文体自定(诗歌除外);②字数600~800;③不得抄袭、套作;④不出现真实的校名和师生姓名。

二、思路导引

写作文体	话题:正常发挥,超常发挥
叙事类	围绕中心选材。围绕材料中的关键词"正常发挥"或"超常发挥",或二者结合,选取生活中的事例叙述自己的经历或见闻。所选取的事例要从材料提供的"考试"情境中,走向"生活"视野,如学游泳、学围棋、作文比赛、演讲比赛等生活经历。越贴近生活选材,可读性越强。选取名人故事,展示其成长的心路历程,也是颇有新意的。

写作文体	话题：正常发挥，超常发挥
叙事类	叙事完整而有变化。事情的起因、经过和结果等要素齐全。要有细致而生动的心理活动描写和一定的场景描写，真实而具体地再现自己的经历和见闻。在叙事中要体现人物情感的变化，凸显成长的过程，赋予事件（"经历"）以厚度，深化中心。 　　感悟启发式点睛收笔。以精要的抒情议论句表达对这一段"经历"的感悟，即对"正常发挥"或"超常发挥"的思考。
议论类	明确观点。可以从"正常发挥"的角度提出论点，如"正常发挥就好"，也可以诗意地表达观点"花开未必怒放"；可以从"超常发挥"的角度提出论点，如"超常发挥是一个人勤奋与实力的表现"，也可以诗意地表达观点"枯枝也有春天"；还可以把二者结合起来提出观点，如"正常发挥是超常发挥的前提""超常发挥是正常发挥的追求"，或逆向思考"超常发挥转化为正常发挥的途径"。还可以从反面提出论题加以论述，如"超常发挥真的好吗"，激活辩证思维，"超常发挥是意外的幸运"，使论述更为深刻。 　　充分论证。将中心论点细化为几个分论点，拟写论证思路，或层层深入或并列论述。材料力求新颖、典型，能够对事实性材料加以分析。语言力求精准简练。
文学类	可以创作童话。可以以动植物或自然界的水、星辰等为主人公，围绕"正常发挥"与"超常发挥"展开想象，编织故事，使情节一波三折，引人入胜；运用多样的描写方法，创设真实的童话情景与氛围，用故事生动阐释一个道理。童话讲究鲜明的人物形象和反复的叙事手法。 　　可以创作小说。小说要凸显关于"正常发挥""超常发挥"的主题。设计人物的命运轨迹，进而根据"目标——障碍——努力——挫败——转弯——成功"有逻辑地编织故事情节，使故事有铺垫有波澜，有伏笔有悬念，有误会有突转，在故事推进中揭示人物立体鲜活的形象，反映人们的思想变化及小说主题。也可尝试写科幻小说。穿越时空对话，在科学探索中经受历练、积淀实力，做到了正常发挥，甚至超越发挥，表现科学探险精神。 　　可以创作微剧本。如以一个人物的生命历程或国家的发展历程为线索，展示其"失常——正常——超常"的过程。用剧本的形式来写，可分为场景一、场景二、场景三或镜头一、镜头二、镜头三，突出人物台词和场景设置，以此揭示人物由卑微走向伟大、揭示国家（朝代）由衰弱走向强盛的过程。

三、考场佳作

【佳作展示1】

正常发挥就很好

姜瑞康

生活中很多事情，其实没有所谓的超常发挥，只要正常发挥就可以。因为正常发挥，就是实力的彰显。①

而那一次比赛的经历，更让我明白了这一点。②那时的我，痴迷于竹笛，常梦想着有一天能着一袭汉服，在舞台中央，演奏一曲笛韵。

碰巧，我得知市里将在半年后举办一场盛大的艺术节。于是我报名参加校国乐社，想把心中所望构筑于现实。<u>然而，当我进入社团后，却惊讶地发现，自己的梦想竟会被现实击得支离破碎。</u>③没有受过系统训练的我，显得如此拙劣。当别人能完整地演奏一首曲目时，我还因手势不对而屡遭老师"提醒"。在训练中，我还常常听到同学们隐隐约约的讥笑声，仿佛在笑话我的天真与无知。

还有不到一个月就要海选了，我的练习状态依旧不尽如人意。一次，老师苦笑着对我说：<u>"希望那时候你能超常发挥。"</u>④可连我都知道，这不过是她的安慰罢了。我迷茫了，无助了，内心一片灰暗。

<u>然而，一次不经意的谈话，却将一束光照进了我的心。</u>⑤那次和朋友聊天时，我向他倾诉了近日的烦恼："我深知这样的状态祈求超常发挥是不现实的，但又无力改变现状。"等候良久，跳出了两句话："不要想着赛场超常发挥嘛！你既然不满足于现状，为什么不努力去改变现状呢？"这两句话至今在心胸跳跃着。⑥是啊，怎么能听天由命呢？内心有个不甘的声音在召唤着我。我尝试着放下不宁的心绪，开始用行动改变现实。每次在学校训练完，回家后我还会给自己加练。从最基础的指法开始练习，慢慢把原来

亮点借鉴

①开门见山，表达对"正常发挥"与"超常发挥"的思考与认识。

②插叙的笔法，自然引出下文。

③"然而"一词，运用对比手法，表现梦想几近破碎；叙事中的波澜，表现复杂的心理活动。

④老师的话，巧妙扣住材料中的"超常发挥"。语重心长，既暗示"我"的演奏状态不佳，又表达老师的安慰与鼓励。

⑤第二次"然而"，故事再转。叙写经历，真实而细腻。

⑥"跳""跳跃"，写出朋友的鼓励和这两句话对自己的影响，暗示本文的主题思想。

（续表）

生涩的动作逐渐变得熟练。有时长时间抬起的手，在练习后会酸痛得不能放下，额头上沁出晶莹的汗珠。⑦近一个月的坚持，我的付出一点点地积累。虽然看不出明显的变化，但我的状况在一点点改变。	⑦心理描写，真实细腻；行为描写，凸显细节，见证努力。
海选来临。从进入赛场到完成表演，我的心从忐忑不安变得淡定而平静。因为我发现，自己目前的实力，已能够应对海选的考验。	
当结果出来时，我的训练老师略带惊喜地告诉我晋级的消息："祝贺你晋级了，对你来说是超常发挥啊！"我笑而不语。因为我早已知晓：其实世上根本没有所谓的超常发挥，正常发挥就很好；因为拥有足够的实力和底气，才成就了一个比过去更好的自己。⑧	⑧老师的话语，呼应前文，章法严谨。结尾语句精警，饱含人生体验与智慧，充满哲思。

◎思维导图

正常发挥就很好

开头：以格言的形式表达自己对"正常发挥"与"超常发挥"的思考与认识

主体内容
①梦想成功演奏一曲笛韵，后来报名参加校国乐社
②由于自己没有受过系统训练，表现拙劣，受到同学的讥笑，自己也感到失落。老师的鼓励也未能让自己走出灰暗的阴影
③后来，向朋友倾诉烦恼，朋友指点迷津，唤醒了我不甘心的灵魂，思想得以顿悟。开始以行动积累自己的"实力"，为正常发挥蓄势
④海选来临，我的心情变得淡定而平静。凭借实力，成功晋级，受到老师的表扬

结尾：其实世上根本没有所谓的超常发挥，正常发挥就很好；因为拥有足够的实力和底气，才成就了一个比过去更好的自己

◎特色点评

　　作文选取贴近自我的生活素材，给人以鲜活真实的感受，再现了一位热爱国乐的少年的成长之旅。所写经历，富有波澜，事情的发展、心理的变化，双线索并进，叙事完整，脉络清晰。本文紧扣"正常发挥"与"超常发挥"展开对人生经历的叙述，主体部分先写老师鼓励自己希望能超常发挥，进而写朋友劝慰自己不要想着超常发挥，要去努力改变现状，最后又以老师的一句"超常发挥"交代海选的经过。开头与结尾，都以感悟式的语言，表达了对"正常发挥"与"超常发挥"的冷静思考，凸显主旨，给人启迪。

【佳作展示2】

论"正常发挥"与"超常发挥"
于睿阳

	亮点借鉴
每次考试过后，都会听到有人长吁："唉，这次只是正常发挥，我还可以做得更好!"也会听到这样的短叹："什么时候，我能像他一样超常发挥呢?"其实，何止考试，在现实生活中，我们要想完成一件事情，都希望自己至少能够发挥出正常的水平，甚至奢望一下，出现梦寐以求的超常发挥。如何能够做到正常发挥乃至超常发挥?我们需要弄清楚二者的关系。①	①用日常同学的对话引入论题，亲切自然；由考试推及生活提出论题，统摄全文。
正常发挥，即在达成某一目标的过程中能基本反映出自己平时的水平和能力；而超常发挥会得到高于自己实际水平的"意外"惊喜。②然而，这个"意外"，往往只有超常发挥者自己心里清楚。这哪里是"天上掉馅饼"?"不积跬步，无以至千里"，就像举世瞩目的"神舟十二号"的顺利发射，背后离不开我国几代航天工作者的积累和不懈奋斗。可见，超常发挥是以"正常发挥"为基础的，是付出足够的努力、洒下辛勤的汗水后的"水到渠成"。③	②界定"正常发挥"与"超常发挥"两个概念，为下面论述张本。 　　③引用名句、列举事例，多角度论证"可见"后的分论点一。
再者，"正常发挥"与"超常发挥"都是人们根据自我主观心理暗示，结合随机应变、临时发挥而得到的客观结果。这其中，不好高骛远，不心存侥幸，以确保"正常发挥"的平稳心态应对需要处理的事情，才可能实现自我突破，超常发挥。我国首位进入太空的航天员杨利伟，在经历从"神五"飞船发射到返回地面的过程中，遇到了很多次突发状况。他能够沉着解决这些状况，离不开多年日复一日的航天训练给予他的足够的信心和良好的平稳心态。"正常发挥"的平稳心态让他在处理棘手问题时能够"超常发挥"。④	④分论点二。同分论点一位置一样，放于段尾，以总结强调。
当然，在人生道路上，有人也会碰到没怎么准备，结果却"超常发挥"的奇遇。这时，人们总是会因自己的幸运而沾沾自喜，甚至会有"不用付出，也会有收获"的错觉。如果一直存有这种错觉，那么这次"超常"也未必是人生路上的好事，因为暂时得到的"幸运之果"，今后抑或是一颗不定时炸弹。⑤	⑤这一段从反面论述"超常发挥"也会给人带来坏处。"有人""未必""抑或"用词严谨。
因此，我们要学会理性思考，正确认识"正常发挥"和"超常发挥"的关系，这样才能将偶尔的"超常发挥"转变为促进自身水平提高的动力，将偶发性的"超常发挥"转变为经常性的"正常发挥"，提高自己的实力，锻造良好的心态，创造属于自己的巅峰。⑥	⑥回应开篇设问，总结中心论点，提出理性思考二者的关系，以两个"转变"强调"正确认识"。

（续表）

◎思维导图

论"正常发挥"与"超常发挥"

开头：由具体的生活情境引出论题：如何能够做到正常发挥乃至超常发挥？

主体内容
①为"正常发挥"付出的努力是"超常发挥"的基础
②以"正常发挥"的平稳心态处理问题，才有可能实现"超常发挥"
③反面论述满足于偶尔的"超常发挥"的弊端

结尾：我们要学会理性思考，正确认识"正常发挥"和"超常发挥"的关系，提高自身水平

◎特色点评

本文的亮点是严谨的思路和层层递进的结构。开篇由具体生活情境提出论题，主体部分进行多角度论述，最后总结观点。就主体部分而言，作者由浅入深，列举具体事例加以论证。首先让读者了解什么是"正常发挥""超常发挥"，进而指出"努力"是"正常发挥"的基础；接下来论述"平稳心态""信心"是"正常发挥"走向"超常发挥"必备的心理要素。二者为层层递进的关系。可贵的是，最后作者又从反面提出偶遇的"超常发挥"给人的错觉，警醒读者不要沾沾自喜，要化"幸运"为"动力"，表现出较强的辩证思维能力。

【佳作展示3】

都是预测惹的事儿

陈逸彬

2051 年的中考前夕。

烈日高照，这正是所有考生最忙碌焦虑的时期，就连最优秀的学生比尔都不例外。他每天的日常就是对着机器做题，不停地复习各种科目的电子书。只有放学后，他才有一段放松的时光，可以与自己的好友马里奥一起回家。

"马上要模拟考了，压力大吗？"马里奥问。

"大的呀！"比尔紧锁着眉头，一筹莫展。

"你成绩那么好，不用担心！"马里奥羡慕道。

比尔的眉头似乎更紧了："可是真的，不确定因素太多了……"

话音刚落，一台机器人从天而降，落在了他们的面前。机器人冲着两人说道："预测中考成绩，准确率 99.99%，阁下是否愿意尝试，愿意请按 1！"

两人惊呆了，虽心存疑惑，但还是按下了 1。随后，机器人用他那仿佛能透视人心的眼睛将他俩扫描了一遍，并要求他们明天分开来取结果。

第二天，两人各自拿走了报告。当马里奥再次遇见比尔时，兴奋地招呼道："那台机器给我的结果是正常发挥！你的呢？"话音未落，就被比尔无情地打断，并告诉他不要再提此事。看见比尔比往常更焦躁不安的样子，马里奥便劝道："没事，它可能不准！"

"不！它一定准！"比尔喊道。而马里奥却觉得比尔老是喜欢往烦恼里钻。

之后，比尔对于学习近乎痴迷。比尔家的健康检测器早已检测到比尔的压力大大超标。而马里奥在得知自己能正常发挥后，心态豁然开朗，即便自己不是拔尖的学生，但能考上个普通高中，他也心满意足了。

模拟考来临了，两人考的成绩都还正常。"看见了吧，那个预测不一定准！"马里奥十分担心比尔的近况，安慰道。

"预测的是中考，一定是真的！"执迷的比尔并不领情地反驳道。

中考如约而至，不久成绩出来了。马里奥正常发挥，考上了他理想的高中。他急忙给比尔打电话，电话那头传来比尔有气无力的声音："我没考上高中……"

"难不成预测是真的？"马里奥难以置信地喃喃道。

"它给我的报告是超常发挥！"比尔用尽最后一点力气，歇斯底里地喊道。

"超常发挥？那……"马里奥更加不解。

"就是因为它告诉我是超常发挥，我才把所有的时间拿来提前学习高中知识，现在可好了……"

【特色点评】

1. 大胆想象，情节曲折。这篇小说富于幻想，穿越至2051年，具有预测功能的机器人给两个中学生带来不同的学习生活，给人以新奇感。最优秀的比尔因为预测"超常发挥"而没考上高中，成绩一般的马里奥因预测"正常发挥"而考上理想的高中。曲折的情节，巨大的反差，扣人心弦。

2. 人物鲜明，主题深刻。文中的人物描写方法多样，神态逼真，语言传神，表现出人物真实而复杂的内心世界。两个少年因收到了预测机器人不同的预测报告，心境、行动发生变化与逆转，出人意料的结尾，揭示出深刻的主题：人要相信自己，只有凭借实力与健康心态才能够超常发挥。

3. 悬念伏笔，构思精巧。最优秀的比尔为何"一筹莫展"，开篇设置悬念；机器人预测准确率99.99%为比尔的悲剧埋下伏笔。马里奥的预测结果前文已有告知，始终不晓得比尔的预测结果，又是设置悬念。结尾解开悬念，出人意料又在情理之中，精练收笔，意蕴深远。

第七节 2022年浙江省杭州市中考作文指导

一、原题回放

阅读下面的文字，根据要求写作。

初中阶段，我们学习过"采访"的相关知识。请以"采访"为话题，写一篇文章。

你可以叙述某次采访的经历，可以想象采访某个人的情景，也可以谈谈你希望采访某个人的理由。采访对象可以是现实生活中你熟悉或陌生的人，也可以是历史人物或艺术作品中的人物；可以是英雄人物，也可以是平凡的人……

要求：①题目自拟，文体自定（诗歌除外）；②字数600~800字；③不得抄袭、套作；④不出现真实的校名和师生姓名。

二、思路导引

话题：采访

表达方式与写作内容	1. 以叙事为主："可以叙述某次采访的经历" 题目中的提示语"可以叙述某次采访的经历"，是在启发考生可以写一次真实的采访经历。以叙事为主，注意要理清采访事件的来龙去脉，写出采访的起因、经过和结果。采访的经过是作文的主要内容。统编教材多次设置"采访"实践活动，比较集中的是八年级上册新闻"活动·探究"单元中的"新闻采访"，此外还有七年级上册写作专题"思路要清晰"中访问一位名人或不熟悉的教师、八年级下册综合性学习"倡导低碳生活"中访问权威人士、九年级上册综合性学习"君子自强不息"中采访身边自强不息的人等。考生积极调动自己的采访体验，回忆难忘的、印象深刻的一次采访活动：和谁一起去采访的，什么时间，什么地点，为什么去采访的，整个采访的经过（叙述完整，注意详略），这次采访有何收获……将这些思维的火花加以整理，即可成文。以此为写作内容，要体现采访经历的真实性。

表达方式与写作内容	**2. 以描写为主："想象采访某个人的情景"** 　　认真审题后可知，这个题目可以写实，也可以虚构。题目中的提示语"可以想象采访某个人的情景"，又为考生打开了一扇构思的窗户，引导学生可以展开想象，进行文学创作。想象去采访一个人，这个人是谁呢？他是历史人物还是文学作品中的人物？你和他将进行怎样的一番对话与访谈？你是在什么情境下展开采访的？想象越细致具体，文章就越真实感人。此外，你想到的采访对象"他"，一定是你生命中重要的人物，因此在行文中要融进你的真实感情，不可天马行空般进行所谓的"穿越""戏说""恶搞"。艺术虚构、文学创作，也是基于真实感情的，采访者与采访对象之间是心灵契合的。选择这一写作内容，就要凸显采访情景的细节，以真切感人的描写和合情合理的想象打动读者。 **3. 以说理为主："谈谈你希望采访某个人的理由"** 　　题目中的提示语"谈谈你希望采访某个人的理由"，启发学生也可以谈谈理由，即以议论说理为主要表达方式进行写作。为什么采访这个人，其实是对"这个人"的解读。考生要充分占有材料，了解"这个人"，进而走近"这个人"，产生采访他的动机。也可以设想三个采访问题，由浅入深地提出，组成一个富有逻辑的问题链，使采访理由具体化。"这个人"或许有感人的事迹，或许有高尚的品质，或许有高贵的人格，或许有善良而朴实的人性光辉……要从采访对象的诸多方面挖掘你希望采访他（她）的理由。故而，在写法上，不能一味谈理由，而要巧妙融入人物的生平事迹、人物的生活经历、人物的思想品质等，选用夹叙夹议的写法。选择这一写作内容，要对采访对象有深入的了解，理由才能够说得充分。
写作对象	**1. 采访对象在时空上的多维性** 　　题目给考生提供了宽广的选材范围，体现了话题作文自主选择空间大的特点。提示语中写道："采访对象可以是现实生活中你熟悉或陌生的人，也可以是历史人物或艺术作品中的人物"。细细揣摩，发散思维，很多采访对象会站在考生的眼前。可以选择现实生活中的真人为采访对象，如非常熟悉的人——自己的老师、同学、爸爸妈妈等，也可以是陌生人——一位志愿者，一个快递小哥，一个图书管理员等；也可以选择历史人物或艺术作品中的人物，古今中外的人物都可以作为采访对象，如周亚夫、拿破仑、李大钊、袁隆平、张桂梅……穿越时空，来一场心灵的约会。聚焦采访对象，构想采访内容，作文就会目的明确、内容厚实、中心突出。

（续表）

写作对象	2. 采访对象身份的多样性 　　题目的提示语写道：采访对象"可以是英雄人物，也可以是平凡的人"，它关注到了话题的内容要贴近学生生活。有的考生可能对英雄人物（如毛泽东、杨利伟、钟南山等）关注较多，这和学生的兴趣爱好有关，关注多了就有话可说，能够提炼出丰富的写作素材；有的考生或许感到英雄人物离自己太远，不能够真切地表现他们，就可以选择生活中或文学作品中的平凡小人物作为采访对象，更具有生活气息，更能够展开对话，以小见大，身份的低微常常能反衬出灵魂的高尚。当然，也可以从职业、年龄、人与人的交际关系等方面寻找采访对象。对象不同，采访的内容就会不同；独特的采访体验，能够彰显考生的个性化表达。

三、考场佳作

永恒的青春
——建党 101 周年之际采访李大钊先生
江文玥

	亮点借鉴
暖黄色的灯光映入眼帘。我揉揉眼睛，只见一个人神情专注，正伏案写着什么。他身穿灰色长衫，目光如炬，两撇黑胡子那么浓密。定睛一看，那不是李大钊先生吗？①	①开篇进行场景描写，以梦幻手法简洁引出采访对象，并抓住特征对其进行人物形象素描。
我按捺住心中的激动，缓缓走到案前，轻轻地问候："李先生好！"李大钊先生停下笔，抬头看着我。"我是来自杭州的一名初中生。中国共产党成立 101 周年纪念日马上到了，您是中国共产党的主要创始人，我想对您进行一次采访，可以吗？"李先生眼中露出惊喜："采访谈不上，但我很乐意与你讨论一些你感兴趣的问题。"②	②"缓缓""轻轻"表达对采访对象的尊重，交代采访目的，对话自然，这是采访前的"序曲"。
我有些小激动，连忙取出本子和笔，开始正式采访。"先生，我了解到 1920 年春节至 1924 年 1 月在文华胡同的那些日子里，您发表过 140 多篇文章，平均不到 9 天写一篇文章。请问在那激荡风云的 4 年间，您是如何做到高效率高质量写作的？"李大钊先生面带微笑，缓缓回答："正是因为当时处于激荡风云的年代，我们才更应该拿起手中的武器投入战斗，拿好手中的笔纸，宣传新思想。"③	③这段话围绕李大钊先生的"写作质量高"进行采访，凸显青年时期的李大钊火热的革命热情，抓住了采访对象的"闪光点"进行访谈。

（续表）

采访继续。"我很喜欢您的《青春》，您对新时代的青年又有怎样的期望?"只见李大钊先生<u>低头沉思，然后缓缓抬起头，看向远方，目光坚毅</u>："对你们这新一代青年，我是充满希望的，期待着你们的未来更美好。正如我在《青春》中所表达的，青春是热血的，青年血液里总是流淌着不一样的东西，那就是热情和希望。不管你面对什么困难或者险境，我们都不要轻易地放弃自己，不放弃自己心中的那一道光。"④	④这段话围绕李大钊先生对新时代青年的期望进行采访。画线语句想象丰富，切合人物的真实心理活动，细节描写逼真传神。
我又向李先生提出一个问题："如今建党已有百年之久，代代青年都会阅读您的文章，感受百年之前的艰苦奋斗。您对建党百年后中华民族的盛况是否满意呢?"李大钊开怀大笑："如今这盛世，人民安居乐业，自然生态美好，亚运会、奥运会都成功举办了，'神十四'都升空了，国家走向繁荣富强，这正是我们共产党人的初心。我当然满意了!"⑤	⑤这段话围绕李大钊先生对当下中国的发展状况进行采访。作者大胆想象，让历史人物与当下社会生活巧妙结合。"开怀大笑"的神态、自然朴素的语言描写，使人物形象呼之欲出。
我睁开眼，看着《浙江日报》建党101周年的新闻，回味着梦中采访李大钊先生时他的豪情壮语。作为新时代的青年，我们在实现中华民族伟大复兴中国梦的伟大征程中成长起来。"以青春之我，创建青春之家庭，青春之国家，青春之民族，青春之人类，青春之地球，青春之宇宙……"愿以吾辈之青春，护卫这盛世之中华。⑥	⑥结尾"我睁开眼"呼应开头，回到现实，再次点出话题关键词"采访"，表达当代青年的坚定信念与伟大使命。

◎思维导图

永恒的青春
- 开头：我在梦中见到李大钊先生，想到建党101周年，对他进行采访
- 主体内容
  - ①问题一：李大钊先生在1920年春节至1924年1月间，是如何做到高效率高质量写作的?
    回答：以纸笔代武器，传递新思想
  - ②问题二：李大钊先生对新时代的青年有怎样的期望?
    回答：期望新时代青年不要轻易放弃，期待未来更美好
  - ③问题三：李大钊先生对建党百年后中华民族的盛况是否满意?
    回答：如今盛世正是共产党人的初心
- 结尾：点题，以吾辈之青春，护卫这盛世之中华

（续表）

◎特色点评

　　考生以文学的笔法，展开想象，让自己走近中国共产党的创始人之一李大钊进行深度访谈，颇有创意。在时空转换中，丰富了写作内容，中国的过去、当下与未来，尽收笔端。作者精心设计了三个问题作为采访的主要内容，可谓抓住了关键，抓住了采访对象的特质。一次访谈，就是一次心灵的洗礼。

　　本文以细节描写再现采访情景，生动逼真。开篇"暖黄色的灯光映入眼帘"，场景描写烘托采访的氛围，亲切温馨；"我有些小激动，连忙取出本子和笔"，通过心理描写和动作描写表现采访人的激动与喜悦；"李先生眼中露出惊喜""李大钊先生面带微笑，缓缓回答""看向远方，目光坚毅""开怀大笑"等神态描写，表现出伟大革命家的平易近人、乐观自信和沉着坚定；语言描写更是富有激情，豪情万丈，热血沸腾，让读者仿佛也参与了这次采访会谈。

【佳作展示2】

暴风雨中的钢铁战士
——访英雄人物保尔
吴与铮

	亮点借鉴
保尔在写完《暴风雨所诞生的》这部著作后，开启了新的生活。我来到克鲁泡特金大街的一座简陋的房子里，看到一个身材瘦长、皮肤微黑的年轻人。他穿着草绿色的军便服，腰间系着窄皮带，下面是条蓝色马裤。他就是我要采访的保尔。①	①穿越时空，设置采访的情境；描述采访对象，给人以真实的感受。
"保夫鲁沙·柯察金先生，您好！"	
"请坐。叫我保尔就行了。感谢您光临寒舍。"话语平静而真诚。②	②以对话的形式开启访谈，氛围友好。
"谢谢您接受我的采访！您是我们中国青年的学习榜样。请问您的双眼是怎么失明的？"	
"我的右眼是在我打仗时被炮弹弹片击伤的，我的左眼受到全身多种疾病的影响开始发炎，最终失明。"他说这话时，平静得像在说别人的事情，没有悲伤。我随着他的讲述仿佛回到了20世纪的战场。在辽阔的边疆上，骑兵正奋勇杀敌，叫喊声惊天动地。为获得战争的胜利，每位战士心中燃起焦炙的火焰。在这些战士中，带头的一位骑兵首领尤为勇敢。他就是我正在采访的青年英雄——保尔·柯察金。③	③此段采访保尔双目失明的原因，由采访对象的正面回答引出想象，虚实结合，笔法灵动。

（续表）

"保尔，是什么推动您走向革命的道路?"	④"他的睫毛微微
他陷入沉思。他的睫毛微微颤动，眼神仿佛出现多彩的变化。要说他双目失明，真是难以让人置信。他缓缓地抬起头，说道："朱赫来的一番话指引我走向革命道路。他告诉我，全世界奴隶们都要投入斗争，要推翻旧世界，需要勇敢的阶级弟兄，需要能够坚决战斗的钢铁战士。他是我革命的启蒙人。"④	颤动，眼神仿佛出现多彩的变化"，细节描写表现出人物的精神与个性。
"您能跟我说说在创作《暴风雨所诞生的》这部著作时，给您留下印象最深刻的事情吗?"	
保尔用双手吃力地撑着书架，艰难地从座位上站起来，缓缓地说："在作品创作到一半时，手稿在寄送的时候被邮局弄丢了。我不得不重新开始创作。凡是写的东西，我都要一字一句背下来，否则写作就会受到阻碍。我们只要竭尽全力，就能让生命变得更有意义。"他说得铿锵有力，充满信心，仿佛全身上下每一处都在发光。⑤	⑤保尔回答采访的第三个问题，有叙事有抒情，符合人物形象的性格。"我"的感受，升华了采访对象的思想品质。
我大受震撼。一个双目失明的人，一个历经磨难的人，在这片黑暗的世界里，开启新的人生，这是多么坚强的意志啊!这次采访，其实是一次心灵的洗礼。今后遇到挫折时，我要弘扬保尔在暴风雨中屹立不倒的精神，愿以"千磨万击还坚劲，任尔东西南北风"的决心，迎击困难!⑥	⑥结尾点题，总结采访对象的英雄精神，抒发采访感受。

◎思维导图

暴风雨中的钢铁战士

开头：交代采访地点，描写采访对象外貌，双方互致问候，进入采访

主体内容
①从保尔双目失明谈起，整体了解保尔的英雄事迹
②采访保尔走向革命道路的原因，回忆革命启蒙者朱赫来，了解保尔的成长过程
③采访保尔如何在艰难的状况下创作出《暴风雨所诞生的》，表现保尔钢铁般的意志

结尾：抒发采访感受，经受心灵洗礼：今后遇到挫折时，要弘扬保尔在暴风雨中屹立不倒的精神，回扣题目

（续表）

◎特色点评

　　作者从红色经典名著中选取艺术形象作为采访对象，为作文选材开辟了新领域。作者展开想象，设置特定情境，实现了"我"与保尔的访谈，给人以真切的采访现场感，在对话中融入场景描写、人物动作和神态描写以及"我"的感受，也使读者经受了心灵的洗礼。

　　围绕采访的话题，作者精心设计了三个问题，布局谋篇。第一个问题让读者整体感受保尔的英雄形象，第二个问题寻溯英雄成长的原因，第三个问题访谈革命后保尔从事文学创作的感人经历。三个问题的设计，逻辑严密，表现出作者深刻的思维力。

【佳作展示3】

油纸伞，荡漾在心头的传承
——记一次难忘的采访
寒　风

　　放眼望去，我仿佛进入了一个伞的世界。有的伞上面涂了缤纷的颜色，静置在场馆的一角；有的伞上面刷出美丽的花纹，摆在展物柜上；有的伞里面夹了几片竹叶，挂在场馆的天花板上，各具形态。转过身来，一个黑白电视机映入眼帘，余叔叔将伞放在伞架上，用刷子刷着伞。

　　这是我采访余万伦叔叔的场景。记得那时我在网上刷到了关于"余万伦油纸伞"的视频，觉得好玩，就怀着好奇的心情，来到了杭州市手工艺活态展示馆，采访余叔叔。原本以为余叔叔作为网上的"大红人"，至少应该有一个豪华的工作环境，实则不然。

　　余叔叔给我讲了油纸伞的制作过程。他说："油纸伞，你别看它就只是在伞面上随便用刷子刷两下，实际上工艺是十分复杂的！也正如此，新一代的伞艺人都觉得这个工艺太麻烦了，根本不愿意去学！"好奇的我也不禁产生疑问："余叔叔，那既然没有年轻人去学，那油纸伞这个技术不就后继无人了吗？怎么把这个技术流传下去呢？"余叔叔先是笑了笑，然后开始给我讲起了他们为了技术传承所做的努力："早些年，我先在微博上注册了一个账号，上传了油纸伞的照片、视频，让年轻人尽可能多地对这项手艺产生兴趣。"

　　"这两年，社交平台的类型不断增多，微信、抖音、小红书等社交平台，让油纸伞有了更多展现自己的舞台。我们就在这些平台上不断发布有关好看的油纸伞的视频，偶尔加上一些搞笑的段子，尽可能满足年轻人的需求。"说着，他给我看了一个他自己拍的视频，里面的伞可谓琳琅满目，音乐也十分好听，可以说是视觉与听觉的共同享受。

终于，余叔叔的不懈努力得到了回报。2018 年，油纸伞工艺被列为中国非物质文化遗产。余叔叔站起了身子，拍拍胸脯，自豪地对我说："如今，想跟我学手艺的人还排了一大串儿呢！"

是啊，党的十八大以来，国家对传统文化的保护力度大大增强。《国家宝藏》《中国诗词大会》《匠心中国》等节目热播不断，重温经典，重拾传统，中国人的文化自信力空前高涨。

老祖宗留下来的东西，是我们的宝贵遗产。这次采访更让我明白了，作为新时代的未来力量，应该把保护传统文化当作我们的历史使命，努力担当起继承传统手艺的民族大任。

结束了这次采访，离开这满是油纸伞的世界，我的心里收获了一份沉甸甸的喜悦。油纸伞，那荡漾在心头的传承。或许有那么一天，人们在大街小巷，都能重新看到油纸伞的身影……

【特色点评】

1. 立意高远，选材真实。文章翔实地记录了作者到杭州市手工艺活态展示馆采访油纸伞艺人余万伦的一次经历，以切身体验写作，鲜活真实。作者通过采访，记述了油纸伞艺人余万伦的艺术生涯，赞美了他为传承油纸伞技术、为中国非物质文化遗产的延续做出的不懈努力。作者在采访中深受感触，决心承担起保护传统文化的历史使命，主旨深远。

2. 叙事具体，描写细腻。文章从题目中"可以叙述某次采访的经历"的角度切入写作，以叙事为主，凸显采访的经过，内容具体。余叔叔油纸伞场馆的环境描写、"我"与余叔叔的对话描写、余叔叔的动作和神态描写，这些细腻的描写都让读者感受到一位油纸伞文化艺人的才华横溢、追求执着。

3. 线索清晰，多次点题。文章写作角度是叙述自己的一次经历，作者非常注重叙事的清晰：开始交代采访缘由，主体部分叙述采访过程，结尾表达采访后的感受，紧扣标题。以采访为线索，贯穿全文，反复点题，旨显神聚。

▶ 参考文献

［1］中华人民共和国教育部. 义务教育语文课程标准［S］. 北京：北京师范大学出版社，2011.

［2］中华人民共和国教育部. 普通高中语文课程标准：2017 年版［S］. 北京：人民教育出版社，2018.

［3］张志公. 读写一助［M］. 北京：北京教育出版社，2014.

［4］王光龙. 语文学习概论［M］. 北京：当代中国出版社，2003.

［5］于漪. 于漪老师教作文［M］. 上海：华东师范大学出版社，2009.

［6］余映潮. 余映潮语文教学技法 80 讲［M］. 广州：广东人民出版社，2014.

［7］叶黎明. 写作教学内容新论［M］. 上海：上海教育出版社，2012.

［8］颜禾. 写作方法指导论［M］. 北京：语文出版社，2013.

［9］彭小明，林陈微. 写作学习论［M］. 北京：语文出版社，2013.

［10］宗白华. 美学散步［M］. 上海：上海人民出版社，1981.

［11］李泽厚. 李泽厚论教育·人生·美［M］. 上海：华东师范大学出版社，2011.

［12］李泽厚. 美的历程［M］. 上海：三联书店，2009.

［13］朱光潜. 谈文学［M］. 北京：北京大学出版社，2013.

［14］朱光潜. 谈美［M］. 上海：华东师范大学出版社，2012.

［15］凌焕新. 微型小说美学［M］. 南京：凤凰出版社，2011.

［16］孙绍振. 名作细读［M］. 上海：上海教育出版社，2009.

［17］刘勰. 文心雕龙［M］. 王志彬，译注. 北京：中华书局，2016.

［18］朱良志. 中国美学十五讲［M］. 北京：北京大学出版社，2006.

［19］孙绍振. 审美阅读十五讲［M］. 北京：北京大学出版社，2013.

［20］叶圣陶. 叶圣陶教育名篇［M］. 北京：教育科学出版社，2007.

［21］钱理群. 经典阅读与语文教学［M］. 桂林：漓江出版社，2012.

［22］叶圣陶. 叶圣陶语文教育论集［M］. 北京：教育科学出版社，2015.

［23］余映潮. 余映潮中学语文精品阅读课教学实录［M］. 北京：中国轻工业出版社，2016.

［24］章熊，徐慧琳，邓虹，等. 和高中老师谈写作教学［M］. 北京：人民教育出版社，2012.

［25］裴海安. 名师这样教作文［M］. 长江：湖南人民出版社，2012.

［26］程翔. 程翔与语文教学［M］. 北京：中国人民大学出版社，2011.

［27］蒋勋. 蒋勋说文学［M］. 北京：中信出版社，2017.

［28］刘淼. 作文心理学［M］. 北京：高等教育出版社，2001.

［29］张占营. 张占营教阅读［M］. 郑州：文心出版社，2014.

［30］余秋雨. 中国文脉［M］. 武汉：长江文艺出版社，2017.

［31］季羡林. 坐拥书城意未足［M］. 福州：鹭江出版社，2016.

［32］朱光潜. 谈美书简［M］. 北京：中国青年出版社，2014.

［33］席勒. 美育书简［M］. 北京：中国文联出版公司，1984.

［34］钱理群，孙绍振，蔡义江，等. 名家六十讲［M］. 北京：语文出版社，2013.

［35］潘新和. 语文：我写故我在［M］. 福州：海峡文艺出版社，2014.

［36］朱晓斌. 写作教学心理学［M］. 杭州：浙江大学出版社，2007.

［37］于漪. 于漪与教育教学求索［M］. 北京：北京师范大学出版社，2006.

［38］余映潮. 听余映潮老师讲课［M］. 上海：华东师范大学出版社，2006.

［39］格兰特·威金斯，杰伊·麦克泰格. 追求理解的教学设计：第二版［M］. 闫寒冰，宋雪莲，赖平，译. 上海：华东师范大学出版社，2017.

［40］李锋. 基于标准的教学设计：理论、实践与案例［M］. 上海：华东师范大学出版社，2013.

［41］季洪旭. 单元教学探索：基于理解的逆向教学设计案例［M］. 上海：

华东师范大学出版社，2019.

　　［42］潘新和. 潘新和与表现—存在论语文学［M］. 北京：北京师范大学出版社，2016.

　　［43］杰拉德·普林斯. 叙事学：叙事的形式与功能［M］. 徐强，译. 北京：中国人民大学出版社，2013.

　　［44］曹文轩. 小说门［M］. 北京：人民文学出版社，2009.

　　［45］刘远，任彦钧. 中国中小学生创意写作教程：七年级下册［M］. 南宁：广西教育出版社，2020.

　　［46］夏雪梅. 项目化学习设计：学习素养视角下的国际与本土实践［M］. 北京：教育科学出版社，2018.

　　［47］荣维东. 交际语境写作［M］. 北京：语文出版社，2016.

　　［48］余映潮. 余映潮谈写作艺术［M］. 太原：山西教育出版社，2016.

　　［49］程翔. 我的课堂作品［M］. 北京：商务印书馆，2020.

　　［50］苏珊·M.蒂贝尔吉安. 一年通往作家路［M］. 李琳，译. 北京：中国人民大学出版社，2013.

　　［51］雪莉·艾利斯. 开始写吧！非虚构文学创作［M］. 刁克利，译. 北京：中国人民大学出版社，2011.

　　［52］雪莉·艾利斯. 开始写吧！虚构文学创作［M］. 刁克利，译. 北京：中国人民大学出版社，2011.

　　［53］多萝西娅·布兰德. 成为作家［M］. 刁克利，译. 北京：中国人民大学出版社，2011.

　　［54］夏丏尊，叶圣陶. 七十二堂写作课［M］. 北京：开明出版社，2017.

　　［55］黄厚江. 作文课的味道：听黄厚江讲作文［M］. 上海：华东师范大学出版社，2016.

　　［56］邓彤. 写作教学密码：邓彤老师品评写作课［M］. 上海：华东师范大学出版社，2017.

　　［57］邓彤. 微型化写作教学研究［M］. 上海：上海教育出版社，2018.

　　［58］章新其. 初中语文教学指导：理论篇［M］. 杭州：浙江教育出版社，2020.

　　［59］章新其. 初中语文教学指导：实践篇［M］. 杭州：浙江教育出版

社，2020.

[60] 周文叶. 中小学表现性评价的理论与技术 [M]. 上海：华东师范大学出版社，2014.

[61] 王栋生. 王栋生作文教学笔记 [M]. 南京：江苏教育出版社，2012.

[62] 浙江省教育厅教研室. 语文作业本：八年级下册 [M]. 杭州：浙江教育出版社，2018.

[63] 斯蒂芬·克拉生. 阅读的力量 [M]. 李玉梅，译. 乌鲁木齐：新疆青少年出版社，2013.

[64] 丹尼尔·L. 施瓦茨. 科学学习：斯坦福黄金学习法则 [M]. 郭曼文，译. 北京：机械工业出版社，2018.

[65] 张占营. 指向写作成果的读写微项目教学实践 [J]. 中学语文教学参考，2021 (9).

[66] 张占营. 专题指导　螺旋上升　融合发展 [J]. 语文教学通讯（B），2021 (9).

[67] 茹敏杰. 建构·观察·修正："过程指导"视域下的论述文写作升格教学 [J]. 语文学习，2021 (10).

[68] 李汉荣. 写作，是生命在自由呼吸 [J]. 语文学习，2017 (6).

[69] 郑彤宇. 初中作文仿写探究 [D]. 天津：天津师范大学，2016.

[70] 朱丹. 作文仿写教学研究——心理学视角 [D]. 上海：华东师范大学，2011.

[71] 张电春. 模仿古文篇章写法，提高记叙文写作水平 [D]. 上海：华东师范大学，2010.

[72] 徐星. 素养导向的课堂什么样 [J]. 上海教育（B），2020 (1)：44.

[73] 刘徽，徐玲玲. 大概念教学过程的阶段和方法设计 [J]. 上海教育（B），2020 (4)：42.

[74] 叶黎明. 从知识本位到需求本位 [J]. 语文建设，2020 (11)：18.

[75] 王涧. "活动·探究"单元的顶层设计和教学实施 [J]. 语文学习，2017 (11).

[76] 陈家尧. "活动·探究"单元的思考 [J]. 中学语文教学，2019 (8).

[77] 程翔. 谈统编本初中《语文》读写能力的衔接和迁移 [J]. 中学语文

教学，2019（8）.

［78］杨志宏. 基于"学习任务群"的语文项目学习初探［J］. 教学月刊，2018（7/8）.

［79］袁爱国. 项目化学习视阈下的整本书阅读教学——以《骆驼祥子》专题探究课为例［J］. 教育研究与评论（中学教育教学），2020（1）：9.

［80］邹欣，张合宝. 2017年中考作文题述评及写作教学建议［J］. 中学语文教学，2017（8）.

［81］钱梦龙. 一条读写结合的"链索"——模仿、改写、借鉴、博采、评析［J］. 中华活页文选（教师版），2009（9）.

［82］郭家海. 审美鉴赏与创造和高中生写作水平相关性现状调查及建议［J］. 中学语文教学，2018（2）.

▶ 后记

当《初中写作教学探索》这本书即将完稿时，为了对读者负责，更是出于对语文的敬畏，我诚惶诚恐地把书稿发给程翔老师。程老师次日即回复："这本书有理论，有实践，有创新，可操作。达到出版水平了！"收到短信的那一刻，我无比激动。

我是一名在三尺讲台耕耘了 30 年的语文老师，这本书的问世对于我的教育生涯有着纪念意义。回想 12 年前，我在《教育时报·课改导刊》上曾发表过一篇文章《唯有坚守才能真正地提升》。文章写道："当我教龄 30 年的时候，我会做出些什么研究？"那时我就默默立下行走的誓言。自 2014 年文心出版社出版《张占营教阅读》一书后，我就向写作领域进军了。

2014 年，只有中师背景、已经 42 岁的我考入杭州师范大学，攻读教育硕士。根据自己的写作教学实践，我深知初中生写作的困惑；面向未来，我懂得语文教育的神圣使命。通过反复思考、论证，我的硕士论文选题拟定为《在初中文学作品仿写中渗透审美教育的研究》。我多次向导师王光龙先生求教，先生肯定了我的选题，并从研究方法上做了悉心指导。自此，我怀抱一团火，真正踏上读研征程，遨游于写作论著的海洋。叶圣陶、张志公、章熊、于漪、余映潮、程翔、潘新和、黄厚江、叶黎明、荣维东、葛红兵、邓彤等，一位位名家向我走来，开启了一场场深入的写作教学对话。我资质驽钝，汲取的或许只是沧海一粟。尽管如此，他们的思想已滋养了我的灵魂，丰富了我的知识，开阔了我的视野。硕士论文的撰写与研究，为《初中写作教学探索》上编的写作奠定了理论基础。

2016 年，随着核心素养时代的到来，写作教学也面临着如何立德树人、培育全面发展的人的时代命题。《中国学生发展核心素养》提出"人文情怀"和

"审美情趣"的要求，结合语文学科特质，我提出了"立美语文"的教学主张，与硕士论文研究方向保持一致，以求深入持久地钻探。于是，"立美读写、幸福成长"也成为我领衔的工作室的工作口号，契合教师和学生的共同发展。

2017年，张占营名师工作室特邀潘新和先生莅临我校指导教学，他响亮地宣讲"言语生命动力学"的教育理论，进一步激励了我对初中写作教学的探索，坚定了作文教学"为写而读，立美作文"的课堂变革之路。2018年3月，我主持的中国高等教育学会、中国当代文学研究会课题"教师文学修养与校园文学社团实践活动研究"立项，又为初中写作探索注入了新的活力。我深深感到，聚焦一个领域，坚持不懈，会让自己走得更远。

近几年，作为一线教师，我思考更多的是如何让专家名师的写作理念"落地"。任何先进的教育理念都要"本土化"，如此才能切合学生的写作需求，真正提升学生的写作素养。心里有个声音告诉我，要创新实践写作理论，而一线教师的最大优势就是课堂实践。走上课堂，就意味着研究启航。面对活泼泼的学生，只有依靠科学指导和耐心辅导，才能激活学生的表现欲望，破解初中生写作的难点。我长期进行写作教学课堂实践和写作方法指导，这两方面的探索是辛苦而幸福的，读者在本书的中编和下编或许已经感受到。这些内容主要是近几年的研究成果，部分内容已发表于核心期刊，但愿不辜负热爱写作教学的读者；而有的探索内容可以追溯到从教之初，因为思想是不断丰富、迭代和进阶的。要不，怎么自称是从教30年献礼之作呢？

这本书即将付梓，我感慨万千。首先致谢王光龙先生，他帮我策划著作框架，大到各编的内容，小到章节的衔接，对于书名也是斟酌再三。程翔老师为本书欣然题写书名，我打开从北京寄来的亲笔书信，惊呆了！他写了9幅题字让我选择，令我心潮澎湃，激动不已。师父余映潮、王光龙先生在百忙之中为此书作序，推敲修正，治学严谨，温和宽厚，风范照人。程翔、顾之川、潘新和、叶黎明等专家以睿语哲言为此书撰写了推荐语，高度评价该书在写作教学理论与实践操作方面的指导价值，给了我莫大的鼓舞和鞭策。申宣成、张燕玲、邓玲、陈树元、金瑞奇、林荣凑、余映潮、李华平、梁吴芬、张振军、张英飞、任为新、程相崧等专家学者，欣然接受了我这个草根教师的邀请，拨冗为书中的教学设计、课堂实录、教学随笔等做了新颖深刻、富有洞见的评点，阐释教学实践学理，引发我对写作教学的深入思考。对这些评点，我出于尊重，未做改动，读者朋友可多视角广维度地从中汲取专家的写作教学思想。在此，我向扶掖、指导我的所有导师和专家表示诚挚的感谢！

感谢《语文教学通讯》《中学语文教学参考》《语文教学与研究》《语文学习》《语文报》《语文周报》等期刊编辑的约稿与用稿，倒逼我把思考和实践以成果的形式呈现出来。如果所引参考文献或文章作者有疏误，敬请谅解；对书中所引文章、文献的作者，本人在此一并致谢。这本书收录了不少学生作文，学生作品是对写作理论、写作方法的演绎与生成。学生出场，写作课才能焕发生命；学生泼墨，才有了这部书的青春风采：向我的学生表示感谢！感谢朋友石洪善、宣瑛以及我的工作室同事赵军敏、覃慧、郑建周、徐懿君老师帮我审校书稿，不知工作之余，多少星光与灯光洒在他们身上。感谢山西教育出版社教材教辅研发中心荆建强主任的鼎力支持，频频以电话、信息与我交流，提出完善建议，见证了一位媒体人赤诚的教育情怀。

走上三尺讲台，我就选择了甘于寂寞，静心教书。我的家人操劳家事，默默付出，从不影响我的工作和学习，而且给予了我莫大的理解和支持。无论路多长，他们都是我语文之梦的一碧晴空，人生旅途的栖息田园。我把这本凝聚着我心血的书献给亲人们，也算是表达对他们的感激吧。

耳畔又响起余映潮先生的话："一个人事业上的成功，需要目标、时间、方法、毅力与机遇。""目标"就是梦想；"时间、方法、毅力"就是构筑梦想大厦的行动；"机遇"就是生命中遇到贵人。多方集智，勉力汇就《初中写作教学探索》一书。这部书权作一个平凡的探索者以痴情和行动奉献给写作教学大厦的一块砖瓦吧。

由于水平所限，难免谬误、疏漏，恳请同人和方家指正，我将不胜感激！

张占营

2022 年 3 月 3 日于钱塘听涛斋